教育部人文社会科学重点研究基地
黑龙江大学俄罗斯语言文学与文化研究中心　学术

U0601942

# 对未来的回忆

## ——俄罗斯文学与文化论集

金亚娜　著

黑龙江大学出版社
HEILONGJIANG UNIVERSITY PRESS
哈尔滨

图书在版编目（CIP）数据

对未来的回忆 ： 俄罗斯文学与文化论集 / 金亚娜著
. -- 哈尔滨 ： 黑龙江大学出版社，2019.6（2022.8重印）
ISBN 978-7-5686-0362-1

Ⅰ．①对… Ⅱ．①金… Ⅲ．①文化－俄罗斯－文集
Ⅳ．① G151.2-53

中国版本图书馆 CIP 数据核字（2019）第 096410 号

对未来的回忆——俄罗斯文学与文化论集
DUI WEILAI DE HUIYI——ELUOSI WENXUE YU WENHUA LUNJI
金亚娜　著

责任编辑　张明珠　徐晓华
出版发行　黑龙江大学出版社
地　　址　哈尔滨市南岗区学府三道街 36 号
印　　刷　三河市佳星印装有限公司
开　　本　720 毫米 ×1000 毫米　1/16
印　　张　23.75
字　　数　287 千
版　　次　2019 年 6 月第 1 版
印　　次　2022 年 8 月第 2 次印刷
书　　号　ISBN 978-7-5686-0362-1
定　　价　85.00 元

本书如有印装错误请与本社联系更换。

# 目 录

# 普希金文学遗产的普遍人类价值[①]

　　伟大的俄罗斯诗人普希金告别人世至今已经 180 多年。他生活的时代和其在作品中创造的世界早已成为湮远的过去。然而，今天俄罗斯和世界其他各国的读者对诗人及其作品仍保持着高度的热情和兴趣。这究竟是为什么？最主要的原因恐怕是普希金关注世人共同感兴趣的一切，他的创作思维具有一种那个时代不可多得的开放性，即不局限在他生活的时代和窄小的个人生活天地，而向历史、当代生活和未来开放，向不同阶层和民族开放，向不同文学流派的不同创作方法开放。可以毫不夸大地说，普希金的创作几乎吸收了古代俄罗斯民间传说、壮士歌、编年纪事文学的精华，受到罗蒙诺索夫、拉季谢夫和卡拉姆津的影响，也深受欧洲的文学家莎士比亚、莫里哀、伏尔泰、歌德和拜伦等人的影响。与此同时，诗人的贵族道德观往往从属于人类永恒的审美观，而政治观最终服从于他的人文主义理想。这使诗人的创作具有如下独特性：其一，共同人性美超越阶级属性；其二，普遍人性爱超越民族界限；其三，人文主义胜过贵族革命的音调；其四，爱国主义情感压倒个人悲剧。

## 1. 共同人性美超越阶级属性

　　纵观普希金的创作，不难发现，在诗人笔下，不同阶级、阶层的

———————————

　　① 　原载《外语学刊》1999 年第 3 期。

人往往都闪耀着超阶级的人性美,这种人性美的永恒价值恰恰使主人公具有恒久的魅力,为不同时代的人们所铭记。

在小说《射击》中,下级军官西耳维奥虽然颇有几分神秘色彩,不为所有的人喜爱和接受,但他身上也不乏人性美的亮点:在富贵贫贱分离的社会里,尽管他出身低下,却不肯屈辱地生活,把自己的尊严看得高于一切;正是为了维护自己的尊严,他舍弃了命运可能给他带来的享乐和安逸,而躲在一座偏僻的小镇上苦练枪法、准备复仇。他对贵族军官的不屈服在某种程度上就是对上流社会的挑战。在军队服役的遭遇使西耳维奥从一个英俊、勇敢、无所顾忌、深受众人喜爱的青年军官变成了沉默寡言、孤僻、言语刻毒的人。他因而不能被人理解。然而,他并没有失去善良的天性。他虽然为报仇把枪法练得百发百中,但当仇人及其新婚妻子惊骇万分时,他还是动了恻隐之心,只朝墙上挂的油画开了一枪,放过了半生想要报复的仇人。

而在《上尉的女儿》这部作品中,来自不同阶级、阶层的主人公被美和善联结在一起,编织成一个动人的故事。农民起义领袖普加乔夫固然有其凶残的一面,但他机智、勇敢、豪爽、义气、头脑清醒、知恩图报……这些素来为人们欣赏的品格赋予这位农民起义军首领以极大的人格魅力。作为贵族诗人的普希金,能够塑造出富于上述种种人性美的农民起义军领袖形象,确实难能可贵。这里,道德价值显然让位给人类永恒的审美价值。小说的另一位主人公格里尼约夫是一位刚开始服役的贵族青年军官,他身上似乎没有什么可特别赞扬的东西,但作者笔下的这一人物拥有的普通人的感情和情操使他获得了超越贵族阶级的人性美。在去军队驻地的旅途中,当他在暴风雪之夜迷路于草原并遇到一位陌生农夫(普加乔夫)因而得救以后,他不顾仆人萨维里奇的极力反对,把自己的兔皮袄送给农夫御寒;落入农民起义军的手中之后,他临危不惧,誓死不与农民起义军"贼党"同流合污,始终恪守贵族军官的誓言;他虽然把普加乔夫视为双手沾满无辜者鲜血的强盗,却又念念不忘他对自己的恩德,一想到他要被处死就感到惶惶不安……总之,在他与普加乔夫的交往中,双方都表现出令人感动的超乎阶级利益之上的人性美,正是这种人性美令不同时代、不同阶层的人难以忘怀。

最富有传奇色彩的人物形象是小说《杜布罗夫斯基》的主人公——杜布罗夫斯基。他出生在一个已经没落的世代贵族之家,父亲因不堪忍受相邻而居的骄横霸道的退役将军的欺辱而与其反目,结果,他被迫害得家破人亡。为了复仇,杜布罗夫斯基落草为寇,成为一名威震四方、令人闻风丧胆的大盗。他杀富济贫,深受穷苦百姓的欢迎。为替父报仇,他巧妙地装扮成法国教师潜入仇人家中,以自己的聪明、机智和人格魅力赢得了仇人全家的好感和仇人女儿的爱情。虽然杜布罗夫斯基最终并未完全达到复仇的目的,但他的大无畏精神和侠肝义胆却使备受欺压的人们感到慰藉。

在普希金塑造的各种人物中,有不同的阶级标签、不同的衣着肤色、不同的行为举止,而在他们的遗传基因中却都有着他所弘扬的人性美的形式编码。19 世纪初的俄罗斯,与其说强烈呼唤一场社会重组,不如说更迫切地呼唤人们灵魂的改造。欧洲文艺复兴时期给我们——也许给普希金——留下的启示便是自然的发现与人的发现同步。然而,人类这个万物与上帝之间的中介实在有点特别,他既无上帝那无所不包的本质,又无万物那内在封闭的本质,他永恒不停地创造自己的本质,即人性中那些最优美的成分。因此,新的档案剥夺了我们的连续性;它割断了先验目的论的脉络;在人类学思想曾经对人的存在或主体性提出疑问的地方,现在它忽然开拓了另一条线索,开拓了一条最可能的线索;"它证明我们就是差异性,我们的理性就是话语的差异,我们的历史就是时间的差异,我们的本我就是面具的差异"①。普希金已经看到不同的阶级面具之后所潜藏的人性的崇高与壮美所谱写的时代乐章,他用那雄浑的笔触创造着其时代的人性。历史可能是不连续的,但普希金是不可逾越的。

## 2.普遍人性爱超越民族界限

普希金在写爱情主题的作品中,并没有局限在俄罗斯民族的范围之内,而把这种爱写成超越民族界限而普遍存在的人性爱。在这些爱情故事中诗人所抒发的爱正是他的美好浪漫主义理想的重要组成部分。

《高加索的俘虏》的女主人公是一个切尔克斯女郎。她在爱情生活中显然受到父兄粗犷的英雄主义情绪的熏染,因而决不屈服也不退让。她爱上了到山野中来寻求自由而落入山民手中的俄罗斯"俘虏",准备为他牺牲自己的一切,最终用生命换取了俘虏的自由。这位切尔克斯少女虽然是个粗野的山民之女,她的爱情却是侠义而高尚的。

在长诗《巴赫契萨拉依泪泉》中,超民族界限的爱情表现得尤其惊心动魄。克里米亚汗基列王出征,俘获了波兰郡主玛丽娅,把她带回可汗的后宫。玛丽娅是"中古时代的典型,温和,谦谨,童心里充满宗教情绪"。她的纯净的美所产生的巨大魅力使鞑靼可汗为之倾倒,这暴君竟然产生出骑士式的爱情。虽然玛丽娅没有接受基列王的爱,在她被基列王的爱妃萨丽玛杀死之后,基列王还是悲痛万分,为纪念玛丽娅修了一个喷泉,泉水日夜汩汩流淌,犹如

---

① 米歇尔·福柯:《知识考古学》,谢强、马月译,生活·读书·新知三联书店,1998,第 170 页。

人哭泣的泪水永无休止。

《茨冈》的女主人公真妃儿的爱情观与切尔克斯女郎有着相近之处,但她更看重爱情生活的自由,爱便爱得火热,爱过便永不回头。为获取这种绝对的自由,即使牺牲生命她也在所不惜。正是这一特点赋予"贫乏、野蛮"但也温柔、浪漫的茨冈女郎一种诗意的美。在这一形象中,普希金的道德价值显然从属于审美价值,体现出诗人对爱情的一种浪漫主义理想。

爱是文学中永恒的主题。这不仅仅在于性本能与食本能是人类物性与灵性的两大支柱,而且在于爱是人类与绝对、与永恒、与超越相通的唯一渠道。因为在人性中只有爱既是自我敞开的又是自我兼容的,既是给予的又是被给予的,既是独立自在的又是互为中介的。真正的爱不会有自身之外的目的和自身之外的动力。这就决定着爱的音符只要组合成美妙的乐曲便能驱赶走人心灵深处兽性的阴影。而人与人之间的性爱既是对种系的爱又是对个体的爱,既是对自我的爱又是对他者的爱。因此,出于本能、超越本能、回归本能的爱情将真实地再现人类的尊严和价值。于是,爱不被种族所桎梏,不被财富所污染,不被地位所左右。普希金就在这样的思想高度写爱,写深层的爱、真挚的爱、改变灵魂的爱、推动历史的爱。普希金笔下一个个脍炙人口的爱情故事最终凸现出他那爱人类、爱世界的博大胸怀。

## 3. 人文主义胜过贵族革命的音调

普希金虽然生活在 19 世纪初期,但他颂扬库图佐夫的一句话:是叶卡捷琳娜光荣群鹰中剩下的一只。这句话也很适于他自己。这是因为,对于俄罗斯,这段时期好比是意大利、西班牙、英国和法国的文艺复兴时期。这是由俄国的历史进程决定的。从人文精神而论,普希金几乎是俄国唯一的人文主义者。他的天才与拉斐尔、拉辛、莫扎特、歌德和司汤达颇相接近。普希金的主要使命是使文艺复兴时期的欧洲成为未来俄罗斯的精神发源地,可以说,他出色地完成了这一使命。诗人在他的《恶魔》《小城》等诗作中阐述了这种人文主义的内容:

> 那时候,崇高的情愫,
>
> 自由、荣誉和爱情,
>
> 以及激动人心的艺术,
>
> 都强烈地使人热血沸腾……①

可见,诗人的人文主义主要由自由、荣誉、爱情和艺术等基本要素构成。其中的自由与欧洲的文艺复兴思潮并无多少联系,因为那时的人文主义者可以在暴君的庭院里自由地走来走去,它来自 18 世纪法国革命和德国人道主义传统;而爱情来源于与彼特拉克和但丁相关联的普罗旺斯行吟诗人在创作中的歌唱。这两者对于俄罗斯人的魅力之巨犹如生命和呼吸;其余两者也是俄罗斯人古今一向十分崇尚的,具有精神文化的至高价值。

自由是普希金创作的自发原生力,从皇村时代起直至生命的最后一息,诗人都在讴歌自由。青年时代,普希金曾热烈地追求政治自由,众所周知的《自由颂》《致恰达耶夫》《短剑》《囚徒》等许多政治抒情诗和讽刺短诗都是明证。但事实上,普希金并非自由主义者、造反者和十二月党人。他的世界观总体而论是由欧洲文艺复兴思想传统和启蒙主义思想造就的,因而,不久,他的革命激情开始冷却,曾经高高举起的政治自由的旗帜也褪了色。除《在西

---

① 普希金:《普希金抒情诗全集》,戈宝权等译,浙江文艺出版社,1994,第 603 页。

伯利亚矿山的深处……》和《阿里昂》等少数诗篇以外，尽管在他的诗作中还经常出现"自由""自由的"等字样，诗人所抒发的大半却是对精神自由和创作自由的向往，如《小鸟》《诗人》《致诗人》《秋》等。即使在青年时代，诗人的大部分歌颂自由的诗篇也都与政治没有直接的关系，往往在对一些生活场景、自然景物的书写中寄托自己渴求个性自由、精神自由和创作自由的情怀，它渗透在酒和宴会中、在雄鹰的翅膀上、在小鸟身上、在咆哮的大海及雪山之中等等。他的长诗《高加索的俘虏》《茨冈》《强盗兄弟》的主题也都没有直接的政治内容，并不涉及贵族革命的主题。

正因为普希金所歌颂的自由超越了时代和政治范围，具有人文主义的深刻内涵，所以至今仍被人们传诵。

必须指出，普希金的人文主义与欧洲文艺复兴时期的人文主义有所不同。由于诗人生性善良，又受到来自人民意识深处的基督教精神的影响，他的人文主义具有一种更为宽厚的人性的东西，在某种程度上它已与人道主义颇为接近。在《别尔金小说集》和《上尉的女儿》中都充分地显示出诗人的人文主义这一特点，表现出他对被欺侮的小人物命运的关注和同情。但诗人对不人道的一切的憎恨是十分克制的，他从不恨得咬牙切齿，更不杀人，《杜布罗夫斯基》中复仇的手段正是他独有的人文主义特点的体现。这里，痛苦永远不能使世上最重要的仁爱和美黯然失色。普希金几乎是在终极关怀的境界中来表达他对人类的敬畏，对生命的敬畏，对世界的敬畏的。这种独特的人文主义精神既是理性的又是非理性的。它不是那种塑造"英雄"的模胚，更像是培植仁爱的土壤。诗人的这些情怀总是给所有的读者带来温暖、慰藉和希望，使人们在危难之时能够找到精神支点。

普希金文学遗产的普遍人类价值

## 4. 爱国主义情感压倒个人悲剧

在普希金的诗作中,对俄罗斯的热爱占据十分显要的位置。对于诗人来说,俄罗斯不仅是它的大自然和人民,如像在诗人布洛克和涅克拉索夫的诗里那样,还意味着国家或者说是帝国,以及俄罗斯的生活。在他的《波尔塔瓦》《青铜骑士》《鲍里斯·戈东诺夫》《茨冈》等作品中,这一主题已上升为诗的灵魂。诗人希望国家繁荣昌盛、国力强大,企盼彼得式开明、进步君王的出现,人民生活幸福美好。这是人类对于自己国家恒久不变的情感,不必把它过分地伦理化。

在诗人创作的成熟年代,在他的《茨冈》一诗中,诗人写道:

在那可怕的战鼓声音
长久没有平息的国家里……
在我们的老双头鹰
还被喧嚷着过去的光荣的国家里,
我在草原上的古代营垒中间,
碰见了和平的茨冈的车辆……①

这里帝国显然成为足以使任何冲突和解的崇高因素,压倒了茨冈人的个人悲剧。

在叙事诗《波尔塔瓦》中,真正的英雄不是卡丘别依,更不是马泽巴,而是代表俄罗斯的彼得。他的令人恐惧的伟大正是俄罗斯强大的体现。对彼得的崇敬和热爱成为长诗的主旋律,压倒了卡

---

① 普希金:《普希金叙事诗》,查良铮等译,安徽文艺出版社,1999,第187页。

丘别依的人生悲剧和马泽巴与玛丽娅的爱情悲剧。

《青铜骑士》的思想内容虽然不那么一目了然,但俄罗斯的崛起令诗人感到的欢悦是显而易见的。诗人兴高采烈地讴歌年轻俄罗斯的象征——彼得堡这北方明珠和军事重镇的出现:

> 巍然矗立吧,彼得的城!
> 像俄罗斯一样的屹立不动;
> 总有一天,连自然的威力
> 也将要对你俯首屈膝。①

而对俄罗斯的另一个象征彼得大帝,诗人崇拜得近乎对多神教的偶像,因为他是俄国光荣、强大和新文化的缔造者,使俄罗斯走向了世界。正是彼得大帝实现了诗人的启蒙主义理想。在热情赞颂彼得的功绩的同时,普希金想到了俄罗斯的建设者和保卫者——普通平民百姓的命运。但诗人强调的是,叶甫盖尼是自发自然破坏力的牺牲品,尽管诗人十分同情他的不幸遭遇,但与他对俄罗斯国家的强盛、文明与进步的理想相比,毕竟不是头等重要的。在这里,崇高的爱国主义情感再次压倒了个人命运的悲剧。

普希金之所以把个人的不幸放在了国家振兴的阶梯之下,绝不是他对社会上的芸芸众生缺乏同情与爱心,而是他深刻地理解一架社会的机器必然由不同的部件构成。要想让那些易损的部件有效地延长寿命,必须改革整个机器的型号和模式,社会机器整体的更新换代才能最终实现保护每一个个体的宏伟目标。这是帕森斯、伦斯基等社会有机论思想的先驱。恰恰是这种有机论的社会理论对社会变革的指导意义更大。社会的演进不是个人实现社会

---

① 普希金:《普希金叙事诗选集》,查良铮译,四川文艺出版社,1985,第280页。

角色的变换,那只是一种破坏性的振荡,而是要改变社会运行机制。这些思想在普希金的心中虽然是朦胧的,但绝对是可以顺理成章廓清其脉络的。

　　综上所述,由于普希金的创作具有超越时代、国界和阶级的文化价值,人们总是能够在他的文学世界里感受到诗人对世界和生活的纯正领悟及对渴望得到幸福的普通人的呵护和关爱,并找到所需的美好人生的永恒价值取向,增加追求真、善、美的勇气。这正是普希金文学遗产的普遍人类价值,也是世界各国、各阶层人都永远热爱这位伟大诗人的原因。

**参考文献**

[1]米歇尔·福柯. 知识考古学[M]. 谢强,马月,译. 北京:生活·读书·新知三联书店,1998.

[2]普希金. 普希金抒情诗全集[M]. 戈宝权,等,译. 杭州:浙江文艺出版社,1994.

[3]普希金. 普希金叙事诗[M]. 查良铮,等,译. 合肥:安徽文艺出版社,1999.

[4]普希金. 普希金叙事诗选集[M]. 查良铮,译. 成都:四川文艺出版社,1985.

# 对未来的回忆

## ——纪念莱蒙托夫诞辰 200 周年随想

每每谈到莱蒙托夫,人们都要为他的英年早逝而痛惜,更何况他走得那么惨烈,那么不值! 俄国不止一位文学史家断言,莱蒙托夫的天才之伟大在俄国文学史上无人比肩,若不是他 27 岁时因为决斗而失去了他的生命,俄国文学史恐怕就不会像后来这样写,甚至陀思妥耶夫斯基和列夫·托尔斯泰也无法占有现在的地位。从诗人短暂一生的创作成就来看,这种假定性推断不无道理。

事实上,这场夺去诗人年轻生命的决斗完全有可能不发生。В. В. 罗扎诺夫在《永远悲哀的决斗》①一文中介绍了一些重要的相关信息。罗扎诺夫文章的篇名是从当年在决斗中杀害诗人的 Н. 马尔蒂诺夫的儿子小马尔蒂诺夫那里借用的,后者于 1898 年 1 月曾在《俄罗斯观察》上以此篇名发表了披露决斗细节和真相的文章。难以置信的是,Н. 马尔蒂诺夫并不会打枪,与莱蒙托夫决斗是他平生第三次开枪,他第二次开枪时枪还炸裂了。他那一点点射击的技术不知怎么就让子弹按他的心愿击中了敌手。这就令人想到《当代英雄》中的宿命论哲学。对于莱蒙托夫的命运,这也许是一个定数。还有一个信息更为重要:莱蒙托夫并没有认真对待决斗这件事,并且认识到自己在马尔蒂诺夫面前是有过错的。他曾对决斗证人瓦西利奇科夫公爵说:"不,我意识到自己在马尔蒂

---

① 参见 Маркович В М, Потапова Г Е, М. Ю. Лермонтов: pro et contra. СПб.: РХГИ, 2002, с. 314.

诺夫面前犯了很大的过错，我感到我不能举起手来向他射击。"①马尔蒂诺夫事后对他的儿子小马尔蒂诺夫说："如果当时瓦西利奇科夫公爵或其他人把这些话转告给我，我会向莱蒙托夫伸出和解之手，我们的决斗自然也就不会进行了。"②决斗公证人当然有意隐瞒莱蒙托夫的话，因为他们希望在即将举行的决斗中彻底除掉他。原因很简单：如果一个超凡脱俗的天才在智力、思想水准和才能方面大大超过周围的人，他必然要引来羡慕和嫉妒；而如果这个天才意识到自己的与众不同，并且十分傲视他人，他就会招来更多的仇恨。当时想让莱蒙托夫永远消失的人何止马尔蒂诺夫一个！他是被上流社会的敌人杀死的。所以，他为普希金所写的《诗人之死》中的许多话作为给自己的祭文也许更为合适。杀死了俄罗斯诗歌的太阳——普希金之后，仅仅过了四年，又杀害了如旭日东升的伟大诗人莱蒙托夫，谁知道当时密谋杀害诗人的人知不知道他们对俄罗斯乃至世界犯下了什么样的罪过？！

　　关于诗人之死的话题我们就此打住。为了纪念这位伟大的诗人，我们倒是应该认真地思考一下，他为俄罗斯文学乃至世界文学，以及后世的读者究竟留下了什么珍贵的遗产，他的创建对俄罗斯文学传统到底有何影响？

　　白银时代的象征主义文学大师安德烈·别雷特别崇拜果戈理。他有一句名言，说果戈理这位"神奇的魔法师从自己的外套里放出来了整个19世纪的俄罗斯文学"③。这句话后来被广泛引用。

---

① Маркович В М, Потапова Г Е, М. Ю. Лермонтов: pro et contra. СПб. : РХГИ, 2002, c. 315.

② Маркович В М, Потапова Г Е, М. Ю. Лермонтов: pro et contra. СПб. : РХГИ, 2002, c. 315.

③ Белый А, Мастерство Гоголя: исследование. М. : МАЛП, 1996, c. 4.

有的作家甚至说:"我们所有的人都是从果戈理的外套里出来的。"①这些话的意思可以理解为,果戈理为他后世的文学开创了一种新的创作道路,即以自己画家式的艺术天才来描绘琐屑的现实生活,引导读者去领悟其中蕴含的诗并懂得普通人日常生活中隐含着多少真正的美和艺术,当然,与此同时,也要学会透视并批判生活中那些丑类和丑恶庸俗的事物。总而言之,果戈理奠定了一种新的现实主义文学流派(曾被称为"自然派"),给读者展现出了俄国的广阔而真实的日常生活画卷。

但要是说整个 19 世纪的俄罗斯文学都是从果戈理的"外套"里出来的,那就不免失之夸张和武断。B. B. 罗扎诺夫就不认同这种看法,他以 19 世纪的陀思妥耶夫斯基和列夫·托尔斯泰的作品及其主人公为例,说明果戈理的创作绝对滋生不出这些作品的许多思想和艺术特征。以两位大师的几部作品为例,《罪与罚》中的拉斯柯尔尼科夫复杂而烦冗的思想和分裂的人格,他的痛苦的内心矛盾,有哪一点是受果戈理作品的影响?《战争与和平》中安德烈·鲍尔康斯基和皮埃尔·别祖霍夫的精神探索,以及《伊万·伊里奇之死》中主人公对死亡的心理变化历程等,其中哪一点是从果戈理的"外套"里出来的? B. B. 罗扎诺夫认为,无论是陀思妥耶夫斯基,还是列夫·托尔斯泰,其许多重要作品的突出特征不是来自普希金,也不是来自果戈理,而恰恰是来自莱蒙托夫。他们作品中的这种内在联系有着明显的"亲缘"关系,主人公的许多精神探索和世界观的矛盾都源起于恶魔、童僧和毕巧林家族(如拉京等),都由他们思想的胚胎孕育而来。由此 B. B. 罗扎诺夫得出了一个总论:"所以,认为我们的文学起源于普希金的说法应该结束了。如

---

① Белый А, Мастерство Гоголя: исследоване. М. : МАЛП, 1996, с. 4.

果我们把果戈理看作后来文学发展的所谓第二'奠基人',诚然,我们可以以《穷人》为例,认为它是从经过修改的果戈理的《外套》中出来的作品,不过,陀思妥耶夫斯基的特殊的、新的和典型的特征并不在《穷人》这部作品中。"①

　　当代理论家 Ю. М. 洛特曼对莱蒙托夫在俄国文学史上的作用则做了进一步的思考。他把俄罗斯文学的动态发展划分为两种传统。其一是以莱蒙托夫、果戈理和陀思妥耶夫斯基为代表的二元系统。简言之,在这种巨大的文字现象中总是存在着罪孽和神圣与恶魔和天使的对立。其二是以普希金、托尔斯泰和契诃夫为代表的三元系统。除善的世界和恶的世界以外,这里还有一个没有一致道德评价而以存在为特征的世界,这个生活的世界总是处于善、恶之间。对于这两种传统在俄罗斯文学发展中的作用,我国学界曾发表过不同的看法。有人认为普希金的和谐的传统影响当然更大,是世界文学永恒向往的至高美好境界,无可超越;而另一些学者认为,莱蒙托夫的恶魔反叛传统对俄罗斯文学后来的发展走向起了决定性的导向作用。记得木心先生在《文学回忆录》中写过,他年轻的时候更喜欢读莱蒙托夫,喜欢他的诗带来的如悬崖峭壁般的磅礴气势和孤独者在冷风中等待死神马车时的绝望与哲理性的感慨。或许,莱蒙托夫的这种无畏无惧的悲剧自觉意识更为俄罗斯人所钟爱和感动。比起普希金的和谐与美的艺术世界,后继的许多作家都更受莱蒙托夫对世界的更深邃哲理思考的吸引,追随着他一路前行,创作出一大批具有心灵震撼力的杰作。

　　不过,笔者无意参与这种争论。之所以引出洛特曼提出的莱蒙托夫创建的二元系统的说法,是为了给罗扎诺夫的观点提供一

---

① Маркович В М, Потапова Г Е, М. Ю. Лермонтов: pro et contra. СПб. : РХГИ, 2002, с. 318 - 319.

个佐证——在俄国近代文学发展初期，除普希金和果戈理以外，莱蒙托夫也起了相当大的奠基作用，三位大师各自都有独特的贡献，都有不可取代的建树，哪一位都不容忽视。普希金和果戈理在俄国文学史上的作用无须多说，是有定论的；而对莱蒙托夫的创建和贡献则须做进一步的阐释和论证。

如果按年龄论，普希金、果戈理和莱蒙托夫可说是一代人，莱蒙托夫最小，果戈理比他大五岁，普希金比他大十五岁。但莱蒙托夫的生命最短，仅比普希金晚去世四年。不过，就俄国社会环境的变迁而言，莱蒙托夫与普希金却生活在两个截然不同的时代。社会环境和时代氛围对他们的创作思想和艺术风格显然具有重要影响。莱蒙托夫是带着一腔愤怒，犹如不顺服的斗士般冲上俄国文坛的。他的《诗人之死》以普希金的朋友都不曾有的愤激抨击杀害诗人的上流社会，简直像是最后审判。虽然，不得不说的是，普希金与上流社会和政权之间的关系并不完全像莱蒙托夫所理解的那样，没有他所认为的那么尖锐的对立和斗争。无论怎么说，《诗人之死》在俄国的上流社会和沙皇政府中所产生的震撼力之大足以使莱蒙托夫被恨之入骨。他因此被流放到高加索。而流放并没有终止，反而加剧了他与权贵的敌对情绪，他整个一生都不能放弃对上流社会、沙皇政府及其帮凶的蔑视和仇恨。他由此招来了第二次流放。众所周知，巴兰特与莱蒙托夫的决斗是那些"以下流卑贱著称的先人们孳生下的傲慢无耻的儿孙"[①]与仇恨俄罗斯的部分外国人一起设计好的。虽然莱蒙托夫朝天上放了空枪，并没有伤害巴兰特，但他还是被终生流放到北高加索的作战部队，直接被送到车臣人的枪林弹雨之下。当局急不可待地要处死诗人的阴谋昭然

---

① 莱蒙托夫：《莱蒙托夫诗歌精选》，余振编，北岳文艺出版社，2010，第150页。

若揭。最终马尔蒂诺夫成全了他们的夙愿——决斗中在仅距五步远的地方急不可待地开枪打死了没有准备向对手射击的莱蒙托夫。总之，十二月党人起义被镇压下去以后，沙皇俄国的黑暗严峻的政治形势和莱蒙托夫不屈服的叛逆精神与孤傲的个性铸成了他的命运悲剧，也促成了他独特艺术世界的形成。

首先，从长诗创作题材和人物形象来看，诗人继承并发展了浪漫主义文学的传统题材，从宗教神话和民间传说汲取了一些盛久不衰、广为流传的故事情节和人物原型，并进行了天才的再创造。我们就以《恶魔》和《童僧》为例稍事分析。

《恶魔》是莱蒙托夫最珍爱的作品，是诗人为自己的童年和青少年时代树立的一座纪念碑。[①] 开始构思这部长诗时，他刚十五岁。他一生都没有停止对长诗的修改、加工和完善的工作，直至生命结束。

恶魔是西方宗教神话中的一个形象，在欧洲文学中流传甚广。在希腊哲学中，恶魔(daimon)是低于众神的具有超人力量的无肉体存在，是神和人之间的联系者。当时的恶魔有黑暗和光明之分。人们认为它们由世界灵魂产生，对存在的各个领域发生作用，包括宇宙中的自然力。所以，恶魔是宇宙中必需的一种力量。在希腊文化中，早期和晚期的恶魔(daimon)的概念是不相同的。最初，它具有肯定的意义，常常被视为古希腊黄金时代伟大人物的善的灵魂，是上天派来护佑和引领人世间负有某种使命的人的力量；在晚期希腊文化中，恶魔成为不自由和行动受限制的，抑或与人为敌的有害恶灵，这为基督教中把恶魔(демоны)与魔鬼(бесы)等同起来

---

① Котляревский Н А, Михаил Юрьевич Лермонтов: Личность поэта и его произведения. М.: Центр гуманитарных инициатив, 2013, с. 59.

提供了理由,恶魔具有了反对上帝的魔鬼的特征,成为撒旦的仆从。而在文学创作中,恶魔则成为堕落天使的原型,它的目的是对人施以诱惑,用邪恶和欲念去搅扰人的灵魂。

18—19世纪欧洲文学中恶魔的各种类型不少,见于弥尔顿的《失乐园》、歌德的《浮士德》和拜伦的《该隐》等。莱蒙托夫并没有模仿这些形象的外在形式和内涵,而是注入了自己的生活经历和体验。这在诗人早期的许多诗歌中都有所反映。例如,诗人在1831年发表的另一首写恶魔的诗《我的恶魔》中写道:

> 只要我活着,高傲的恶魔
> 决不肯让我有片刻安宁,
> 他要用他那奇异的火光
> 照耀着我的整个的心灵;
> 他给我指出至善的形象,
> 但突然又把它永远消除,
> 给了我一些幸福的预感,
> 却永远不给我一点幸福。①

还有早期诗歌《绝句》中犹如恶魔的独白:

> 造物主注定我要爱到坟墓为止,
> 但顺着这个造物主的意志。
> 凡是爱我的一切都必定要毁灭。
> 或像我要痛苦到最后一日。
> 我的意志同我的希望在对立着,

---

① 莱蒙托夫:《莱蒙托夫抒情诗全集》,余振译,浙江文艺出版社:1994,第357—358页。

　　我爱别人，却怕倒转来有人爱我。①

　　由此可见，恶魔一直折磨着诗人，令他不得安宁，如同火光，在他的心灵中点燃了善和爱，却又要毁掉它，让他永远得不到爱和幸福。这也是诗人在多首诗中总是提到他的灵魂对于所有的感情都已死去的原因。由此可见，莱蒙托夫在《恶魔》中借助宗教神话的原型所表现的正是他本人和一代人所经历和感受到的痛苦求索。所以诗歌一发表在社会上即引起了强烈的反响，各阶层的青年，军人、上流社会人士和学生等，都纷纷模仿起恶魔，把它视为"有过一番遭遇和饱经痛苦的人的象征"②，甚至崇拜它浪漫的反叛英雄的气概。此外，读者在诗中还体悟到爱情对于灵魂重生的巨大力量，从而受到鼓舞。

　　关于恶魔的古老神话传说给了莱蒙托夫一些特别重要的启示：单纯的善恶观和绝对的肯定与否定不能解决人精神世界的问题，而爱情对人的心灵会有更大的救赎意义。这对于诗人来说是非常珍贵的值得深入发掘的创作题材。他决心抛开西方文学中已有的各种版本，自己独辟蹊径，创作出适宜于表现他那个时代俄罗斯精神探索的作品。他曾不止一次变换主人公和情节发生的地点。最初女主人公是个被天使所爱的女人，后来她成了修女，而故事发生地是西班牙；在开始构思长诗以后过了十年，莱蒙托夫决定用东方高加索的风格来改写，修女成了塔玛拉，并且，长诗的内容因加入对高加索自然风光和生活习俗的华美描绘而大为丰富。

---

① 莱蒙托夫：《莱蒙托夫诗歌精选》，余振编，北岳文艺出版社，2010，第69页。

② Котляревский Н А, Михаил Юрьевич Лермонтов：Личность поэта и его произведения. М.：Центр гуманитарных инициатив，2013，с. 59.

莱蒙托夫诗中的恶魔是被上帝谪放的忧郁的精灵,一个又一个世纪地统治着人世,撒播罪恶而得不到欣喜。它没有安身之地,总是"徘徊在世界的荒野里"①。于是,它"飞越过了高加索群山的峰峦上空"②,来到了"华丽的格鲁吉亚的山谷"③。它发现富有的古达尔正在给女儿塔玛拉举办盛大的婚宴。塔玛拉的绝伦之美使恶魔神魂激荡,它开始出现了复活的征兆。它利用新郎在劫难中身亡的机会,向塔玛拉发起了爱情的进攻,用魔咒般的示爱话语魅惑了塔玛拉的情感。正如诗中所说:"用奇异的预言的幻想搅乱了她整个的心。"④她虽遁入了僻静神圣的修道院,但她的心同往常一样"依然萦回着杂乱的幻想"⑤。恶魔第一次领悟了爱情的激动,当它想离开修道院时,"两翅已不会扇动"⑥,从它的眼里甚至"淌出了一大滴辛酸的泪"⑦。恶魔向塔玛拉表白了真诚的爱情,希望受到爱情的洗礼,重新成为"焕发出新的光辉的新的天使"⑧,与神

① 莱蒙托夫:《莱蒙托夫诗歌精选》,余振编,北岳文艺出版社,2010,第256页。

② 莱蒙托夫:《莱蒙托夫诗歌精选》,余振编,北岳文艺出版社,2010,第257页。

③ 莱蒙托夫:《莱蒙托夫诗歌精选》,余振编,北岳文艺出版社,2010,第258页。

④ 莱蒙托夫:《莱蒙托夫诗歌精选》,余振编,北岳文艺出版社,2010,第268页。

⑤ 莱蒙托夫:《莱蒙托夫诗歌精选》,余振编,北岳文艺出版社,2010,第269页。

⑥ 莱蒙托夫:《莱蒙托夫诗歌精选》,余振编,北岳文艺出版社,2010,第273页。

⑦ 莱蒙托夫:《莱蒙托夫诗歌精选》,余振编,北岳文艺出版社,2010,第273页。

⑧ 莱蒙托夫:《莱蒙托夫诗歌精选》,余振编,北岳文艺出版社,2010,第276页。

圣的天国和解。它用亲吻的毒液使塔玛拉失去人间生命,指望带着她的灵魂飞回天国。但神圣的天使先他一步带走了塔玛拉的灵魂。恶魔彻底失败了,依然孑然一身,没有期望,也没有爱情,同以往一样。①

虽然长诗的原型是古老神话传说,但莱蒙托夫在创作自己的《恶魔》时却深化了作品的内涵,倾注了自己的生活体验和伦理观。诗人笔下的恶魔既非善,也非恶,而是个孤独的利己主义者。它从天庭被放逐出来以后,浮游在天地之间,没有归宿,虽拥有无限的自由,却失去了希望和幸福。它的孤独、寂寞、往昔的创伤和绝望都是诗人从内心深处发出的声音:

> 啊,假如你能够理解到,
>
> 这是多么痛苦,多么恼人:
>
> 整整的一生,好多个世纪
>
> 独自享乐着、独自痛苦着,
>
> 不因为善而期待着报答,
>
> 也不因为恶而期待着称赞;
>
> 为自己而生活,因自己而苦闷,
>
> 老是在进行着这没有胜利、
>
> 没有和解的永恒的斗争!
>
> 永远地惋惜着,却没有憧憬,
>
> 知道一切、感觉一切、看见一切,
>
> 竭尽全力去憎恨一切,

---

① 莱蒙托夫:《莱蒙托夫诗歌精选》,余振编,北岳文艺出版社,2010,第289页。

而且去蔑视世上的一切！……①

诗中还借恶魔的口说出了许多莱蒙托夫对现实生活的痛苦感受和迷茫：

世界，对于我，像伊甸园一样，
变得这样地冷静而沉寂。
正如同一只被撞坏的小船，
既没有帆儿，又没有舵，
顺着流水的自由的激荡，
漂流着，不知道自己要怎么；②
……
但我的悲哀却永远在这里，
它像我一样，没有个止境；
它在坟墓中也得不到宁静。
它有时像毒蛇般纠缠着，
有时像烈火般燃烧着、爆响着，
有时像石头般紧压着我的心——
埋葬着逝去的希望和热情的
那座永不能摧毁的陵寝！……③

可以看出，莱蒙托夫笔下的恶魔并不是一个单纯的古老传说和浪漫主义文学中的破坏者、诱惑者，它更是一个富有人性的思想

---

① 莱蒙托夫：《莱蒙托夫诗歌精选》，余振编，北岳文艺出版社，2010，第277—278页。

② 莱蒙托夫：《莱蒙托夫诗歌精选》，余振编，北岳文艺出版社，2010，第278页。

③ 莱蒙托夫：《莱蒙托夫诗歌精选》，余振编，北岳文艺出版社，2010，第280页。

者,有痛苦、有爱、有恨,深受孤独和空虚、无目标生活的折磨;它对高加索大自然的充满诗意的美妙感觉和对塔玛拉的真诚爱情简直富有诗人气质。诗中还渗透出作者对恶魔反叛精神的赞同,因为这种反叛正是为了确证自己逃脱孤独的人性的希冀。所以,莱蒙托夫笔下的恶魔在幻想故事的情境中表现的却是诗人本人的生活和思想。它有善也有恶,是个辩证的形象,体现诗人的思想困惑和斗争,正如有的评论者所说:诗人的短暂一生就是走向恶魔、穿越恶魔和离开恶魔的心灵历程。① 诗人的这种立场决定了恶魔形象具有某种浪漫主义英雄的色彩。不过也必须指出,莱蒙托夫并不是全面地盲目赞扬恶魔式的主人公,他只是诗化了其个性中值得肯定的部分,同时分辨出它自我中心主义的破坏力量。

由于莱蒙托夫在《恶魔》中投入了巨大的力量和激情,倾注了自己对许多重要哲学和道德问题的思索,它成为俄国读者最为关注的诗歌作品,可以说是莱蒙托夫诗歌的代名词。

在道德方面完全被作者肯定的是另一部长诗的主人公——童僧。

《童僧》这部长诗取材于高加索的民间传说。主人公童僧和恶魔是相对而立的两大浪漫主义形象。童僧更直接地体现出诗人的理想,正如别林斯基所说,它是反映出作者个性的"影子",是莱蒙托夫的"心爱理想"。同样是反抗者和叛逆者,但这两个形象有着根本的差异:恶魔是公认的道德的破坏者,而童僧没有道德缺陷,是为自由而反叛的坚强斗士。

长诗的情节线索十分单一,只有一位主人公,但所讲的故事因具有真正悲剧的震撼力而令人深受感动。所谓童僧,本是被俄罗

---

① Маркович В М, Потапова Г Е, М. Ю. Лермонтов: pro et contra. СПб.: РХГИ, 2002, c. 600.

斯将军俘获的只有六七岁的幼小俘虏,因为生病不能随俄军长途跋涉。有一个僧人以慈悲为怀,把他留下来照看。童僧,就是不过真正修道生活和不事工的少年僧人。他虽然脱离了危险,但却失去了孩童的欢乐,因为他不喜欢出家为僧。受着不可名状的思乡之情的折磨,他从修道院逃了出来,在深山老林里游荡了三天三夜,一心想回到自己的家乡。可他不但没有找到回乡的路,而且体力不支,备受饥寒劳顿的折磨,气息奄奄地昏厥过去。人们把他抬回了修道院,临终之前在向僧侣忏悔时,他倾诉了自己的心愿和逃离修道院后的经历。

与莱蒙托夫其他作品的近似主人公相比,童僧更像是一个"自然人",有着野性的意志、高傲的民族意识、无所顾忌的勇敢和为自由拼死搏斗的任性妄为。他从先辈继承了"火一样的热情、生命的力量、对自由的热爱和坚定不移的意志——这一切都是'他的父辈''强有力精神'的表现"[1]。他的思乡之情和对自由的渴求都是人性的正常表现,并没有任何政治和社会因素,纯属他的个人精神诉求,成为他个性形成的基础。而他的悲剧命运却是由战争和宗教等社会和政治因素决定的。为了离开"囚禁"他的修道院而回到故土,他不惜献出自己幼小的生命。支撑他的是对亲人和另一种生活的高傲信仰。童僧的斗争目标非常明确:

> 只有一个念头主宰着我,——
> 那是一种火热的激情,
> 它像一只蛀虫盘踞在我的心田,
> 啃噬着我的肺腑,燃烧着我的心肝,
> 它指引着我的心愿,

---

[1] Маркович В М, Потапова Г Е, М. Ю. Лермонтов: pro et contra. СПб.: РХГИ, 2002, c. 670.

> 冲破那死气沉沉的禅堂和祷告，
> 飞向充满悲欢和战斗的奇异人间——
> 在那里，云雾在半山腰缭绕，
> 在那里，人们自由自在，像山鹰一般。
> 在漫长的黑夜里，我曾用眼泪
> 和焦虑把这种激情浇灌；
> 如今，我面对着大地和苍天，
> 高声地把这种激情表露，
> 而且决不祈求神祇宽恕。①

　　这正是诗人用以批判同辈人的无理想、无追求和无斗志的英雄主义斗争精神。体弱、幼小如芦苇而又孤身无助的童僧，竟然成为那些被反动势力摧毁的无理性、无行动，也没有信念的一代人的榜样。诗人在这一形象中抒发了自己渴望战斗生活的激情。他所赞美的虽然是高加索山民的英雄主义情怀，他们的追求和向往却是全人类永恒的共同珍贵精神。尤其是在诗人生活的反动势力极其嚣张的俄国的黑暗时代，更加需要童僧这样"不知疲倦地用强有力的扣击敲打着自己的牢房的墙壁"②的有崇高信念和坚强意志的斗士。这种精神也使诗人受到激励和鼓舞。

　　在塑造童僧的形象时，莱蒙托夫赋予主人公高于普希金的阿乐哥和高加索的俘虏的精神内涵，他没有盲目效法拜伦等人的英雄式主人公，而是塑造了一个处于弱势的普通少年的形象。他没有强有力的权力和影响力，也没有神秘性，不过是一个弱小的普通

---

① 莱蒙托夫:《莱蒙托夫诗歌精选》，余振编，北岳文艺出版社，2010，第296 页。

② 莱蒙托夫:《莱蒙托夫诗歌精选》，余振编，北岳文艺出版社，2010，第319 页。

人。他比任何浪漫主义英雄都更贴近生活。诗人辩证地写出了这一形象从父辈承袭的强大精神力量与无法实现自己斗争目标的软弱无力和情绪的阴郁、绝望,展示出他在危机时刻拼死挣扎的主要力量源自于与生俱来的狂野自然力。这对传统浪漫主义文学来说是一个突破和创新。大无畏的崇高英雄主义精神蕴含在弱小无助的少年僧人身上,这种反差本身就有极强的浪漫主义作用力。其实,诗人用童僧的故事就是要抒发自己渴望斗争、渴望自由和渴望爱的情怀。有人说,莱蒙托夫写童僧就是为了"与恶魔相对立"[1],这是有道理的,但这两个形象除在道德意义上的对立以外,还有内在精神的一致性和互补性,诸如对自由和人类温暖情感的追求、对消除孤独感的渴望及对幸福的向往等。恶魔所缺少的是童僧的道德感,而童僧所缺少的是恶魔的力量。这正是诗人所奋力以求的。

从上面两部长诗的创作可以看出,莱蒙托夫虽置身于欧洲和俄国的浪漫主义文学思潮之中,却没有盲目地追随其他浪漫主义诗人的足迹,而着力反映俄国同时代人和自身的精神世界的诸多问题和理想。他的创作成就是对俄罗斯浪漫主义文学的极大贡献。浪漫主义始终伴随着俄罗斯文学的发展,没有这种强大的浪漫主义传统,俄罗斯文学的巨大魅力将大为失色。以往对诗人创作的浪漫主义因素关注得不够充分,与诗人同时还是俄罗斯现实主义文学奠基人之一有关,研究者更多把注意力投向了后者。近年来,俄罗斯学者对莱蒙托夫在浪漫主义文学方面创作的成就做了深入的探讨,值得借鉴。

其次,在小说创作中,莱蒙托夫在俄国文学史上的人物形象塑造方面开创和奠定了人文精神探索、心理分析和人格分裂等强大

---

[1] Лебедев Ю В, Литература 10 класс в 2 частях: 1 часть. М.: Просвещение, 2008, с. 188.

传统。这些俄罗斯文学的独具特征后来经陀思妥耶夫斯基和托尔斯泰等大师的不断发扬和深化，成为俄罗斯文学令世界瞩目的最重要成就之一。就人物的心理深度、复杂程度和精神探索的哲学思想高度等方面而论，无论是普希金还是果戈理笔下的人物形象，奥涅金也好，恰尔特科夫也好，都距《当代英雄》中的毕巧林相去甚远。达吉雅娜的形象塑造连"素描"都算不上，只能算是个"速写"，与《当代英雄》中维拉有血有肉的细腻生动的感人形象也无法相比，尽管达吉雅娜对待爱情的崇高牺牲精神成为俄罗斯文学女性形象的灯塔，其影响甚至永垂不朽。

　　《当代英雄》问世初期，俄国社会并没有正确地理解它。沙皇尼古拉一世特别不看好这本书，说"这是一本坏书，展现的是作者的极大道德败坏"①。著名文学批评家舍维廖夫认为："小说属于幻想的世界，是西方在我们这里的虚假反映。"②可见，作者在作品中表现的思想内容远不是那么一目了然，也远不是一个"多余人"的标签所能涵盖得了的。顺便说说，赫尔岑在评论奥涅金、毕巧林和罗亭等同一类型形象时所提出来的这一概念（1851 年）确实概括了这些形象的突出共性特征，为后来的研究确定了一种社会学分析模式和形象类型界定的标准。直至今日仍有人继续采用这个说法。但不能不指出，这种类型化的研究导致了一种倾向，即注意共性特征的研究而忽略了或泛化了对个性特征的深入探讨，其实这些形象个个有别，许多精彩都蕴含在个性之中。并且由于过分强调了这类人物赖以生存的俄国社会的特有时代和土壤，忽略了

---

① Лебедев Ю В, Литература 10 класс в 2 частях：1 часть. М.：Просвещение，2008，с. 192.

② Лебедев Ю В, Литература 10 класс в 2 частях：1 часть. М.：Просвещение，2008，с. 192.

对西方文学中已经存在的此类形象的借鉴因素。诸如，无论是普希金还是莱蒙托夫，都深受西欧文学的影响，从那里汲取了许多题材和人物形象的原型。以奥涅金为例，有的评论者说，他是俄国独有的人物形象，只有在俄罗斯才能产生，这就未免眼界狭窄了。在普希金之前，西方的夏多勃里昂、歌德、拜伦等作家的笔下都有类似的形象。夏多勃里昂的小说《勒内》（1802）的同名主人公可以说涵括了奥涅金形象的所有主要特征：灵魂空虚、厌倦生活、游手好闲和虚无主义等，甚至还预言了莱蒙托夫恶魔式主人公的出现，因为勒内还有撒旦式的疯狂毁灭欲。西方文学中的这类人物都是自我中心主义的，灵魂深处都有怀疑和叛逆的种子，外在的冷漠与内心压抑的热情浑然一体，形成了一种无法排解的忧郁情绪。这一切在 19 世纪的西方文学中都不罕见。

说到这里，莱蒙托夫笔下的毕巧林有别于其他此类形象的突出特征便显现出他在俄国文学史上的艺术创新价值。

其一，在莱蒙托夫之前，没有一个文学形象像毕巧林这样充分地承载了作者本人精神探索的深层矛盾和痛苦，这样原原本本地反映其在当时的迷茫和绝望。

有人说，毕巧林是作者的肖像，他的一切恶行正是作者品德的写照。这种看法显然出自于对莱蒙托夫本人及创作意图的肤浅认识和偏见。作者之所以塑造了这样一个形象，为的是揭示俄国的时代病症，即这是一个毁灭英雄的时代。十二月党人和普希金这样的俄国精英已经不存在了，而他的同时代人都在无作为中消磨时光和宝贵的生命。像毕巧林这样原本的英才，禀有超强的智慧、精神力量和活力，本应成为俄国的栋梁之材，然而他却因无用武之地和没有明确的生活目标而堕落成徒具破坏力的恶魔的"近亲"。这正是莱蒙托夫最为痛惜和焦虑的。他认为自己生活的时代就是无英雄的时代，所以，《当代英雄》这个书名具有极强的反讽意义，讽刺的是造就不了英雄的可悲社会。作者思考的中心是怎样使自己和同时代人不落入毕巧林经历的深渊。所以,有人评论说:"我们习惯于把这部小说看作文学遗嘱和最后的自白。"①这不是没有道理的。如毕巧林所说:"我活着为了什么? 生有什么抱负? 啊,抱负想必曾经有过,而且上苍所赋使命想必也很崇高,因为在自己心里,我感到了我身有挽狂澜于既倒的无穷力量……然而我却没有领悟这一使命……而高尚志趣的火焰——风华正茂的岁月,却已付诸东流,永不复返。"②对主人公的思想和行为进行审视和评断的正是作者,这也是作者在创作这部作品时的心理矛盾、纠结和紧张精神探索的内心独白,充分传达出莱蒙托夫的迷惘、绝望及消极情绪。十分可悲的是,作者本人在批判主人公的种种荒唐和丑陋行为的同时,却未能为自己和主人公找到正确的目标和使命,始终处在惶惑不安、怀疑和听从命运摆布的状态之中。

不过,不能不承认,在对毕巧林所进行的精神探索的发掘方面,莱蒙托夫为俄罗斯文学开创了一个令人叹服的范例,这是他对之后形成的这一传统所做的开先河的巨大贡献。

其二,主人公心灵奥秘揭示的深化,其集中体现是灵魂分裂,或者说是人格分裂。这种明确提出主人公灵魂分裂成两半的写法,在普希金和果戈理那里都不可见。在整个毕巧林的日记中,主人公的内心世界都是分裂的,如他自己所说:似乎身上有两个人,一个在做,一个在审视和反思。毕巧林有一段对公爵小姐梅丽说的非常著名的话:"我美好的感情,由于怕人讥笑,我将其保存在内

① Котляревский Н А, Михаил Юрьевич Лермонтов: Личность поэта и его произведения. М. : Центр гуманитарных инициатив, 2013, с. 167.

② 莱蒙托夫:《当代英雄》,吕绍宗译,译林出版社,1994,第137页。

心的深处；它们也就死在了那里……我变成了一个心灵上的残废：我心灵的一半不存在了，它干枯了，蒸发了，死了，我把它切掉扔了，这样，尽管另一半为了替每一个人服务还在颤动，还活着，但是对此谁也没发现，因为谁也不知道心灵已经死去的一半；可是您现在唤起我对它的回忆，我就给您念了这篇祭文。"①依照毕巧林的说法，在恶劣的人文环境中，他固有的那些纯洁美好的品格，也就是"灵魂的一半"已不复存在，而剩下的"另一半灵魂"是为了适应周围人和社会现实的需要，从原来的"我"他化而生，于是就有了被扭曲的用为非作歹来释放自己无用能量的后来的"我"。这个"我"是主人公所厌恶的。但他又不能自拔，他甚至觉得生活对于他来说是一杯苦水。所以后来他又对魏尔纳医生说："很久以来我的心就已如槁木死灰，全靠头脑活着。我掂量、分析自己本人的欲望与行为时，所抱的纯粹是好奇，似乎它们与己无关。我的躯体中有并存的两个人：一个完全体现了'人'字的含意，另一个则在思考、判断着这个人。"②这里所说的"并存的两个人"实际上就是两种截然不同生存理念的尖锐冲突，是人格分裂的另一种说法。这种分裂人格的生动描摹正是作者的伟岸深刻之处。俄罗斯民族既有清醒的理性批判力，又有非理性的民族自然力；他们的灵魂和性格中充满了尖锐的矛盾和冲突。这造成了民族心智和性格的复杂性和二律背反。毕巧林正是这种民族人文特征的鲜明体现者。以前，在对这一形象的评论中，多半只看到其否定人格的方面，以宽容的心态来理解他的种种恶德的成因。其实，毕巧林之所以令一个又一个女主人公爱得如此深切，是因为他身上还有另一面为俄罗斯民族所固有的人格魅力。诸如，他曾充满活力和激情。他对贝拉和

---

① 莱蒙托夫：《当代英雄》，吕绍宗译，译林出版社，1994，第110页。
② 莱蒙托夫：《当代英雄》，吕绍宗译，译林出版社，1994，第140页。

对未来的回忆——纪念莱蒙托夫诞辰200周年随想

维拉的爱是真诚的，重情的。虽然他不准备承担天长地久的婚姻的责任，但他确实真真切切地爱过她们。在维拉离他而去以后，他甚至痛哭得像个孩子，觉得自己失去了世界上的一切。又如，他对高加索的大自然的壮伟和圣洁有着纯净的审美感受和深沉的心理感应，这绝非灵魂猥劣的人所能拥有。与此同时，他还喜欢思索哲学问题，兼有东西方哲学思想的矛盾与统一，用西方的理性哲学观去否定更为东方哲学所倾向的宿命论，但又受俄罗斯的神秘主义认识论的影响，用神秘主义的直感去判断是非。所有这一切都是俄罗斯人独有的性格特征和情韵。在俄罗斯文学中尚未出现复杂的大性格人物形象的时代，莱蒙托夫在一本篇幅不大的小说中塑造出如此准确而又深刻地反映民族特征的主人公形象，其成就确实是很伟大的。如果说普希金的达吉雅娜有一个俄罗斯的灵魂，那么，莱蒙托夫的毕巧林无疑也有一个俄罗斯的灵魂。只不过达吉雅娜体现的是俄罗斯灵魂的圣洁，而毕巧林体现的是俄罗斯灵魂的深在复杂性。

此处多说一句，诗人之所以把这一切描绘得惟妙惟肖，除艺术造诣之外，还因为他本人就是超人天才和恶魔本性两重人格的范例。他时刻感到自己的特殊才能和使命，又感到恶魔般的意志和力量。这种写法后来被陀思妥耶夫斯基大加发扬和深化，塑造出了拉斯科尔尼科夫和戈利亚特金等以人格分裂著称的人物形象。这类源起于莱蒙托夫的人物形象对揭示俄罗斯人心灵奥秘的深化有很大的拓展作用。

其三，莱蒙托夫通过毕巧林及恶魔等其他人物形象开创了俄罗斯文学艺术地体现哲学思想探索的传统，是后来高度哲学化文学创作大师的先行者。这里必须指出，莱蒙托夫不是哲学家，也不是理论家，他在自己作品中所探讨的不是学院派研究的形而上学的哲学理论，而是生活中同人的生死、生命意义、善与恶、爱与恨、人与自然的关系等相关的哲学问题。这正是俄罗斯文学中后来探讨的哲学思想的重要领域。奥涅金虽然也思考生存的意义,但并没有做深入的哲学思考,"他是一个把一切都看得习以为常和什么都过得去的人"①。他的心灵常态是寂寞。而毕巧林不是这样的人。他对自己的痛苦不是无所谓和无动于衷的:"他疯狂地追赶着生活,到处寻找它;痛苦地责备自己的迷误。他的内心不停地提出各种问题,令他不安和痛苦,他在自省中寻找着解决这些问题的答案,窥视自己心灵的每一个活动,审视自己的每一个思想。"②毕巧林是俄罗斯文学中第一个把生命意义追问到死的人。他在由于无聊和无所事事而做了破坏性的事情以后,总是要做深刻的反思:活着是为了什么? 生有什么抱负? 他认定,抱负肯定是有过的,上苍赐予他的使命想必很崇高,然而他却未能领悟到。他全靠自己的高傲和自命不凡的智慧绝对自由地引导自己的行动。他十分自如地进入任何一种陌生的环境并轻松地扮演起这种文化语境中的角色:在高加索的山民中,他就像一个地道的山民;在走私者中间,他又像个走私者;而在上流社会的贵族中,他瞬间恢复了贵族的面貌;在议论生命是否有定数时,他简直成了哲学家……

总而言之,在任何情况下他都不依重信仰。毕巧林的人生悲剧告诉人们,如果没有信仰,从利己主义的立场任凭欲望的诱惑而任意妄为,无论经历过什么样的苦难,最终都只能成为有害于社会的破坏者。

通过毕巧林的各种否定特征,"莱蒙托夫揭示了 19 世纪 30 年

---

① Лебедев Ю В, Литература 10 класс в 2 частях: 1 часть. М.: Просвещение, 2008, с. 194.

② Лебедев Ю В, Литература 10 класс в 2 частях: 1 часть. М.: Просвещение, 2008, с. 194.

代他的同时代人存在的一个根本性病症,它具有纯精神性根源——哲学中隐含着智慧控制欲和人理性的高傲的危险"①。这正与他们失去了东正教的信仰有关。莱蒙托夫在塑造毕巧林的形象时,突出了他的闪光智慧,而与这种智慧并存的是他的利己主义、控制欲、自爱和破坏欲。这些品质都是东正教所憎恶的,也是作者所批判的。从小说《当代英雄》第二版的序言中可以看出,作者写这部作品的目的就是要抨击他同时代人的种种恶习,这些恶习产生的原因,即是当时社会上存在的上述有害精神病症及其哲学思想根源。就本质而论,这是一种机械决定论,或者形而上学决定论。按照毕巧林的说法,他之所以从一个纯真善良的少年逐渐蜕变为一个心存恶念、行为卑劣的人,完全是由周围人造成的,这是一种因果关系,也是一种必然性,完全否定人的主观能动性和积极作用。莱蒙托夫在多大程度上是有意识地从东正教立场来批判世俗智慧的否定方面,这很难说,因为他本人也并不是一个虔诚的教徒,不喜欢在作品中谈论宗教信仰的问题。但他并不是没有宗教意识,从他毕生所追寻的人生最高境界总是和上天相联系来看,他的世界观还是固有一种宗教性。他最钟爱和崇仰的是天使,他在诗作中总是向天使瞩望,用天使来象征人间所没有的圣洁无瑕和慈爱。可见,诗人的美好理想与俄国上流社会的世俗是格格不入的,它只能到另一个世界去求索。

从小说《当代英雄》对俄国19世纪30年代一代人的恶德和无所作为的揭示中我们认识到,他们的个人主义根源在于当时流播在上流社会中的一定生活理念,不只是心理层面的问题,也不只是来自表面的社会现象,而是一种世界观,是生命哲学。它要回答的

---

① Лебедев Ю В, Литература 10 класс в 2 частях:1 часть. М.:Просвещение, 2008, с. 199.

是生命意义、人的使命及人存在的基本价值等问题。只有对这些具有本质意义的哲学问题做出透辟的分析，才能准确地把握主人公心灵深处的一切活动和他外在行动的一切动因。莱蒙托夫以自己在创作中的艰苦卓绝的精神探求开启了俄罗斯文学哲学思想探索的光辉历程。毕巧林灵魂中的苦斗吸引出了安德烈·鲍尔康斯基、皮埃尔·别祖霍夫、伊万·卡拉马佐夫等一系列后继者。

莱蒙托夫的一生是过于短暂的，然而，就是在十几年的创作生涯中，他却做出了无与伦比的天才闪光的伟大业绩。继普希金之后，他又开拓了俄罗斯文学人文精神探索的广阔视野，把俄罗斯文学引向对人内心世界的关注，深入地探求民族灵魂深处的奥秘。无论他做什么样的思索，也无论他在思考谁的事情，最终他的思绪都要回到自身，思想的深处总是朝向自己。[1]"没有一个俄罗斯诗人像莱蒙托夫一般拥有自我感觉的如此巨大力量。"[2]他一生都在痛苦地寻求自己生命的意义和目标，痛恨没有生活目的匍匐着的同时代人，而遗憾的是，最终他也未能找到。在他对自己的超常天才和伟大使命的意识中，弗拉基米尔·索洛维约夫窥见了尼采学说的幼芽，包括他的情感和思想，所以他认为莱蒙托夫是尼采理论的直接奠基人，而诗人的哲思后来在尼采的著作中得到了阐释。[3]索洛维约夫还认为，莱蒙托夫未能理解自己做强有力的人们的领袖的使命，未能走上通向真正超人——神人类即基督教的道路，所

---

① Маркович В М，Потапова Г Е，М. Ю. Лермонтов：pro et contra. СПб.：РХГИ，2002，c. 335.

② Маркович В М，Потапова Г Е，М. Ю. Лермонтов：pro et contra. СПб.：РХГИ，2002，c. 335.

③ Маркович В М，Потапова Г Е，М. Ю. Лермонтов：pro et contra. СПб.：РХГИ，2002，c. 351.

对未来的回忆——纪念莱蒙托夫诞辰200周年随想

以他夭折了。<sup>①</sup>而梅列日科夫斯基却持有不同的看法。他认为,莱蒙托夫毕生都在追索一种永恒,这种永恒就隐含在他儿时母亲唱的歌中。虽然他早已不记得歌词了,但他总是感动得泪流满面,他觉得那是天使的声音,充满了诗人渴望的美好的一切,是他永远不能忘记的永恒,使他无法逃离,也无法追回。无论他遇到了什么,也无论他写什么,最终都要回到这种对永恒的追忆。人们都在回忆过去,而莱蒙托夫却要从对过去的回忆中步入未来,所以对于诗人来说,回忆过去就等同于回忆未来。<sup>②</sup>

笔者以为,梅列日科夫斯基说这番话不是为了语出惊人,也不是卖弄,而是想强调对莱蒙托夫诗歌思想从过去穿越到未来的永恒价值的探索,而其中正蕴藏着伟大诗人的诗魂。

**参考文献**

[1]Маркович В М, Потапова Г Е. М. Ю. Лермонтов: pro et contra[M]. СПб.: РХГИ, 2002.

[2]Белый А. Мастерство Гоголя[M]. М.: МАЛП, 1996.

[3]Котляревский Н А. Михаил Юрьевич Лермонтов: Личность поэта и его произведения[M]. М.: Центр гуманитарных инициатив, 2013.

[4]Лебедев Ю В. Литература 10 класс в 2 частях: 1 часть[M]. 10-е изд. М.: Просвещение, 2008.

[5]莱蒙托夫. 莱蒙托夫诗歌精选[M]. 余振, 编. 3 版. 太原:北岳

---

① Маркович В М, Потапова Г Е, М. Ю. Лермонтов: pro et contra. СПб.: РХГИ, 2002, c. 351.

② Маркович В М, Потапова Г Е, М. Ю. Лермонтов: pro et contra. СПб.: РХГИ, 2002, c. 360.

文艺出版社,2010.

［6］莱蒙托夫. 莱蒙托夫抒情诗全集［M］. 余振,译. 杭州:浙江文艺出版社,1994.

［7］莱蒙托夫. 当代英雄［M］. 吕绍宗,译. 南京:译林出版社,1994.

对未来的回忆——纪念莱蒙托夫诞辰200周年随想

# 并非不可解读的神秘

## ——果戈理灵魂的复合性与磨砺历程①

"写作是宿命。写作是天意。写作是不幸。"В. В. 罗扎诺夫于1912年5月3日写的这句话虽无特别的针对性,然而,用在果戈理身上却十分合适。当初他心急火燎地非要上彼得堡不可,本来是想做高官,写作不过是他的爱好。做官未能如愿以偿,不经意间,他在文学创作上却取得了令人瞩目的成就,后来历尽辉煌和苦涩,竟成为俄罗斯文学史上独领风骚的喜剧大师。纵观果戈理的一生,似乎总是被一种神秘主义的宿命笼罩着。

若论俄罗斯文学中喜剧艺术(也包括长诗和小说)的成就,果戈理确实无人能比肩。对果戈理持有许多否定评价的 В. В. 罗扎诺夫甚至说:"谢德林站在果戈理身边,就像亚历山大·马其顿身边的马夫……果戈理就是亚历山大·马其顿,他所征服的疆域与马其顿同样广阔。"②诚然,罗扎诺夫不是在正式的评论中而是在喝晚茶时说的这番话,但喝茶不是喝酒,说话时是很清醒的。他之所以要做这样的比喻,笔者以为,主要目的不是贬低谢德林,而是赞美果戈理作为喜剧大师的伟岸,他的多方面开拓和建树的无可企及。

罗扎诺夫的话其实并不过分。果戈理作为俄罗斯文学的一代

---

① 原载《俄罗斯文艺》2009 年第 3 期。

② Розанов В В, Сочинения в 2-х томах: Т. 2. М.: Правда, 1990, c. 442.

巨擘,可以毫不夸张地说,他的出现对俄国文坛和文学史发展的走向起到了震古烁今的作用。他以自己未经雕琢的本真姿态犹如一匹黑马跃上了俄罗斯文学的最高台阶,无意间打破了普希金创立的和谐、爱、自由和美的世界,用魔鬼、魔法、庸俗、恐怖、忧郁和引人大笑的幽默与嘲讽压倒了一切。他仿佛是专为颠覆普希金的传统而闯入文学艺术圣殿的。

不过,对于果戈理这个人,他的思维方式、言谈和行为却让文学界的同行和朋友觉得有许多十分怪异和难以理解的地方,有时甚至令人感到异常荒诞。如法国评论家安里·特鲁埃亚所说,他简直像是他自己的作品中走出来的一个人物。还有人说,果戈理就像一口深井,你无论往里看多深,永远也看不到它的底。甚至你越往里看,就越难做出判断,你会失去头尾、入口和出口,你会迷路,疲惫不堪。返回原地时,对于看到的东西你甚至给不出近乎清晰的答案。① 许多研究者都认为,他比陀思妥耶夫斯基还难以理解,因为他把许多不可解的奥秘都带进了坟墓。这种看法直至今日仍很普遍。

其实并不完全是这样。尽管果戈理本人与他的作品有许多神秘难解的地方,但并非不可解读。近年来发表的许多研究成果都在这方面取得了不小的进展,对我们进一步解析他的神秘颇有启迪。

## 果戈理精神本源的复合性

我们都知道,陀思妥耶夫斯基的童年生活很不幸福,后来,他

① Синдаловский Н А, Призраки Северной столицы: легенды и мифы питерского зазеркалья. М. : Центрполиграф, 2006, с. 9.

又有一番非常的经历,这造成了他身体和神经的不健康,甚至病态人格。同样,果戈理的童年和他的健康状况也是很不寻常的,而且这在很大程度上影响了他的宇宙观、思维方式和艺术创作的独特性。

作为古老哥萨克的后裔,果戈理的父母都笃信东正教,他的曾祖父还是东正教的神甫。果戈理一出生,便进入了十分浓郁的虔诚信仰上帝的气氛中。对于哥萨克的宗教生活,后来他在《塔拉斯·布尔巴》中做了一些描绘。不过,年幼的果戈理对宗教并没有什么认识,也没有信仰的热情。他经常被带到教堂里去,听《日读月书》的诵读,或者是做祈祷。后来他回忆说,他在教堂里其实什么也没有得到,只看见神甫和别人祈祷。他并不喜欢宗法制宗教的精神,甚至在心理上很敌对。未来作家对上帝也并没有爱。这在他给母亲的信中写得清清楚楚:"有一次,我现在还清楚地记得,我请您给我讲讲末日审判。您给我这个小孩讲得那么好,那么清楚,那么生动。您讲了那些一生都有美德的人将享有的幸福和那些罪人将要遭受的永恒痛苦。这震撼了我并唤起了我的全部感动。后来,这在我心中灌注了最崇高的思想。"①这是因为果戈理自幼身体十分虚弱,过于敏感,而且情绪很不稳定,有一种与生俱来的神秘主义灵感,这与他的母亲有直接的关系。果戈理的母亲玛丽娅·伊万诺芙娜温柔、善良而有爱心,神秘主义思维极强,有先知的预感,而且天生患有一种恐惧症。在她的宗教情绪中有浓重的对将要发生的灾难和死亡的恐惧,经常感到恶灵的存在,并且吓得发抖。她的心总是被说不清的惶恐和不安折磨着,时常出现各种晦暗的念头,总是疑神疑鬼。果戈理从母亲那里遗传到了这一

---

① Мочульский К В, Гоголь, Соловьев, Достоевский. М.: Республика, 1995, с. 8.

切,由于他天生精神脆弱,这些特征就更加突出。所以他对恐惧有一种特殊的敏感,很易于接受恐怖的宗教神话。可以说,《圣经》中末日审判的可怕情景在他的心灵中造成的潜在影响实在是太大了,甚至影响到一生的创作思想。这种灵魂深处的恐惧从童年时代起就令他痛苦不安,经常产生莫名的忧伤。这使他创作出《维》这样的作品,有人将其称为俄罗斯恐怖文学奠基作之一。此外在《旧式地主》中果戈理描绘了他内心深处对宇宙存在和死亡的自发恐惧感。在这一多神教的基础上,他把基督教作为罪恶和报应的宗教来理解。① 这是我们在研究和理解他的思想和行为时必须充分认识到的。除此以外,波兰天主教对年幼的果戈理的世界观和信仰也有不容忽视的影响。他的家族来自曾经信奉波兰天主教的乌克兰部族。波兰的宗教信仰十分复杂,直到 18 世纪,天主教为其国教,但还有许多人信奉新教和东正教,也有人信奉共济会。而在此之前,波兰人的信仰更是多样,而且具有宗教宽容的传统,所以,波兰曾被称为"异教徒的避难所"②。那里的东正教徒曾有 400 多万人,"但大部分成员,实际上其整个特权阶级,包括其主教在内,由于改奉东仪天主教的礼仪而成为罗马天主教徒"③。乌克兰人曾举行起义反对波兰地主强制性的宗教措施。后来,С. П. 舍维廖夫发现,果戈理的信仰有一些天主教的特征,诸如宗教狂热、自

① Мочульский К В, Гоголь, Соловьев, Достоевский. М. : Республика, 1995, с. 9.

② A.古德温编:《新编剑桥世界近代史:第 8 卷 美国革命与法国革命:1763—1793 年》,中国社会科学院世界历史研究所组译,中国社会科学出版社,1999,第 435 页。

③ A.古德温编:《新编剑桥世界近代史:第 8 卷 美国革命与法国革命:1763—1793 年》,中国社会科学院世界历史研究所组译,中国社会科学出版社,1999,第 438 页。

慰和把上帝的意志当成自己的意志的意向等①，并且，果戈理还接受了波兰天主教有关魔鬼和魔法的一些观念。依照天主教的神学理论，在魔鬼的帮助下，魔法倒是有可能的。② 这是果戈理成为地狱和魔鬼的艺术家的部分心理和精神积淀。B. B. 罗扎诺夫甚至认为从这个角度而言，果戈理"属于艺术家 – 心理学家"③。因为在罗扎诺夫看来，这类艺术家的一些特点，也为果戈理所具有，诸如：这类人"一向都是病人，是精神开始低落的人，他失去了心理生活的完整性，虽然还没有到神经错乱和发疯的程度"④。与此同时，"他的心灵如此孤僻，以至于不能触及任何一个另外的心灵。正因为如此，他才能感觉到外在形式、运动、状貌和状态的全部鲜明性"⑤。就是这个原因，使果戈理"用僵化的目光看了看生活，就只看到了其中的死灵魂。他在自己的作品中根本没有反映现实，而只是以奇妙的技巧描绘了一系列讽刺现实的动态漫画：由此它们被记得比任何鲜活的形象都牢固"⑥。俄罗斯文学的虚无主义也便

<hr>

① Виноградов И А, Гоголевский вестник: Выпуск 1. М.: Наука, 2007, с. 14.

② 罗素:《西方哲学史》，何兆武、李约瑟译，商务印书馆，1982，第558页。

③ Соколов Б В, Расшифрованный Гоголь: Вий, Тарас Бульба, Ревизор, Мертвые Души. М.: Эксмо, 2007, с. 8 – 9.

④ Соколов Б В, Расшифрованный Гоголь: Вий, Тарас Бульба, Ревизор, Мертвые Души. М.: Эксмо, 2007, с. 8.

⑤ Соколов Б В, Расшифрованный Гоголь: Вий, Тарас Бульба, Ревизор, Мертвые Души. М.: Эксмо, 2007, с. 8.

⑥ Соколов Б В, Расшифрованный Гоголь: Вий, Тарас Бульба, Ревизор, Мертвые Души. М.: Эксмо, 2007, с. 8 – 9.

由此而来,"没有果戈理和在果戈理之前虚无主义是不可思议的"①。

对果戈理的宇宙观和创作还有一个极其重要的影响因素,那就是乌克兰的民间文化和传说。其中既有基督教的因素,也有多神教和其他民间宗教信仰及迷信。果戈理的祖母达吉雅娜·谢苗诺芙娜在这一方面起的作用非常大。她知道许多民歌、童话和民间故事。她给果戈理讲的有些故事十分恐怖,其中充满了妖魔鬼怪,幼小的果戈理听了吓得魂飞天外。有一次,竟然发生了这样的惨剧:一天的黄昏时分,果戈理一个人待在家里,他开始害怕起来,把一只走到跟前的小猫当作恐怖故事里的魔鬼,扔到水塘里给淹死了。由此可见,这种故事对未来喜剧家心灵的影响多么大。这些民间传说和故事都是乌克兰人世代相传的民间文化财富,它们以独特的内容和幽默感激发了未来喜剧家的艺术灵感,赋予了他神秘主义的思维方式,使他对魔鬼、巫师、魔法、地狱、死亡等产生了浓厚的兴趣,并为他一生的创作题材定下了基调。乌克兰的民间文化使果戈理确信:鬼会诱导人,让他们去做恶事。他的乌克兰同胞自古以来所遵行的生活原则就是"爱上帝,但不得罪鬼"。而果戈理是不怕得罪鬼的,正如 Д. С. 梅列日科夫斯基所认为,果戈理整个一生都在与鬼斗争,而最终在这个斗争中却遭到了失败。②失败归失败,但伴随果戈理一生创作的魔鬼却成了他笔下的神话的主角,成为他创作的神话诗学的核心元素,并被他赋予了与众不同的独特个性。果戈理神话王国中被各种迷彩所遮蔽的似人非人

① Соколов Б В, Расшифрованный Гоголь: Вий, Тарас Бульба, Ревизор, Мертвые Души. М.: Эксмо, 2007, с. 9.

② Соколов Б В, Расшифрованный Гоголь: Вий, Тарас Бульба, Ревизор, Мертвые Души. М.: Эксмо, 2007, с. 6.

并非不可解读的神秘——果戈理灵魂的复合性与磨砺历程

· 41 ·

的魔鬼形象及作者发出的魔鬼般笑声,以如此巨大的穿透力呈现出并击中了人性和社会的弱点及邪恶方面,从而使无限夸张到荒诞无比的幻想或魔幻世界获取了严酷的真实性和现实意义。在这一方面彰显出来的喜剧大师的灵感和非凡艺术天才令世界读者赞叹不已。

由于果戈理深深地受到魔鬼的吸引,并专注于对它的深入细致的探索和挖掘,天性单纯、善良而又胆怯的果戈理的内心世界受到极大的消极影响,他本来就固有的迷宫式思考方式由此变得更加杂乱无章,使他的智慧时隐时现,思维断断续续,思想常常跌入无底深渊,头脑中各种表现否定人格的愚蠢和庸俗的鬼脸及怪诞的阴暗画面层出不穷。果戈理既为自己独具的巨大喜剧天赋而骄傲,对描绘各种丑类的漫画乐此不疲,也为自己只善于描绘各种魔鬼和丑类而懊恼。连他自己都不明白,他为什么只能用这种方式来表达自己的审美理想。潜在的消极心理使他十分不自信而又胆怯。稍遇失败或不理想的处境,他就准备逃之夭夭,远离彼得堡和莫斯科,以躲避批评和议论。因为他的心灵深处是对世界的恐惧、对上帝的惧怕,没有支持他奋进的精神支柱,他经常感到"可怕的心灵荒漠"带来的孤独无助。

这种心理状态直接造成了果戈理创作的一个突出特征,作家在《作者自白》中对其做了很清楚的阐释:"在我已经问世的早期作品中读者发现的那种快活的原因,是某种心灵的需求。我常常感到自己也说不清楚的阵阵莫名忧郁,这可能来自于我生病的状态。为了排解郁闷,我便臆想出所有我能想出来的可笑的事,想出来一系列可笑的人物和性格,完全不在乎这是为什么,这会给谁带来好处。"①这种喜剧性的狂欢格调和到处都渗透出来的幽默感及

① 特鲁瓦娅 A,Николай Гоголь. М.:Эксмо,2004,с. 110 – 111.

喜剧人物的荒诞可笑言行的产生,显然如果戈理本人所说,来自于心灵的需求。但在这方面我们还可以做一点补充。果戈理在涅仁中学读书时,由于他十分弱小,总是缩成一团,穿的衣服又不应季,又小又尖的脸从裹在身上的一大堆衣服中露出来,好像是麻雀的脑袋。同学们立刻开始取笑他,觉得他像一只夜鸟,不像一个人。总之,老师和同学都不喜欢他。同学们像欺负野孩子一样欺负他,他对所学的课程也丝毫不感兴趣。这种痛苦的日子对于一个孩子来说,实在是太难熬了。只有在别人不来折磨他、不找他的麻烦时他才能感到一点自在。同学们之间都叫他"神秘的小矮人"。极端压抑的环境使少年果戈理的一些潜质突出地发展起来,除了孤僻和沉默寡言以外,他愈益明显地表现出异常敏锐的观察力和尖刻嘲笑他人的超强能力。他随时准备嘲弄一些老师和同学,这是他唯一感到开心的事。并且,他把自己的表演才能用来装病、发疯,以逃避违反纪律应受的惩罚。他的突然迸发的不可遏止的大笑令所有的人手足无措,而他在这种宣泄中释放了自己的压抑和苦闷。这种玩笑人生的态度果戈理一直保持了很久。他感到这样做不仅很快活,而且可以向人们炫耀自己的讽刺和表演才能、用倒错达到幽默的效果及把黑色说成玫瑰色的本领。从快乐到沮丧的过渡对他而言不需任何原因,而到了真正失望的时候,他又表现得十分冷静。

总之,童年和少年时代形成的独特心理、意识及各种复杂的感受,在相当大的程度上决定了未来作家创作的喜剧内容与诗学特征,同时也注定了他对宗教信仰的态度和人生悲剧。

上述诸多因素使果戈理的文学创作天赋绽放出与众不同的奇光异彩,在俄罗斯文学进程的重要阶段深深地改变了它的情绪和气质,播撒了惶恐不安、痛苦和自我谴责等撼动灵魂的情韵。与之相关,他开创了文学中的俄罗斯式忧郁气质,人们因此称他为"俄罗斯文学的忧郁之父"。并且,他还为俄罗斯文学打开了通向幻想、荒诞和恐怖之门,为俄罗斯文学开启了许多后来称为现代主义乃至后现代主义的风格和技巧。

## 灵魂磨砺的新历程

父亲的病逝、家庭的困境和少年时代的屈辱使果戈理的精神十分压抑,这促使他下定决心要出人头地。如前已述及,天生富于幻想力的果戈理在中学毕业以后开始梦想做官,放弃了成为伟大作家或画家的理想,一心想当国务大臣,觉得这是为人类谋求幸福的最好办法。他闭上眼睛,想象着自己已经达到了荣誉的顶峰,当上了参政员、大臣……被想拜见他、向他示好的人群包围着。[①] 为此,他必须去彼得堡。他按自己的习惯做法把这说成是上天的旨意,是他已故父亲的安排。他在 1827 年 3 月 24 日给母亲的信中,说父亲这个纯洁高尚的天使鼓励他去做大事,并且说:"我感到自己有开启重要、崇高工作的力量,以服务于祖国的利益、公民的幸福和他们生活的福利。以前我一直没有下定决心,也不自信,现在我燃起了高傲自我意识的火焰,我的灵魂似乎看到了这个非尘世的天使,他总是坚定不移地指出应满怀热情追索的目标……一年以后我将进入国家服务机关。"[②]

就这样,果戈理真的来到了圣彼得堡,怀着进入天堂一般的美好憧憬和各种梦想。然而,接待他的这座城市绝不是他所幻想的那样。这座潮湿、冰冷的俄罗斯大帝国的北方首都令果戈理大失

① Дунаев М М, Православие и русская литература: Ч. 4. М.: Христианская литература, 1998, с. 47 – 48.

② Труайя А, Николай Гоголь. М.: Эксмо, 2004, с. 48.

所望。在这座极端势利、奢华和人欲横流的西欧式的大都市里,他感到十分无助和无奈,立即陷入了底层人的境地。虽然在一位大人物的帮助下,他在机关里有了一份抄写员的工作,但收入却十分微薄,他的生活异常拮据。看来,要实现他的人生目标,实在是太难了。卑微的心理使他身上早已萌生的赫列斯达科夫的潜质逐渐显露出来。为了能够在彼得堡挣扎下去,他用说谎和编造故事的手段不断地向母亲要钱,使本来就不富裕的家庭又背上了沉重的经济负担。母亲无奈,只好不断地变卖家产。出人意料的是,这个十分软弱、胆怯的人在彼得堡却表现出了异常的顽强和大胆,他无论如何不想回到乌克兰去,一定要在彼得堡干出一番大事业。做官的梦想幻灭了,他又想通过文学创作展现自己的天才。在他还未取得任何成就的情况下,事先不打招呼,他径直到普希金家去按门铃,被普希金拒之门外。吃了这个闭门羹,果戈理丝毫不灰心,他决定创作一些以乌克兰民间故事和传说为素材的小说,于是给母亲和姐妹写信,让她们给他收集这方面的材料。他之所以选择这样的题材,与他的创作素材积累有关,也与彼得堡的人文环境有很大的关系。

彼得堡的地理位置决定了这座城市人文文化的一些独具特征。"在世界上人口超过一百万的所有大城市中,彼得堡是最北方的一座。它位于世界地理坐标系的北纬 60 度,在新西伯利亚和马加丹的北方,仅在雅库特以南 2 度,与北堪察加处于同一个纬度。虽然,它曾被不可救药的浪漫主义诗人歌颂过,但按照专家的权威性看法,彼得堡是'人生存的危机地带'。"①所以,生活在这里的人容易处在精神和心理的紧张状态,"每个到这里来定居的人,无论

① Синдаловский Н А, Призраки Северной столицы: легенды и мифы питерского зазеркалья. М. : Центрполиграф, 2006, с. 191.

并非不可解读的神秘——果戈理灵魂的复合性与磨砺历程

他是富有的地主、大贵族或者贫穷的农民，都认为这是极大的不幸"①。在这种气氛中，人们开始编造各种各样的神秘色彩极浓的故事和与神话相类似的传说，从沙皇到各色人物都被编了进去，成为所谓彼得堡的城市民间文学。其中最为我们熟知的如作为《青铜骑士》、《黑桃皇后》和《鼻子》等原型的民间传说。在这些民间故事中，此岸与彼岸世界的界限消失了，人、神、鬼的差异不存在了，人们以神秘主义的思维方式对这些传说宁肯信其有，不肯信其无。各种神秘的形象、幻影在冥冥之中游荡在这座雾气沉沉的阴冷的北方都城中。置身在这种文化背景下，果戈理本来就超强的神秘主义幻想飞扬起来，加上他的乌克兰民间故事的丰厚积淀，他不太费力就成功地创作出《狄康卡近乡夜话》并获得了如潮的好评。这是他到彼得堡以后最美妙的时刻。他不无夸张地意识到自己身上蕴藏着的伟大喜剧天才，开始像赫列斯达科夫那样信口吹牛，在给母亲的信中忘乎所以地夸大自己的成绩，说他已经写出来的这些作品算不了什么，人们很快就会看到他能做什么。他兴高采烈地谈论与普希金、茹科夫斯基和克雷洛夫等名人的交往，甚至还谈到与一些闻名遐迩的大臣、公爵、将军及贵妇人的交往等。在给普希金的信中他有意夸大排版工人对他小说的喜剧效果的肯定，说他们每个人见到他都忍不住笑起来，用手捂着嘴，笑得转过身去……印刷厂的管理人员对此解释说，他们都觉得他的作品实在太有趣了，给他们带来了很大的快乐。实际上，排版工人中可能有人向他微笑过，但不可能每个人见到他都笑得要死。可见，果戈理是在用夸张的手法向普希金显示他的喜剧才能，以此为自己进入大文学家的行列做舆论准备。更为可笑的是，果戈理还在信中

---

① Игнатова Е А, Записки о Петербурге. СПб. : Амфора, 2005, c. 21.

与普希金一家人套近乎，为普希金夫人写了一些良好的祝愿，而他却连她的名字都记错了，把"娜塔丽娅"写成了"娜杰日达"。所以普希金在回信中委婉地指出了他的错误："您的娜杰日达·尼古拉耶芙娜，也就是我的娜塔丽娅·尼古拉耶芙娜，感谢您的良好祝愿。"而且，完全理解果戈理夸耀自己作品喜剧效果的用意的普希金还写道："祝贺您的第一个重大成功，即为排版工人带来的快乐和印刷厂管理人的解释。"①

诚然，《狄康卡近乡夜话》确实取得了很大的成功，评论界和著名作家都充分肯定了果戈理对乌克兰习俗描写的生动和精彩，而且特别赞扬作品富有的幽默感、快活、诗意和人民性，以及作家浓墨重彩地描绘的各种哥萨克、他们的妻子、神甫、巫师、江湖艺人、鬼魔和朴实的农民等形象。这种肯定和文学界对果戈理的关注当然令人激动和兴奋，但果戈理的感受却太夸张了。他在给达尼列夫斯基的信中说："现在我若是不感到自己已经接近了七重天，那就见了鬼了。"②虽然随后发表的一些作品，如《密尔格拉德》和《小品集》并未取得果戈理所预期的轰动效果，但它们都是成功的，进一步确立了果戈理的天才作家的声誉。这一时期可以说是作家一生中感觉最良好、心情最轻松和思想最单纯的时期。在踌躇满志的同时，果戈理急切地渴望进一步向上攀升，创作出更能显示自己天才的伟大作品。

值得注意的是，果戈理一旦离开了乌克兰，就再也不提自己是乌克兰人，除了不多几次的探亲、心灵受伤之后"舔伤口"和收集必不可少的创作素材之外，他很少回到家乡，他把自己完完全全地归入了俄罗斯作家的行列。在他由于发表《狄康卡近乡夜话》而一举

① Труайя А, Николай Гоголь. М. : Эксмо, 2004, с. 105 – 106.

② Труайя А, Николай Гоголь. М. : Эксмо, 2004, с. 108.

成名之后,生怕人们把他当成乌克兰城镇作家和哥萨克问题专家。他所要的是俄罗斯乃至世界的博大领域和声望。做不成高官,在从事文学创作的同时,他还决定做历史学家,认为自己在这方面有伟大的天才。他的计划十分宏伟,不用说乌克兰历史,就是俄罗斯历史对他而言都是微不足道的,他必须研究世界通史。他的整个身心都被这种对历史的狂热和狂想激荡着。于是,他毅然决定到大学里去研究和讲授世界通史,这种成为世界历史大专家的梦想直到他在彼得堡大学讲坛上一败涂地而告终。

果戈理对自己的故乡乌克兰的这种态度,令乌克兰人对他敬而远之。在未到这位大师的故乡乌克兰时,笔者想象着乌克兰人对果戈理是多么崇敬、热爱。可是,到那里却难得见到果戈理的雕像,人们在谈论乌克兰的文学时,首先提到的都是谢甫琴科,几乎不涉及果戈理。尽管乌克兰人承认果戈理在乌克兰生活描写方面的成就无人能企及并且对他很景仰,但却认为,既然果戈理一直自认为是俄罗斯作家,而俄罗斯也把他看作自己的作家,乌克兰人也就不必强求了。诚然,果戈理一向自称俄罗斯作家也没有什么不对,因为自基辅罗斯以来,俄罗斯人的称谓就含有乌克兰人、白俄罗斯人和现在的俄罗斯人,而且有许多历史学家认为,在古代这几个民族是没法区分的。但是,在俄罗斯历史上,且不论鞑靼人入侵以前的部族在第聂伯河形成时的史实,在 14 世纪的文献中,古罗斯的西南部已经有了名称。① 这些乌克兰人是由重新回到第聂伯河流域的古罗斯人及古老的东方游牧民族的后代组成的,他们参与了 15 世纪向第聂伯河的迁徙。他们在历史上饱受波兰和立陶宛贵族的奴役,并受到土耳其人等外族人的侵略,是一个苦难深重

---

① Ключевский В О, Русская история：Т. 1. М.：ACT, 2002, c. 247.

的民族。17 世纪乌克兰人在博格丹·赫梅利尼茨基的领导下进行了民族解放的战争，实现了与俄罗斯的联合。尽管乌克兰人长期处在立陶宛贵族、波兰贵族的统治之下，并且在 18 世纪末期第聂伯河右岸的乌克兰又与俄罗斯合并，乌克兰作为一个独立的民族的存在却是无人否定的事实。这个民族在漫长的历史进程中形成了独有的文化心理和性格。以查布罗什人为代表的乌克兰哥萨克的骁勇、善战的突出特征举世皆知；乌克兰人与命运抗争、捍卫民族独立的意识十分强烈，顽强而隐忍。而与此同时，一方面，由于这个民族的命途多舛，他们的气质有些忧郁，特别富有幻想力和艺术创造力，但不够果断，心理上不是很强势，也不像俄罗斯人那样锋芒毕露。另一方面，这一民族异常重情，崇尚群体精神，对信仰十分忠实。这些闪光的品质颇受世界各族人民的赞赏。

　　果戈理作为一位伟大的乌克兰作家，是乌克兰人很引以为自豪的，自然，乌克兰人也很珍视他所留下的宝贵文学遗产。现在乌克兰经常在电视屏幕上播放果戈理的作品改编的电视剧。一位俄罗斯学者对此类现象颇不以为然，说"俄罗斯人、白俄罗斯人和乌克兰人——这还不是民族，至少不是文化，他们只是有希望在不确定时限的未来成为文化"[1]，还说"俄罗斯文化的特征之一是欢迎无论在哪里出现的伟大的东西，并把它接纳入自己的精神机体中来。它正是以此早就确定了自己是世界的而不是地方的现象"[2]。这位学者还说，现在"每个民族都极力想在俄罗斯的名人中找出'自己'民族的人，并把他们列入自己民族的名人行列中。我们可

---

[1] Гудзенко А И, Русский менталитет. М.: АиФ Принт, 2003, c. 17.

[2] Гудзенко А И, Русский менталитет. М.: АиФ Принт, 2003, c. 16.

以微笑着观看这个沙文主义的游戏"①。

笔者以为,这些话如果用在今天乌克兰人对待果戈理的文学遗产的态度上未必合适。第一,乌克兰人无疑是一个独立的民族,并且有它自己的文化;第二,果戈理是实实在在的乌克兰人,他从乌克兰民间文化、文学中汲取的一切滋养了他一生的创作,而且,他的性格、心理、气质等也都具有民族的特征;第三,从《狄康卡近乡夜话》《塔拉斯·布尔巴》和《密尔格拉德》直到《死魂灵》的第二部,果戈理在创作中都利用了乌克兰的很多素材及由此产生的灵感,在《死魂灵》第二部的创作进入艰难时期以后,他又回到家乡详细地考察农村的情况,以使自己的作品既能反映现实,又具有心理深度。这两个特点正是他后期创作极力要在作品中体现的。果戈理在公开场合从来不说自己是乌克兰人,这并不是因为他不热爱自己的民族和家乡。在到圣彼得堡以后,他十分想念乌克兰,经常与自己的乌克兰同乡聚会,做乌克兰菜,唱乌克兰民歌。这对他是极大的心灵慰藉。但另一方面,不可否认,果戈理有极强的虚荣心,他觉得说自己是乌克兰人会低人一等,并且,他预感到自己会成为一个伟大的天才作家,他心中只有荷马、但丁、莎士比亚和普希金。从到圣彼得堡开始,他就进入了为自己制造的高悬在空中的梦幻世界。他觉得圣彼得堡是天堂,是他的希望和命运之星,而他生活的外省的闭塞小地方算不了什么。这为俄罗斯文学史独霸果戈理提供了理由。我们今天重提这个问题并不是狗抓耗子,而是为了探讨喜剧大师作品的民族性的问题。就连果戈理本人也不能否认他灵魂深处的乌克兰情结。果戈理在给 A. O. 斯米尔诺娃的信中曾经说过:"关于我的心灵是乌克兰的还是俄罗斯的,我要

---

① Гудзенко А И, Русский менталитет. М.: АиФ Принт, 2003, c. 14.

对您说出的是一句话:我本人也不清楚,我的心灵是什么样的。"这样看来,在俄罗斯出版的《俄罗斯人民大百科全书·俄罗斯文学卷》中,有关乌克兰文学的条目中竟然一字未提果戈理,这不令读者感到遗憾?!

接下来,在果戈理对喜剧创作产生浓厚的兴趣以后,一切便开始变得复杂起来。

如前所述,果戈理自幼就对喜剧性的东西有极大的兴趣,喜欢编造喜剧性的故事,并且喜欢表演。在结识了农奴出身的喜剧演员谢普金以后,他创作喜剧的愿望就变得更加强烈。但他几经探索,都找不到想要的题材和效果。他决定向普希金求援。因为在此之前,他已经从普希金那里得到了《死魂灵》的题材。这一次,普希金又翻开了自己的笔记本,把有关记载钦差大臣的两个材料念给果戈理听。果戈理大喜过望,这正是他想要并能写好的东西。就这样,普希金这位与果戈理并无深交的大哥就把自己收集的珍贵素材慷慨地赠送给了果戈理。有人评论说,普希金的做法简直是神话。事实上,如果没有普希金等人的大力相助和扶植,很难说果戈理是否能有今天我们所看到的艺术成就。按照 П. В. 纳肖金的说法,普希金"把果戈理培养成了人"[1]。对于这位后辈,普希金无可奈何地微笑着说:"对这个人必须得提防着点儿:他这么狡猾地抢光了我的东西,我甚至都来不及呼救。"[2]

果戈理得到这个题材如获至宝,在一个多月的时间内就创作出了五幕喜剧《钦差大臣》。果戈理对它的期望很高,预想着它可能带来的巨大轰动和荣耀。在作家之中,喜剧产生的效果确实很

---

[1]　Бочаров С Г, Гоголь в русской критике：Антология. М.：Фортуна ЭЛ, 2008, с. 3.

[2]　Труайя А, Николай Гоголь. М.：Эксмо, 2004, с. 189.

并非不可解读的神秘——果戈理灵魂的复合性与磨砺历程

· 51 ·

好,普希金、П. А. 维亚泽姆斯基、茹科夫斯基、М. Ю. 维利耶戈尔斯基等都十分肯定和欣赏这部喜剧。这使果戈理觉得自己简直是一个凯旋的胜利者。甚至沙皇尼古拉一世都不反对上演这部剧,果戈理还因剧本创作获得了一枚大钻戒的奖赏。

然而,彼得堡皇家剧院的演员对《钦差大臣》的剧本和作者并不以为然。他们觉得果戈理很像漫画里的人物,像化了装的禽鸟,既不值得他们尊敬,也不值得他们信任。由于他们都是受过古典喜剧艺术教育的,见到果戈理的剧本以后,感到它不经典,很粗俗,也不规范,所以根本不能接受。可想而知,排练时演员会怎样表现。他们不听果戈理的指挥,也不配合,对剧本的理解和人物塑造距果戈理的要求甚远。1836 年 4 月 19 日《钦差大臣》在彼得堡首次公演。以沙皇尼古拉一世为首的皇室和宫廷的要员都出席了。但上层社会对这部喜剧的反响与皇家剧院的演员很接近,他们看不到喜剧的价值,态度十分冷淡,勉勉强强鼓了几下掌。

没等戏演完,果戈理就溜出了剧院。他恐惧极了,无法承受和面对彼得堡上流社会的批评和不满。他以往对喜剧的热情转瞬间消失殆尽,甚至开始讨厌剧院。在莫斯科剧院上演《钦差大臣》之前,别人请他去他都不去。果戈理一心只想逃避对他的评论和关注,恨不得立刻出国,到德国、瑞士、意大利去旅行,并且不打算很快回来。他不想任何人再与他谈论《钦差大臣》,这一页已经翻过去了。现在他只想远离俄罗斯人,到异国他乡去化解掉一切烦闷。身为一个作家,果戈理没有普希金、莱蒙托夫等俄罗斯作家那样的胆量和气度,每逢遇到挫折,他的第一个念头就是逃离现实,躲避矛盾和困难。所以,列夫·托尔斯泰说,果戈理是一个"巨大的天才,有一颗美好的心和不大的、没有勇气的胆怯的智慧"①。但果戈理的逃跑并不表明他对创作失去了信心,正相反,他到西欧去的另一个目的是在那里整理一下自己的创作计划,想做一些大手笔规划的思考。

不过,欧洲也并不完全如他想象的那样,瑞士那单调的美丽风光很快就令他感到视觉疲劳,他开始思念俄罗斯灰蒙蒙的天空和简陋的圆木小屋,但他并不想念俄罗斯人。他心中暗想:俄罗斯要是没有俄罗斯人该会是什么样的天堂啊!哪怕是没有某些人也好。想当初,他对彼得堡是那么向往,而此时,这个俄国的首都在他的心中已经是越来越不足道了。

到意大利以后,阳光灿烂的天空改变了果戈理的心情,他开始忘记那些令他难以忍受的痛苦和悲伤,不再沉浸在彼得堡的往事之中。这位极具浪漫气质的艺术家被意大利的美折服了。而且,他对这种美有自己的体验和看法。他觉得意大利的美不是外在的,而是透着神秘的内在的美。他爱上罗马是一点一点地,经历了一个缓慢的过程,但一旦爱上便终生不会改变。在果戈理的感觉中,整个欧洲都是供观赏的,而意大利却是供生活的地方。② 他甚至非常夸张地说:"这就是我的看法:到了意大利的人会对其他的地方说'对不起'——在天上待过的人是不会想到地上来的。"③

果戈理对意大利的这种感觉很值得我们注意,这是一种灵魂深处的共鸣与认同。他感到意大利才是自己的祖国,甚至是他"灵魂的故乡",他的灵魂在他出生之前就生活在这里,这里的空气吸

① Дунаев М М, Православие и русская литература: Ч. 4. М.: Христианская литература, 1998, с. 286.

② Труайя А, Николай Гоголь. М.: Эксмо, 2004, с. 249.

③ Труайя А, Николай Гоголь. М.: Эксмо, 2004, с. 249.

进鼻孔一次,"至少会有 700 个天使飞进去"①。他的许多类似的感觉实际上都来自于多神教和基督教留给罗马的精神文化印迹,可以肯定地说,果戈理对逝去的文明无限地怀恋和崇敬。这是因为这种文化精神与果戈理的心灵和生命状态如此紧密地契合在一起,相比而言,乌克兰和俄罗斯的一切自然要逊色得多。从果戈理成长的历程和他的作品中不难看出,在他的灵魂深处乌克兰民间文化中遗留下来的远古多神教和其他东斯拉夫民间宗教占有很大的比重,多神教时代无拘无束的原始生命状态给人带来的喜悦和欢乐,无处不在的魔法感,狂放无羁的人生态度……这一切从作家少年时代起就激发出他的神秘主义灵感和创造力,使他产生了神秘主义激情和非凡的艺术想象力,以及童趣和超强的艺术渲染、夸张的能力,使他成为鬼脸式怪物的创造者和心灵躁动不安的艺术家,赋予了他早期作品狂放的酒神精神、魔幻色彩及狂欢气质。果戈理的独具喜剧天才和风格正由此而来。而所有这一切在果戈理所见到的罗马古代多神教的文化遗产中都有极致的体现。不过,总体而论,在罗马的历史文化遗迹中,对果戈理影响最大的还是古希腊罗马的建筑。它们的凝重静止的高贵风格唤醒了他的心灵,使他能够经常到天主教教堂去敬拜上帝和祈祷,心平气和地去观照和思考,思维方式也开始为希腊式的理性思考所取代。他得出了一个结论:多神教和基督教都是世界上最伟大的思想。②

与此同时,果戈理在罗马还感受到基督教外在形式、仪典的审美魅力。这对于他的浪漫情怀极有感染力,使他完全不在意东正教与天主教是基督教的两个不同教门,为此他曾受到母亲的责备。果戈理对这些非议很不以为然,认为没有必要去区分这些,因为两

---

① Труайя А, Николай Гоголь. М. : Эксмо, 2004, c. 250.

② Труайя А, Николай Гоголь. М. : Эксмо, 2004, c. 251.

个宗教在实质上是一回事,信奉的是同样的真理。他对天主教的这种态度在修订《塔拉斯·布尔巴》这部小说时有十分明显的体现。诸如,他添加了对被围困的波兰人在教堂里进行祈祷仪式的描写,气氛崇高而神圣,无论是清晨射进教堂里的阳光,还是管风琴演奏的庄严圣乐,都令人产生虔诚的热情和神圣的忘我感。

由于果戈理同时受到民间文化中遗留下来的东斯拉夫多神教和后来的东正教的影响,并且这些影响都是十分感性的,尤其是他对东正教的认识缺乏应有的神学深度,对教义的理解也不够全面,他的人格中出现了不可理解的对立和互相矛盾的特征。其中最为突出的是:一方面,他总是在追求一种伟大的崇高的思想,另一方面却表现得十分自私、脆弱;一方面,他对美无限崇拜,另一方面却极其热衷于描写形形色色的丑和恶;一方面,他是个禁欲主义者,另一方面他在饮食上又很饕餮;一方面,他总是追求真实地做人,另一方面又免不了要欺骗;等等。他的这些特点令朋友们很不理解,而且日久生厌。他对朋友的依赖和自私自利的程度简直闻所未闻。他甚至没有自己的家,没有固定的收入和基本的生活保障,随时随地都要朋友接纳和资助。无论在莫斯科还是在罗马,他的住处、一切生活费用主要都是朋友安排和提供的。即便如此,他经常表现出任性、不坦诚、冷酷无情和对他人的漠不关心。他的这些人格缺失特征时常让朋友们愤怒不已。果戈理所得到的稿酬并不多,他总是没有生活费,甚至欠债。茹科夫斯基等人给了他许许多多的帮助,可以说,他的无穷无尽的各种要求使茹科夫斯基这位宽厚的长者筋疲力尽。在罗马期间,果戈理有一次向茹科夫斯基求救,让他向沙皇反映自己的困难,茹科夫斯基无奈去找沙皇尼古拉一世,沙皇真的给果戈理寄了5000卢布。[①]

---

① Труайя А, Николай Гоголь. М. : Эксмо, 2004, с. 263.

正是在罗马期间,果戈理的身上悄然发生着一种对他的命运有决定性影响的变化。当时,画家 A. A. 伊万诺夫正在罗马旷日持久地潜心创作《基督显圣》这幅画。果戈理经常到画室去拜访他。在对东正教的看法上他们的观点十分接近,都特别看重基督的神圣使命和人们对他的景仰及期待。A. A. 伊万诺夫请果戈理做他画中一个人物的模特。在画面上展现出来的这个人很清瘦,脸上线条分明,头发很长,身上裹着一块褐色的织物,他的头微微向后转过去,似乎感觉到基督从他后面走了过来。对果戈理而言,最重要的是,画上的这个人物离基督最近。这正是果戈理所期望的。这幅画及以他为原型的人物所处的位置给了他一种启示:他觉得画作上的这个人物正应该是他在现实生活中的角色,画家在画上给他的定位很符合他在生活中的位置。而且他还认为,《基督显圣》是对《死魂灵》的补充,所指的是画作与他的长诗一样,应该对民众产生道德震撼,转变俄罗斯的命运。[1] 这里应该指出,果戈理从青年时代起就一直怀有为国家和民众做些有益的事情的抱负,以救国救民为己任,最初他想通过创作来实现这一愿望,而后来这转化成极强的弥赛亚意识。A. A. 伊万诺夫的画无疑激励了果戈理,果戈理愈益感到自己在执行上帝的意志。A. A. 伊万诺夫的画对他本来就有的宗教使命感起到了很大的促进作用。他开始更清楚地意识到,进行道德劝诫是上帝赋予他的使命,他就是为此而生。最初他对母亲和妹妹说教,后来开始对朋友说教。他的做法简直达到了狂热的地步。他把这看成上天给他的使命和义务,觉得自己几乎就是弥赛亚,或弥赛亚的代言人,说话的口气简直就是全知全能、主宰一切的神。在相当长的一段时间里,果戈理在劝诫朋友时说话的口气都如他在 1841 年 7 月 26 日给 A. C. 达尼列夫

---

① Труайя A, Николай Гоголь. М. : Эксмо, 2004, c. 331.

斯基的信中写的那样："你听着，现在你应该听我的话，因为我的话对你而言胜过命令，无论是哪一个不听我的话的人都会倒霉。"在同一封信中果戈理还说："我的话具有至高的权力，一切都可能让你失望，欺骗你，背叛你，但是我的话不会背叛你。"

在另一封给 H. M. 雅济科夫的信中果戈理的话说得更明确："噢，请相信我的话吧！……我什么也不能对你说，只能说：相信我的话吧……任何人的思想都不能成为上帝对人的爱的百分之一！……这就是一切。今后你的目光应该愉快和勇敢地赞许痛苦，我们的会面正是为此。在我们握手告别时，如果我灵魂的坚定性的火花没有传到你的灵魂中去，那就说明你不爱我；如果瞬间的痛苦使你感到难受，并使你的精神消沉，那也表明你不爱我。"① 果戈理还告诉画家 A. A. 伊万诺夫，他会给灵魂带来力量和坚强。② 可以确定无疑地说，宗教狂热和信仰的偏误扭曲了他的行为举止和创作活动，使他的人生走上了悲剧的道路。

果戈理之所以有这样的感觉，是因为他自认为已经历经了各种磨砺的预定期限，现在他完全做好了准备，让他的生命从内里脱离开尘世，他可以平静而从容地沿着上天给他指引的道路坚定不移地向前进。从这个时候起，果戈理在对东正教信仰的不适度狂热中逐渐迷失了自己的人生和创作道路。

尽管果戈理依旧保持着他的独有幽默感，在一段时期里道德说教和漫画式的写作并行不悖，无论对道德训诫的热情多么高，只要一走进他所塑造的小说人物的世界，幽默感就会不唤而来，两者互不相扰。然而，他在创作活动中思绪不如以往单纯，平添了一种苦涩的感觉：他不能像 A. A. 伊万诺夫那样去描绘基督和美好的

① Труайя А, Николай Гоголь. М. : Эксмо, 2004, с. 335.

② Труайя А, Николай Гоголь. М. : Эксмо, 2004, с. 335.

人,他所选择的创作题材注定了他不可能去描绘美好的人和明亮的色彩,暂时只能"皱着眉头往泥污里爬"。①

果戈理断断续续写了六年的《死魂灵》终于完成了。他并没有特别地兴高采烈,因为这只是他拟定的宏伟三部曲中的第一部,如他自己所说,不过是走进大厦的台阶而已。他很想让读者明白,这部作品具有史诗性,是像荷马的《伊里亚特》或但丁的《神曲》那样的宇宙之歌。而在史诗的第一部《死魂灵》中他仅以漫画式的开端揭示了他的同时代人的恶德和堕落的深度;在下两部中他要展示俄罗斯人所固有的美德,他们所能达到的精神境界的高峰。为了赋予作品史诗性特征,果戈理在长诗的封面设计上下了许多功夫,画上了各种象征生命欢乐和死亡的景和物。② 虽然他这样高度评价自己作品的意义,但他还是惶惶不安地等待着人们对它的评论。这一时期,在经受了普希金和莱蒙托夫的不幸死亡的悲惨事件以后,脆弱的心灵令他产生了一种预感:他的身心也处在受威胁的状态下,不过,他与普希金和莱蒙托夫不同,向他提出决斗的不是一个人,而是整个人类,所幸他背后有上帝的支持。③ 此时,主宰着他的灵魂的已经是弥赛亚的使命感,他认为不仅自己有弥赛亚的拯救责任,而且整个俄罗斯都被赋予了特殊的神圣使命,即把道德败坏的欧洲各民族引向正确的道路。这种意识决定了他后来人生和创作的轨迹,可以说,对于作家它简直就是一种宿命的力量。他由对自己和俄罗斯弥赛亚使命的认识进一步联想到自己作为一个伟大天才作家的使命,一步一步更加全身心地投入到引领他的上帝的教会之中。他甚至改变了自己说话的一贯风格——恶作剧式的

---

① Труайя А, Николай Гоголь. М. : Эксмо, 2004, с. 335.

② Труайя А, Николай Гоголь. М. : Эксмо, 2004, с. 353.

③ Труайя А, Николай Гоголь. М. : Эксмо, 2004, с. 336.

言语少了，言谈中更经常流露出他对上帝意志的平和顺从。

## 走上圣徒之路的宗教狂热和灵魂的归宿

从 19 世纪 40 年代开始，果戈理进入了精神生活的新阶段，他更加关注人和人的灵魂，如他在《作者自白》中所说："我暂时放弃了所有当代的东西，注意了解推动人和全人类的那些永恒规律。立法者、灵魂研究者和人本性观察者的著作成为我阅读的书籍。只要哪里表现出对人们和人的灵魂的认识，从俗世人的自白到隐士和隐居修士的忏悔，我都感兴趣。"[1]他觉得自己在不知不觉中走近了基督，并且感到基督有打开人类灵魂的钥匙。[2] 他这样做，既是信仰的需要，也是为创作伟大史诗性作品所做的准备。

并且，为了提升自己的精神境界，以便开始《死魂灵》第二部的创作，他还准备到耶路撒冷去朝圣。他做出这个决定并非偶然。仔细地研读一下他 1842 年再版的作品《肖像》就会发现，他已经为自己选择了一条通往《死魂灵》后两部创作成功的精神之路。1835 年刊在《小品集》中的《肖像》的第一个版本与第二个版本有很大不同，第一个版本的审美主题从属于社会主题，而第二个版本的审美主题上升到了主要地位，突出了艺术创作的使命。[3] 在《肖像》的第二版中我们清楚地看到，一位天才的画家，无论有多么高超的技法，如果他的精神不高尚，灵魂不纯洁，他也画不出好的作品来，甚至使自己的画笔成为魔鬼的工具，画出惹人不安、煽起魔鬼般的

① Виноградов И А, Гоголевский вестник: Выпуск 1. М.: Наука, 2007, с. 26.

② Гоголь Н В, Духовная проза. М.: Отчий Дом, 2001, с. 9.

③ Манн Ю В, Поэтика Гоголя: Вариации к теме. М.: Coda, 1996, с. 367.

欲望、燃起嫉妒之火和把人引向邪路的画作，更有甚者，还能造成人的死亡等各种不幸和可怕的事件。一位画了高利贷者肖像的画家就是如此。在他认识到这一切以后，毅然地隐遁到一个僻静的修道院里，在那里过起了严守清规戒律的修道生活。他还到荒山野地中去苦修，历尽了非常人能忍受的苦难，做出了只有在《圣徒传》中才能看到的自我牺牲。他就这样过了几年，觉得自己已经做好了创作的准备。他为修道院作了一幅极不寻常的命题圣像画：《耶稣的降生》。他一边祈祷一边画，只吃一点粗粝的食物。一年以后，他画出了一幅极其奇妙的画——所有看到它的人都被画中人物的异乎寻常的圣洁所感动。修道士们都不由自主地跪倒在这幅圣像画的面前。看到画的人觉得，画家的画笔受到了上帝神圣崇高力量的引导，所以才能产生非凡的圣洁而感人的力量。作者在小说中通过画家之口告诉读者：才能是上帝赏赐的无价之宝，千万不能毁了它；要理解伟大创造的秘密，创作者的美丽的灵魂会渗透到他所描绘的事物中去，使卑贱的事物变得崇高。创作者在创作时不能有任何混糅着世俗欲念的激情，必须保持灵魂的纯洁。果戈理在《肖像》中实际上提出了作家自身生活道路的道德净化纲领。

在《肖像》中，果戈理在为艺术家指出创作具有崇高精神的作品的自身道德净化之路的同时，也为自己做了这种选择，他认为这是必经之路，他准备在通过自身的禁欲主义净化之路以后，再来创作《死魂灵》的第二部。可以看出，《肖像》反映出19世纪40年代初期果戈理的精神生活状况和他人生道路的选择。

1842年6月初果戈理再次出国到西欧以后，他充满了禁欲主义情绪，开始系统地阅读宗教方面的著作，十分注意教父哲学文献，包括吉洪·扎顿斯基神甫、罗斯托夫的德米特里神甫和哈尔科夫主教英诺肯季等人的著作，以及其他基督教读物。果戈理在他的《作者自白》中讲述了他这一时期的生活。1843—1844 年他在法国的尼斯编辑了一本他所收集的教父、神甫和神学家著作的摘抄,1843—1844 年冬季他还在尼斯编写了一本讲述祈祷仪式的书——《祈祷仪式沉思录》,但未完成,在他去世后才问世。不过,有关祈祷仪式的主题在《塔拉斯·布尔巴》中已经有鲜明的体现,奥斯塔普痛苦的死亡的情景与圣子在被钉上十字架之前向圣父在客西马尼园的祈祷直接相呼应。21 世纪的第一年,莫斯科的故园出版社出版了 И. A. 维诺格拉多夫和 B. A. 沃罗帕耶夫主编的果戈理撰写、收集、摘抄的《宗教散文》集,收入了《与友人书信选》、《祈祷仪式沉思录》和教父著作摘抄等。这部著作集对了解作为思想家和宗教理论家的果戈理的成就,他灵魂深处民族人文精神的传承,以及他的宗教、道德和艺术观的深层理念具有十分重要的意义。

　　果戈理受教父哲学的影响主要是宁静主义的禁欲、祈祷和荒漠苦修的观念。宁静主义是拜占庭的神秘主义思潮,产生于 4—7 世纪,14 世纪再度复兴,广义指一种伦理苦行的宗教学说,通过以泪"净心"和全神贯注于祈祷及苦修的修道生活达到神人合一。对于宁静主义教派而言,最重要的是禁欲和祈祷。依照这个教派的理念,只有祈祷能够把灵魂中的魔鬼驱逐出去,听到祷告的圣灵会充满祈祷者的灵魂。在果戈理后期的生活中,他始终追随拜占庭教父哲学中的宁静主义理念和修道生活准则。果戈理决定对自己进行灵魂教育,以便获得灵魂深处的自我牺牲。他把自我完善的过程看作与上帝接近的精神阶梯,这显然源自于圣约翰·克利马修斯的著作《通向天国的阶梯》。这本书在欧洲和俄国的影响甚大,他正是想沿着这个道德提升的阶梯走进天国的大门。后来,他竟然陷入了一种思想而不能自拔——要创作出对人们有益而非有害的作品,他必须把灵魂教育得像圣徒一样高尚、圣洁,否则就写不出《神曲》式的伟大史诗性作品。

　　果戈理实现自己灵魂教育的步骤之一是到耶路撒冷去朝拜。他在接受了修士大司祭英诺肯季的祝福和赐予的救主圣像以后，决定去圣城拜谒基督的空坟墓。他感觉到，真理出现在了他的心中，他的灵魂中有上帝的话。他在给 A. O. 斯米尔诺娃的信中写道：灵魂占据了他整个人。他超清楚地看到，如果没有不断完善灵魂的志向，他的任何才能都无法发挥，缺少这种灵魂的培育，他的任何一部作品都只不过闪光一时，而本质上却是平庸的。① 但他还是要先写《死魂灵》的第二部，因为他把到耶路撒冷去朝圣看作对这部作品的奖赏。他深信，这本书是合乎神意的，其中充满了神赐的灵感。与此同时，果戈理又感到他必须到罗马去，只有在罗马，他才能写出好的作品。但是，这本书的写作进展很慢，他感到没有自己灵魂的预先净化不可能继续写下去。1845 年夏天果戈理产生了精神危机——他预感到了死亡。他写下了遗嘱，并且焚毁了《死魂灵》第二部的手稿。至于烧掉手稿的原因，按果戈理自己的话来说，"第二部以这个样子出现，与其说带来益处，不如说带来坏处"。如果我们尝试解读这句话的深层含义，可以认为，果戈理感到他已写出的三部曲中的第二部未能达到他所预期的宗教道德标准，未能为主人公由地狱走向天堂做好准备。其实，作家想让乞乞科夫成为如陀思妥耶夫斯基所说的"正面美好的人"，但是他写不出来，因为他在俄罗斯找不到这样的心灵美好的人，而且这种人是没有生命力的。于是他开始责备自己，找自己的过错，甚至认为《钦差大臣》和《死魂灵》就是他的罪过。他感到魔鬼使他的灵魂痛苦，它的幻影经常出现在他心中。他在 1845 年 6 月末到 7 月初甚至想放弃文学创作而进修道院。魏玛东正教神甫萨比宁的女儿萨比

---

　　①　Труайя А, Николай Гоголь. М. : Эксмо, 2004, с. 361.

妮娜在自己的札记中曾经提到，果戈理到魏玛就是为了与她父亲谈他想进修道院的事。萨比宁神甫见果戈理的健康状况很不好，劝他先不要做最后的决定。① 果戈理虽然被神甫说服了，但心中非常遗憾，他太崇敬僧侣的称号了，十分向往他们的远离尘世的静修生活。茹科夫斯基说，"果戈理的真正志向是成为僧侣"②。在得知果戈理去世的消息以后，茹科夫斯基在 1852 年 3 月从巴登给 П. А. 普列特尼约夫写了一封信，其中有这样一段话："我相信，如果果戈理没有开始写《死魂灵》——它的最终完成是他应尽的责任而他又总是写不成，他早就做僧侣了，而且进入这种氛围之后他会觉得气定神宁，他的灵魂会轻松和自由地呼吸。"③但是我们知道，对僧侣生活的向往只是果戈理深受教父哲学影响的一个方面，艺术上的天赋和追求对他而言也是殊为重要的，而这两者之间的矛盾他无法解决。

众所周知，果戈理后期创作和生命旅程中的一个重大事件是《与友人书信选》的出版及它所得到的社会反响。对此我们已经掌握的资料不少，主要是果戈理如何看重这本书和受到的别林斯基、А. И. 赫尔岑、Т. Н. 格拉诺夫斯基、В. И. 鲍特金和 П. В. 安年科夫等人的批评何等严厉，以及这给果戈理带来的致命打击。事实上，情况并非完全如此。诚然，果戈理对别林斯基等人的批评的严厉

① Манн Ю В, Поэтика Гоголя: Вариации к теме. М.: Coda, 1996, с. 250.

② Платонов О А, Святая Русь — Большая энциклопедия русского народа: Русская литература. М.: Институт Русской цивилизации, 2004, с. 250.

③ Платонов О А, Святая Русь — Большая энциклопедия русского народа: Русская литература. М.: Институт Русской цивилизации, 2004, с. 250.

并非不可解读的神秘——果戈理灵魂的复合性与磨砺历程

深感震惊,别林斯基给他的公开信更是他始料不及的。果戈理应该明白,他在俄罗斯文学界的地位正是别林斯基给他确立的,他正期待着别林斯基的赞扬和支持。但他们的信仰和他们对俄罗斯的看法完全不同,果戈理站在信仰的制高点上俯视民主主义批评家的指责时,他在心灵深处并不服气。事实上,果戈理幻想背后所隐藏的神话的和宗教神秘主义的东西确实是别林斯基不敏感的领域①,为了深入到果戈理的思想中去,他太缺乏神学意识。果戈理写《与友人书信选》、《祈祷仪式沉思录》和《死魂灵》的目的都是一个,即通过对国民的宗教信仰的教育解救俄罗斯,所不同的是,前两部著作是讲道,而长诗是通过人物形象来实现。《与友人书信选》结构中信件的安排顺序完全是按"大斋期"的模式的基督教思想:这是从四旬节的最后一个星期日通过痛苦抵达复活节的基督徒的心灵之路。② 这清楚地反映出果戈理的创作意图。而这是别林斯基无法理解的。真正令果戈理痛苦万分的是宗教界上层权威人士对他的批评,这是他绝对没有精神准备的。他本以为,他所阐述的以东正教拯救俄罗斯民族的道理正是宗教界所欢迎的。他期待着宗教界的支持和肯定。通常,僧侣们是不评论俗世的文学的,但他们对果戈理的这部著作却很有节制地发表了一些看法。莫斯科总主教费拉列特说:"虽然果戈理有很多谬见,但还是应该为他的基督教的倾向而高兴。"赫尔松和塔夫利达大主教英诺肯季在收到果戈理给他寄去的《与友人书信选》后,在给 М. П. 波戈金的信中说:"请您告诉他,我很感谢他的友好记忆,我记得他并尊敬他,

---

① Бочаров С Г, Гоголь в русской критике: Антология. М.: Фортуна ЭЛ, 2008, с. 4.

② Виноградов И А, Гоголевский вестник: Выпуск 1. М.: Наука, 2007, с. 32.

像以往一样爱他，为他的变化而高兴。只是请他不要炫耀自己的虔诚，虔诚需要的是内心的贮藏。不过，这也不是让他沉默不语。他的声音是需要的，尤其是青年人，但如果他说得过分，会成为笑柄，没有益处。"①勒热夫的大司祭马特维·康斯坦丁诺夫斯基对《与友人书信选》也持否定态度，认为果戈理在书中情不自禁地说教，热衷于世俗的题目，使这本书会产生不良作用，果戈理应该为它对上帝做出回答。② 这些批评从宗教的角度而言十分中肯。果戈理虽然沉迷于宁静主义的理念之中，但始终不能借鉴宁静主义沉默静修的经验，无法实现在无言的沉思中灵魂与上帝的合一。这是他与宁静主义最明显的相悖之处。果戈理感到十分惊骇，他认为这些批评全是误解，谁也没有读懂他的意思。他感到整个俄罗斯都在批评他，心情万分沉重。他在给别林斯基的信中说，他心中的一切都在翻江倒海。在这一事件的影响下，果戈理对自己的使命进行了反思，他得出了一个结论："基督的律法在所有的地方都适用……当作家的也可以执行这种律法。"他在给大司祭马特维的回信中还说道："如果我知道，我无论是在另外的哪一种活动中为拯救自己的灵魂能有更好的行动和把我应当做的一切能做得比现在更好，我会去从事那一种活动。如果我知道，我在修道院里能够脱离尘世，我就会进修道院，但是在修道院里那个世界依然包

---

① Платонов О А, Святая Русь — Большая энциклопедия русского народа: Русская литература. М.: Институт Русской цивилизации, 2004, с. 251.

② Платонов О А, Святая Русь — Большая энциклопедия русского народа: Русская литература. М.: Институт Русской цивилизации, 2004, с. 251.

围着我们。"①总之，果戈理感到十分委屈，因为他的目的只有一个：劝人向善，向基督靠近。依照果戈理的看法，艺术的使命是做通向基督教的看不见的阶梯，文学也应该完成与神学家的著作同样的任务——使灵魂皈依东正教，使它达到完善。然而果戈理在他的政论著作中的这种思想并没有被人接受，虽然他在这方面无疑也是个天才，但是却悲剧性地未被人们理解。他从那些他觉得十分过激的批评中得出了自己的结论："用教诲去教导别人不是我的事情。艺术本身就是训诫。"②于是，他又恢复了《死魂灵》的创作，他确信："这里是我的活动舞台。"他怀着这种信念直到死前都一直在写《死魂灵》的第二部。不过，他依旧向往着修道士的生活，他几次想做修道士，至少是离修道院近一些。在他生命即将结束之前的几年，他还想到修道院聚集的中心圣阿索斯山去，而且到奥普塔修道院去了好几次。上耶路撒冷去朝圣成了他精神生活的最重要内容之一。这与他在童年时代听到的许多到圣地朝圣的传说有关系，后来他又读了许多这方面的著作。这在他早期的一些作品中有所反映，如《伊凡·费多罗维奇·什邦卡和他的姨妈》等。果戈理在1848年2月中旬终于如愿以偿地到了耶路撒冷。他在他的记事本上写下了这样一句话："尼古拉·果戈理在圣城。"他到救主在人间生活过的地方去漫游，到救主的灵柩旁去参加圣礼，为整个俄罗斯祈祷。他在1848年4月6日给 B. A. 茹科夫斯基的信中详细地描写了他当时的虔诚和激动的心情。祈祷和一切仪式都是

---

① Платонов О А, Святая Русь — Большая энциклопедия русского народа：Русская литература. М.：Институт Русской цивилизации，2004，с. 251.

② Платонов О А, Святая Русь — Большая энциклопедия русского народа：Русская литература. М.：Институт Русской цивилизации，2004，с. 251.

那样的奇妙,果戈理只顾高兴,甚至不记得他是否祈祷过,一切都好像转瞬即逝了。没等果戈理清醒过来,一切都结束了。对于这一次朝圣,俄国文学史中有两种不同的说法。一种说法是,这一夜给果戈理留下了终生不能忘却的深刻印象。他开始十分谦卑地思考自己的缺点和与一个真正虔诚的基督徒的差距,他觉得上帝对他太慈爱了,突然赐给了他这么多的恩惠。这究竟是为什么呢?他觉得只能有一种解释:他的状况确实比所有的人都危险,他比任何人都更难得到拯救,阿谀奉承的恶灵同他这样接近,它经常欺骗他,让他觉得他已经掌握了正在奋力追求的东西,而它还只存在于他的头脑中,并不是在心里。① 果戈理愈来愈深地意识到,任何一个瞬间都不能让诱惑者魔鬼靠近。他时刻担心会走一条可怕的路。他看到远方闪耀着拯救之光,这就是神圣的爱。他觉得比以往任何时候都会更爱人们,人们的形象更可爱了。果戈理到圣地去朝拜的真正作用正在于此。他获得了真正宗教精神的谦卑和对人兄弟般的爱。但对这次到耶路撒冷去朝圣的结果还有另一种完全不同的说法,其依据是不久前找到的果戈理从耶路撒冷给母亲写的信的真迹。信中有一句删去的话特别引人注意:果戈理对母亲说,他感到"心如僵石,心中凄冷"②。由此可见,到圣城去并没有达到预期的目的,这一次灵魂教育是落空了。果戈理之所以产生这样的感受,是因为他过分相信神的奇迹,去朝圣时抱着一夜灵魂就会发生根本变化的幻想本来就是不可能实现的,他自然会感到失望。无论怎么说,经过不断的自省,果戈理还是有了不小的改

---

① Платонов О А, Святая Русь — Большая энциклопедия русского народа: Русская литература. М.: Институт Русской цивилизации, 2004, с. 252.

② Виноградов И А, Гоголевский вестник: Выпуск 1. М.: Наука, 2007, с. 237.

并非不可解读的神秘——果戈理灵魂的复合性与磨砺历程

· 67 ·

变。他第一次意识到自己对人的冷漠有多么严重。随着对人态度的改变,果戈理的性格也发生了变化,不像过去那样孤僻、内向,脸上总是露出一种嘲讽的表情,使人们很惧怕他。现在他变得善良而温和了,友好地同情别人,对人的态度很谦恭,散发出基督教的精神。果戈理去世的消息传到他的家乡时,那里的农民都不相信他真的死了,他们之间流传起了一个故事:他们的老爷并没有死,棺材里埋葬的是另一个人,而老爷到耶路撒冷去为他们祈祷了。

从圣地回来以后,果戈理又到奥普塔修道院去了三次。后来,许多俄国作家和思想家都去了这座修道院,如我们所熟知的陀思妥耶夫斯基、列夫·托尔斯泰、K. H. 列昂季耶夫等。托尔斯泰晚年离家出走,据说,就是想到奥普塔修道院去忏悔。果戈理还想走遍俄罗斯的所有地方,从一座修道院走到另一座修道院,途中他还想到农村去看看农民和地主是怎么样生活的,他甚至想用最吸引人的方式来写一部俄罗斯的地理书。在果戈理经历了一系列对灵魂大有触动的宗教活动的洗礼以后,他对《死魂灵》也有了一些新的看法。奥普塔修道院的图书馆里收藏着一本《死魂灵》,是 A. Π. 托尔斯泰伯爵的。这本书上有果戈理在阅读时批的字。他在"天生的贪欲"这几个字的对面书的空白处用铅笔写道:"我这样写是受了诱惑,这是胡说。天生的贪欲就是恶,人理性意志的一切力量都应该努力去根除它。"在果戈理变得"聪明"起来以后,深为自己写了前面那些话而感到遗憾。不过,他依然没有弄明白这个问题,思考了很久,甚至影响了《死魂灵》第二部的写作。他认为,《死魂灵》应是一部为了给其他人带来真正益处和拯救自己灵魂的作品。他曾经把第二部的手稿的一些章节给马特维神甫看。后者认为他的这部作品与以往的完全不同,有一些部分不应该出版,并且建议毁掉主要是写神甫马特维的部分,因为,他实有其人,谁都能认出他来,而且果戈理添加了一些他不具备的特征,这个形象带有天主教的色彩,不完全是东正教的神甫。还有一部分是写省长的草稿,这样的省长根本不存在,马特维认为人们对这种写法的批评甚至要胜过《与友人书信选》,所以也不建议他发表。由于马特维是果戈理唯一十分信任和景仰的人,所以神甫的话对他极其重要。可以说,这些话对于果戈理作品的命运有决定性的影响,因为《死魂灵》第二部的宗教－道德意义对作者而言要比文学意义重要得多。根据马特维神甫所见,《死魂灵》的第二部并没有完整的手稿,有的只是几个写下草稿的笔记本。对于焚毁的手稿,马特维神甫说,果戈理烧掉的只是他的一部分手稿,并不是全部,而且他也不认为这些写法是有罪过的,不过是觉得写得不够好。马特维神甫认为,果戈理身上发生的事在俄罗斯的生活中是很平常的现象,俄罗斯有许多性格强有力的人厌烦了忙忙碌碌的俗世生活,或者认为自己不善于从事以往的范围很广的活动,决定脱离开这一切而到修道院去寻找内心的平静和净化自己的灵魂。果戈理的情形就是这样。他曾经说过,他需要"灵魂的修道院",在辞世之前他更有这种强烈的愿望。果戈理想把《死魂灵》第二部写成能够向每个人清楚地展现通向基督之路的作品。他在 1845 年就烧毁这部书稿一事说了这样一席话:"有时,在没有清楚地为每个人展现出通向崇高和美的道路时,甚至完全不应该谈论崇高和美。"

果戈理给艺术家提出的这个重任是他们力所不及的。从作家提出的创作宗旨我们完全可以看出,他混淆了自己作为东正教徒的宗教使命和作家的任务,在他的观念中,他作为一个作家的缺点与作为一个人的恶德和基督教徒的罪过意义是相等同的。所以,他的后半生一直致力于自己灵魂的提升,试图以此改善创作,为此,他苦苦地追随着圣徒和僧侣们的典范,在心灵中把修道置于了首位。这明显地反映在《死魂灵》第二部的创作中,他冥思苦想的不是人物形象的艺术塑造,而是通向上帝和天国的道路。这使他陷入了无法解决的艺术与宗教的异质性矛盾之中,背上了沉重的十字架,承受着生命不能承受之重,最终只能遭遇悲剧性的人生结局。在他生命的最后阶段,他同时具有东斯拉夫圣徒的两种神圣的突出特征——温顺而且严酷:对上帝无比温顺,而对与他的崇高信仰相悖的一切异常严酷。这尤其鲜明地表现在他对自己作品的评价上。并且他不像在西方那样,有一定的理性倾向,而是以令人震撼的赤裸裸和直接的方式表现出他的信仰,体现出年轻民族的特有敏感和宗法制的道德观。① 尽管果戈理创作出了许多引人大笑的喜剧性作品,他的人生却是曲折、痛苦而复杂的,充满了心理的、道德的和信仰的矛盾与冲突。也正是在这种历练中他的灵魂得到了洗礼和升华,思想不断地深化。他的心路历程的重要客观价值在于,它体现了乌克兰和俄罗斯人在信仰和人生理想方面民族的共同执着追求和崇高的牺牲精神。在俄国文化史上,果戈理被载入史册不仅是作为艺术家,而且还是道德导师、东正教的苦行修道士及教会精神研究者和神秘主义者。

尽管果戈理作为一个人也许是不受人欢迎和喜爱的,他犹如自己喜剧作品中走出来的一个人物,有多种多样的人格面具,有时颇像赫列斯达科夫,但他对乌克兰和俄罗斯文学的贡献却是极其伟大的。正是这位"神奇的魔法师从自己的外套里放出来了整个19世纪的俄罗斯文学"②,他的创作使俄罗斯文学实现了从美学向宗教探索的陡然转变,也正是他引导着俄罗斯文学越出了传统的常轨,从普希金转向了陀思妥耶夫斯基,深化了俄罗斯文学的精神和道德探索的主题,为俄罗斯文学开辟了与世界文学接轨的更广阔天地。

---

① Аверинцев С С, Другой Рим. СПб. : Амфора, 2005, с. 347.

② Белый А, Мастерство Гоголя. М. : МАЛП, 1996, с. 4.

## 参考文献

[1] Розанов В В. Сочинения в 2-х томах: Т. 2[M]. М. : Правда, 1990.

[2] Синдаловский Н А. Призраки Северной столицы: легенды и мифы питерского зазеркалья[M]. М. : Центрполиграф, 2006.

[3] Мочульский К В. Гоголь, Соловьев, Достоевский[M]. М. : Республика, 1995.

[4] Виноградов И А. Гоголевский вестник: Выпуск 1 [M]. М. : Наука, 2007.

[5] Соколов Б В. Расшифрованный Гоголь: Вий, Тарас Бульба, Ревизор, Мертвые Души[M]. М. : Эксмо, 2007.

[6] Труайя А. Николай Гоголь[M]. М. : Эксмо, 2004.

[7] Дунаев М М. Православие и русская литература: Ч. 4[M]. М. : Христианская литература, 1998.

[8] Игнатова Е А. Записки о Петербурге [M]. СПб. : Амфора, 2005.

[9] Ключевский В О. Русская история: Т. 1 [M]. М. : АСТ, 2002.

[10] Гудзенко А И. Русский менталитет [M]. М. : АиФ Принт, 2003.

[11] Бочаров С Г. Гоголь в русской критике: Антология [M]. М. : Фортуна ЭЛ, 2008.

[12] Гоголь Н В. Духовная проза[M]. М. : Отчий Дом, 2001.

[13] Манн Ю В. Поэтика Гоголя: Вариации к теме[M]. М. : Coda, 1996.

[14] Платонов О А. Святая Русь — Большая энциклопедия

并非不可解读的神秘——果戈理灵魂的复合性与磨砺历程

русского народа：Русская литература［М］. М.：Институт Русской цивилизации，2004.

［15］Аверинцев С С. Другой Рим［М］. СПб.：Амфора，2005.

［16］Белый А. Мастерство Гоголя［М］. М.：МАЛП，1996.

［17］古德温. 新编剑桥世界近代史：第8卷 美国革命与法国革命：1763—1793年［М］. 中国社会科学院世界历史研究所，译. 北京：中国社会科学出版社，1999.

［18］罗素. 西方哲学史［М］. 何兆武，李约瑟，译. 北京：商务印书馆，1982.

# 向罗斯神圣精神的回归

## ——纪念世界文化名人果戈理诞辰200周年

2009 年是果戈理(1809—1852)诞辰 200 周年,全世界都在纪念这位伟大的喜剧大师。纪念普希金,心中会涌起一股温馨慰藉的暖流;纪念列夫·托尔斯泰,一种苦涩而又沉重的崇敬从心底油然而生;而纪念果戈理,就会感到有点心痛。这个乌克兰人只身到俄罗斯来闯天下,面对着首都威严和冷酷的上层社会,处境多么窘迫不难想象。而当初他又是那样单纯、胆怯和无助。他的魔鬼般的笑声还回响在读者的耳边,他却几乎成了沙漠教父式的苦行修士了。他的把《死魂灵》写成但丁《神曲》式巨著的渴望和努力最终付诸东流,如他自己所说,他刚刚为这座大厦建了一个台阶。这让他抱憾终生。43 年的人生实在是太短促了,他的艺术生命尚未到达光辉的顶点,就悄然殒殁了。不过,这短暂的人生却是那样异乎寻常而又富有震撼力,这不仅由于他以稀世珍异的喜剧奇才跻身于阿里斯托芬、莎士比亚、莫里哀等世界喜剧大师的行列之中,而且他的斯拉夫式重情而又饱含忧郁抒情气质的幽默旷古绝伦,还由于他对待信仰是那样虔诚和痴迷,不惜承受太多太多沉重的灵魂磨砺,终在攀登通向天国的阶梯的途中永远地辞别了人世。曾几何时,他还以玩笑人生的态度来捉弄人们和自慰自乐,而最终,净心的苦修却使他如圣哲般泪眼笑看世界,并以自己的喜剧艺术为世人带来"快乐的悲痛"(圣约翰·克利马修斯首创的概念)。

普希金是一个人文主义者,在此我们不想多谈他。果戈理和列夫·托尔斯泰一样,不仅仅是文学大师,而且是宗教思想家。他们不光对宗教信仰的理念十分关注,而且更重视信仰的实践——先是拼命去净化自己的灵魂,竭尽全力去做圣徒要做的事,继而把自己痛苦的精神磨砺化作作品主人公的体验,再引领他们一阶一阶地去爬通向天国的阶梯。尽管他们各自都经历了非凡的探索信仰之路的精神漫游,宗教观的差异也很大,但他们都怀有迫切的弥赛亚使命感,总想通过文学创作帮助上帝拯救人的灵魂,增强人们抵御魔鬼诱惑的"免疫力"。有时,他们甚至抛开上帝,自己去进行道德说教。尽管托尔斯泰被官方东正教教会革出了教门,但实际上,他比任何人都渴望完全彻底地执行上帝的意志,他的信仰是刻骨铭心的。正因为如此,他自身的道德完善的历程也格外艰辛,而他作品的主人公就一直陪伴着他去历尽苦难。无论人们怎样评价托尔斯泰宗教思想探索的结果——泛神论也好,自然神论也好,佛教也好,平庸无奇的灰色思想也好,随便怎么说,他都是在做深刻的理性思考,认真地选择。他所信奉的是理性范围内的宗教,排斥神秘主义的东西和奇迹。他的内心深处有足够强大的宗教力量主宰着他,使他一生对自己信仰的教理进行着不懈的探索,毫不动摇,并在作品的主人公身上实践自己独具一格的宗教学说。这实际上正是伟大作家创作的强大推动力和思想的源泉。不过,有一点是十分清楚的,虽然他对宗教思想的探索十分执着,而且致力于俄国社会的改革,但他却能清醒地意识到自己作为一个作家的立场,始终忠实于作家的职责,直到他去世之前还在创作。他并没有忘记作家的使命是什么,只有在 82 岁高龄他才停下写作,想到奥普塔修道院去忏悔。

果戈理的情况则与托尔斯泰判然有别。虽然果戈理的生命旅程几乎只有托尔斯泰的一半,但他所经历的灵魂磨砺的历程并不比托尔斯泰轻松,他甚至为此付出了年轻的生命。不过,不得不承认,就宗教思想和对社会的认识而言,他远不如托尔斯泰深刻,作品艺术构思的能力也与托尔斯泰相去甚远。果戈理完全是另一种类型。他由母亲遗传了超强的神秘主义灵感和对恐惧及恶灵的敏感,十分易于接受恐怖的宗教神话和民间传说。《圣经》中末日审判的可怕情景自他幼时就主宰着他的灵魂,使他痛苦不安,不由自主地想窥探丑和恶的魔鬼世界的深渊。并且,他还接受了一些多神教和波兰天主教的影响,具有魔法感,十分相信神迹。同时,他拥有极强的弥赛亚使命感。这一切决定了他的信仰是非理性的,与托尔斯泰形成了鲜明的对照。也正是这些特点决定了他的独特伟大之处。他以自己独具的讽刺喜剧艺术天才创建了一个神话般的艺术世界,用最荒诞离奇的故事、人物和情节来反映人性的永恒本质问题,透过荒唐可笑的琐事来透视壮大人生悲剧的根源,从而揭示一些社会和宗教的真理。并且这位看上去似乎头脑里充满各种荒诞、古怪而又可笑的念头,曾经肆无忌惮地嘲讽他人的喜剧艺术大师,对待信仰和自己的人生道路却格外严肃、认真,没有一丝的空想和苟且。所差的是,他缺少托尔斯泰对待宗教信仰那样的理性独立思考能力,思想迷失在宗教神秘主义的认识论和宇宙论中,对俄罗斯社会也缺乏了解。不过,当初他选择到彼得堡来闯荡是十分正确的,彼得堡为他的创作带来了好运。这是一座让人们产生浓重生存危机感的城市,当年那里的俄罗斯人神经兮兮的,富有神秘主义思维,十分喜欢霍夫曼。彼得堡的民间文学中充满了鬼神、幽灵和幻影什么的,所以他们一下子就喜欢上了果戈理的《狄康卡近乡夜话》,对他的写作才能欣赏有加。如果把这个作品集拿到一座十分崇尚理性的城市去出版,没准儿人家还会嫌他的作品太荒唐、太胡扯。在彼得堡的这种环境下,果戈理本来就拥有的神秘主义灵感绽放出奇光异彩,一举创作出《密尔格拉得》和《小品集》等含有魔幻、魔法感和神话意蕴的作品。

　　对果戈理一生的信仰和事业有决定性影响的还有前面未提到

的他早年精神生活的一些方面,尤其是乌克兰民间文学和庄园及家庭的戏剧文化传统等。所有上述因素综合影响的结果,激发了果戈理与生俱来的超强幻想力和对喜剧艺术的兴趣。此外,旧约中心的基督教信仰使他对上帝极为恐惧,把东正教理解为罪恶和报应的宗教。这可以说是后来他成为地狱和魔鬼的艺术家的心理和精神积淀,也是他最终完全沉迷于教父哲学和宁静主义教派的深层潜在原因。

就天性而论,果戈理身上有一种十分顽强的韧性,一种不屈服的精神,一种以聪明和狡黠的智慧在夹缝中求生存的意志和本领。小而言之,这是一种个性;大而言之,这也是乌克兰人特有的民族性。乌克兰人有史以来大半受异族人的统治,民族不独立,所以,性格中总是透出一种隐忍、忧郁和胆怯,而隐忍之中又有一种不屈的坚忍。在涅仁中学上学时,大家都不喜欢他,觉得他像一个小怪物,尖尖的鼻子,小小的个儿,简直不像个人,倒像一只夜鸟或者麻雀什么的。同学们一起欺侮他,老师也不喜欢他。无论他做什么,都要受到嘲笑和捉弄。他既没有与他人平等的生活空间,也没有独立的人格。他简直没有活路了。他恨学校,可是又逃不掉。他在这种忍无可忍的环境里鼓足勇气忍耐着,挣扎着。但他并不服输,他开始利用自己异常敏锐的观察力和尖刻嘲笑他人的超强能力,嘲弄老师和同学,以此化解心中的压抑和郁闷。他还常用自己的表演才能装病、发疯,以逃避学校和老师的惩罚。这种宣泄苦闷的做法使他感到很开心,而且他为自己的讽刺和表演才能洋洋得意。同学们对他也有了几分佩服和欣赏,觉得他不无可爱之处。他就这样聪明而狡猾地面对生活中的尴尬和磨难,这绝不是纨绔子弟的玩世不恭,而是极端压抑下的大智慧的迸发。人生这样的开端虽然不令人羡慕,但却使未来的伟大作家备受精神磨砺,这在很大程度上决定了他的人生态度和才具发展的走向。这种想尽办法拼命挣扎的意志贯穿了他的整个人生。

与此同时,还形成了果戈理与创作密切相关的一些特征,诸如"他的心灵如此孤僻,以至于不能触及任何一个另外的心灵。正因为如此,他才能感觉到外在形式、运动、状貌和状态的全部鲜明性"①。就是这个原因,使果戈理"用僵化的目光看了看生活,就只看到了其中的死灵魂。他在自己的作品中根本没有反映现实,而只是以奇妙的技巧描绘了一系列讽刺现实的动态漫画:由此它们被记得比任何鲜活的形象都牢固"②。实际上,俄罗斯文学的虚无主义也由此而来。

无论作品的内容多么荒诞,果戈理对自己的创作都是丝毫也不含糊的。为了写出一部好作品,他总是反反复复地下大功夫去修改。每一行引人发笑的轻松文字的背后都有着深邃的忧郁的沉思。并且,他绝不出卖自己不想写的东西,坚决拒绝出版商和杂志社带有交易性质的订单,不管这些约稿人与他的关系多么亲密,给过他多少帮助。他把这看成是作家的操守。不过,他的这种态度却使波戈金等出版界的朋友气得发狂,他们认为这个乌克兰人实在太不知感恩。他们哪里知道,在果戈理经常囊空如洗的情况下,坚持这么做多么不容易。

法国著名作家安里·特鲁埃亚说,果戈理很像是从他作品中走出来的一个人物。这话说得特别精彩,也很耐人寻味。是啊,果戈理本人确实有许多喜剧人物的特征,他笔下那些喜剧人物无论多么怪诞和荒唐,还真不全是超验的凭空虚构,倒是或多或少有原

---

① Соколов Б В, Расшифрованный Гоголь: Вий, Тарас Бульба, Ревизор, Мертвые Души. М.: Эксмо, 2007, с. 8.

② Соколов Б В, Расшифрованный Гоголь: Вий, Тарас Бульба, Ревизор, Мертвые Души. М.: Эксмо, 2007, с. 8 – 9.

向罗斯神圣精神的回归——纪念世界文化名人果戈理诞辰200周年

型的。早年的果戈理除上述特征以外,异常爱慕虚荣,也喜欢吹牛。为了生活,有时也为了追求一些浮华的目标,他不惜玩弄说谎的把戏,甚至哄骗自己的母亲。后来他的这些特点在他作品中主人公的身上几经演绎,又经过夸张和重组,都发挥到了极致。单从这一方面而言,说果戈理是"自然派"的魁首,他倒也真是当之无愧。早期的果戈理的确常常把人生与喜剧艺术混为一谈,把人生当喜剧演,喜剧创作中掺杂着自己的人生。而他在这样做时,丝毫也没有想到这有悖于东正教的戒规。这是他生活的需要,也是满足虚荣心的需要,而且是一件乐事。小小不言地说点谎、吹吹牛,这都是果戈理的长项,他的主人公赫列斯达科夫、乞乞科夫等从他身上得到了不少"真传"。有人说,果戈理是具有赫列斯达科夫性格的赫列斯达科夫严厉审判官。既然他这么全神贯注于喜剧创作,艺术与生活有时就免不了浑然一体了。果戈理在做这一切时十分真诚而专注,甚至充满灵感,深为自己编故事的技巧欢欣鼓舞,天真无邪的创作欲望饱含诗意,而且他无法克制童趣和享受恶作剧的快感的冲动。就是成年以后,他依然摆脱不了玩这种半真半假的语言文字游戏的爱好,戏弄别人,从中取乐。在别人,这是品行不端,而在果戈理,这是喜剧创作,是游戏。法国人对此颇不以为然,为果戈理作传时把这些作为否定人格特征都写进去了。而俄罗斯人却不太提果戈理的这些"恶德",因为他们比法国人更理解自己喜剧家的心理,更深入地了解其中的奥秘。

　　果戈理也有不能令人原谅和为之辩解的地方,那就是他的利己主义。在他的一生中,凡事只想自己的需要,为了自己获得理想、舒适的生活和创作条件,他不惜烦扰所有能给他帮忙的家人和朋友。他一生没有自己的家,长期寄居在朋友家里,一切都要他们给安排,总是向他们借钱,一再地让 B. A. 茹科夫斯基给他筹措资金,甚至叫他跟沙皇要钱。沙皇也就真给果戈理寄了 5000 卢布。

诸如此类的麻烦事层出不穷,令 B. A. 茹科夫斯基和其他朋友、同行实在无法招架。而且,果戈理觉得大家帮助他是应该的,并不十分感恩。果戈理的知己 П. A. 普列特尼约夫在信中对他说:"你是一个什么样的人? 内向,自私,高傲,不信任人,为了沽名钓誉不惜豁出一切。你可能有朋友吗? 如果有,他们早就说了现在你从我这里读到的话……"最富有喜剧性的是,果戈理在受到朋友和同行的许多严厉指责以后,他意识到问题的严重性,决定用惩罚自己来挽回影响。如何惩罚呢? 他下决心不收取所有出版作品的印数稿酬。① 他觉得这样做是对自己最大的惩罚,因为没有这些收入他的生活会极其艰难,而每一个卢布都是用朋友的伤心和受辱换来的,这让他感到心情十分沉重。所以,他决定把这些钱用到神圣的事业上——资助彼得堡和莫斯科的贫困大学生,并且,他再三嘱告朋友们不要让受益者知道钱是他捐赠的。应该认为,果戈理在做这个决定时是十分真诚的,不过,他只考虑到如何为自己的利己行为赎罪,根本没有想到其他人的困难和需要。当时,他的母亲和妹妹的处境万分艰难,他丝毫也不想帮助她们,而他还欠朋友们那么多钱没还,他自己的生活费也指望朋友们来提供。他在做出上述决定 10 天以后,竟然开口向 A. O. 斯米尔诺娃借 6000 卢布的生活费。一方面,他无比慷慨地去做善举,另一方面,又让朋友们供养他。这等于是用从朋友口袋里掏出来的钱去做上帝喜欢的事,而他却期待着朋友们对他的善举加以赞扬和祝贺。令他大吃一惊的是,他受到了所有人的一致谴责。安里·特鲁埃亚认为,他的行为与乞乞科夫的道德讹诈毫无二致。如果不把话说得这么刻薄,这里也表现出果戈理的虑事不周和极端利己主义。令我们感动的是,俄罗斯人对此并没有过多计较,他们对艺术天才真是太呵护、

① Труайя А, Николай Гоголь. М. : Эксмо, 2004, c. 540.

· 79 ·

太宽厚和太包容了。

可就是这么一个一味利己的人,却令人绝望地陷入了宗教狂热之中而不能自拔。从 19 世纪 30 年代末和 40 年代初期起,他就下定决心效法僧侣和圣徒,去攀登灵魂通向天国的阶梯,开始倾全力专注于自己和民众的灵魂教育。果戈理把这看作是自己和俄罗斯得救的唯一途径,是他的人生和文学创作向神圣终极目标的靠近。而事实上,这正是喜剧大师人生和创作的悲剧性转折。他对教父哲学和拜占庭的一个东正教教派——宁静主义的教理日渐痴迷,后来甚至想进修道院,十分向往僧侣和修士的苦行修道生活。他为自己制订了一个人生和信仰的新纲领,如他在《肖像》第二版中所写的那样,作为艺术家,必须首先通过祈祷、禁欲和静默等苦行修道来净化自己的灵魂,使自己的灵魂向上帝开放,这样,他的笔才不会被魔鬼利用,才能写出对人有益的圣洁、高尚的作品来。他果真开始履行这个纲领。他到耶路撒冷朝圣,多次去奥普塔修道院拜见僧侣和长老,从神甫马特维和大司祭英诺肯季那里寻求教诲、鼓励和支持。他全神贯注地苦读圣者约翰·克利马修斯(579—649)的神学著作《通向天国的阶梯》,约翰·兹拉托乌斯特(约 350—407)的《对福音书编者马太的谈话》,以及阿索斯的尼科季姆(1749—1806)的《向善》等。这些著述都高水准地宣讲了基督教的教义,告诉果戈理怎样才能使自己的灵魂过圣灵中的生活,逐步达到与神的合一。尽管果戈理把这些圣书视为神明,但他却未能理解"神学的最后一个词是沉默"这个宁静主义的核心理念,不断地向人们发出劝谕和说教,十分虔诚而又兴高采烈地做着与所信仰的教义相悖的事情。他的《与友人书信选》和《死魂灵》的第二部正因为如此都受到了宗教界权威人士的严厉批评。他们不能容忍作家在著述中炫耀自己对上帝的虔诚,也不能容忍他对人们的教诲。因为在东方基督教中特别崇敬沉默和宁静,认为"虔诚需要的是内心的贮藏"（大主教英诺肯季语）。并且，果戈理也无法完全丢弃上帝最不喜欢的高傲、利己和一些欲望，这使他不能真正获取无私、慷慨和爱等美德。说来说去，无论他主观上怎么样想靠近上帝，付出了多少牺牲，他所固有的一些人性否定特征，还是不能被神性完全涤除。并且，在他后期的创作中，他把作家的职责和任务与基督徒的宗教使命完全等同起来，他所致力以求的不是《死魂灵》第二部人物形象的完美艺术塑造，而是主人公通向天国和上帝的道路。实际上，《死魂灵》的第一部就是这种构思的一部分。果戈理的朋友 K. C. 阿克萨科夫在评价《死魂灵》的第一部时就指出：长诗中"非常强有力地表现出（俄罗斯生活）深层的、强劲的和永恒的东西"[①]。这里所指的就是宗教的方面。而果戈理本人则明确地指出：在《死魂灵》的世界中，还有"某种其他民族诗人那里没有的东西，即与《圣经》接近的东西"[②]。评论家 Э. 阿乌埃尔巴赫也指出了《死魂灵》的创作有一种让旧约叙事占据主宰地位的引人注意的渴望。[③] 然而，因为果戈理自己也未找到不做僧侣就能彻底实现灵魂教育的途径，而且他为主人公乞乞科夫构想的灵魂向善的提升没有任何形象自身的内在基础，所以作品的写作很难进行下去。作者对写出来的东西很不满意，不止一次将其付之一炬。为了写出《神曲》那样的伟大作品，果戈理一再挣扎，真是费尽了心思。他曾回到家乡去寻找精神支撑，因为对他而言，乌克兰不仅是能够给他带来温暖和灵感的阳光明媚的地方，还是基辅罗斯，

---

[①] Гуминский В М, Умирание искусства：Пушкин и Готоль. Литературоведческий журнал，2009（24），с. 96.

[②] Гуминский В М, Умирание искусства：Пушкин и Готоль. Литературоведческий журнал，2009（24），с. 98.

[③] Гуминский В М, Умирание искусства：Пушкин и Готоль. Литературоведческий журнал，2009（24），с. 98.

是索菲亚教堂和洞窟修道院，是神圣罗斯的精神起源。无论到哪里，他的所见所闻都只能加剧他的宗教狂热，末了，它终于将果戈理烧成了灰烬。他的全部寄托和希望——《死魂灵》的第二部，除已公之于世的一些章节以外，究竟都写了什么，也就成了不解之谜。

果戈理不光是灵魂，整个人生都是漂泊的。然而，最终他的灵魂却回归到了古罗斯的神圣精神上来，从在俄罗斯和西方的浮游辗转到对基辅罗斯的古老东正教信仰的极度狂热，他拼命地挣扎在人性与神性的斗争之间。虽然他始终未能超越自身的许多局限，最后也未能成为一个为教会认可的真正圣徒式的信徒，但是他却无怨无悔地把自己全身心地献给了信仰，甚至舍弃了维系生命所需要的一切。这使他的辞世颇有殉教的意味。他正是以自己灵魂净化的艰苦历程成为俄罗斯和乌克兰民族信仰传统的伟大守护者。

如果果戈理的宗教信仰能像托尔斯泰那样理性和求实，如果他能像托尔斯泰那样对信仰做一些超乎其外的独立思考，也许他的人生和创作就不会成为这样的悲剧。可是，"如果"不会成为现实。不过，纵然如此，也并未妨碍他成为举世皆知的伟大讽刺喜剧大师，他的短暂的文学生涯仍使他改变了普希金创立的文学传统的审美价值取向，超出了文学创作的常规，导致了陀思妥耶夫斯基的产生，使俄罗斯文学发生了从审美向宗教和道德探索的陡然转变，深化了俄罗斯文学的精神和道德探索的主题。这个伟大的历史作用是无人能取代的。既然是这样，后人自然也可以不必为其惋惜了。

**参考文献**

[1]Соколов Б В, Расшифрованный Гоголь：Вий, Тарас Бульба,

Ревизор, Мертвые Души[M]. М. : Эксмо, 2007.

[2] Труайя А. Николай Гоголь[M]. М. : Эксмо, 2004.

[3] Гуминский В М. Умирание искусства: Пушкин и Готоль
[J]. Литературоведческий журнал, 2009(24).

向罗斯神圣精神的回归——纪念世界文化名人果戈理诞辰200周年

# 果戈理的别样"现实主义"及成因①

俄罗斯的文学批评界认为,有两个人在果戈理文学生涯中起着十分重要的作用:普希金和别林斯基。普希金"把果戈理培养成了人"②。别林斯基把果戈理的形象确定为现实主义者。③ 后来评论界又把他的创作方法说成"批判现实主义"。人们受到这种文学批评影响,总要把果戈理的创作往现实主义上拉。

笔者以为,别尔嘉耶夫的看法很有借鉴价值。这主要是指他关于果戈理把有机的现实分为几个部分和层面,揭示俄国和俄国人的某种精神病症和痼疾等看法。实际上,果戈理从较早期的创作(如《密尔格拉德》和《彼得堡故事》)起,就把现实生活分成两大部分:人外在的现实生活和内在的灵魂生活。外在的现实生活又包含着神话、宗教、神秘主义(魔法和奇迹等)、民间传说和民间故事,以及历史和现实社会生活等多个层面。而内在的灵魂生活则包括人的智性和理性,人的自我意识、思想、意志和行为的动因;灵魂从外界接受的各种精神力量——神赐的力量和魔鬼的诱惑力;灵魂在其影响下朝向善或恶发展,以及神赐带来的平静、纯洁、感动、宁静与心灵的和谐和魔鬼的诱惑带来的心绪混乱、沮丧、欲望、不坚定等。果戈理潜心探索的是受上帝引领的善的灵魂与受魔鬼

① 原载《外语学刊》2009 年第 6 期。

② Бочаров С Г, Гоголь в русской критике: Антология. М. : Фортуна ЭЛ, 2008, с. 3.

③ Бочаров С Г, Гоголь в русской критике: Антология. М. : Фортуна ЭЛ, 2008, с. 4.

诱惑的恶的灵魂的争斗和转化等问题。而灵魂救赎的问题越到后来越为作家关注。由于果戈理的创作一直受到民间文学影响，构思都不像陀思妥耶夫斯基和列夫·托尔斯泰那样复杂、曲折，情节线索比较单一，而且他也不长于做心理描写和心理分析，灵魂深处的奥秘主要是靠作品中酷似真实的虚构细节来揭示。果戈理在创作中总是致力于细节的真实和生活的自然描写，因为他认为，若是没有细节的真实，读者就不会接受作品内容，而且这里也有灵修文学的影响。白银时代的维亚切斯拉夫·伊万诺夫在研究象征主义文学时，提出并确证"宗教现实主义象征主义"概念。果戈理的作品虽然有大量象征主义因素，但他并不是象征主义作家。所以，我们仅借用"宗教现实主义"概念，因为它指的是关注宗教理念中的神秘现实，即关注经验可以感知的世界的现实现象背后的精神"本体"世界，这与果戈理创作的特点吻合。他探索和表现的正是感觉不到、理性不能认识、只能通过神启来认识的世界。

实际上，果戈理对乌克兰和俄国社会并没有深入了解。在早期文学创作过程中，他经常给母亲和妹妹写信，让他们收集创作素材，包括民间传说、生活习俗、礼仪、服饰等。到彼得堡以后，他对俄国社会的了解就更少了。即使是篇名为《彼得堡故事》的小说集，荒诞、幻想、魔法感的音调依然很强。果戈理根本也没想更多了解彼得堡社会，他在那里总共生活了7年，对社会生活的了解远不如从普希金等人的作品中来得多，而且他非得到罗马去才能写出关于俄国的作品来，因为他讨厌俄罗斯人：俄罗斯要是没有俄罗斯人该会是什么样的天堂啊！[1] 他甚至认为能死在罗马是最好的命运。[2] 众所周知，他的"批判现实主义"代表作《钦差大臣》和

①　Труайя А, Николай Гоголь. М.：Эксмо, 2004, с. 229.

②　Труайя А, Николай Гоголь. М.：Эксмо, 2004, с. 249.

《死魂灵》的题材都是向普希金索要的,根本不是他自己探索社会生活后的发现。在罗马创作《死魂灵》时,一方面,他几乎走遍整个欧洲,为自己的创作收集材料,并得出一个结论:世界性的信仰的遗失主要来自于西方。他在《死魂灵》中要描述的正是这一点,所以他说,这部作品的对象绝不是一个省和几个丑陋的地主,也不是赋予他们的那些恶德,他更为关注的是拯救灵魂的主题。另一方面,他频频让俄国朋友给他提供写作材料,要他们把所见所闻每天用一小时给他记录下来。这提示我们:果戈理十分缺少生活基础,他是在从"无"创造生活。他的想象无须有现实生活做依据,这也正是他的天才表现。由于果戈理受乌克兰民间文化的影响很深,一开始便形成了迷宫式的思考方式,天生禀有独特的喜剧家的幽默和艺术灵感,十分善于无比生动地描绘各种"被迷彩遮蔽的"似人非人的魔鬼形象,并通过它们以极大的穿透力击中人性和社会的弱点及邪恶方面,他笔下极为荒诞的幻想或魔幻世界便获取了严酷的真实性和现实意义。这种巨大的艺术冲击力掩盖了作家对现实生活了解的不足,人们更为他艺术世界的怪诞图景吸引,至于它的深层内涵,远不是一目了然,也不太为人们深究。如 Д. И. 奇热夫斯基所说:"读者在读果戈理的作品时常常发现不了这些作品的'思想纲领',正如听'标题音乐'的人大多听不出作曲家用美妙声音表达的'标题'一样。"①

如果我们在读果戈理的作品时略微有一点神学意识,就不难发现,在果戈理一生的创作中始终贯穿着一种东西:与宗教信仰密切相关的作家的思考。他与革命民主主义者的立场对立,主张通过东正教的信仰使俄罗斯人走上神圣光明之路,实现俄国精神复

---

① Мочульский К В, Гоголь, Соловьев, Достоевский. М.: Республика, 1995, с. 6.

兴。所以,从作家总的思想倾向和创作主旨而论,都与他的宗教思想探索密切相关,都是他本人在神性、人性、魔鬼性之间挣扎的产物。只不过是早期创作中宗教性的内容外在的生活描写居多,当然也涉及民族东正教的信仰,主要意图是通过抨击主人公在生活中表现出来的缺点和社会恶德而使人们产生净化灵魂的意识,自觉向上帝靠近,尚未达到后期创作对灵魂深处隐秘的东西的探索。

作家早期的作品虽然大多是写一些民间故事和传说,带有浓重的多神教和民间宗教印迹,但已经蕴含博大的东正教精神,体现出民族意识中东正教信仰的根本理念。

《塔拉斯·布尔巴》感人至深的也正是果戈理极力要在作品中表现的宗教心理,或者说是东正教的灵魂深处的东西。哥萨克们拼命捍卫的是他们的崇高信仰。这种信仰不仅仅是对上帝的无限忠诚,其突出之处如奥斯塔普临刑时的表现和心理,令读者想到耶稣被钉上十字架前在客西马尼园祈祷时的情形,还有对伙伴精神(товарищество),即群体精神(соборность)的忠诚。这正是俄罗斯东正教理念的一个殊为重要的组成部分。这种群体精神深入到每一个哥萨克的心灵中,成为他们奋战、献身和牺牲的灵魂深处的信念和不可动摇的意志。这是一种乌克兰宗教信仰的真实写照。诚然,在他们的完全非理性的信仰中还有许多直接违背东正教教规的地方,尤其是他们完全不遵守任何约言,没有丝毫禁欲主义的行为规范,嗜酒成性,十分残忍,像一群脱缰的野马和洪水猛兽。然而,无论是小说中历史时空的无序还是场面的混乱,都遮盖不住其灵魂深处发出的清晰而强劲的声音——誓死捍卫东正教信仰。

《彼得堡故事》中有一些作品在表现宗教思想方面也很有代表性。《肖像》(1835,1842)就是其中之一。初读这篇小说,印象最深的是小说中充满魔法感和肖像画中人物的魔鬼性,为这种恶的可怕穿透力震撼。这里真有一种如别尔嘉耶夫所说，能杀死人的东西。这种直感并没有错，果戈理确实擅长写魔法和魔鬼，因为他是一位"地狱艺术家"，眼睛里总是看到魔鬼，"第一个魔鬼伴随果戈理一生的创作。当他想甩掉这个魔鬼时，他已经什么伟大作品都创作不出来了"①。他创作精彩的奥秘在此，悲剧也在此。《肖像》有两个不同版本。第一个版本发表于 1835 年，社会主题占据着主导地位。第二个版本发表于 1842 年的《现代人》杂志上，虽然篇名依旧，但作品的思想和气氛已大不相同。如作者自己所说，只剩下"原小说的主要情节线索"，"一切都按照这一主题线索重新编织了"②。第二个版本告诉读者，作为一位画家，无论他具有多么闪光的天才，如果他自己没有高尚的精神境界和纯洁灵魂，就注定画不出好作品，甚至会使画笔成为魔鬼的工具，画出把人引向邪路抑或给人造成灾难的作品。《肖像》中的画家画的高利贷者的肖像情形即是如此，它似乎具有魔法的力量，像是受到魔鬼的诅咒，给每一位拥有这幅画的人带来祸患和不幸。画家意识到这是因为他自己的灵魂缺少高尚和圣洁，于是决定到修道院去过苦行修士的生活，以净化和提升自己的灵魂。于是，画家开始一丝不苟地苦修，甚至隐遁到荒野，不住祈祷，历尽非常人所能忍受的苦难，做出只有在《圣徒传》中才能看到的自我牺牲。他这样苦修几年以后，开始为修道院创作《耶稣的降生》这幅命题画。一年后他大功告成——果真画出一幅极其神圣的奇妙杰作，所有看到这幅画的人都被画中人物的圣洁感动，修士们甚至不由自主地跪倒在画前。

---

① Соколов Б В, Расшифрованный Гоголь: Вий, Тарас Бульба, Ревизор, Мертвые Души. М.: Эксмо, 2007, с. 11.

② Манн Ю В, Поэтика Гоголя: Вариации к теме. М.: Coda, 1996, с. 367.

小说描写的一切表明:画家的画笔受到上帝神圣崇高力量的引领,画作非凡崇高而感人的力量由此而来。这正是作家要表现的核心思想——艺术创作的奥秘在于艺术家的灵魂渗透,纯洁高尚的灵魂会使卑贱的事物变得崇高。实际上,这部作品暗示作家必须经历的禁欲主义道德净化之路,这可以说是 19 世纪 40 年代初期果戈理精神生活追求及人生道路选择的纲领。

　　作者的另一部所谓"批判现实主义"小说《外套》(1835)表达的思想远不是表面理解的那样单纯,也是朝向人心灵深处奥秘的作品。① 反复阅读小说就会发现,作品有批判彼得堡社会的冷酷无情和等级制的明显倾向,但这并非作者的锋芒所向。对这部作品,Г. П. 马科戈年科曾从宗教观点评论:主人公阿卡基·阿卡基耶维奇·巴施马奇金的形象构思源自圣徒传,其原型为圣徒阿卡基。这个名字来自希腊语,意即"不怀恶意"。阿卡基·西纳伊斯基是一位十分凶狠的长老的门徒,受尽精神和肉体折磨。但他默默忍受一切。他的隐忍和善良使神赐从天而降,上帝解救他,让他摆脱苦难。Г. П. 马科戈年科认为果戈理在《外套》中要表现的正是这种圣徒的忍受苦难的精神和能够得到的神赐。但这种评论并不能令人信服,因为从小说中根本看不到主人公与圣徒在信仰方面有共同之处。相反,作者要揭示的更可能是另一种现象——人本性的追求和欲望的真实性与普遍性。小官吏的卑微心理、灵魂的猥小和空虚、爱和信仰的缺失等,都是这类人灵魂深处的写照。看似值得深受同情的小官吏的灵魂,受着一种荒诞却又不可违背的力量驱使,为了一点点物质满足而拼命挣扎。可见,他的心灵像一片荒漠,充满黑暗。依照东正教观念,这样的灵魂不经过忏悔就没有

---

① Набоков В В, Лекции по русской литературе. М.: Изд-во Независимая Газета, 1999, с. 130.

得到上帝拯救的希望。与这种观念一致，巴施马奇金在死后灵魂也不会上天堂，反而化作鬼魂以抢掠外套的方式对人们进行疯狂报复。实际上，这里隐藏着人心灵的深层奥秘：如果人的灵魂充满物欲，对上帝之光是封闭的，即使他的处境再困苦、再值得同情，最终他也只能处在黑暗之中，灵魂永远要受撒旦控制。这是东正教的普遍宗教真理，也是宗教生活的一种别具一格的真实。

至于《钦差大臣》(1836)这部讽刺喜剧，作者最初的写作动机十分明确：只想写一部引人发笑的剧作，否则他便无法生活下去。而在具体构思过程中，果戈理逐渐深化了对喜剧意义和作用的认识，发现"笑"的审美作用十分巨大，会让人感到恐惧，令人感到无地自容。由于《钦差大臣》的题材具有极强的社会批判性，直接揭露官吏的腐败、贪污、受贿及对平民百姓的欺压，人们自然会从这个角度认识它。而果戈理要告诉读者的是，贪污受贿几乎成了官吏天性的一个部分，完全成为无自觉意识的自然行为，所以这也是一类人的一种原罪。而促使人们受诱惑去犯罪的就是魔鬼，官吏做坏事正是"鬼使神差"，魔鬼在冥冥之中起作用。果戈理憎恶的并不是这些贪官污吏，而是社会恶习，它来自于人的原罪、魔鬼。喜剧作者试图通过嘲笑这些丑恶行为的方式让人们认识到这种罪过的严重性，弃恶从善。1842 年果戈理为这个剧本加上题词："脸歪莫怪镜子。"这个题词与《圣经》中的福音书有着内在联系，果戈理的同时代人都知道这一点。圣徒吉洪·扎顿斯基说："基督徒们！当今时代子民的镜子是什么？就是福音书和基督的圣传。他们照这面镜子，以校正自己的躯体，清除脸上的污垢……我们也把这面洁净的镜子放在我们灵魂的眼睛面前，用它来照一照，看我们的人生是否仿效基督的圣传。"①这种把福音书视为镜子的宗教观在东正教意识中早就牢固地存在,无人不知。此外,剧本结尾处,真正的钦差大臣要到来引起的官吏的恐惧,已经远远超出对从彼得堡来的沙皇钦差的恐惧,上升为对上帝末日审判的恐惧。可见,市长和他的下属已经意识到自己的罪恶,知道自己必将受到严厉审判。

В. И. 涅米罗维奇－丹钦科指出,《钦差大臣》最主要的情节推动因素是恐惧。正是恐惧使市长和其他官吏失去理智和判断力,把赫列斯达科夫当成国家要员。而赫列斯达科夫完全是一个只有空壳的小魔鬼。Ю. М. 洛特曼指出,赫列斯达科夫说谎的基础是"对自己无限的蔑视,因此说谎让他陶醉,他在臆想出来的世界里可以不再是自己,摆脱开自己,成为另一个人,把第一人称和第三人称换个位置,因为他本人深信不疑,真正令人感兴趣的可能是'他',而不是'我'。这使赫列斯达科夫的吹牛具有一种自我确证的病态性质"②。他之所以顺水推舟地把自己吹嘘成为一个自己也不知道是什么样的大人物,是因为他在灵魂深处追求着另一种人生,这是他人格分裂的一种自然显现。实际上,他的灵魂与果戈理笔下的其他死魂灵毫无二致。最终连他自己都在谎言中"蒸发"了。而真正的魔鬼是诱惑者撒旦,是它诱使市长和其他官吏受贿、偷窃和欺骗。

喜剧结尾处出现的天意是以宪兵表现的尘世和上帝惩罚的报

① Воропаев В А, Гоголь и церковное слово. Литературоведческий журнал, 2009(24), с. 11.

② Соколов Б В, Расшифрованный Гоголь: Вий, Тарас Бульба, Ревизор, Мертвые Души. М.: Эксмо, 2007, с. 202–203.

果戈理的别样「现实主义」及成因

信者。① 作恶的人最终必然要受到上帝的严厉审判和惩罚,这是永恒的宗教真理。果戈理认为,喜剧的真正教育意义在于,观众也应该与剧中人一起嘲笑自己的恶德和缺点。正如他在《喜剧演出后散场记》(1836,1842)中通过先生乙的口所说:"没有深刻的内心忏悔,没有基督式的原罪意识,没有在自己的眼中夸大原罪,我们就无力超越它们,无力在心灵中超越生活中的渺小事物!"②而在果戈理的《钦差大臣的结局》(1846)之中,他一针见血地指出,"无论怎么说,但是那个在棺材门口等着我们的钦差大臣是可怕的,这个钦差大臣就是我们觉醒了的良心。它让我们睁开眼睛忽然一下子窥见我们自己"③。果戈理在此后的创作中一直有一种自觉意识——对俄罗斯全民进行基督教的教育,使人们的灵魂得到净化。在后期的创作中,诸如《与友人书信选》、《祈祷仪式沉思录》(1845)和《死魂灵》的第二部,他更是全神贯注地去发掘人冠冕堂皇或卑鄙无耻的行为背后的灵魂奥秘。他这样做时,自己的整个身心都沉浸在教父哲学和宁静主义的教理中。

所谓教父,指对东方基督教神学进行诠释的人。他们中的许多人都持有宁静主义教派的观点。简言之,宁静主义是拜占庭的神秘主义思潮,也是东正教的一个教派,产生于4—7世纪,后来在14世纪又得到复兴。它实际上是一种苦行修道的宗教学说,提倡禁欲主义、祈祷和"净心"苦修。它的最核心理念是通过禁欲、静

---

① Соколов Б В, Расшифрованный Гоголь: Вий, Тарас Бульба, Ревизор, Мертвые Души. М.: Эксмо, 2007, с. 170.

② 周启超主编:《果戈理全集:第 5 卷 戏剧卷》,安徽文艺出版社,1999,第 373 页。

③ Платонов О А, Святая Русь: Большая энциклопедия русского народа: русская литература. М.: Институт русской цивилизации, 2004, с. 248.

默和祈祷来净化灵魂,见证上帝。为此,许多宁静主义教派信徒选择到修道院或荒漠中去过寒微的苦行修道生活,"以便剥下自我欺瞒的层层虚饰,从而寻回真正的自我"①。宁静主义者渴望寻找的"是他们在基督里的真正自我"②。他们一切奋斗的最直接目标是得到一颗"清心",好使他们能清晰、无阻隔地观照心灵的真实状态。

从 19 世纪 40 年代起,果戈理就一直执着地追随拜占庭教父哲学中宁静主义的传统,目的是通过灵魂教育获取心灵深处的自我牺牲。为此,他给自己建构了一个自我完善的精神阶梯,这显然源自于圣约翰·克利马修斯的《通向天国的阶梯》(《Лестница》)。克利马修斯(579—649)是西奈山的圣叶卡捷琳娜修道院的院长。他的这部著作对东方基督教整个世界影响很大,胜过《圣经》和祈祷书以外的任何宗教经典。③ 梯子形象的源头是圣经。在《圣经·创世纪》第 28 章的第 10—17 节中就提到联结天地的梯子。这里的阶梯在东正教教父的著述中是道德提升的形象体现,这种形象众人皆知。果戈理在他最早的作品《五月之夜》中就提到过这个联结上天和人世的梯子。④ 约翰·克利马修斯的书共有 30 个阶梯,人们拾阶而上,就能走进天国大门。书的结构体现精神上升的原则——前 23 阶的内容是罪,后 7 阶的内容是美德。果戈理非常认

---

① 卢云:《荒漠的智慧》,野村汤史作画及英译,庄柔玉中译,江西人民出版社,2006,第 12 页。

② 卢云:《荒漠的智慧》,野村汤史作画及英译,庄柔玉中译,江西人民出版社,2006,第 134 页。

③ Всесвятейший Вселенский Патриарх Варфоломей, Приобщение к таинству: православие в современном мире. М. : Эксмо, 2008, с. 360.

④ 果戈理:《果戈理选集(第 1 卷)》,满涛译,人民文学出版社,1983,第 64—65 页。

真地研究这个梯子,而且他临终前说的话就是:"梯子,快点拿梯子来!"①果戈理既然下定决心要把灵魂教育进行到底,必然要遵从福音圣训和圣者的教诲。他开始按宁静主义隐修士的修道原则鼓励自己,果真取得了灵魂提升的飞跃进展。他在 1842 年 6 月 26 日给茹科夫斯基的信中说:"虽然我现在站在我要上的阶梯的最下面几层,但是上天的力量能够帮助我爬上它的顶端……我的心灵应该比高山上的雪更清洁,比天空更明朗,只有那时我才能够有力量建功立业,开创伟大的事业,只有那时才能够解开我的存在之谜。"②

除《通向天国的阶梯》外,对果戈理禁欲主义理想的确立和灵魂教育起极大促进作用的还有一些宗教著作,如阿索斯的尼科季姆的《向善》(«Добротолюбие»)、圣约翰·兹拉托乌斯特的《对福音书编者马太的谈话》(«Беседы на евангелиста Матфея»)、英诺肯季主教的《希腊罗斯教会祈祷书历史述评》(«Историческое обозрение богослужебных книг греко-российской церкви»),以及基辅洞窟修道院的教父传等。③ 其中,《向善》的作者尼科季姆收集了从大安东尼时代(250—356)到 14 世纪的宁静主义教派的神学著述。19 世纪宗教复兴的产生与这部著作很有关系。《向善》汇集了关于祈祷和沉默之道的著述和文献,它为教徒指出:灵魂的平安只有靠顺服和弃绝私利才能获取,而顺服和弃绝私利就意味

---

① Воропаев В А, Гоголь и церковное слово. Литературоведческий журнал, 2009(24), с. 5.

② 周启超主编:《果戈理全集:第 8 卷 书信卷》,李毓榛译,安徽文艺出版社,1999,第 248 页。

③ Гуминский В М, Жизнь и творчество Н. В. Гоголя в контексте православной традиции // Воропаева В А, Гоголевский Вестник:Выпуск 1. М. : Наука, 2007, с. 22.

着丢弃高傲、欲望、利己的愿望和接受美德——无私、慷慨和爱;内心的平安能够给周围所有的人带来宁静。《向善》中说:"当你发现自己沉默无语时,你同时就获得了上帝和整个宇宙。"①可见,东方基督教是多么尊崇沉默和宁静。

倾尽全力刻苦攻读这些神学著作的结果是,果戈理完全陷入了一种思想:要写好《死魂灵》这部史诗的后半部,写得像《神曲》那样伟大,他自己必须把灵魂教育得像圣徒一样高尚、圣洁。隐修主义者的生活深深地吸引着他,教父的神秘主义神学主宰着他,他每天都用很多时间祈祷,以求实现灵魂与上帝的合一。他在 19 世纪 40 年代撰写的《祈祷仪式沉思录》(《Размышления о божественной Литургии»)(未完成)和《与友人书信选》都十分具体地反映出他的宗教神秘主义和宁静主义理念。果戈理还把禁欲主义的经验(诸如祈祷时的兴奋、理智活动和流泪等)相当大胆地与创作活动联系起来。他似乎是捕捉到了宁静主义者对创作的特殊态度,即把关于上帝的学说和关于人的学说结合起来的人类学思想:"我们是比天使更多地按上帝的形象被创造的,圣戈里高利·帕拉玛说,事实上,我们只是拥有智慧、理性和感情的所有造物中的一种。那种与理性自然联结在一起的东西开创了多种多样的艺术、科学和知识……物是从无创造出来的,当然不是从完全的虚无创造的,因为这已经是上帝的事情,——所有其他的一切都给予了人。"②果戈理认为,不仅仅是上帝的选民,每个人都有上帝赐予的创造能力,灵感都是同一个来源。他在这种意义上把僧侣的

---

① Всесвятейший Вселенский Патриарх Варфоломей, Приобщение к таинству: православие в современном мире. М.: Эксмо, 2008, с. 327.

② Гуминский В М, Жизнь и творчество Н. В. Гоголя в контексте православной традиции // Воропаева В А, Гоголевский Вестник: Выпуск 1. М.: Наука, 2007, с. 24.

果 戈 理 的 别 样 『 现 实 主 义 』 及 成 因

禁欲主义的舍己忘身视为艺术家的创作过程,因为自古以来,就把禁欲主义称为"宗教的艺术""智慧的艺术",由此产生了"上帝来到心灵之中"时征兆的相似:感动、欣喜和无声的甜蜜眼泪等。

果戈理在接受宁静主义理念的过程中,逐渐形成自己对祈祷的领悟,经常劝告朋友们要大声痛哭着或哭泣着向上帝祈祷,只有这样心灵才会感到轻松,才会听到上帝的声音。同时,他还吸收了宁静主义的理念"心灵的笑"。关于祈祷境界提升过程中笑和眼泪不可分割的联系,约翰·克利马修斯早有所言:"幸福而美好地哭泣的人,如同穿上了婚礼服,能够感受到灵魂的精神的笑(快乐)。"[1]克利马修斯在分析快乐和悲痛交织的心理状态时使用了"快乐的悲痛"和"快乐的哭泣"这种概念。他在《通向天国的阶梯》的第七章讲述眼泪的秘密时,描述既痛苦又甜蜜的感受,指出它的产生与对精神快乐的渴望和它的不可能获取相联系。属灵的人的"快乐的悲痛"由对神赐的预感而来的快乐与世界堕落状态引起的悲痛交织在一起。[2] 我们由此应该想到《死魂灵》中"含泪的笑"这一著名公式可能的宗教来源。如果戈理自己所说:"我还要被这种奇妙的力量控制很久……透过世界看得见的笑和它看不到的不分明的泪,打量浩大奔腾的人生。"[3]依照至圣的普世大牧首瓦

---

① Гуминский В М, Жизнь и творчество Н. В. Гоголя в контексте православной традиции // Воропаева В А, Гоголевский Вестник: Выпуск 1. М.: Наука, 2007, c. 25.

② Всесвятейший Вселенский Патриарх Варфоломей, Приобщение к таинству: православие в современном мире. М.: Эксмо, 2008, c. 360 – 361.

③ Гуминский В М, Жизнь и творчество Н. В. Гоголя в контексте православной традиции // Воропаева В А, Гоголевский Вестник: Выпуск 1. М.: Наука, 2007, c. 25.

尔福洛梅伊的看法，"'快乐的悲痛'是东正教精神和拜占庭美学的最鲜明描述。这是渴望把上帝的光和充满我们世界的黑暗联结起来的圣徒生活的最重要特征。这是希望的标志、乐观主义的象征，是面对与我们的愿望相悖和似乎不可克服的现实的慰藉的源泉"①。果戈理正是基于这种宁静主义的学说来扩大他自己的文学创作构思。他的《与友人书信选》、《祈祷仪式沉思录》和《死魂灵》之间有着密不可分的内在联系，都贯穿着期望神赐的快乐与感动，以及由对罪与恶的意识产生的痛苦，都充满极大的宗教激情，都试图把禁欲主义经验与艺术经验相结合，要表现的都是在俄罗斯实现上帝的神圣意志，劝谕人们通过自己灵魂的教育提升精神境界并得到救赎，从而走近基督，以此拯救俄罗斯。只不过前两部著述通过理论或灵修文学式的陈述，后一部作品通过生动的人物形象来表现。

创作的后十余年，果戈理的整个心灵都充满救世的宗教情绪，而且认为自己的创作灵感和构思全都来自于上帝，是神赐。他由此产生极强的教诲意识。显然，果戈理的创作已由艺术散文过渡到宗教散文。出于对人和俄罗斯的爱，他产生了用宗教精神教导他人的强烈愿望和激情。他受到这种宗教精神的主宰，极力想把《死魂灵》的第二部写成《伊里亚特》和《神曲》式的史诗性作品，最终目的是"医治患病的灵魂，使它们产生和谐与宁静的感觉"②。按照果戈理的构思，《死魂灵》的第二部要写的是善与恶的力量争夺乞乞科夫的灵魂的斗争，而第三部，乞乞科夫经过忏悔弃恶从

① Всесвятейший Вселенский Патриарх Варфоломей, Приобщение к таинству: православие в современном мире. М. : Эксмо, 2008, с. 361.

② Набоков В В, Лекции по русской литературе. М. : Изд-во Независимая Газета, 1999, с. 119.

果戈理的别样「现实主义」及成因

善,灵魂登上通向天国的阶梯。这种史诗式的构思十分宏伟,主人公乞乞科夫的灵魂圣化之路体现的正是作家对神圣罗斯重新复生的期望,也是俄罗斯式《神曲》的三部曲。果戈理对长诗的这种预期结果从一开始就充满信心,否则,在《死魂灵》第一部中,怎么能让乞乞科夫坐在罗斯向前飞奔的三套马车上,并且指挥车夫呢?!三套飞驰的马车是一刻不停地处在动态运动中的俄罗斯,而这个俄罗斯既神圣又罪恶多端。主人公乞乞科夫的灵魂正是俄罗斯灵魂的象征,它最终必将实现上帝的意志,再现古罗斯圣徒的精神风貌。这样,死去的灵魂就会变成活的灵魂。为了达到这个效果,果戈理在《死魂灵》第二部的创作中,追求的不是主人公形象本身符合规律的艺术塑造,而是为他寻找一条通向上帝和天国的道路。实际上,从 19 世纪 40 年代开始,果戈理的创作探索就进入新阶段,正如他在《作者自白》中所说:"从这时起,人和人的灵魂比以往任何时候都更多地成为我观察的对象。我暂时放弃一些当代的东西;我注意了解那些推动人和所有人类的永恒规律。立法者、灵魂研究者和人本性的观察者的著作成为我阅读的书。在这条道路上我不知不觉地走近基督。我看到,基督有打开人灵魂的钥匙。"①于是,果戈理也想借助这把钥匙打开主人公的灵魂。他锁定这样的创作目标,是想把主人公塑造成一个如陀思妥耶夫斯基说的"正面美好的人",而这样的人在俄罗斯现实生活中并不存在,就连果戈理自己也未能成为这样的人。他开始责备自己,认为没有创作出有益的作品是他的罪过。他为此深感痛苦,觉得有魔鬼在作祟,

---

① Мочульский К В, Гоголь, Соловьев, Достоевский. М.: Республика, 1995, с. 6.

眼前经常出现魔鬼的幻影,那景象比他自己作品中的魔鬼还可怕。① 他绞尽脑汁,到耶路撒冷朝圣,到修道院拜见圣者和僧侣,一心想使《死魂灵》第二部的创作符合上帝旨意。果戈理这样构思,是想用自己灵魂教育的经验和追求营造主人公的人生和编织他的灵魂历程。所以,可以说,这种构思带有极强的灵修文学的主观性和理想化倾向。这主要是指他后期创作中最为关注的已经不是乞乞科夫作为艺术形象的发展、变化和价值,而是他的灵魂逐渐向教会皈依的劝谕作用和这种灵魂救赎对俄罗斯的意义。之所以这样推断,是因为果戈理对灵修文学极感兴趣,他不仅自己认真学、认真读,而且叫他的朋友们都来读。在写《死魂灵》第二部时,他已经在往灵修文学的方向思考,甚至在创作原则上都受到灵修文学的影响。灵修文学作品除了写圣徒和修道者的传记和神秘体验外,也描写一般文学作品中的情节和传说等,它独具的文学艺术特征除内容的劝谕性外,是"形象化和自然主义的描写"②。这种形象、写实或自然主义的笔法正是果戈理后期创作中喜欢使用的,而且他的最终目的也像灵修文学一样,从宗教信仰出发劝谕人生。依照果戈理的创作思维,《死灵魂》第二部中人物的现实性是一种宗教理念,即通过对外在生活和人物形象的细节的真实描摹,展现主人公灵魂深处发生的向上帝靠近的过程,因为从宗教立场来说,真正的真实体现在灵魂渐变中。如果灵魂变化的轨迹是一种宗教生活的真实,那这就是果戈理后期创作的宗教"现实主义"的主脉。他力图从宗教角度确证和揭示永恒的存在,探索其中深藏的奥秘,从世界和人的可见现实转向人内在的更隐秘的现实。他用神秘主

---

① Соколов Б В, Расшифрованный Гоголь：Вий, Тарас Бульба, Ревизор, Мертвые Души. М.：Эксмо, 2007, с. 6－7.

② 孙津:《基督教与美学》,重庆出版社,1990,第205—206页。

义者的目光透视世界,探索神启的重要作用,洞察灵魂提升和堕落的奥秘。所以,可以认为,对于果戈理,人经验可感知的世界的现实并不那么重要,通过它来发现背后的精神世界的本质才是最终目的。要透过现实现象认识精神的本体,不能借助理性而只能求助神启。

在这样探索时,果戈理比陀思妥耶夫斯基和列夫·托尔斯泰更加专一,走得更远,对后两位作家的影响也很大。不管他们自己是否承认,无论是陀思妥耶夫斯基的所谓更高意义的现实主义还是托尔斯泰的道德自我完善的救世之道,都受到果戈理不同程度的影响。他在俄国文学史上的作用,并不在于他奠定了"批判现实主义"的基础,而是他的创作使俄罗斯文学实现了从美学向宗教探索的转变,引导俄罗斯文学越出了传统的现实主义常轨,深化俄罗斯文学的精神和道德探索的主题,并开创创作方法不拘一格的先例,从而使俄罗斯文学的创作前景更为广阔。

其实,宗教是包括俄罗斯在内的许多民族灵魂的重要组成部分。失去宗教信仰和宗教规范,俄罗斯人就不再是俄罗斯人,美国人也不再是美国人……而宗教本身并不栖息于外在物理世界,而是人的内在精神世界有机建构成分。这个建构成分可以通过语言(文本)建构,也可以通过语言(文本)解读。果戈理创作从美学向宗教探索的转变,意味着他从研究俄罗斯有形生活世界向探索无形精神世界的重要推进。

## 参考文献

[1]Бочаров С Г. Гоголь в русской критике: Антология [M]. М.: Фортуна ЭЛ, 2008.

[2]Труайя А. Николай Гоголь[M]. М.: Эксмо, 2004.

[3]Мочульский К В. Гоголь, Соловьев, Достоевский[M]. М.:

Республика, 1995.

［4］Соколов Б В. Расшифрованный Гоголь：Вий，Тарас Бульба，
Ревизор，Мертвые Души［M］. M.：Эксмо，2007.

［5］Манн Ю В. Поэтика Гоголя：Вариации к теме［M］. M.：Co-
da，1996.

［6］Набоков В В. Лекции по русской литературе［M］. M.：Изд-
во Независимая Газета，1999.

［7］Воропаев В А. Гоголь и церковное слово ［J］.
Литературоведческий журнал，2009（24）.

［8］Платонов О А. Святая Русь：Большая энциклопедия
русского народа：русская литература ［M］. M.：Институт
русской цивилизации，2004.

［9］Всесвятейший Вселенский Патриарх Варфоломей. Приобщение к
таинству：православие в современном мире ［M］. M.：
Эксмо，2008.

［10］Гуминский В М. Жизнь и творчество Н. В. Гоголя в
контексте православной традиции［M］// Воропаева В А.
Гоголевский Вестник：Выпуск 1. M.：Наука，2007.

［11］果戈理. 果戈理全集:第5卷 戏剧卷［M］. 周启超,编.合肥:
安徽文艺出版社,1999.

［12］卢云,野村汤史. 荒漠的智慧［M］. 庄柔玉,译.南昌:江西人
民出版社,2006.

［13］果戈理. 果戈理选集:第1卷［M］. 满涛,译.北京:人民文学
出版社,1983.

［14］果戈理. 果戈理全集:第8卷 书信卷［M］. 周启超,编;李毓
榛,译.合肥:安徽文艺出版社,1999.

［15］孙津. 基督教与美学［M］. 重庆:重庆出版社,1990.

果戈理的别样「现实主义」及成因

# 列夫·托尔斯泰作品中的自然认识论和生态伦理观

托尔斯泰的自然认识论和生态伦理观之所以引起我们的特别关注,是因为作为一位思想家,他在这一领域的思考突出地体现了他的人生观和世界观,反映出他一生都在追求的排除生死问题困扰的精神探索。他并不想全面探讨人与自然的关系,甚至不在意自然环境和它的物质缺欠给人造成的困境和限制,而完全是从宗教信仰的精神层面来观察它、探究它。伟大的思想家总是力图通过对自然万物生存规律及特性的了解,建构人的生活模式、道德及行为规范,树立起自己对生命意义的终极信念,进而实现对社会的改造。这一方面的思想建树充分体现了托尔斯泰超越现实生活和超越自我的人生价值追求。生态观可以说是托尔斯泰在此世安身立命的宗教观中的一个支撑点。

如我们所知,自远古以来,俄罗斯人的先辈东斯拉夫人和古罗斯人就信奉多神教,即被现在的研究者称为原生性宗教的古代原始宗教。此处采用"原生性宗教"的概念,是因为多神教这种古代原始宗教的传统一直延续到了近现代,是一种在俄国社会生活中长期发挥作用的"活态宗教"①,对许多俄国思想家、哲学家和作家都有一定的影响。原生性宗教信仰的重要特点之一是自然崇拜,这一特点在自然环境恶劣的地方尤其突出。生活在东欧平原北方

---

① 金泽:《宗教人类学导论》,宗教文化出版社,2001,第104页。

的古罗斯人不仅崇拜大自然,将其作为神来崇仰,而且在精神上与大自然相融相合,追求一种与大自然合一的境界。在《伊戈尔出征记》中,人与自然的关系亲密无间,飞禽走兽时时环绕在人们周围,直接参与人的战争和决定人命运的悲剧事件。在伊戈尔跃马挥戈出征之际,太阳投下了阴影,走兽悲鸣,飞鸟抖动翅膀,似乎是在向陌生之地发出警报,预示凶兆……自然界的万物仿佛都进入了征战的状态,与将士们心灵相通,同仇敌忾。战争打响时,大地轰鸣,江河浊流滔滔,黄尘漫天;而在伊戈尔军队惨遭失败之时,草原上的花草树木皆露悲伤,乌鸦悲凄忧伤地聒噪不停。① 史诗中诸如此类的描写充分地显示出,古罗斯人与大自然浑然一体,一生俱生,一亡俱亡。人与自然界的天空、大地和万物处于一种宗教神话的统一之中,这构成了古罗斯人简单而朴素的宇宙论基础。尽管古罗斯的原生性多神教信仰经历了向创生性宗教基督教的更宗,但人与大自然息息相通的亲密关系和万物有灵的泛神论观念却为他们的文化心理打上了深深的印迹。接受新宗教以后,古罗斯人对基督教的创世说深信不疑,坚信人与自然万物皆为上帝所造,因此应该处于和谐的统一之中。生活在这种文化传统中的许多俄罗斯作家,如普希金、莱蒙托夫、屠格涅夫、托尔斯泰、茨维塔耶娃等,都十分善于同大自然进行神秘交往,似乎与大自然有一种隐秘的关系,从大自然领悟社会和人生的哲理,获取情感的慰藉和精神力量。许多现当代作家的创作也从大自然汲取灵感,不仅用大自然的生动形象诗化自己的作品,而且抒发他们的生态伦理和道德理想。

托尔斯泰的自然观正是在这种世代传承的文明中形成的。不

① 《伊戈尔出征记》,李锡胤译,黑龙江大学辞书研究所,1991,第19—22页。

过,他还接受了东、西方哲学和宗教的一些观念,尤其是卢梭、斯宾诺莎和叔本华等西方哲学家对自然的理念,东方的儒学思想及佛教和道教的自然观等。这使作家的思想复杂而独特,其作品中蕴含的深邃思想往往难以捕捉,我们难以对其做出单一的明确结论。但是,有一点是确定无疑的,即托尔斯泰超越了传统伦理学的人类中心论倾向,把道德承载者的范围从人扩展到自然界的万物,使后者成为人的道德共同体,把人对自然的关系视为审视人的信仰和道德伦理水准的重要参照。

## 1. 人与自然同一的宇宙论

托尔斯泰之所以能够超越伦理学的人类中心论传统,是因为他的视域十分博大,他把对人和自然万物的认识纳入人与宇宙、天地和自然的关系的统一体中来。他在做这种思考时,把一切都置于统一的世界灵魂之中。他由这种观念出发来考察自然与人的关系,窥视到人与自然的原始自然力的深处,发现了隐匿其中的共同规律。托尔斯泰人与自然同一的宇宙论的形成还十分得益于欧美思想家的影响,诸如:叔本华关于大自然是充满上帝精神和意志的完整构成物、存在于无限大的空间中的思想;斯宾诺莎关于人生至善境界的实现离不开对整个自然的认识和了解,自然界的万物相连,并无高下之分的理念,及 18—19 世纪欧美的浪漫主义者对自然整体性、统一性和自发性的看重和把自然视为更高秩序或更高目的的体现等理论。最终托尔斯泰得出了一个结论:只有在与整个世界——包括其他人、大自然和宇宙——的和谐中人才能获得幸福。也就是说,当一个人感觉到他与宇宙和世界的联系,他才会感到真正的幸福、平静和愉悦,他甚至会改变自己的生死观,不再惧怕死亡。从微观的视角而言,每一个人都是独一无二的世界,有他的内心世界和外在世界,而与此同时,这个唯一的世界又是同一世界的一个组成部分,它只有在人们互相之间和与大自然之间的同一中才能存在。

托尔斯泰甚至认为,人幸福的首要条件之一是"在这种生活中人与自然的联系未受到破坏,也就是说,生活在蓝天之下,有阳光照耀和新鲜的空气,保持与土地、植物和动物的联系。所有的人都一向认为失去了这一切是很大的不幸。被关在监牢里的人对这种缺失的感觉最为强烈。看一看那些按俗世教诲生活的人们的生活吧:他们按俗世教诲取得的成绩越大,就越多地失去了幸福的这个条件。他们所达到的俗世幸福的程度越高,他们就越少见到阳光、田野、树林、野兽和家畜。他们之中的很多人,几乎所有的女人,一直活到老年,一生中只看到过一两次日出和清晨,只在马车和火车的车厢里看见过田野和树林,从来没有播种和栽种过什么,没有喂养过奶牛、马和母鸡,甚至对动物是怎么出生、长大和活着没有任何概念。这些人只看到人工制作的布料、石制品和木制品,而且不是在阳光下看到,而是在灯光下;他们只听到机器、马车、炮和乐器的声音;嗅到的是酒精制的香水和烟草的气味"①。由此可见,托尔斯泰把人的生命归结为同一世界的不可分割的组成部分,这个同一的世界是一个和谐的整体,其中的万物由神主宰,不分高下,而神性又使这个同一的世界蕴含着仁爱、善和美。史诗性长篇小说《战争与和平》中的两位男主人公安德烈·博尔孔斯基公爵和皮埃尔·别祖霍夫伯爵置身大自然中时产生的正是这种感受和体悟。

安德烈公爵受了重伤后躺在普拉茨山上,流了很多血,"头像火烧似的,他觉得他的血就要流干了"。这时,他被高远的蓝天吸

---

① Толстой Л Н, В чем моя вера? Ленинград: Художественная литература, Ленинградское отделение, 1991, c. 81.

引住了,它是那么遥远,那么纯净,那么宽阔,永恒不变。与这个高远的无际的宏阔、永恒的天空相比,拿破仑显得"那么渺小、那么微不足道"①。他受大自然的永恒、宁静、高远、善意的鼓舞,心中涌起一种积极的力量和站起来的冲动。皮埃尔伯爵在营地上眼望深远天际的闪烁的繁星,也产生了深刻的哲学思想:"这一切都是我的,这一切都在我心里,这一切就是我!"他把自己完全融入了无限美好、博大的大自然中。作家通过主人公的感受,赋予了大自然道德评价:天空是崇高的,超越任何是非与争夺,它与混战厮杀的人们形成了鲜明的对照。人应该达到一种超越自我的如天空般博大的精神自由的境界,通过对无限高远的空际的感悟进入超越人生命的参悟,这样人才能保持一种自主、独立、自由的生命自然状态。大自然成了主人公人生的追求与理想,人就是要以自然为榜样,把有限的短暂生命变成永恒的价值,主人公由此顿悟到自己生存的意义和崇高的使命。

《战争与和平》中还有一个片段非常精彩地展现了安德烈公爵处在大自然中的心灵感受。安德烈·博尔孔斯基公爵参加奥斯特里茨战役,经历了俄军的失败和自己所受的致命伤以后,回到家中去料理田庄,并且实施了皮埃尔所主张的田庄改革。1809年安德烈到梁赞省的领地去视察。他看见路边有一棵橡树。"它大约比林子里的桦树老十倍,粗十倍,比桦树高两倍。"所以它引起了安德烈公爵的极大注意。再仔细一看,"这是一棵有两抱粗的大橡树,有些枝杈显然早先折断过,树皮也有旧的伤痕。它那粗大笨拙、疙瘩流星的手臂和手指横七竖八地伸展着,像一个老态龙钟、满脸怒

---

① 托尔斯泰:《列夫·托尔斯泰文集:第5卷 战争与和平1》,刘辽逸译,人民文学出版社,2000,第385页。

容、蔑视一切的怪物在微微含笑的桦树中间站着"①。接着,主人公发出了一番感慨:"只有它对春天的魅力不愿屈服,既不愿看见春天,也不愿看见太阳。"

安德烈公爵感到自己与这棵历尽沧桑和饱受伤害的老橡树此时此刻的感受和心境完全相同,甚至觉得它"一千倍地正确",自己的人生如同这棵老橡树,如今已毫无希望可言。于是,他的思绪充满了绝望。他从橡树的一生经历联想到了自己的人生,"又得出从前那个心安理得的绝望的结论:他已经无所求,既不做什么坏事,也不惊扰自己,不抱任何希望,度过自己的后半生"②。

然而,一个半月以后,他再次来到这个田庄时,心绪已经完全改变了。时序已转为六月初。由于那棵老橡树给他留下的印象太深刻了,在他再次驱车进入桦树林时,便不自觉地寻找起那棵与他意气相投的老橡树来。令他惊诧的是,它已经变得认不出来了:"它伸展着枝叶苍翠茂盛的华盖,呆呆地屹立着,在夕阳的光照下微微摇曳。不论是疙瘩流星的手指,不论是伤疤,不论是旧时的怀疑和悲伤的表情,都一扫而光了。透过坚硬的百年老树皮,在没有枝杈的地方,钻出鲜亮嫩绿的叶子,简直令人不敢相信,这么一棵老树竟然生出嫩绿的叶子。"③老橡树焕发出来的勃勃生机,瞬间改变了安德烈公爵的情绪:他的心中忽然涌动起春天万物复苏的喜悦。他一生中的美好时光顿时浮现在他的脑海:奥斯特里茨战场上高高的天空……渡船上的皮埃尔,为幽美夜色感动的那个少女,

---

① 托尔斯泰:《列夫·托尔斯泰文集:第5卷 战争与和平1》,刘辽逸译,人民文学出版社,2000,第555页。

② 托尔斯泰:《列夫·托尔斯泰文集:第5卷 战争与和平1》,刘辽逸译,人民文学出版社,2000,第556页。

③ 托尔斯泰:《列夫·托尔斯泰文集:第5卷 战争与和平1》,刘辽逸译,人民文学出版社,2000,第560页。

还有那个无限美好的夜晚和月光……都历历在目。在万物复苏的大自然的鼓舞下,安德烈突然领悟到自己人生的目标和意义:"不,才活了三十一个年头,并不能就算完结","光是我对自己的一切都知道是不够的,要让大家都知道……要让大家了解我,我不应当只为我个人而活着,不要把我的生活弄得和大家的生活毫无关系,而是要我的生活影响所有的人,所有的人都和我一起生活!"①

不难发现,大自然以其不同季节的变化影响着人对自己生活意义的精神信念,安德烈的人生价值追求受到似乎有灵的老橡树的生命变幻的启迪。老橡树的枯木逢春引发了绝望尽头的安德烈公爵心灵深处对自己人生的感悟,他灰暗而消极的思绪被老橡树复苏的欣欣向荣一扫而光,他的精神也绝处逢生了。由此可见,在托尔斯泰的笔下,大自然是真正的人类之友,它与人的生命律动相联系,给人提供生命的动力,它的求生意志与人的相一致。春天和太阳的魅力与力量是不可抗拒的,连无比执拗的老橡树也无法抵挡,只能顺从生存的规律。安德烈公爵由此体悟到自己生命与宇宙中积极向上的巨大力量的紧密联系。可见,大自然会使人变得积极向上,对大自然的观照可以使人的心灵得到一种超越,是对于自己既定的存在界限的一次扩展和提升,因为"在这样一个循环而生生不息的大秩序中,人类只是其中的一个环节"②。

《战争与和平》中的这几段书写向我们展示出托尔斯泰所建构的生命观的一个自然参照系:人与自然的原初生命价值和规律是一致的,人应以永恒、高远和宁静的大自然为依托,寻求一种与自

---

① 托尔斯泰:《列夫·托尔斯泰文集:第 5 卷 战争与和平 1》,刘辽逸译,人民文学出版社,2000,第 560 页。

② 何怀宏主编:《生态伦理:精神资源与哲学基础》,河北大学出版社,2002,第 214 页。

然相一致的人生超越状态和价值,不为外欲所牵扰,这样才能勿忘道,勿为诸恶,勿贪功名。这里确实透出一些道家的遁世和逍遥的意味,有点"无为"和"归真"的避世情绪。这可以说是托尔斯泰每逢身心融入大自然的时刻的宗教乌托邦理想。但这绝非作家一以贯之的精神追求。纵观他的一生,他所致力以求的毕竟是实现借助道德宗教引领社会向善的抱负,与儒家的"入世"精神息息相通,他很赞赏儒家所提倡的社会生活法则与自然法则的同构化,以及道德、自然、社会的三位一体等宗教伦理法则,始终把社会问题而不是高远的天空作为思考和行为的根本立场。安德烈·博尔孔斯基公爵最终在老橡树的感召下精神新生的历程才是托尔斯泰所衷心希望的境界。

## 2. 自然是人的榜样,人应守自然之道

托尔斯泰一直以来始终站在自然一方反对文明。斯宾诺莎认为,既然自然就是上帝,它自然是不可超越的,人生要达到至善的目标必须遵从自然的法则;而卢梭认为,"凡是出自造物主之手的东西,都是好的,而一到了人的手里,就全变坏了"[1]。托尔斯泰接受了斯宾诺莎和卢梭的许多生态思想,在对自然与文明的看法上与这两位哲学家十分接近。作家坚信,自然中充满上帝的神性,自然状态本身就饱含仁慈,一切自然的都是善的,也就是说,他相信,靠自然的力量就能实现善。向善的人类就是应该以自然为榜样,不断地去除身上的恶,以达到自身的完善。托尔斯泰进而把人生命的自发过程和自然力与自然联系起来,把人民大众视为"自然",而不是"文化",因为在作家的观念中,生活在社会上的每一个人,

---

[1]　卢梭:《爱弥儿》,彭正梅译,上海人民出版社,2007,第1页。

似乎都过着两重生活——生命深层自然力的生活,即生命本身的原初生活,和文明意识规定的生活,即文明指引的虚假的生活。①而远离上流社会文明的劳苦大众的思想意识当然更接近于自然,作家尊重创造物质财富的广大劳动者正是因为他们的生活态度更多是听命于生命的自然需求,较少文明强加于人生命的规律和标准。所以,托尔斯泰在相信和崇尚自然的同时,也很崇仰生命的自然状态和人民的真理。

基于上述认识,托尔斯泰在创作中把人对大自然应有的认识和理解做了非常精彩的生动描绘,不仅寄托自己的生命理想,而且表现出他对人类命运宗教信仰层面上的终极关切——人必须回归大自然,从大自然寻找值得信仰和崇拜的生命榜样,使人在道德伦理方面获得救赎。

作家在1863年创作的《哥萨克》这部作品,在表现人对自然的认识和人与自然的关系方面很有代表性。小说的一位主人公叶罗什卡大叔是高加索的一位村民,是一个猎人。他生活在大自然之中,是一个大自然之子。从外貌看,他令人想起大潘神,"是一个彪形大汉,留着雪白的大胡子,肩膀和胸脯也是宽宽的"②。树林里的一切没有他不知道的——不论什么飞禽走兽,他都知道它叫什么,住在哪里,到什么地方去,有什么习性,在哪里喝水,在哪里睡觉……树林里只要有个动静,他就知道发生了什么事。在自己与动物长期打交道的过程中,他了解到,动物既有情感又有智慧,有时,它们甚至聪明过人。野猪只要嗅到人脚印上的气味,就知道猎人

---

① Бердяев Н А, Философия творчества, культуры и искусства：Т. 2. М.：Искусство, 1994, с. 458.

② 托尔斯泰:《列夫·托尔斯泰文集:第3卷 中短篇小说:1857—1863》,芳信、刘辽逸译,人民文学出版社,2000,第200页。

来了,马上向它的孩子们警告危险,带领它们跑得远远的。虽然,叶罗什卡大叔以狩猎为生,他还是感到人这样做很愚蠢,他说:"你想杀死它(野兽),它想活着在林子里游玩,你有你的法律,它有它的法律。它是猪,可是它并不比你差,它也是上帝造的。哎呀! 人是愚蠢的,人愚蠢啊,愚蠢!"①

托尔斯泰用这个艺术形象告诉人们:自然中蕴含着直接的和简单的真理,还有生命的智慧;人应该听命于生命自然过程的自发真理和神性;其实人的本性是善良的,这善来自于大自然,人以自己的善与大自然相联系,同时他也有责任回报大自然。善是自然而生的,而恶是对生命和自然法则的破坏。

小说的另一位主人公奥列宁对自然的感受也很说明问题。奥列宁是一位从莫斯科上流社会来到高加索大自然中的贵族青年,他十分地厌倦了原来的生活。到大自然中以后,他感到心情特别舒畅,"忽然,他的心头涌现一种奇怪的感情——无缘无故的幸福和对一切的爱,于是按照童年的老习惯画十字,并且对某人表示感谢"②。奥列宁独自一人躺到了一只美丽的老鹿住的地方,这只老鹿从未见过人,它住的地方也从未有人来过。小说的主人公第一次来到老树和小树、野鸡和其他野兽之间,还有一群蚊子围着他一边飞一边嗡嗡叫。这时他开始与老鹿"换位思考",他顿悟到:"他并不是什么俄国贵族,莫斯科交际场中的人,某人某人的朋友和亲戚。而只不过是一只蚊子,或者是一只野鸡,或者是一只鹿,像活在他周围的一切生物一样。'就像它们一样,像叶罗什卡大叔一

① 托尔斯泰:《列夫·托尔斯泰文集:第 3 卷 中短篇小说:1857—1863》,芳信、刘辽逸译,人民文学出版社,2000,第 234 页。

② 托尔斯泰:《列夫·托尔斯泰文集:第 3 卷 中短篇小说:1857—1863》,芳信、刘辽逸译,人民文学出版社,2000,第 266 页。

列夫·托尔斯泰作品中的自然认识论和生态伦理观

样,活些时候就死去。他说得对:不过坟头上长长青草罢了。'"①
他突然明白了一个人生的道理:要活下去,而且 一定要活得幸福。
"不管我是什么,就算是一只野兽,跟一切动物一样,在它坟头上只
长青草,此外什么也没有,或者我是一个躯壳,其中安装着上帝的
一部分,即使这样,我还是要以最好的方式生活。"②

可见,人从人欲横流、尔虞我诈的人类上流社会回归到无欲无
求、纯洁净美的大自然中,他才能感受到自己与自然万物的同一性
和平等地位,并且开始珍视平淡、平实生活的幸福,进而感谢上帝
给予人的一切神赐。自然中的万物生生死死,有其一定的法则,而
人只是其中的一类,遵循自然的法则生来死去是再自然不过的事
情,只要心中有"上帝的一部分",人就是幸福的。

在另一部短篇小说《三死》中,作家向我们展示了自然中蕴含
的直接和简单的真理及生命的智慧,所以,作家认为,"人应该消极
地服从生命自然过程的自发真理和神性"③,去除贪欲。

《三死》这部短篇小说的文字虽然不多,却含有十分深刻的生
死观的哲理——以自然为榜样,顺从生命规律。一位贵妇人,希尔
金家的太太,得了"痨病",已经病入膏肓。医生下了明确的医嘱:
她的日子不多了,在潮湿寒冷的天气里长途旅行对她的健康十分
不利,她应该待在家里。然而,这位太太却执意要到莫斯科和意大
利去治病,因为她不想死,一提到"死"这个字,她就会吓得魂不附
体。她要想尽一切办法延长自己的生命。尽管人们为了满足她出

---

① 托尔斯泰:《列夫·托尔斯泰文集:第 3 卷 中短篇小说:1857—
1863》,芳信、刘辽逸译,人民文学出版社,2000,第 267 页。

② 托尔斯泰:《列夫·托尔斯泰文集:第 3 卷 中短篇小说:1857—
1863》,芳信、刘辽逸译,人民文学出版社,2000,第 267 页。

③ Бердяев Н А, Философия творчества, культуры и искусства: Т.
2. М.: Искусство, 1994, с. 458.

国治病的愿望做了一切努力,她还是死去了。

　　小说的第二位主人公是一个乡间的马车夫,赫韦多尔大叔。他在驿站上干活儿,是外乡人,没有亲人。他病得很重,已经卧床不起。但是没有人照顾他,也没有医生来给他治病。在他濒临死亡的时刻,一位年轻的马车夫竟然向他索要他的靴子。在一旁的女厨师直接对病人说,他早就该死了,要靴子是没有用处的。并且,她还嫌老车夫在火炕上占了一片地方,嫌他咳嗽得讨厌。病人把靴子赠给了年轻车夫,但向他提出了一个请求:等他死后,给他买一块石碑。第二天早晨人们发现赫韦多尔大叔已经死了。

　　年轻车夫并没有履行为死去马车夫立石碑的诺言。人们责备他不讲信义,建议他到树林里去砍一棵小树,做一个木头十字架,立在赫韦多尔大叔的墓前。小伙子认为这是个好主意。于是就出现了小说的第三位主人公——树林里的一棵树。晨曦中的树林一片安谧寂静。突然间传出一种与静美大自然十分不和谐的声音,这种响声有节奏地在一棵一动也不动的树干周围重复着。年轻车夫来砍树了。"斧子在树下发出越来越重浊的声响,多汁的白木片飞落在带露的草上,从砍击声中听到一声轻微的折裂声。那棵树身整个颤动了一下,向一侧倾斜,接着很快又竖直了,紧挨根部惊恐地摇摆着。霎时间一切又归于沉寂,可是那棵树又向一侧倾斜,从它的树干上又发出折裂声,于是它的树杈折断,树枝下垂,树冠轰隆一声倒在潮湿的土地上。"①

　　小说的三位主人公的故事就是这么简单。贵妇人害了重病以后十分怕死,求生的欲望特别强烈,为了治病不惜付出任何代价,最终抱怨着离开了人世;老年车夫则与贵妇人完全不同,作为一个

---

　　① 托尔斯泰:《列夫·托尔斯泰文集:第 3 卷 中短篇小说:1857—1863》,芳信、刘辽逸译,人民文学出版社,2000,第 78 页。

普普通通的劳动者,他的生命观和死亡观非常质朴,他视死如归,把生病和死亡看成生命的自然过程,没有任何求生的非分欲求,顺从上帝的意志悄无声息地回归了尘土。但他还是有一个心愿——死后能有人为他在坟墓前立一块石碑,作为他在世上生活过的一个纪念。

而对待死亡平静到完全无意识的是那棵被砍断的树。它本生机勃勃地挺立着,树叶繁茂而苍翠欲滴,若不是小伙子要给死去的老车夫在坟头立十字架,这棵树会一直在树林中与所有的树一样挺拔、壮伟而又快乐、自由地活下去。而在厄运降临时,它却浑然不觉,与贵妇人截然不同,甚至连老车夫那点愿望都没有,顺服地为人们的需要而"慷慨就义"。托尔斯泰显然对这种面对死亡的态度十分赞赏,用它临死不惧的精神来比照贵妇人的生死观的卑不足道。

在这里,作家所表现出的这种对树失去生命时的感受并非出自一般的热爱自然中一草一木的感情,而是一种含有宗教信仰的对自然界生物的生命过程的观照,其中既有基督教的生命观,又含有远古多神教的万物有灵的观念,还有对印度智者的"生命的同一性"[①]的感悟。在托尔斯泰看来,自然界有生命的万物都是半生物半神的合一,既有上帝崇高的慈爱和善的贯穿,又有求生欲望和意志的生物自发力量的主宰。早在青年时代,在瑞士去弗里堡旅行时,他就感受到"此地的大自然给人以奇妙的安抚,协调,乃至基督教的影响"[②]。他感到内心生出了爱、希望和欢快,大自然的美注入

---

① 布宁:《托尔斯泰的解脱》,陈馥译,辽宁教育出版社,2000,第121页。

② 布宁:《托尔斯泰的解脱》,陈馥译,辽宁教育出版社,2000,第85页。

到他的心灵之中。托尔斯泰在庄园观看太阳徐徐落下的景象时，他联想道："这尘世可不是一场儿戏，也不只是试炼的苦海和向永恒的极乐世界过渡，而是诸永恒世界之一，它美妙，快乐，我们不仅能够，而且应该使它变得对和我们一起生活于其中的人以及在我们之后生活于其中的人更加美好。"①他的这些思考与《战争与和平》中主人公安德烈和皮埃尔对大自然的感受一脉相承。他甚至由大自然的永恒和无限美妙受到启迪：人在死亡以后也会同样美好，而且会更美好，他开始相信死后生命的存在。大自然的永恒存在和无限美好部分地消除了托尔斯泰对生命进入永恒的恐惧。他感悟到，有思考能力的人要"从存在奔向不存在"，他提出了一个问题："也许生是死，而死才是生呢？"②作家对大自然中的一切花草树木和动物的异常喜爱，与他对人的生命的思考密切相关，正是自然的万物为他提供了生命的榜样，使他对生命和死亡有了更为理性和清醒的认识。正因为如此，梅列日科夫斯基说，托尔斯泰热爱大自然，"是将其当作作为'精神的人'的、自我自身存在的动物性自发性之延续。他爱大自然中的自身和自身中的大自然，没有狂热欣喜的颤抖，没有陶醉，而是凭着那种伟大而清醒的爱"③。

## 3. 自然万物是人的道德共同体

把自然万物视为人的道德共同体，这是托尔斯泰生态伦理观

① 布宁：《托尔斯泰的解脱》，陈馥译，辽宁教育出版社，2000，第 95 页。

② 布宁：《托尔斯泰的解脱》，陈馥译，辽宁教育出版社，2000，第 120 页。

③ 梅列日科夫斯基：《托尔斯泰与陀斯妥耶夫斯基》，杨德友译，辽宁教育出版社，2000，第 201 页。

的一个独创性。这种独特性的形成,一方面来自作家向原始神话－宗教思维的回归,另一方面则因为他深受西方哲学和宗教理念的综合影响。就后一方面而言,西方哲学家中对托尔斯泰影响最大的当推斯宾诺莎。斯宾诺莎的物话论、泛神论和神秘主义哲学对作家的影响甚大。斯宾诺莎反对宗教神学的理论,不承认上帝的存在,把目光投向了自然界。他的自然认识论的核心是上帝并非超自然的力量,上帝就是自然本身。[1] 在斯宾诺莎这里,自然与上帝相等同,"神即自然"[2]。斯宾诺莎的泛神论由此可见一斑。他还认为,只要人们达到了对整个自然的认识,在道德上就算达到了"圆满境界",或者说就算达到了"至善"。而这里所说的道德上的"人生圆满境界",则"指的是对整个自然界这一'永恒无限的东西'的认识和把握"[3]。受其理论的影响,托尔斯泰进一步赋予了自然万物人文的价值,从生态伦理的角度来考察人的信仰和道德水准,认为自然中的一切都是美的、善的,他的真善美的理想体现正是大自然中的造物。他对自然的认知法则与对社会的认知是一致的,对自然的认识总是带有伦理化的成分,对自然的观察和领悟渗透着他对宇宙和人存在的价值的追索,以及他建构生存方式和行为准则的依据。总之,他往往是在自然现象之中来揣摩人生的真谛,借助于自然来思考人生。在作家的观念中,人生活其中的自然万物是人化了的,同样是有灵魂的,它们不仅是人类道德的承载者,而且是人类的榜样。人必须建立与自然的正确伦理和审美关系。

---

[1] 全增嘏主编:《西方哲学史(上)》,上海人民出版社,2000,第525页。

[2] 罗素:《西方哲学史(下)》,马元德译,商务印书馆,1982,第95页。

[3] 全增嘏主编:《西方哲学史(上)》,上海人民出版社,2000,第529页。

托尔斯泰于 1865 年发表的中篇小说《霍尔斯托梅尔》十分充分地展现了作家的上述生态伦理观。小说告诉我们，自然中的任何一个生命都有其无可取代的审美和伦理价值，有其善良和慈爱的天性，也有它的不可悔尊严，所以人必须尊重它，关爱它，善待它，去除对它的私欲，更不允许用暴力和精神软暴力来践踏它。

小说的中心主人公是一匹血统高贵的马，因它跑起来健步如飞，"在俄国再也找不出第二匹这样的马来"，所以人们叫它"霍尔斯托梅尔"，是形容它跑起来步子之大、之快如同飞尺量布一样。总之，这匹马足以让"马迷们踏破铁鞋无觅处"。虽然它无论是血统、体格和力气都"有口皆碑"，但从一出生，它便因身上的花斑而遭到人们的取笑，将军甚至把小马和它的母亲骂了一顿。小马命中注定进不了将军的养马场。由此，花斑马的生涯进入了苦难之旅。先是霍尔斯托梅尔在开始谈恋爱时，因它的花斑而被人制止与它所喜爱的母马交往，以免留下孽种，并且主人残忍地阉割了它，使它成了一匹骟马。它从生活一开始便被剥夺了追求和享受幸福的权利。令它特别痛苦的是，这事以后的第二天，它便永远不能再嘶鸣了，因为它的嘶鸣声听起来凄楚、可笑，而且荒唐。霍尔斯托梅尔完全失去了一匹公马的雄风。这使它陷入绝望、孤独和苦闷之中。它从此受到所有马的耻笑和蔑视，还有主人的虐待。它多次被卖来卖去，身心受到极大摧残。命运对于霍尔斯托梅尔就是这样不公平，摆在别的马面前的是"爱情、荣誉、自由"，而摆在它面前的却是"劳动、屈辱"①，直到生命结束。霍尔斯托梅尔受伤了，而且腿也跑断了，被折磨成了残废，它的"马蹄脱落了，腿肿了，

① 托尔斯泰:《列夫·托尔斯泰文集:第 4 卷 中短篇小说:1885—1910》，臧仲伦、刘辽逸译，人民文学出版社，2000，第 26 页。

四条腿弯曲了,胸脯瘪了进去,浑身软弱无力"①。在它已变得老弱多病时,它被人杀死,马皮被人剥了去。狼群吃了马肉,只剩下了一堆白骨。

初看起来,霍尔斯托梅尔的遭遇对于一匹马来说是再普通不过的命运,因为它只是供主人驱使的一个牲畜,与任何一匹马、一头牛可能有的命运一样不足为怪。然而,托尔斯泰小说的写法却完全不同。小说的叙述者"我"是一匹马,就是霍尔斯托梅尔。它成为作品的主人公只是一种艺术事实,由作者的想象而生成。它以第一人称讲述自己一生的不幸遭际。这种以马的第一人称独白叙事的方式,预先从叙事学范畴将马人格化,直接为马获取人与世界关系的隐喻意义创造了语境,使马作为作品的中心主人公的主体意义大为提升,马成为与人伦理价值等值的主体。托尔斯泰正是通过马的心理感受来校准人的伦理价值观。小说中霍尔斯托梅尔的隐秘感受、感觉和意念都是人性化的,意向性的。马的述说成为人活动的道德量度和伦理评价。尽管马进入了对人审美观照的领域,对马及其生活环境的塑造却是写实的,充分反映出作家对人类与自然的共同价值观的积蕴。作品中潜存着马与他的形形色色主人的无声对话和对他们的暴力行为的谴责。

托尔斯泰在他的长篇小说《安娜·卡列尼娜》中也写了一匹马,虽然着墨不多,但这些文字却在俄罗斯文学史上留下了深刻的印迹。这匹马叫佛洛佛洛,是一匹黑褐色的牝马。它的血统相当高贵,"它是那样一种动物,仿佛它所以不能说话,只是因为它口腔

---

① 托尔斯泰:《列夫·托尔斯泰文集:第 4 卷 中短篇小说:1885—1910》,臧仲伦、刘辽逸译,人民文学出版社,2000,第 32 页。

的构造不允许它说话"①。这匹良种马不仅是一匹十分矫健、充满活力的骏马,而且聪明灵透,很通人气。正因为佛洛佛洛是一匹难求的好马,所以弗龙斯基挑选了它去参加赛马。比赛临近时,佛洛佛洛充满了激情。它激动的神情甚至令弗龙斯基热血沸腾,增加了他获胜的信心。总之,佛洛佛洛成了主人公的挚爱。在赛场上,佛洛佛洛果然没有辜负主人的期望,它的表现特别出众,不仅骁勇无比,健步如飞,而且颇有比赛的经验和灵性,准确无误地完成了所有跨越障碍的高难动作。许多看客都为它喝彩,把赌注压到了它身上。然而,就在佛洛佛洛成功地跨越了最后一道贮满水的二俄尺宽的沟渠时,弗龙斯基未能跟马的动作协调一致。由于他这个不应该犯的不可饶恕的错误,马摔倒了,折断了脊骨。可怜的佛洛佛洛无论怎样挣扎都站不起来了。它用仿佛要说话的可爱、美丽的眼睛望着弗龙斯基,剧烈的疼痛使它的鼻子钻进了土里。佛洛佛洛像一只被击落的鸟一样无助地躺在弗龙斯基的脚旁。由于马的伤势很重,人们决定打死它。无辜的佛洛佛洛就这样丢掉了年轻、美丽的生命。尽管弗龙斯基意识到自己的错误是可耻的、不可原谅的,是他毁了可爱的好马,他为此深感痛苦和自责,然而,他却一改赛马前对佛洛佛洛的爱恋态度,在它生命最可怕的最后时刻丢弃了它,一走了之。

　　粗粗一瞥,相对于小说的主人公安娜·卡列尼娜、弗龙斯基和列文等,这匹马的形象是不足道的,对赛马的描写不过是为了揭示主人公之间的感情关系,佛洛佛洛只是一个不足挂齿的转瞬即逝的区区小配角而已。从整部作品的分量而言,这样看是很有道理的。但也必须承认,佛洛佛洛的形象虽然容量很小,但又是不可忽

---

① 托尔斯泰:《列夫·托尔斯泰文集:第 9 卷 安娜·卡列安娜(上)》,周扬译,人民文学出版社,2000,第 239 页。

列夫·托尔斯泰作品中的自然认识论和生态伦理观

略的。在对赛马这一情节的描绘中,行为主体是佛洛佛洛,而弗龙斯基处于次要地位。佛洛佛洛的美好和令人无比痛惜的遭遇中暗含着作者对自然和人存在的价值的追索,包括他建构人与自然的关系的准则。弗龙斯基在赛马时动作的失误具有偶然性,但对佛洛佛洛的态度却不是偶然的,体现出他的道德准则及与自然界生物的关系。对于美好的东西他有极强的占有欲,并充分利用它、享受它带来的快乐与荣誉,但对其命运并不准备负责任。透过赛马这个悲剧的直观描绘,读者不难发现隐匿其中的深层象征意义。佛洛佛洛是只受人喜爱但不受人爱惜因而无辜受害的美好自然之物的象征,它的毙命是女主人公安娜命运的预言。在赛马的情节中有许多"显性的象征意义"[①]。例如,安娜公开暴露出她对弗龙斯基的恋情并向丈夫承认对他感情的背叛,正是在佛洛佛洛比赛时把脊骨摔断的情境中。尽管佛洛佛洛这匹马作为小说中的一个角色不过是一个虚构的艺术形象,它在作品中的存在却是一种伦理价值的载体,是作者对它周围人的生态伦理行为准则考量的依据。对于一个以自己的享乐和爱欲为中心的人来说,最终,他的所爱只会成为他的牺牲品。

托尔斯泰作为一个虔诚的东正教信徒有一种极强的意识:不能把自然中存在的生物视为不会说话的奴隶,要有敬畏上帝赐予人类的自然万物的生命的意识,摈弃对它们的私人占有欲和狭隘的实用主义态度,树立人对自然的正确道德审美关系。这也是基督教禁欲主义教理的一个方面。

托尔斯泰的这种幸福观直接来自于他的宇宙论和宗教理念。作家认为,"出生、死亡、劳动、永恒的大自然和星空,人对生命的神

---

① Набоков В В, Лекции по русской литературе. М.: Изд-во Независимая газета, 1998, с. 253.

的基础的态度——这就是真正的生活"①。托尔斯泰在他的作品中总是表现出一种思想:人似乎总是有两重生命——即存在于表层的约定的意识中的生命和存在于深层自然力中的生命,也就是在文明中反映出来的生命和在生活本身反映出来的原初生命。作家的艺术总是肯定生命的自然力和真理,而反对文明意识按自己的意愿导引生命的虚假和无力的企图。② 在小说《战争与和平》中,作家就站在"自然"一方而反对"文化",生命的自发过程对他而言由神而来,而不是由文明的规范来确定的。③ 对自然的神赐性与神性的信仰从根本上决定着托尔斯泰的生态伦理观。在作家的伦理学观念中,自然因其蕴含的神性而具有伦理价值,与人相同,同样是伦理价值的荷载者,并且,自然万物是评价和校准人道德伦理水平的重要标准。

## 4. 人与自然关系中的道德伦理审判法则

生态环境的保护,是一种观念,一种生活方式,也是一种信仰,"类似于宗教信仰的终极关切"④。但我们在这里要谈及的,并非生态环境保护行为本身,而是托尔斯泰对这一问题的思考。他的生态伦理观中融合的宗教信仰,道德伦理,生命、死亡哲学及自然

---

① Бердяев Н А, Философия творчества, культуры и искусства: Т. 2. М. : Искусство, 1994, с. 458.

② Бердяев Н А, Философия творчества, культуры и искусства: Т. 2. М. : Искусство, 1994, с. 458.

③ Бердяев Н А, Философия творчества, культуры и искусства: т. 2. М. : Искусство, 1994, с. 458.

④ 何怀宏主编:《生态伦理:精神资源与哲学基础》,河北大学出版社,2002,第3页。

对人的道德伦理审判法则等,内蕴十分丰富,深邃,远远大于生态伦理本身的价值追求。更确切些说,这里所说的一切体现的是一种信念的承担。

概括起来说,托尔斯泰对生物生命的态度中反映出他对东正教生态伦理圣训的理解:"生物世界是上帝赐给人类的宝贵礼物,把它赐予人类是为了我们同它的和谐相处,并与其他人分享。我们应该有分寸和有节制地使用它的资源,用爱和温顺对待它,按照圣书的训诫去保护它和耕种土地。生活在健康、未被损害的自然环境中,人类才能获取深层的精神世界和平静,在被神赐变得温和、平静的人类的生活中大自然理应占据令世界和谐的地位。"①所以,托尔斯泰所表现出来的对待自然万物的态度中贯穿着他的以自然为尺度对人的道德伦理审判的法则——仁爱、善、禁欲、非暴力和正义等。

托尔斯泰于晚年创作的中篇小说《哈吉·穆拉特》(1896)所描绘的牛蒡花,绝不仅仅是花而已,它令人产生的精神震撼之大,并不亚于作品的主人公。小说一开始,叙述者便写道:"我采了一大束各种的花朵走回家去,这时,我看见沟里有一朵异样深红的,盛开的牛蒡花,我们那里管它叫'鞑靼花'。割草人竭力避免割它,如果偶尔割掉一棵,割草人怕它刺手,总是把它从草堆里扔出去。我忽然想要折下这枝牛蒡花把它放在花束当中。我下到沟里……就开始折花了。然而,这却是非常困难的,且不说花梗四面八方地刺人,甚至刺透我用来裹手的手巾,——它并且是这样惊人地坚韧,我得一丝丝地把纤维劈开,差不多同它搏斗了五分钟的光景。末了,我把那朵花折了下来,这时花梗已经破碎不堪,并且花朵也

---

① Всесвятейший Вселенский Патриарх Варфоломей, Приобщение к таинству: православие в современном мире. М.: Эксмо, 2008, c. 191.

已经不那么鲜艳了。此外,由于它的粗犷和不驯,同花束中娇嫩的花朵也不和谐。"①作者呈现在我们面前的牛蒡花不是一种普通的花,它不仅颜色是耀眼的深红,而且花茎上长满了硬刺,又惊人地坚韧,几乎无法折断它。要想折下一枝花,花梗就得破碎不堪,花朵也就被损坏了。总之,这种牛蒡花,或者鞑靼花,血红的颜色和桀骜不驯、宁死不屈的风骨足以令人感到惊诧。在费尽力气把花折下来以后,叙述者一边惋惜自己白白糟蹋了一枝好端端的花,一边为它的生命的顽强和力量而惊叹,不禁为"它是如何顽强地防卫着,并且高价地牺牲了自己的生命"②而肃然起敬。他因自己无意中损害了一个美好的生物而自责,并深感擅于破坏的人是多么残酷。托尔斯泰在1899年9月28日的日记中写下了一段话:"我摘下一朵花,把它扔掉。花有的是,不觉得可惜。我们不珍视生物的无法模仿的美,毫不怜惜地糟蹋了它们——不仅是植物,也包括动物、人。反正多的是。文化、文明不是别的,正是糟蹋这些美并且换掉它们。用什么替换呢? 用酒店、戏院。"③由此我们得知,托尔斯泰深为人类恣意破坏自然中人与动植物的美而代之以俗世的文明感到遗憾。不过,这只是小说和日记文本表达的最直接的表层意义。通观整篇小说,我们对牛蒡花在作品中的更深层隐喻意义就会有进一步的领悟。如我们所知,大自然中的万物的象征意义历来在俄罗斯富有象征性的文化中占据着重要的位置,它是俄罗斯人对世界进行哲学思考的重要认知根源,同时,人们从这种象征

---

① 托尔斯泰:《列夫·托尔斯泰文集:第 4 卷 中短篇小说:1885—1910》,臧仲伦、刘辽逸译,人民文学出版社,2000,第 392—393 页。

② 托尔斯泰:《列夫·托尔斯泰文集:第 4 卷 中短篇小说:1885—1910》,臧仲伦、刘辽逸译,人民文学出版社,2000,第 393 页。

③ 托尔斯泰:《列夫·托尔斯泰文集:第 17 卷 日记》,陈馥、郑揆译,人民文学出版社,2000,第 240 页。

意义出发反观自然,会重新发现自然的人文价值,将其与人的生活紧密联系起来。

草丛中一枝普普通通的牛蒡花,在大师的笔下,却获取了一种花所不具有的隐喻意义:折戟和殒命并不意味精神的屈服。它是受俄罗斯统治的山民至死不屈服和傲然挺立的精神的象征,是鞑靼人和车臣人粗犷、坚毅和质朴等原生态壮美的民族性格的象征。不难理解,托尔斯泰在生态伦理方面的思考与他对社会问题的哲思是交织而成。虽然不高贵但却美好的鞑靼花不应承受人的暴力摧残,它的被损坏尚且引起了作家的无限痛惜,更何况以哈吉·穆拉特为代表的鞑靼人和车臣人的宝贵生命呢!小说的中心主人公鞑靼人哈吉·穆拉特是山民的一个杰出代表者,勇敢、无畏而又有山民不屈服的傲骨,托尔斯泰通过这样一个无限美好的生命的惨烈消殒,显然是在痛斥解决民族间矛盾的暴力方式,批判俄国政府对少数民族的大民族沙文主义统治。可见,托尔斯泰的非暴力理论在他观察大自然和人类社会的一切生物时是具有普遍导向意义的。

《主人和雇工》(1895)也是一篇体现作家宗教道德审判法则的不容忽视的短篇小说。一个看似极其简单的故事蕴含着异常深刻的对生态伦理问题的思考。小说只有两位主要主人公:主人瓦西里·安德烈伊奇·布列胡诺夫和雇工尼基塔。瓦西里·安德烈伊奇命雇工尼基塔赶雪橇在暴风雪中出行,送他去做一笔有利可图的生意。由于在夜间行路,雪尘遮盖了道路,他们迷失了方向,落入无法逃离暴风雪的严寒的绝境之中。暴风雪犹如一种从天而降的宿命力量,对人的道德进行了正义的审判,使人的灵魂接受了一场圣化的洗礼。主人瓦西里·安德烈伊奇是村镇客店老板,二等商人,教堂的司务。他爱财如命,盘剥雇工,无情地克扣雇工的工钱。他虽是教堂的司务,却不虔信上帝,竟然贪污信徒供奉给神的蜡烛。为了不让省城商人抢走一笔购买树林的生意,他甚至冒生命危险在暴风雪中赶夜路。在陷入濒死的绝境以后,他决定甩掉衣着十分单薄的雇工,自己骑马逃生。然而天性善良的大自然的造物,那匹马,载他走了一段路以后,又把他带回雇工尼基塔身边。

尼基塔则与主人完全不同。面对即将来临的死亡,他十分镇静,既不难过,也不惧怕。因为他知道,他的生命是另一位更主要的主人(即上主)赋予的,所以他的一生都隶属于他,他还知道,"他死后将由那一位主人支配,而那一位主人是不会欺侮他的"①。在这生死攸关的时刻,他开始忏悔自己的罪过,请求得到宽恕,并且向上帝发出了最后的呼告:"上帝,天父啊!"尼基塔清楚地感觉到,"他不是一个人,有人听见他说的话,不会弃他于不顾,这使他安心了"②。尼基塔安然地准备进入与自然的永恒合一,无怨无悔。

瓦西里·安德烈伊奇重又回到尼基塔身边以后,他似乎得到了什么启示,突然顿悟到了什么,既不虔诚信仰上帝又无善良本性的他,此时心中却涌起了搭救雇工的热望。他甚至被自己的这种愿望感动得流出了眼泪。他毫不犹豫地躺到尼基塔的身上,用自己的皮衣和体温去温暖快要冻僵的仆人,完全不顾自己已经冻僵的手脚。他感到,他等候的人(上帝)来了,"而且呼唤他的名字,呼唤他的名字的这个人就是命令他躺在尼基塔身上的人。瓦西里·安德烈伊奇感到高兴的是,这个人是来接他的"③。瓦西里使

---

① 托尔斯泰:《列夫·托尔斯泰文集:第 4 卷 中短篇小说:1885—1910》,臧仲伦、刘辽逸译,人民文学出版社,2000,第 312 页。

② 托尔斯泰:《列夫·托尔斯泰文集:第 4 卷 中短篇小说:1885—1910》,臧仲伦、刘辽逸译,人民文学出版社,2000,第 313 页。

③ 托尔斯泰:《列夫·托尔斯泰文集:第 4 卷 中短篇小说:1885—1910》,臧仲伦、刘辽逸译,人民文学出版社,2000,第 320 页。

尼基塔一点一点地暖和过来,而他自己却完全冻僵了。但他很幸福,因为他觉得"他就是尼基塔,而尼基塔就是他。他觉得自己的生命不在自己的身体里面,而在尼基塔的身体里面"①。他又听见刚才呼唤过他的那个人在喊他。他整个身心都在快乐地、感动地说:"我来了,我来了!"②

在这篇小说中,一场致人死命的暴风雪成为检验人、人与人的关系及人与自然造物的关系的试金石,具有极强的象征意义,仿佛是一个宗教阈限仪式,亦即灵魂圣化的转换仪式。正是借助于这个宗教转换仪式,主人瓦西里达到了"阈限",完成了角色转换,成为具有新人格的人,从凡俗世界转入了神圣的世界。暴风雪是神性和神力的化身,对人进行了宗教道德审判,其法则是仁爱、善良与正义。正是在这个"仪式"中,人身上自然的、自发的本性与来自上天的神秘而又无上神圣的力量不期而遇,迫使人性回归,超越了个体的自我,使人所固有的善和爱占了上风,突破了现实生活中人与人之间关系的秩序。在极端令人恐惧和绝望的境遇中,由于自然本身蕴含的神性的作用,人与神圣实现了合一,"个人抛弃了个体的感官知觉而进入了某种无法言喻的超时空经验"③。其结果是善恶因果报应的正义终了。同时,人与人、人与自然的造物(马)也达到了善的合一。而所有这一切,都是在小说中主人公所称的"那一位更重要的主人"即上帝的意旨下进行的。由此可见,这篇小说充分地展现出托尔斯泰认知自然的原生性宗教和创生性宗教的多元宗教因素,正是这些因素的融合造成了作家的自然和人与自然

① 托尔斯泰:《列夫·托尔斯泰文集:第 4 卷 中短篇小说:1885—1910》,臧仲伦、刘辽逸译,人民文学出版社,2000,第 321 页。

② 托尔斯泰:《列夫·托尔斯泰文集:第 4 卷 中短篇小说:1885—1910》,臧仲伦、刘辽逸译,人民文学出版社,2000,第 321 页。

③ 金泽:《宗教人类学导论》,宗教文化出版社,2001,第 152 页。

关系的独特神秘主义认识论。小说中的神性既来自上天,也来自于自然界万物自身,它也潜存在人的灵魂之中。人生命的意义即在于与自然的同一中唤醒灵魂的神性,使自己的道德回归原生的仁爱和善的境地。小说最后的主仆关系正是托尔斯泰极力倡导的社会上人与人关系的理想模式。作家借助阈限仪式强化了人精神复活的意识,指出任何人用自我牺牲都可能换来灵魂的圣化,重新获得对神圣的体验。

仅仅从以上几部作品的一些例子很难看出托尔斯泰的全部自然认识论和生态伦理观,只能说是窥豹一斑。但从为数不多的相关艺术形象的塑造、描写及其象征意义,我们已经能感受到托尔斯泰对自然法则与对社会法则认知的一致性,并且对自然的认知常常含有伦理化的成分。在对人与自然的关系的认识上,托尔斯泰实际上是回归到了原始的神话－宗教意识,用对人类的思维类推自然,赋予自然人的意识和神灵的主体地位,在他的观念中自然成为神的意旨和人性的体现者。作家对自然中生物的观察和参悟渗透了他对宇宙和人存在价值的追索,以及他建构生存方式的准则。总之,他往往在自然现象和人与自然的关系中来揣摩人生的真谛。他笔下的自然界生物的各种意象因其代表性和象征意义而成为万物之灵的共通体,并非孤零零的个例,往往带有某种宗教性。可以说,他对自然的态度是一种宗教的态度,这里既有崇拜,又有信仰,正是通过对自然神性的崇仰来确定自己在宇宙中的地位和人生态度,建构人的生活模式、道德和行为规范。作家对自然的关注是在宗教信仰的层面上,可以说,这种对自然的态度出自于对社会文化批判的立场。尽管东正教把托尔斯泰革出了教门,不能不承认,他依然信奉着他所理解的东正教教义,"在对全部'上帝造物'的清晰洞见中,也要涉及'圣灵','奔向道,歌颂上帝的荣耀,为基督哭泣,而自己并不知道,正在完成自己生存之奥秘'"①。而与此同时,他毕生又一直在追求一种彻底断灭由生死问题带来的诸多烦恼的根源,试图进入涅槃的佛家至高境界。这种对佛教和道教教理的禅悟总是同东正教的末日审判纠结在一起,使他有时像基督教追求精神圣化的苦难圣徒,有时又像个叶罗什卡大异教徒。托尔斯泰正是在自然深层奥秘中寻找自己安身立命的人生观。他的生态伦理观因宗教神秘主义内涵令人费解,而他深受禁欲主义和非暴力理论影响的生态保护意识又具有很大的积极意义。总体而论,他对自然的认识和对自然的态度是他的启蒙主义理性哲学观与道德伦理观的和谐统一,也包含着精神和物质的和谐统一。应该认为,托尔斯泰的自然认识论和生态伦理观是他伟大思想的不可或缺的组成部分。对这一领域的稍许窥视为我们理解作家的精神世界和哲学思想的宏阔深邃又有一些新的启迪,不能不说是一个可喜的收获。

## 参考文献

[1]Толстой Л Н. В чем моя вера? [М]. Ленинград:Художественная литература,Ленинградское отделение,1991.

[2]Бердяев Н А. Философия творчества, культуры и искусства: Т. 2[М]. М.:Искусство, 1994.

[3]Набоков В В. Лекции по русской литературе[М]. М.:Изд-во Независимая газета, 1998.

[4]Всесвятейший Вселенский Патриарх Варфоломей. Приобщение к таинству: православие в современном мире [М]. М.:

---

① 梅列日科夫斯基:《托尔斯泰与陀斯妥耶夫斯基》,杨德友译,辽宁教育出版社,2000,第29页。

Эксмо, 2008.

[5]金泽. 宗教人类学导论[M]. 北京:宗教文化出版社,2001.

[6]佚名. 伊戈尔出征记[M]. 李锡胤,译. 哈尔滨:黑龙江大学辞书研究所,1991.

[7]托尔斯泰. 列夫·托尔斯泰文集:第5卷 战争与和平1[M]. 刘辽逸,译. 北京:人民文学出版社,2000.

[8]何怀宏. 生态伦理:精神资源与哲学基础[M]. 保定:河北大学出版社,2002.

[9]卢梭. 爱弥儿[M]. 彭正梅,译. 上海:上海人民出版社,2007.

[10]托尔斯泰. 列夫·托尔斯泰文集:第3卷 中短篇小说:1857—1863[M]. 芳信,刘辽逸,译. 北京:人民文学出版社,2000.

[11]布宁. 托尔斯泰的解脱[M]. 陈馥,译,沈阳:辽宁教育出版社,2000.

[12]梅列日科夫斯基. 托尔斯泰与陀斯妥耶夫斯基[M]. 杨德友,译. 沈阳:辽宁教育出版社,2000.

[13]全增嘏. 西方哲学史(上)[M]. 上海:上海人民出版社,2000.

[14]罗素. 西方哲学史(下)[M]. 马元德,译. 北京:商务印书馆,1982.

[15]托尔斯泰. 列夫·托尔斯泰文集:第4卷 中短篇小说:1885—1910[M]. 臧仲伦,刘辽逸,等,译. 北京:人民文学出版社,2000.

[16]托尔斯泰. 列夫·托尔斯泰文集:第9卷 安娜·卡列宁娜(上)[M]. 周扬,译. 北京:人民文学出版社,2000.

[17]托尔斯泰. 列夫·托尔斯泰文集:第17卷 日记[M]. 陈馥,郑揆,译. 北京:人民文学出版社,2000.

# "伸冤在我，我必报应"解析①

①

多少年来，人们在阅读《安娜·卡列尼娜》这部作品时，都十分看重小说的题词"伸冤在我，我必报应"的宗教律令，觉得这是作者对自己的女主人公的根本态度。无论这个女主人公拥有多么卓尔不群的美好品格，最终他还是让严厉的上帝给予了她极顶的惩罚——先是自尽身亡，尔后想必就是灵魂下地狱。多年以前 M. 杜纳耶夫就是这样说的："小说所讲的正是犯罪和不可逃脱的惩罚，而这里的罪过不是暴露在人的法律面前，而是在至高的上帝的法律面前，这在小说整个文本之前的题词'伸冤在我，我必报应'中已经指出。"②另一位学者 A. 戈罗杰茨卡娅认为：在对安娜的命运的安排上，首先无疑体现出罪有应得的报应和正义的审判的思想。小说中表露出来的训诫－谴责基调显而易见。残酷的死亡是犯罪者必不可免的命运，这本身就是对他的道德裁决。正如圣费奥多利特所说："活得有罪也不会有好死。"③这些看法是否真的有道理，题词的含意到底是什么，要弄明白这些问题和托尔斯泰对女主人公的态度的本质，必须超越就事论事的狭窄视域，先探索一下这位大师在创作这部作品的年代所持有的宗教观和伦理观，这也是最终揭示安娜的悲剧意义和题词的含意的必经之路。

---

① 原载《俄语语言文学研究》2006 年第 1 期。

② Дунаев М М, Православие и русская литература：Ч. 4. М.：Христианская Литература, 1998, c. 143 – 144.

③ Гродецкая А Г, Ответы предания：жития святых в духовном поиске Льва Толстого. СПб.：Наука, 2000, c. 107.

19 世纪 70 年代初期,是托尔斯泰的思想和文学创作观价值重新评估的时期。正是在这一时期,托尔斯泰对民间文化、宗教理念和民间文学传统研究得颇多,从中吸纳了许多重要因素。在给 H. 斯特拉霍夫的信中,他表述了"人民性"的必然性和拯救的思想。这里所说的"拯救"不仅是对文学而言,而且涵盖整个社会的精神生活。他在给 H. 斯特拉霍夫的另一封未发出的信中说:"今年冬天几乎全部工作时间都在研究彼得大帝,也可以说在从那个时代招魂。"[①]这就是说,作家的思索已经超越了文学创作的范围。而在对文学创作的审美原则进行思考时,托尔斯泰则突出地强调指出,如果文学想成为伟大的和美的文学,必须到"民诗、民间语言和生活"中去寻找美的源泉。[②] 在作家后期的创作中,他思考的主要问题是"生之路与死之路""拯救与灭亡"间的抉择。托尔斯泰在此时最看重的是含有宗教内容的传说,这是因为:一方面,他确信,对于如何才能得到拯救的问题,理性的思考不能给予答案,只有宗教才能提供"最明白和最可接受的答案";另一方面,他认为"基督教活在传说之中,活在人民的精神之中,是无意识的,但却是坚定不移的"。[③] 并且,这位文学大师和思想家对推论没有兴趣,他所重视的是传说中存留下来的人的行为,因为在他看来,"信仰不是用词语,而是用行为和实例来表现和传达的"[④]。为此,他重复了圣徒雅

---

① 托尔斯泰:《列夫·托尔斯泰文集:第 16 卷 书信》,周圣、单继达等译,人民文学出版社,2000,第 132 页。

② 托尔斯泰:《列夫·托尔斯泰文集:第 16 卷 书信》,周圣、单继达等译,人民文学出版社,2000,第 132 页。

③ 托尔斯泰:《列夫·托尔斯泰文集:第 16 卷 书信》,周圣、单继达等译,人民文学出版社,2000,第 9 页。

④ 托尔斯泰:《列夫·托尔斯泰文集:第 16 卷 书信》,周圣、单继达等译,人民文学出版社,2000,第 10 页。

"伸冤在我,我必报应"解析

各的话:"人们过去和现在都只相信行。"(《圣经·雅各书》第2章)总之,在托尔斯泰后期的作品中,显然不难发现有圣徒传说的影响,既有正式的圣徒传的印迹,也有民间流传的圣徒传文学的留痕。最有代表性的此类作品如《忏悔录》(1879—1882)、《克莱采奏鸣曲》(1887—1889)、《谢尔基神甫》(1890—1898)和《魔鬼》(1889—1890)等,当然,也包括《安娜·卡列尼娜》(1873—1877)。在此类作品中,光明—善、真理,黑暗—恶,野兽—情欲等与传说直接相联系的传统隐喻的运用增加了,成为伦理和审美评价必不可少的因素。

在创作《安娜·卡列尼娜》这部作品时,托尔斯泰经常思索的问题是"我为什么而活""我和一切存在的原因何在""我在自身感觉到的善和恶的两重化说明什么和为什么会出现""什么是死亡""我怎样才能得到救赎"等。① 这些问题实际上可以归结为一个根本性的问题:人应该怎样活,人的本性与宗教信仰究竟是什么关系? 对于诸如此类的问题,求助于理性是得不到答案的,所以作家越益倾心于圣徒传和民间圣徒传文学的研读,把其中的伦理规则视为神的显现,即共同的和不变的法规。② 尽管从表面来看,《安娜·卡列尼娜》与圣徒传文学并无直接的联系,其中却体现出与圣徒传文学相一致的观点。

圣徒传中的确存在着罪有应得的报应和正义审判的道德伦理法则,这是托尔斯泰特别看重的;但与此同时,引起作家注意的是,圣徒传或民间圣徒传文学中还存在另一种倾向,即为有罪者的辩

---

① Гродецкая А Г, Ответы предания: жития святых в духовном поиске Льва Толстого. СПб. : Наука, 2000, с. 98.

② Гродецкая А Г, Ответы предания: жития святых в духовном поиске Льва Толстого. СПб. : Наука, 2000, с. 100 – 101.

解。笔者认为,在安娜的故事中所体现的正是这两种二律背反观念的并存和作者对谴责–训诫及宽容–拯救精神的矛盾心理。《安娜·卡列尼娜》这部长篇小说的题旨实质上就是罪有应得的报应的思想、正义审判的思想与宽恕、仁爱思想的冲突,即这两种分别来自于旧约和新约的伦理观念的冲突,是这种冲突在作者观念中的投射。这是基督教最中心的二律背反之一。按 П. A. 弗洛连斯基的说法,这些二律背反为:"宽恕和报应、救赎和毁灭、爱和虔敬–拯救者和惩罚者等。"①托尔斯泰在做这种思考时,他的思想深处充满了矛盾:既然上帝是无限仁慈的、宽容的,他以爱创造了人,并以爱拯救人,那应该怎样理解他对人的严厉、无情的惩罚与前者的关系? 如果为了惩罚罪过而将犯罪之人置于死地,那么,上帝怎样实现他的仁爱和救赎的思想? 托尔斯泰由此又进一步联想到:既然人的尘缘生命是上帝赐予的,他的与生俱来的人性自然要求(如安娜对真正爱情的渴望)就应该是合情合理的,那么它与教义中的禁欲主义道德戒规之间又是什么样的关系? 孰轻孰重? 人是应该按自己本性的要求生活,还是应绝对地服从上帝的意志? 从小说的构思及前后的变化可以看出,这位伟大的作家最终也未能解决自己的神学观念中的矛盾及其与俗世观念的本质冲突。但有一点是可以肯定的:托尔斯泰在创作这部小说时,正在向东正教皈依,小说创作是在他 45—49 岁期间进行的,而他加入东正教是在 50 岁那一年。一般看来,东正教对女性在家庭生活方面的戒规无疑是被他接受了的,这还因为他的女性观在这一方面与教会的戒律相吻合,所以小说在最初的构思中确实有对女主人公比较强的谴责音调。但小说的面世版本的基调又完全不同。由此可见,小说的

---

① Флоренский П А, Столп и утверждение истины: Т. 1. М.: Правда, 1990, c. 209.

思想比旨在惩罚有罪的女主人公要复杂得多,其创作意图更可能是托尔斯泰诠释和解决上述矛盾的一种神学和哲学思想探索。不过,尽管伟大作家的写作技巧无与伦比的高超,他的作品还是未能对他的困惑给出明确的答案。正如评论者 M. C. 戈罗梅卡所说:"'对活生生和宽容的上帝的感觉'不能与安娜的残酷命运相协调。"①为了真正明了作家解决这一矛盾的宗教、哲学、伦理观的复杂性,我们将参考 A. Г. 戈罗杰茨卡娅的相关考证资料,首先尝试对小说中应受到惩罚的罪过,即魔鬼性的表现做一具体的分析和阐释,以便为最终探明小说题词的针对性找出依据。

按照最初的构想,从宗教观念出发,作者把安娜所犯的罪过归结为魔鬼的引诱,并且想把她本人也描写成诱惑者魔鬼。概括起来说,在对安娜受爱欲这个魔鬼的诱惑犯了过错(在托尔斯泰的观念中这是"вина",而不是"преступление"②)这件事上,作者最初无疑是从圣徒传和民间圣徒传文学中吸取了一些报应的思想,基本是持谴责的态度。正如 A. Г. 戈罗杰茨卡娅所认为的那样:"而且教诲谴责的线索极强","这条线索贯穿小说的始终"③,"残酷无情的死亡是犯罪者必遭的命运。"后来,托尔斯泰在写作的过程中,逐渐改变了初衷,思想不断深化,对安娜的谴责逐渐减轻,为她辩解的思想不由自主地愈益加强。他从圣徒传和民间圣徒传文学中汲取了女圣殉难者及"浪子回头"的情节和主题,其目的十分清楚,是要从民间世代相传的东正教观念的角度,为自己的困惑寻找答

---

① Гродецкая А Г, Ответы предания: жития святых в духовном поиске Льва Толстого. СПб. : Наука, 2000, с. 112.

② Гродецкая А Г, Ответы предания: жития святых в духовном поиске Льва Толстого. СПб. : Наука, 2000, с. 115.

③ Гродецкая А Г, Ответы предания: жития святых в духовном поиске Льва Толстого. СПб. : Наука, 2000, с. 107.

案。这从他所关注的圣徒传文学的内容便可得知。例如,圣殉难者福玛伊达的故事、塔伊西娅、伊西多拉、女圣徒马利亚·叶吉茨卡娅和佩拉格娅的故事等。这些圣徒传文学的女主人公原本都很天真、质朴,由于一些外在原因而犯了罪。例如,福玛伊达是个品行十分端正的女人,她的丈夫是个渔夫,经常在外面捕鱼,她的公公像无耻的魔鬼一样乘机到处追逐她,迫使她犯了罪。塔伊西娅也是偶然被迫犯了罪,她的品德原本非常高尚,一个道德败坏的人对她施了魔鬼般的狡猾诡计,诱奸了她。这些魔鬼的诱惑是圣徒传和民间圣徒传文学必不可少的组成部分。这里所表现的观念十分清楚:与令人迷途的魔鬼的斗争,也就是与肉体诱惑的斗争。在托尔斯泰晚年(指 19 世纪 90 年代以后)的观念中,"经常把魔鬼与淫欲相等同"[1],他试图确证一种观点:"'高傲和甜蜜的罪'是魔鬼的勾当,与魔鬼最接近。"在创作《安娜·卡列尼娜》这部作品的年代,作家的道德观虽然尚未发生 19 世纪 90 年代以后的转变,但对魔鬼因素的探寻无疑是从这种宗教理念出发的。只不过,在创作过程中,他却得到了意外的发现:在安娜的周围有着更多、更肆意的魔鬼行径……

从小说的初稿来看,作者曾经寻找过表现安娜这一形象"魔鬼"因素的细节,所遵从的完全是古代文学的传统。"但他所寻找的不是心理的,而更多是与象征意义的相符,隐喻特征、符号特征和意义。"[2]А.Г.戈罗杰茨卡娅对《安娜·卡列尼娜》的手稿和不同的版本做了仔细比较,得出一个结论:在对安娜外部特征的描写

---

① Гродецкая А Г, Ответы предания: жития святых в духовном поиске Льва Толстого. СПб. : Наука, 2000, с. 120.

② Гродецкая А Г, Ответы предания: жития святых в духовном поиске Льва Толстого. СПб. : Наука, 2000, с. 121.

中,最初有十分显著的魔鬼特征,如与传统魔鬼因素相符的黑色的浓密的头发(在古代俄罗斯文学中,魔鬼的象征正是"女人蓬乱的长发")。"她的令人瞩目的主要特征是黑色的如乌鸦翅膀一样的头发,这些头发乱蓬蓬的,梳不拢,卷曲着。"①但在最后定稿的版本中,这一魔鬼的符号象征大大减弱了,只在小说的几处有一些显露:"在她头上,在她那乌黑的头发——全是她自己的,没有搀一点儿假(这是与吉提相比,吉提的金色发髻是假的——笔者注)……她的发式并不惹人注目。引人注目的,只是常散在她颈上和鬓边的那小小的执拗的发卷,那增添了她的妩媚。"②显而易见,这是对原稿进行了大幅度修改以后残留的一点头发的隐喻特征。在小说的另一处,作者写道:"某种超自然的力量把吉提的眼光引到安娜的脸上。她那穿着简朴的黑衣裳的姿态是迷人的……她的松乱的卷发是迷人的……但是在她的迷人中有些可怕和残酷的东西。"③吉提望着舞会上的安娜情不自禁地想道:"是的,她身上是有些异样的、恶魔般的、迷人的地方。"④

除此而外,小说最初的草稿中还用黑—白—红的色彩来象征魔鬼的因素。如出席莫斯科的舞会时,安娜身穿的黑色天鹅绒晚礼服,作者给它加上了"白色花边",而到彼得堡的剧院听歌剧时,

---

①　Гродецкая А Г, Ответы предания: жития святых в духовном поиске Льва Толстого. СПб. : Наука, 2000, с. 122.

②　托尔斯泰:《列夫·托尔斯泰文集:第16卷 书信》,周圣、单继达等译,人民文学出版社,2000,第116页。

③　托尔斯泰:《列夫·托尔斯泰文集:第16卷 书信》,周圣、单继达等译,人民文学出版社,2000,第122页。

④　托尔斯泰:《列夫·托尔斯泰文集:第16卷 书信》,周圣、单继达等译,人民文学出版社,2000,第122页。

"安娜身着黑色的天鹅绒连衣裙,头发是暗红色"①。依照俄罗斯宗教文化中色彩的象征意象,黑色与红色的搭配是"地狱"的色彩组合。这里特别值得注意的是,在最后定稿的文本中,对这两段的色彩都做了重要的修改:在莫斯科舞会上穿的黑色天鹅绒连衣裙的白色花边不再被强调,第一次提到花边时未说明颜色,尔后只是顺便提了一句"白色花边之间的黑缎带上也有同样的花",这里的"白色花边"已退到了衬托的地位;而在彼得堡剧院安娜的着装则完全改变了——"安娜已经穿上了她在巴黎定制的、低领口的、天鹅绒镶边的淡色绸袍,头上饰着贵重的雪白的饰带,框住她的脸,特别相称地显示出她那眩人的美丽"②。草稿中"黑色的天鹅绒连衣裙"和"暗红色的头发"都不见了。可见,安娜衣饰中的魔鬼情调已大为降低,几乎化为乌有。

小说中象征地狱和魔鬼的红颜色,在草稿中有明确的展现:"炫目的通红的火光在车厢的黑暗中向她闪烁","像黑夜中大火的可怕闪光",安娜的脸上辉映出灼人的红晕。③ 而在最后定稿的版本中,对红色火光的描绘大为缩减,只留下了如下一句话:"她满面红光;但这不是欢乐的红光,它使人想起黑夜中的大火的可怕的红光。"④

小说中还有一个引人注目的"红色小提包",它与女主人公一

———————

① Гродецкая А Г, Ответы предания: жития святых в духовном поиске Льва Толстого. СПб. : Наука, 2000, с. 124.

② 托尔斯泰:《列夫·托尔斯泰文集:第 16 卷 书信》,周圣、单继达等译,人民文学出版社,2000,第 791 页。

③ Гродецкая А Г, Ответы предания: жития святых в духовном поиске Льва Толстого. СПб. : Наука, 2000, с. 125.

④ 托尔斯泰:《列夫·托尔斯泰文集:第 16 卷 书信》,周圣、单继达等译,人民文学出版社,2000,第 213 页。

"伸冤在我,我必报应"解析

起出现、一起消失。但这里的"红色"有别于魔鬼的象征意蕴,我们在下面将要提及。

从上述几例可以看出,托尔斯泰在创作《安娜·卡列尼娜》的过程中,圣徒传和圣徒传文学对他的影响有一个由表及里的深化的过程。他对诱惑者(即魔鬼)的外在特征的关注愈益减少,而对流传下来的官方和民间的圣徒传之类传说的道德伦理规范研究得更为投入,并且他的观念与官方正统圣徒传的精神有原则分歧,把人的自然本性的特征与魔鬼的因素分离开来,人性的因素受到更大的关注。这是因为托尔斯泰更接近于俄罗斯民间的传统文化,他所倾心的是早期的、民间的、尚未在教条中变得僵死的基督教,而这一切在民间流传的圣僧传即圣徒传文学中恰有极好的体现。它们早在官方圣徒传形成之前就存在,其精神实质直接与底层民间文化相关联,与官方教会有许多相异之处,并且其中含有异教的因素。正如俄国研究者 Д. 舍斯塔科夫所指出:"在文学描绘中继之出现的民间基督教与异教的接近,是自然而然形成的。"[1]如果说,在最初的构思中,女主人公安娜形象的外部特征有魔鬼的因素,那么,在修改草稿的过程中,作者将其几乎消减到无。文本的这种改动给我们一种十分重要的提示:一方面,托尔斯泰对安娜的"罪过"性质来自正经的裁决开始改弦易辙,按照民间传说的精神,把安娜作为诱惑者的特征降至最低,并为其受肉体诱惑而犯的过错找出充分的理由来辩解;另一方面,作者力图从非宗教的理念出发,把情欲本身作为人性特征的自然表现来描写,使他笔下的情欲成为合乎情理的"情欲的最真诚的过程"。这种写法在当时的俄国很难被接受,曾引起批评家和读者的一些误解。对安娜外貌描写

① Гродецкая А Г, Ответы предания: жития святых в духовном поиске Льва Толстого. СПб.: Наука, 2000, c. 214.

的改变实际上是重新修正小说基调的外在预示,关系到整部作品的伦理思想的总体宗教基调的改变。既然女主人公安娜所犯的罪过与圣徒传和圣徒传文学的女殉教者和女圣徒十分相似,对她而言主要的就不是惩罚,而是灵魂救赎,上帝自然会对她从轻发落。最终,安娜受爱欲这个魔鬼的诱惑而沉迷于婚外恋情成了她无法逃脱的宿命,这几乎等于宣告了她是个无辜的罪人。尽管如此,她还是必须依靠上帝来救赎自己的灵魂。从俗世的观念而论,这也是她必须为自己追求浪漫爱情而付出的代价。这样是不是公平,看来,作者也不得而知。

我们不能忽略的是托尔斯泰在小说中所要表现的其他方面的魔鬼主题。这些魔鬼主题从最初构思的女主人公的罪过转移、扩展到渥伦斯基、卡列宁和整个俄国上流社会的道德伦理和精神领域。托尔斯泰探寻出一种间接表现这些魔鬼主题的途径:对于安娜,魔鬼是一种宿命的力量,它必然导致她命运的悲剧结局;此外,小说中的许多丑行和恶行也都属于魔鬼的因素,诸如丑和恶势力的善于伪装和欺骗,对人的引诱、追逐和折磨,冷酷甚至残忍地玩弄人的命运,改变人的心态,引人走上邪路并将其置于死地,以及妒忌等等。凡此种种,都来自于作家所汲取的民间传说的传统魔鬼观,其中,魔鬼不仅有传统的隐喻的名称和意义,它的上述一类行为的魔鬼性也是被民间宗教文化传统所认定的。①

托尔斯泰在基本上消除了安娜身上的诱惑者的魔鬼性特征的同时,突出了爱欲这种魔鬼性对她的追逐及其带来的致命后果。在与渥伦斯基相遇以前,安娜的生活尽管毫无爱情的精彩,但却是平静而无搅扰的,并没有显现出精神折磨和痛苦,这种显贵眷属的

① Гродецкая А Г, Ответы предания: жития святых в духовном поиске Льва Толстого. СПб.: Наука, 2000, с. 140.

优裕闲适生活已被安娜所接受。上流社会的社交活动甚至令她感到愉悦。如魔鬼一般有诱惑力的渥伦斯基的突然出现,点燃了安娜压抑已久的爱欲之火,致使过了 8 年没有真正爱情的生活的安娜无法抵御。小说中安娜预感到与渥伦斯基的戏剧性偶然相遇可能会引出可怕的感情纠葛,所以,在莫斯科的舞会以后她想尽快逃回彼得堡。然而,渥伦斯基跟踪追击,她不可避免地再次与他相遇。安娜试图抵制渥伦斯基的攻势,但徒劳无益,很快她便陷入了无力自拔的爱情旋涡之中。渥伦斯基原本正在与吉提谈情说爱,鬼使神差地移情安娜。他利用一切可乘之机紧追不舍,献尽殷勤,施尽魅力,终使安娜神魂颠倒,完全失去了理性。由于安娜的坦诚和率真,她不能对丈夫和上流社会隐瞒自己的真实感情,于是,她陷入"魔鬼性"的四面八方的包围之中,开始了万般痛苦的精神磨砺的历程。她像所有的人一样,享受着与渥伦斯基的爱情,平生第一次体验到真爱的幸福。然而,与此同时,作为品德高尚的上流社会的贵族女性,她又不能摆脱良心的责备,感到自己罪不可宥。最初她并不明白,为获得这次真爱她为自己种下了什么样的苦果。但很快,安娜便开始了极其痛苦的精神历程——体验着良心的折磨、无穷尽的羞耻感、罪过的意识、孤独和无人理解的不幸、与儿子分离的痛苦、被迫离开家门的凄凉、上流社会的歧视、被贬低和受凌辱等种种感受。这一切按照民间流传的圣徒传的精神,简直可以说构成了安娜的"圣徒传"。"如果说忍受苦难的卡列宁成了'圣者',那么,女主人公的苦难也照亮了她的生命。"①一方面,安娜不敢向宗教求救,因为"她是连想都不敢想的,虽然她对于那曾把她教养大的宗教从来没有怀疑过。她知道宗教的救援只有在她

---

① Гродецкая А Г, Ответы предания: жития святых в духовном поиске Льва Толстого. СПб. : Наука, 2000, c. 175.

抛弃那构成她生活的全部意义的东西的条件下才有可能"①。另一方面,安娜有时又觉得自己并没有什么罪过:"我是活人,罪不在我,上帝生就我这样个人,我要爱情,我要生活!"②小说的这两段话对理解爱欲的魔鬼般宿命力量和作品的题旨有着至关重要的意义。按古老的宗教诫命而论,安娜的灵魂中已经浸染了所多玛的流毒,所以是有罪的,而且罪不容诛。虽然基督教在这方面比古老的犹太教要宽容得多,《圣经·新约·约翰福音》中基督对行淫的女人的态度众所周知——基督只要她悔改,并没有惩罚她,但对于安娜的行为,基督教还是绝对不能允许的。按照基督教的规定,安娜与渥伦斯基的生活是受了罪的支配,这是因为他们顺服本性的情欲,向罪投降,做了邪恶的工具。这就是说,从宗教的角度而言,安娜是有罪过的,而从俗世的爱情生活的规律而言,她的人本性的自然要求又是无可指责的,并且,即使从宗教的观点而言,她的这种本性也是上帝赋予的。可见,这里凸现出人的自然本性与宗教戒规的不可调和的矛盾。这也正是托尔斯泰一直苦苦思索而不得其解的问题。作者通过安娜的这一席话,向读者提出了小说的核心问题:人,尤其是女人,究竟应该怎样活在世上?是按其本性的要求无所顾忌地追求爱情的幸福,还是遵从信仰的戒规,压抑爱欲而过一种清心寡欲的苦修者式的生活?小说写作过程中安娜身上魔鬼因素的逐渐减少乃至消失,客观上也可以说是作者对上述问题做出的回答。诚然,这只是一个方面的一种暗示。

这与小说后面安娜自己所说的她的人格分裂的现象有密切的

① 托尔斯泰:《列夫·托尔斯泰文集:第 16 卷 书信》,周圣、单继达等译,人民文学出版社,2000,第 424 页。

② 托尔斯泰:《列夫·托尔斯泰文集:第 16 卷 书信》,周圣、单继达等译,人民文学出版社,2000,第 430 页。

「伸冤在我,我必报应」解析

关系。《圣经·新约·罗马书》第 7 章第 15—25 节中写道:"我竟不明白我所做的;因为我所愿意的,我偏不去做;我所恨恶的,我反而去做。……既然这样,我所做的并不真的是我在做,而是在我里面的罪做的。我也知道,在我里面,就是在我的本性里面,没有良善。因为,我有行善的意愿,却没有行善的能力。我所愿意的善,我偏不去做;我所不愿意的恶,我反而去做。如果我做了我不愿意做的,就表示这不是我做的,而是那在我里面的罪做的。因此,我发觉有一个法则在作祟:当我愿意行善的时候,邪恶老是纠缠着我。我的内心原喜爱上帝的法则,我的身体却受另一个法则的驱使——这法则跟我内心所喜爱的法则交战,使我不能脱离那束缚我的罪的法则;这法则在我身体里作祟。……我的情况就是这样:我自己只能在心灵上顺服上帝的法则,而我的肉体却服从罪的法则。"《圣经》中认为,人的本性与上帝的法则是互相冲突的,因为人性里面没有宗教所要求的良善。而人必须无条件地听从上帝的法则,这就是信仰,没有什么道理可讲。那么,安娜违背理性沉醉于婚外恋情的情形是不是符合《圣经》中上述一席话的含意呢? 这是为安娜定"罪"的关键所在。全部的问题就在于,托尔斯泰已经在小说的开始就说得明明白白:安娜的婚姻不是自主的,丈夫并非是由她自己选择的,这为安娜遇到心仪的人后情感反应的合理性做了最有说服力的辩解。所以,安娜人格的分裂并非《圣经》中所说的内心深处罪的法则与上帝的法则的斗争,也不是因为她的本性里面"没有良善",而是善良的人的合理要求与禁欲主义的宗教戒律的必不可免冲突,因为这种教规是刻板的,是扼杀人的青春和生命的。东正教之所以特别强调禁欲主义,与拜占庭社会的腐败有直接的关系,它在传入古罗斯时并不符合童年罗斯的国情。不过,俄罗斯还是原原本本地接受了东正教的一切教规和律法。但就托尔斯泰而言,直至加入东正教的前夕,对上述问题仍持有矛盾的态度,做不出一个确定的答案。这种思想矛盾和困惑也正是托尔斯泰到民间流传的圣徒传文学中去寻找道德尺度的原因。也就是说,他更重视的是传统的民间伦理观。

如果说小说中反映出安娜身上有魔鬼性,那主要是在猜疑和妒忌这一方面,这是由于"魔鬼改变了人的视觉,歪曲了周围世界的面貌"①。在安娜落入难以忍受的痛苦的境地以后,她的神经变得异常敏感,比以往多了许多对周围人的猜疑和妒忌。她对吉提很妒忌,怀疑渥伦斯基与她依然有恋情,怀疑吉提因嫌弃她、怕因见她降低了身份而故意躲着不见她,继而产生了一大串的联想:"也许她是对的。但是她不该,她这个同渥伦斯基恋过爱的人,她不该对我这样表示的,即使事情是真的话!我知道处在我这种境况中,任何正派的女人都不会接见我的。这一点从我为他牺牲了一切的那一瞬间起我就知道了。而这就是我得到的报酬!"②这些阴暗的思想使她的情绪极度沮丧。安娜对渥伦斯基的猜忌就更多了,后期几乎是时时刻刻。当她回忆起渥伦斯基对她的热情的爱抚时,心里推想:"这样的爱抚他在别的女人身上也曾经滥用过,而且还会,还想滥用哩。"③由此,她的心中产生了如暴风雨般的狂怒,预感到可能落到多么可怕的下场。安娜的心理完全失去了平衡,在与渥伦斯基发生争论以后,她推想着他会对她说什么话:"我并不挽留您,您爱到哪里就到哪里。您大概不愿意和您丈夫离婚,那么您可以再回到他那里去。回去吧!如果您需要钱,我可以奉送

---

① Гродецкая А Г, Ответы предания: жития святых в духовном поиске Льва Толстого. СПб. : Наука, 2000, с. 140.

② 托尔斯泰:《列夫·托尔斯泰文集:第16卷 书信》,周圣、单继达等译,人民文学出版社,2000,第1108页。

③ 托尔斯泰:《列夫·托尔斯泰文集:第16卷 书信》,周圣、单继达等译,人民文学出版社,2000,第1094页。

一些。您需要多少卢布?"[1]并且,安娜还不断地做着各种各样最坏的推想,"凡是粗野男人说得出口的最残酷无情的话,他,在她的想象中,都对她说过了,她决不能饶恕他,好像他真说过这样的话似的"。尤其是在最后的时刻,当她听说渥伦斯基晚 10 点钟以前不能回到她身边,是因为同他母亲本想让他娶的女人——苏洛金娜公爵夫人的女儿在一起的时候,她心脏的急促跳动使她透不过气来,立即决定不让渥伦斯基继续折磨她,以非常的途径结束她的苦难。"死,作为使他对她的爱情死灰复燃,作为惩罚他,作为使她心中的恶魔在同他战斗中出奇制胜的唯一的手段,鲜明而生动地呈现在她的心头。"[2]事实上,渥伦斯基那一整天在外面的忙碌都是为了出售马匹和他母亲的一处房产,而安娜给他发出的催他回家的电报,他又阴差阳错地未能及时收到。正是最后一天的这些猜忌和妒意促使安娜的死亡念头最终占了上风。可见猜疑和妒忌这个魔鬼性对人的危害有多么大,在一些情况下,它甚至能置人于死地。不过,这并没有妨碍安娜在最后一刻向上帝的忏悔。

小说中与安娜有着最密切关系的两个男人——卡列宁和渥伦斯基却有远比安娜多得多的罪孽深重的魔鬼性特征。安娜在分娩后面临死亡危险的时刻,称卡列宁为"圣人",因为他宽恕了安娜与渥伦斯基的恋情。事实上果真如此吗?

作品中所展现出来的卡列宁是一个冷冰冰的一本正经的国家上层官僚,极端虚伪和守旧,并且是个戴着伪善面具的暴君。他在所属阶层的虚假道德的掩盖下对安娜做着十分残酷的事情,虽然

---

① 托尔斯泰:《列夫·托尔斯泰文集:第 16 卷 书信》,周圣、单继达等译,人民文学出版社,2000,第 1097 页。

② 托尔斯泰:《列夫·托尔斯泰文集:第 16 卷 书信》,周圣、单继达等译,人民文学出版社,2000,第 1098 页。

偶尔也产生过善的愿望,但那只是瞬间的冲动,他决不会为此而牺牲他在仕途上的利益。他身上的魔鬼性虽凶狠但隐蔽,往往不易被看穿。

在安娜有了婚外恋情以后,卡列宁对妻子的态度中充满了虚伪和冷酷,他以折磨和羞辱安娜为慰藉,完全失去了做丈夫的基本怜悯心。当安娜告诉他自己与渥伦斯基有恋情时,卡列宁说:"很好!但是我要求你严格地遵守外表的体面直到这种时候,直到我可以采取适当的办法来保全我的名誉,而且把那办法通知你为止。"①他在心中对自己说:"没有廉耻,没有心肠,没有宗教心,一个堕落的女人罢了!我一向就知道这个,一向就看到这个的,虽然我为了顾全她,极力欺骗自己。"②他认定,安娜原本就是一个堕落的女人。他心想:"我把我自己的生活和她的结合在一起,这是一个错误;但是这个错误不可能怪我,所以,我不应当不幸。过错不在我,而在她。但是我和她没有什么了。在我心目中她已不存在了。"卡列宁从这一刻起已把妻子从自己的心中清除出去,而且"对儿子的感情也像对她的感情一样地变了——已不再使他关心"。"现在他唯一关心的事就是这样一个问题:如何才能去掉由于她的堕落而溅在他身上的污泥,继续沿着他的活跃的、光明正大的、有益的生活道路前进,要达到这个目的,如何做才是最好、最得体、最于自己有利、因而也是最正当的。"继而他又想道:"我不能因为一个下贱的女人犯了罪的缘故而使自己不幸;我只需要找到一个最好的方法摆脱她使我陷入的这种困难的处境。"于是,卡列宁开始

---

① 托尔斯泰:《列夫·托尔斯泰文集:第16卷 书信》,周圣、单继达等译,人民文学出版社,2000,第313页。

② 托尔斯泰:《列夫·托尔斯泰文集:第16卷 书信》,周圣、单继达等译,人民文学出版社,2000,第411页。

寻找保护自己、报复安娜的手段——他以官场上政客打败他的敌人的态度来处理他与安娜的关系,既要残酷地报复,又要做得不动声色。卡列宁的做法使安娜"感到浑身发冷",令她想道:"他乐于游泳在虚伪里,正像鱼在水里游泳一样。……不论怎样,我都要冲破他想用来把我擒住的那面虚伪的蜘蛛网。随便什么都比虚伪和欺骗好。"①在安娜拒绝回到他身边时,卡列宁凶相毕露,对安娜进行威胁,以离婚和夺走她的儿子来伤害她。他感到"基督教的训诫(关于饶恕安娜——笔者注)能否应用于他的情况是一个太难的问题,不是可以轻易谈论的,而且这个问题早就被阿列克谢·亚历山德罗维奇否定地回答了"②。

由此可见,卡列宁的心中根本没有上帝,他认为上帝的义在他这里并不适用,他听凭自己的反上帝的惩罚和报复的意念来随意折磨安娜,并且用虚伪的自欺欺人的伪善面具来遮掩自己的残酷本性。这一切都是魔鬼性在作祟。而且,卡列宁也受到了最直接的魔鬼的诱惑,与莉姬娅建立了非同寻常的亲密关系。莉姬娅·伊凡诺夫娜用尽一切手段,"使他意识到她对于他的爱和尊敬"③。而卡列宁接受了这个年老色衰的女人所献的一切殷勤,不仅把她当作精神依靠,而且"在他的眼中看来她是迷人的"。对于他,她是那包围着他的敌意和嘲笑的海洋中的一个不单是好意而且是"爱的孤岛"。他把自己的家和儿子都交给了她,对安娜的处罚完全听凭她的安排。这些做法都是俄罗斯民间观念的魔鬼性的传统表

① 托尔斯泰:《列夫·托尔斯泰文集:第16卷 书信》,周圣、单继达等译,人民文学出版社,2000,第431页。

② 托尔斯泰:《列夫·托尔斯泰文集:第16卷 书信》,周圣、单继达等译,人民文学出版社,2000,第600—601页。

③ 托尔斯泰:《列夫·托尔斯泰文集:第16卷 书信》,周圣、单继达等译,人民文学出版社,2000,第746—747页。

现。更有甚者,当他得悉安娜生孩子发生意外而可能死去时,心中禁不住高兴起来,因为"她的死会立刻解决他的处境的困难"①。他竭力"不去想那他不敢希望,却又在希望的事情","他这才明白地觉出他曾怎样强烈地渴望她死。"②他得知安娜"还有死的希望,就感到稍稍安心了"。正是在热切盼望安娜死去而且相信她不久于人世的前提下,他才饶恕了安娜和渥伦斯基,并且祈求上帝不要夺去他因饶恕而获得的幸福。但一旦他得知安娜幸运地脱离了生命危险,就立即严厉地制裁她——既无限期地拖着不办理离婚手续,也不让她见自己的儿子,就这样无休止地让她难堪、痛苦,令她感到生不如死。卡列宁自己感觉到,"除了引导他灵魂的善良的精神力量以外,还有引导他生活的另外的一种同样有力的甚或更有力的野蛮的力量"③,正是这魔鬼性的野蛮力量主宰着他对安娜的态度,使他与最阴险毒辣而又毫无女性尊严的莉姬娅·伊凡诺夫娜结成一种超乎常情的联盟,把安娜的命运交到她手里,依据她找来的法国巫师式的人物——朗德的梦中呓语,做出几乎等于剥夺安娜生的权利的决定。这就是说,卡列宁除自身固有的冷酷、自欺欺人、爱报复、爱折磨人并伪装宽容等一系列传统的魔鬼角色的特征以外,又沾染上了莉姬娅·伊凡诺夫娜反基督教的装神弄鬼的异教观念,对于基督教教徒这是绝对不能宽恕的罪过。可见,在卡列宁的心中占据主要位置的绝非上帝及其圣训,而是乌七八糟的魔鬼因素。这些魔鬼因素也是促使安娜一步步走向死亡的重要推

---

① 托尔斯泰:《列夫·托尔斯泰文集:第 16 卷 书信》,周圣、单继达等译,人民文学出版社,2000,第 755 页。

② 托尔斯泰:《列夫·托尔斯泰文集:第 16 卷 书信》,周圣、单继达等译,人民文学出版社,2000,第 603 页。

③ 托尔斯泰:《列夫·托尔斯泰文集:第 16 卷 书信》,周圣、单继达等译,人民文学出版社,2000,第 616 页。

"伸冤在我,我必报应"解析

· 147 ·

动力。事实说明,卡列宁从来没有真心爱过安娜,他以往对安娜的善待,如纳博科夫所说,只是为了"获得自己那一份法定夫妻间的欢乐"①。

除卡列宁以外,渥伦斯基身上同样存在着传统观念中的魔鬼性特征,这集中体现在他对吉提的无所顾忌的情感伤害,对安娜的追逐和引诱,以及随之而来他爱情中的虚荣和欺骗的成分,还有令安娜绝望的冷淡和本来就没有深根的爱情的逐渐消失。

小说的一开始,渥伦斯基正在狂热地追求谢尔巴茨基家的小女儿吉提,后者是莫斯科一个古老名门望族的魅力出众的千金小姐,只有 18 岁,她的天真、清纯和姣好的容貌令许多男士为之倾倒。她在社交界的成功超过了她的两个姐姐,列文和渥伦斯基几乎同时开始恋慕她。渥伦斯基常在舞会上同她跳舞,不时到她家里来,公开地向吉提献殷勤,并且告诉吉提,他要同母亲商量"他与她这件重要的事"。因此,不只是吉提,连吉提一家人都认定了渥伦斯基在热烈地追求吉提。而就在这时,渥伦斯基在火车站首次遇见了安娜·卡列尼娜,两人目光第一次相遇的瞬间,渥伦斯基便感到情缘已至,从此以后,他把吉提忘得一干二净。渥伦斯基开始一步不落地追随安娜的踪迹,到安娜所到的一切社交场合去同她相会,如影随形,并不时送上有魔力的深情目光和绵绵情话。这使最初想躲避他的安娜很快堕入情网。

渥伦斯基为什么要这样忘乎一切地去追求安娜呢?首先当然是受到安娜的美的吸引,但渥伦斯基还另有考虑。"他十分明白他在……社交界人们的眼里并没有成为笑柄的危险。他十分明白在他们眼中一个少女或任何未婚妇人的不成功的恋爱者的地位也许

---

① Набоков В В, Лекции по русской литературе. М.: Изд-во Независимая Газета, 1998, c. 273.

是可笑的;但是一个男子追求一个已婚的妇人,而且,不顾一切,冒着生命危险去引诱她到手,这个男子的地位就很有几分优美和伟大,绝不会可笑的。"①可见,去追求一位国家要员的人人仰慕的美丽妻子对他只有好处而不会有任何损害。况且,他也不准备承担什么严肃的义务,"他尤其不能相信他应当结婚","结婚这件事,对于他是从来当作没有可能的。他不但不喜欢家庭生活,而且家庭,特别是丈夫,照他所处的独身社会的一般见解看来,好像是一种什么无缘的、可厌的、尤其是可笑的东西。"②不难理解,渥伦斯基对安娜的追求不过是一时的感情需要,从一开始他就没有考虑这种违背教会和法律规定的恋爱对安娜意味着什么,会给她带来什么样的可怕命运。尽管我们不能否认,渥伦斯基的确是个魅力出众、聪明能干、有许多过人之处的贵族青年,而且他在与安娜接触的过程中的确动了真情,对安娜的关爱是真诚的,并且为这种爱付出了一些牺牲,如放弃了职务的晋升,与上流社会的疏远等,但因为他情感产生的基础不牢固,其中不乏潜在的邪恶念头——想以这种恋情提高他在上流社会社交界的地位和影响,所以,当安娜受到上流社会的排斥、侮辱和丈夫的惩罚而陷入无法忍受的屈辱境地时,渥伦斯基只是淡然置之,并没有替安娜设身处地地着想,恰恰相反,对安娜的态度日渐冷淡,使安娜最终陷入极度的绝望。毫无疑问,渥伦斯基在感情上对安娜的疏远对她是致命的打击。他引安娜走上婚外恋情的邪路,感情维持了仅仅 4 年时间,又在她走投无路时无情地冷落她。这一切都是违背东正教的教规的。并且

---

① 托尔斯泰:《列夫·托尔斯泰文集:第 16 卷 书信》,周圣、单继达等译,人民文学出版社,2000,第 188 页。

② 托尔斯泰:《列夫·托尔斯泰文集:第 16 卷 书信》,周圣、单继达等译,人民文学出版社,2000,第 84 页。

他从来没有自责,这说明渥伦斯基的心中根本没有上帝,受着撒旦的诱惑和驱使,最终同卡列宁一起成为造成安娜自尽的主要罪人。

不仅卡列宁和渥伦斯基的形象中存在着民间传说中的魔鬼性特征,他们所在的上流社会也浸透了具有魔鬼特征的各种恶德,诸如女人受魔鬼引诱的堕落、伪装和欺骗,对人的迫害,信奉异教巫术等。上流社会的许多贵妇人,以渥伦斯基的母亲、培脱西·特维尔斯卡娅公爵夫人和莉姬娅·伊凡诺夫娜伯爵夫人等为代表,是十足的堕落女性,灵魂受着魔鬼的引诱。渥伦斯基的母亲"年轻时是出色的交际花,在她的结婚生活中,特别是以后的孀居中有过不少轰动社交界的恋爱事件"[1]。她"听到了他的关系,起初很高兴,因为在她看来没有什么事情比在上流社会的风流韵事,更能为一个翩翩少年生色的了"[2]。对于这样一个灵魂腐朽而不受良心谴责的人,作为儿子的渥伦斯基也无法尊敬,更谈不上爱了。至于莉姬娅·伊凡诺夫娜伯爵夫人,"在她还是一个非常年轻的多情的少女的时候,嫁给了一个富裕的、身份很高的人,一个很和善、很愉快、耽于酒色的放荡子"[3]。结婚只有两个月,丈夫就抛弃了她。虽然他们没有办理离婚手续,但却永远地分居了。"从那时起她就不断地爱上什么人。她立刻爱上了好几个人,男的和女的;凡是在哪一方面特别著名的人,她差不多全都爱上了。她爱上了所有列入皇族的新亲王和亲王妃;她爱上一个大僧正、一个主教、一个牧师;她爱上一个新闻记者、三个斯拉夫主义者、爱上过康米沙罗夫(农民,

---

① 托尔斯泰:《列夫·托尔斯泰文集:第16卷 书信》,周圣、单继达等译,人民文学出版社,2000,第83页。

② 托尔斯泰:《列夫·托尔斯泰文集:第16卷 书信》,周圣、单继达等译,人民文学出版社,2000,第255—256页。

③ 托尔斯泰:《列夫·托尔斯泰文集:第16卷 书信》,周圣、单继达等译,人民文学出版社,2000,第748页。

科斯特罗马的制帽商人——小说译者注），爱上过一个大臣、一个医生、一个英国传教士，现在又爱上了卡列宁。这一切互相消长的爱情并没有妨碍她同宫廷和社交界保持着最广泛而又复杂的关系。"①在卡列宁的家庭生活出问题以后，她感到"她所有的其他的爱都是不真实的，而现在她真正爱的仅仅是卡列宁一个人"②，而且她期望着卡列宁对她的感情的回应。就是这样一个毫无道德观念和女人尊严的人，却把安娜和渥伦斯基称为"可恶的人"，四处探听他们的行踪，为卡列宁惩罚安娜推波助澜，出坏主意。在迫害安娜这一方面，她比卡列宁还起劲。她告诉安娜的儿子谢辽沙：他父亲是一个圣人，他母亲已经死了。她以这种方式插足卡列宁的家庭，乘机与卡列宁建立起一种不明不白的关系，以满足自己非分的欲望。

渥伦斯基的表姐培脱西·特维尔斯卡娅公爵夫人，对安娜与渥伦斯基的关系极为不满，竟然对安娜说，只要她的"地位不合法"，她就不想认安娜这个人。而她自己却用最卑鄙的手段欺骗她的丈夫，与土希凯维奇保持着暧昧关系。③

如此看来，安娜周围的上流社会这些"高贵"的人们才是与宗教律法不相容的人，他们的灵魂才是卑鄙的。而这样一些道德堕落的人，只因戴着上流社会人人共有的人格面具，善于伪装和说谎，隐瞒自己的种种丑行而在上流社会不受谴责，生活得快乐而又轻松。他们构成了厚颜无耻的恶势力的包围圈，压迫和排挤纯洁

---

① 托尔斯泰：《列夫·托尔斯泰文集：第 16 卷 书信》，周圣、单继达等译，人民文学出版社，2000，第 748 页。

② 托尔斯泰：《列夫·托尔斯泰文集：第 16 卷 书信》，周圣、单继达等译，人民文学出版社，2000，第 749 页。

③ 托尔斯泰：《列夫·托尔斯泰文集：第 16 卷 书信》，周圣、单继达等译，人民文学出版社，2000，第 929 页。

"伸冤在我，我必报应"解析

而高尚的安娜,使她窒息。这种恶势力以最高尚、优雅的外壳围裹着,内里充满了邪恶的魔鬼性。在小说创作的过程中,托尔斯泰越益深刻地认识到俄国社会普遍存在的虚伪、谎言和欺骗对社会生活的危害多么严重,这才是真正的魔鬼,它像一堵无法穿越的墙,阻挡着俄国社会向前迈进,它不仅迫害安娜,而且把俄国引向堕落和停滞不前。

在这样一群人格低下、道德堕落而虚伪的人之中,安娜突出地显现出独具的真诚和高洁的品格。尽管她做了上帝不允许的事,托尔斯泰还是想尽办法为她减轻罪责——强调指出安娜罪过根源的无辜性,并从民间流传的圣徒传文学中寻找依据。例如,小说中有一个颇为引人注目的小红提包,它有着很深的象征意义。它始终伴随着安娜,直到她生命的最后时刻。这个小红提包在小说中第一次出现是在第一部的第二十八章。此时的小红提包很小,是盛"一顶睡帽和几条细葛布手帕"①等随身携带的细小物品用的;可是,后来,如纳博科夫所指出,它"长大了"②,在小红提包第二次出现时,它里面装了一些不小的旅行用品:安娜从中取出了一只靠枕,一把裁纸刀和一本英国小说,并且,读者无法知晓小红提包里面还有什么。后来,在安娜决定卧轨自杀的时刻,小红提包又出现了:"她想倒在和她拉平了的第一辆车厢的车轮中间。但是她因为由胳臂上取不下小红提包(原译为皮包)而耽搁了,已经太晚了;中心点已经过去了。……但是她目不转睛地盯着开过来的第二辆车厢的车轮,车轮与车轮之间的中心点刚一和她对正了,她就抛掉红

---

① 托尔斯泰:《列夫·托尔斯泰文集:第16卷 书信》,周圣、单继达等译,人民文学出版社,2000,第143页。

② Набоков В В, Лекции по русской литературе. М.: Изд-во Независимая Газета, 1998, с. 258.

提包,缩着脖子,而手扶着地投到车厢下面,她微微地动了一动,好像准备马上又站起身来一样,扑通跪下去了。"①

小红提包(实际上原文 красный мешочек 是小红袋子的意思——笔者注)来自于新瓦西里的圣徒传,其中有一段插入的《费奥多拉圣徒传》,里面讲了有罪的灵魂在死后世界漂泊的故事。《费奥多拉圣徒传》是古罗斯主要的末世论著作,这个文献广为人知,对古罗斯的民间宗教传说和宗教诗歌有很大的影响。这一圣徒传的内容还被收入《日读月书》中,托尔斯泰显然很熟悉这些文献。② 值得注意的一个细节是,末日审判的情景在幻象中向费奥多拉敞开了:天使提起了她所做的善事,而魔鬼却指出了她所做的恶事,她的命运要用衡量善事和恶事的尺度来决定。这时,圣新瓦西里突然出现,他交给天使一个小红布口袋,它是救赎犯罪者灵魂用的。③ 托尔斯泰让安娜带着这个小红提包,其隐喻意义不难破解,说明安娜的本性是善良的,她的灵魂会得到救赎,她的过错上天都会宽容,不应对她有所报应。用 А. Г. 戈罗杰茨卡娅的话来说,"无论怎么说,第七部的末尾,在充满象征性细节的安娜死去的场面中,小红提包可以被视为与报应思想相对立的宽恕思想的富于隐喻的符号"④。

除了来自于圣徒传的小红提包,还有一个细节也应特别予以

① 托尔斯泰:《列夫·托尔斯泰文集:第 16 卷 书信》,周圣、单继达等译,人民文学出版社,2000,第 1122 页。

② Гродецкая А Г, Ответы предания: жития святых в духовном поиске Льва Толстого. СПб. : Наука, 2000, с. 129.

③ Гродецкая А Г, Ответы предания: жития святых в духовном поиске Льва Толстого. СПб. : Наука, 2000, с. 130.

④ Гродецкая А Г, Ответы предания: жития святых в духовном поиске Льва Толстого. СПб. : Наука, 2000, с. 131.

注意,那就是安娜自杀的具体情景。她在生命的最后一刻跪了下去,做出了祈祷的姿态,说出了一生最后的一句话:"上帝,饶恕我的一切!"①虽然安娜没有如教会所要求的那样,回到卡列宁的身边,但她还是向上帝忏悔了自己的过错。安娜跪着死,并且向上帝祈祷,这正是官方圣徒传所认定的虔诚圣者的死亡方式,圣徒传中对这种仪式有详细的记载,托尔斯泰在阅读这些《日读月书》上的相关文本时,都做了标记。② 在圣徒德米特里的传记中所记载的他的死亡细节即是如此。

说到这里,我们必然要涉及托尔斯泰的圣徒观究竟是怎样的这个问题。从托尔斯泰的总的基督教观念而论,在救赎的俗世的和禁欲的两种途径中,他显然只承认前者。他对恶的态度也是很独特的,认为罪过具有认识价值,它成为主人公精神觉醒的直接条件。在1857年托尔斯泰给 A. A. 托尔斯泰娅的信中写道:"为了诚实地活着,应当东冲西撞,陷入思想混乱,挣扎,犯错误,开始和放弃,再开始和再放弃,永远斗争和失去。而平静是灵魂的卑贱。我们灵魂的坏的方面正来源于此,它期望平静,却没有预先想到平静的获得须伴随我们身上一切美好的、不是人类的,而是从那里来的一切的丧失。"③这就是说,在托尔斯泰看来,有过错和犯罪的感觉和陷入绝望的境遇更能使人认识并接近精神真理,并进一步实现人精神的复活。这样的人最终才能得到悔过自新。托尔斯泰的这种意识与早期基督教的精神相一致,也与福音圣训的精神相吻合。

---

① 托尔斯泰:《列夫·托尔斯泰文集:第 16 卷 书信》,周圣、单继达等译,人民文学出版社,2000,第 1122 页。

② Гродецкая А Г, Ответы предания: жития святых в духовном поиске Льва Толстого. СПб. : Наука, 2000, с. 175.

③ Гродецкая А Г, Ответы предания: жития святых в духовном поиске Льва Толстого. СПб. : Наука, 2000, с. 251

对真正悔过的犯罪者的关注和宽容是俄罗斯人对神圣的一种独特理解,约翰·科洛戈里沃夫神甫对此做了一个概括:"由上帝恩惠神秘检选的悔过了的罪人即是圣者。"①

从前面已经提到的托尔斯泰在安娜形象塑造过程中的变化来看,这个形象他越写越好,而卡列宁的形象越写越坏。原初托尔斯泰想塑造的那个女性形象同后来定稿时的安娜并没有很多相像之处。据一些文学史书的记载,最初构思的这个女性顶多只能称得上是个值得可怜的女人。托尔斯泰曾给她取名达吉雅娜,又叫她阿纳斯塔西娅,是一个沉迷于情欲的堕落女人。她有诸多方面最降低女性人格的恶德和缺陷,如对丈夫不忠、卖弄风骚、情趣低劣等,在宗教信仰方面她也是个虚伪的人,简直没有灵魂。就连外貌也毫无引人之处,举止低俗。在做这种构思的时候,托尔斯泰是出于一种对女性的问题的基本思索:女人的问题就应当按照古训来处理,并没有什么社会意义。只是在写作的过程中,这位现实主义大师才逐渐认识到了安娜这个形象的真正价值。这反映出他的思想发展的倾向。托尔斯泰通过安娜的人生道路想告诉人们,尽管安娜的遭遇是不幸的,但对于她的灵魂却不是没有意义的。正是由于她在爱情生活中经历了种种磨难,她才更清楚地认识到要真诚地爱和获得真爱要付出什么样的牺牲,忍受什么样的屈辱。爱的苦难使她的生命具有了不平凡的苦涩的光彩,使她最终靠近了俄罗斯的老爷和农夫都企望获得的上帝的真理。

在弄清楚魔鬼性在小说中主要由谁来体现以后,我们就不难确定小说题词的含义和针对性。

"伸冤在我,我必报应"这句话在旧约中显然是针对敌人而言,

---

① Гродецкая А Г, Ответы предания: жития святых в духовном поиске Льва Толстого. СПб.: Наука, 2000, с. 262.

上帝的意志将决定敌人的命运,叫他们灭亡。而在新约中,这句话的主要思想是人没有权力去做只有上帝有权去做的事,即惩罚作恶或有罪过的人,人必须顺服地接受上帝的审判。

托尔斯泰引用《圣经》中的这句话,显然主要是新约中的含义。著名的俄罗斯学者 B.库列绍夫认为,虽然《安娜·卡列尼娜》这部小说最初关于一个堕落的上流社会的女人的构思经历了根本性的改变,但小说的题词依然保留下来。它与小说的整个思想是矛盾的。对安娜的任何惩罚,托尔斯泰都没有写成。① 这种看法很有代表性,但不能令人信服:托尔斯泰这样的大师怎么可能把一个与小说整个内容不相容的题词保留下来? 是小说的内容在创作过程中改变了,忘了改题词吗? 这太不可思议了。

实际上,"伸冤在我,我必报应"在小说最终的文本中显然不是针对安娜的。许多评论者坚决地认为,既然安娜犯了不可饶恕的违背上帝旨意的罪过,她自然罪有应得,遭到上帝的报应,所以她的死是上帝的安排。这种看法貌似有理,却完全不符合宗教的理念。如我们所知,人的生命是上帝的赐予,因此人不能自杀,自杀是上帝绝对不允许的罪过。所以可以肯定地说,安娜的自尽不可能是上帝的安排,不会有别的结论——这是作者为主人公所做的安排,因为安娜不可能有别的选择。如果安娜继续活下去,她只有两种生存方式:或者回到卡列宁身边,或者依旧同渥伦斯基在一起。不必多说,这两种生活都不会幸福,而且她还要继续遭到上流社会的唾弃。这种生活非人所能承受,不只是安娜不能忍受,作者和读者也无法接受。显而易见,这样一个无限美好而尊贵的女性,按照人生发展的规律和读者的期望,应该有一个符合天意和人意

---

① Кулешов В И, История русской литературы XIX века. М.: Изд-во МГУ, 1997, с. 453.

的结局——从人生的无法解脱的痛苦中摆脱出来,像圣徒那样死去,一了百了,既洗清了自己的罪过,又给人们留下了无限的哀恸。这种结局的构想来自于托尔斯泰所特别熟悉的圣徒传和圣徒传文学:有罪过的人(如费奥多拉),通过死亡赎回自己的清白,甚至成为圣者。这也正是作者安排安娜命运结局的意愿。

　　不过,我们不能忽略一个十分重要的事实:托尔斯泰在皈依东正教的同时,对死亡的意识依旧是俗世的,没有接受死后的灵魂世界的理念。在写作《安娜·卡列尼娜》这部作品时,他在阿尔扎马斯之夜突然体验到的对死亡的恐惧刚刚过去了 4 年,他依然认为"死亡是完全的终结"。对于托尔斯泰本人而言,"未来生命毫无意义"[①]。因此,安娜无论是像圣徒那样死去,还是像普通人那样死去,她尘缘生命消殒的意义对托尔斯泰都是一样的:安娜走了,永永远远地遁入了无法穿越的"厚重的虚无",一个无比美丽而又充满活力的年轻生命就这样带着心灵的伤痛了无声息地消逝了。作者对此不能不抱有无限的惋惜和悲怜。死亡对于托尔斯泰毕竟是难以接受的,但作家又一向以为,正是死亡能够显现出生命的全部意义和价值。在痛惜之余,作家和读者自然会愤愤不平:真诚地袒露自己的一切的安娜以生命的代价赎回了实际上并非罪过的罪过,而真正有罪却把它包裹得严严实实、滴水不漏的伪君子、假善人们却依旧自自在在、快快乐乐地享受着生命,天理何在?! 托尔斯泰用小说的题词告诉我们:不必着急,全知全能的上帝明察一切,他会做出最公正的裁决——"伸冤在我,我必报应"。如同人们没有权力审判和惩罚安娜一样,人们也没有权力审判和惩罚任何人,只有上帝才能行使这个权力。这也正符合民间流传的一种正

_____

　　① 布宁:《托尔斯泰的解脱》,陈馥译,辽宁教育出版社,2000,第157 页。

「伸冤在我,我必报应」解析

义审判的观念——"善有善报,恶有恶报"。

## 参考文献

[1]Набоков В В, Лекции по русской литературе[M]. М.: Изд-во Независимая Газета, 1998.

[2]Гродецкая А Г, Ответы предания: жития святых в духовном поиске Льва Толстого[M]. СПб.: Наука, 2000.

[3]Флоренский П А, Столп и утверждение истины: Т. 1[M]. М.: Правда, 1990.

[4]Дунаев М М. Православие и русская литература: Ч. 4[M]. М.: Христианская литература, 1998.

[5]Кулешов В И. История русской литературы XIX века[M]. М.: Изд-во МГУ, 1997.

[6]托尔斯泰. 列夫·托尔斯泰文集:第16卷 书信[M]. 周圣,单继达,等,译. 北京:人民文学出版社,2000.

[7]布宁. 托尔斯泰的解脱[M]. 陈馥,译. 沈阳:辽宁教育出版社, 2000.

# 安娜·卡列尼娜人格魅力探源[①]

一些经典评论认为,托尔斯泰塑造《安娜·卡列尼娜》这部长篇小说的同名女主人公安娜这一形象的突出成就在于,他十分客观而又合乎分寸地写出了她的一切可爱、美好的方面,但在引起每个人的强烈同情的同时,又让每个人都知道她是有过错的。在这方面,有的评论者说,托尔斯泰简直像最宽容的基督教修士。[②] 笔者以为,安娜这一形象的客观性是不容否定的,但与此同时,作者在这一形象中又反映出俄罗斯人文精神传统中最珍贵、最神圣的民族特质,正是通过安娜他赞颂了这一切,抒发了俄罗斯人理念中美好人性的理想,所以,如前所述,安娜的形象还体现了俄罗斯文学的另一个突出传统特征——女性形象的理想化。总体而论,托尔斯泰笔下的安娜是一个集多种俄罗斯人的优秀品格和道德修养于一身的闪光女性,她的外在的美自不必多说,而更加重要的是,她有更为珍贵的内在心灵美和精神美。弗拉基米尔·纳博科夫在评价安娜时说:"她是世界文学中最具引人魅力的女主人公之一。安娜是一个年轻貌美的女人,十分善良,极其正派,但命运是不幸的。"[③]他还说:"安娜是个非同寻常的女人,不仅仅是一个女性的典范。这是一个深邃的、饱含专注和严肃的高尚情感的天性,她身

---

① 原载《俄罗斯文化评论》2006 年第 1 辑。

② Гродецкая А Г, Ответы предания: жития святых в духовном поиске Льва Толстого. СПб.: Наука, 2000, с. 116.

③ Набоков В В, Лекции по русской литературе. М.: Изд-во Независимая газета, 1998, с. 227.

上的一切都是厚重和深刻的,包括爱情。与小说的另一位主人公培脱西公爵夫人不同,她不能过两重生活。她的真诚和热情的气质不允许欺骗和隐情。"①我们就来看看安娜究竟有哪些俄罗斯人最珍视的精神美和灵魂美。

**其一,晶莹剔透的真诚和坦白**

安娜的这个突出特征与她天性中的羞耻感、怜悯心和宗教感有直接的关系,没有这些美德也不会产生她对自己行为的这种道德意识。

无论是对卡列宁、渥伦斯基还是上流社会的其他人,安娜自始至终都是真诚的,襟怀坦白。这与上流社会那些满嘴仁义道德、满肚子男盗女娼的伪君子形成了鲜明的对照。她不能过对丈夫有隐情的虚伪生活,所以在对渥伦斯基产生爱情以后,就向卡列宁坦白了真情,由此遭到他的憎恶和制裁。不仅对丈夫是坦白的,她对孩子也是如此。在回家探望谢辽沙时,对他说:"爱他(指卡列宁);他比我好,比我仁慈,我对不起他。你大了的时候就会明白的。"②在对渥伦斯基的关系上,安娜没有任何功利的贪图,完全听凭真诚感情的呼唤,把它毫无保留地、真诚地献给了自己所钟爱的人,甚至没有想到自己会因此遭到灭顶之灾。安娜在社交界也从未隐瞒和掩盖自己的感情。众所周知,在赛马场上,当渥伦斯基从马上跌下来时,她在众人面前大声惊呼,引起丈夫和周围人的强烈不满和耻笑。在社交场合相遇时,安娜也从不会掩饰自己对渥伦斯基的真情。总之,安娜在与渥伦斯基相爱以后,敢于真诚地面对自己、

---

① Набоков В В, Лекции по русской литературе. М.: Изд-во Независимая газета, 1998, с. 227.

② Набоков В В, Лекции по русской литературе. М.: Изд-во Независимая газета, 1998, с. 784.

面对丈夫和儿子,以及整个上流社会。依照俄罗斯人的传统观念,这与安娜对上帝信仰的虔诚态度密切相关。在自己生命的危难时刻,她所想到的首先是上帝,是教会。在安娜生孩子出现生命危险时,她不住地向卡列宁诉说自己的过错,并且想起了乳母曾经给她讲过的圣殉难者的故事。安娜已经记不得她的名字了,但记得她犯了多么严重的罪而以殉教成为圣者的故事。她想以这个圣殉难者为榜样到罗马的荒野里苦修。几乎在生命的最后时刻,她已经产生了死的念头,漫无目的地乘马车在街上游走。就在此时,她突然回想起:"好久好久以前,她只有 17 岁的时候,她和姑母一路朝拜过三一修道院。"①她十分悔恨,但又感到追悔莫及,痛惜自己失去了少女时代最纯真、美好的一切,并为此深深地自责,恨不能"把往事连根拔掉"。在安娜决定一死了之以后,她来到了铁轨旁,站在那里"画了个十字","这种熟悉的画十字的姿势在她心中唤起了一系列的少女时代和童年时代的回忆,笼罩着一切的黑暗突然破裂了,转瞬间生命以它过去的全部辉煌的欢乐呈现在她的面前。"②尔后,如我们所知,她像圣徒那样跪到铁轨上,向上帝忏悔着结束了尘世的生命。可见,安娜记忆中最美好的感情是与宗教密切相关的,她是在对上帝的虔诚信仰中成长起来的,这种信仰深深地植根于她的灵魂之中,规范着她的心理和行为举止,使她有真诚、高尚的人格。所以,安娜的与众不同的襟怀坦白和纯洁说到底来源于对上帝的内在服从和崇拜,这是她的精神境界和道德面貌赖以形成的根源。正如弗拉基米尔·索洛维约夫所言,圣父的意

---

① 列夫·托尔斯泰:《安娜·卡列尼娜》,周扬译,人民文学出版社,1981,第 1106 页。

② 列夫·托尔斯泰:《安娜·卡列尼娜》,周扬译,人民文学出版社,1981,第 1121 页。

志是通过人的理性和良心来表达的。① 在几乎人人都戴着虚伪的人格面具的上流社会,安娜的独具诚挚、率真的品格尤其显得光彩夺目。

**其二,义无反顾的爱**

安娜为了爱最终付出了自己年轻的生命,并且遭到上流社会的贬斥和唾骂。那么,安娜义无反顾地献身的爱在俄罗斯人的观念中有什么特殊的意义,其价值何在?

在俄罗斯人的宗教观念中,信仰、希望与爱至关重要,其中,又以爱为首要。这正符合《圣经·哥林多前书》中的精神:"有信、有望、有爱:这三样其中最大的是爱。"(13 章 13 节)爱在俄罗斯的人文文化中有十分强烈的宗教和道德色彩。正因为如此,弗拉基米尔·索洛维约夫在谈到爱时,首先想到的是《圣经》中的《雅歌》。②在西方和俄罗斯的宗教、哲学和伦理学中,爱被理解为:第一,是"一个动物为了与另一个动物相结合并互相充满生命而对它的吸引"(弗拉基米尔·索洛维约夫)。第二,爱是人对存在完善圆满的渴望,是消除天庭、尘世两个世界的分裂的渴望,是在美中创造的渴望(柏拉图)。第三,爱是宇宙统一的力量,"爱将一切东西结合成为一"③(恩培多克勒)。第四,在基督教中,世界被认为是上帝的爱创造的,世上的生命也是受到上帝的爱的扶助的。基督把《旧约》中对上帝的爱和对身边的人的爱的圣训视为至高的训诫,并提出了新的准则:"你们要彼此相爱,像我爱你们一样。"④这是

---

① Маслин М А, Русская философия. М. : Республика, 1995, с. 50.

② Соловьев В С, Смысл любви, Сочинения в 2-х томах: Т. 2. М. : Мысль, 1988, с. 505.

③ 汪子嵩、范明生、陈村富、姚介厚:《希腊哲学史:第 1 卷》,人民出版社,1997,第 834 页。

④ 《圣经·新约·约翰福音》,第 15 章,第 12 节。

富有牺牲精神的爱,它意味着对基督和他的一切圣训的忠诚;这种爱是完全奉献自己的决心,毫无保留地侍奉上帝和身边的人;"对物质、身体的爱好必须服从对精神、神圣对象的爱戴"①(奥古斯丁)。第五,在伦理学中爱一方面是给他人真正幸福的坚定意志,另一方面是道德感之一,它与怜悯、同情、虔敬和羞耻感有某种共同之处;在基督教伦理学中爱还是至高的"神学美德"②。

在俄语中,爱的原初意义包含许多色彩,如爱抚的爱,痛苦的爱,怜悯的爱,仁慈的爱等,其主要内容包括:爱着的人的状态;情欲,内心的依恋和好感;热烈的激情;喜欢和爱慕等。这就是说,爱是一个人对所爱的对象从产生好感发展到渴望的依恋、强烈的激情,最后按自己的意志做出的情感选择。在俄罗斯流传着一种古老的说法:在爱中,"男人追求的是自由,女人所要的是依靠"③。

这种爱的原初意义在古罗斯人的观念中得到了很大的扩展,他们的人文精神贯穿着对思想的爱,对真理的爱,对信仰和荣誉的爱,对谦恭和贫穷的爱,以及对自由和秩序的爱等。总之,爱取得了人际关系和社会达到和谐的意义。在古罗斯接受基督教洗礼以后,爱分裂成为两大类:非尘世的对上帝的爱和俗世的爱。在中世纪这两种爱发生了尖锐的对立。弗拉基米尔·索洛维约夫认为,按照基督教的观念,社会关系的理想因素不是权力,而是爱。"爱的双重性,或者最好说是两面性的神秘主义基础还能够解决爱的摹制的可能性问题。我们上天的爱的对象只有一个,对于所有的人永远是同一个——上帝的'永恒女性';但因为真正的爱的任务

① 赵敦华:《基督教哲学 1500 年》,人民出版社,1994,第 173 页。

② Василенко Л И, Краткий религиозно-философский словарь. М. : Истина и жизнь, 2000, с. 106.

③ Колесов В В, Язык и ментальность. СПб. : Петербургское Востоковедение, 2004, с. 103.

不仅仅在于对这个至高对象的崇拜,而且在于在另一个禀有同样女性形式但却具有尘世本性的低等人身上实现和反映出这个至高的对象。"①这就是说,人间的真正的爱是以对上帝的爱为理想来实现的。"这里低等的人的理想化同时也是至高神的因素的开始实现,爱的激情的真理正在于此。"②这样一来,俗世的情爱与对至高神的爱便有了内在的统一性。"而把单个的女人变为与其闪闪发光的根源——上帝的'永恒女性'——不可分割的光辉的完全实现将是现实的、而不仅是主观的、并且是客观的个人与上帝的重新合一,是人身上活生生和永生的上帝的形象的复原。"③

在索洛维约夫看来,真正的爱既是向上的爱又是向下的爱,两者密不可分。向上的爱是对理想的至高上帝的爱;而向下的爱是对自然的人的爱。在被真正理解和实现的性爱中,"上帝的本质得到了在个人的生活中得以彻底、极端体现的手段,以及最深层同时也是最外在的现实可感的与人联结的方法。"④正因为如此,在俗世的性爱中人才能够感受到伴随着爱的非尘世的幸福和快乐的闪现。

索洛维约夫还认为,在我们的物质环境中保持不了真正的爱,如果不把它理解和接受为在道德方面的舍生忘死。无怪,东正教教会在举行婚礼时,要提到圣受难者,把他们的桂冠与婚礼冠等量

---

① Колесов В В, Язык и ментальность. СПб. : Петербургское Востоковедение, 2004, с. 103.

② Соловьев В С, Смысл любви, Сочинения в 2-х томах: Т. 2. М. : Мысль, 1988, с. 534.

③ Соловьев В С, Смысл любви, Сочинения в 2-х томах: Т. 2. М. : Мысль, 1988, с. 534.

④ Соловьев В С, Смысл любви, Сочинения в 2-х томах: Т. 2. М. : Мысль, 1988, с. 534.

齐观。

从上面概要介绍的俄罗斯的爱的哲学观我们可以得到这样的启示：对于俄罗斯的人文精神传统而言，爱是一个核心的因素，它是宗教的，又是俗世的，所以每个俄罗斯人都牢牢地记得爱上帝和爱身边的人的基督教训诫。他们既有俗世的，也有宗教的爱的体验。对于俄罗斯人尤其重要的是，俗世的爱来自于上帝对人的爱，它是神圣的，也是无私的，为了爱须要付出牺牲，并且，俗世的性爱的感情是精神和灵魂的并存，这是由个人自由选择的情感，尽管呈现为热烈的情欲，却受到信仰的制约和希望的鼓舞。所以，在俄罗斯，爱与信仰和希望是人心灵中成熟的感情的融合统一。

可以说，在《安娜·卡列尼娜》这部作品中女主人公安娜的爱情生活既反映了俄罗斯人爱情观中最珍贵的因素，也体现出爱情中精神因素匮乏所造成的悲剧的必不可免。安娜对渥伦斯基的爱，除去宗教裁判的罪过而外，那是纯洁无瑕的，犹如少女的爱，是真正非理智的爱的情感冲动，这种爱是十分单纯的，压倒一切，不计后果。为了爱和获得爱，安娜准备付出一切，并且光明磊落地面对家人和社交界。这在小说中俄国的上流社会中是绝无仅有的，自然不能被那些暗中无所不为的道貌岸然的人所理解。并且，安娜在对渥伦斯基产生恋情以后，为了不生活在虚伪和欺骗的感情中，她主动离开了卡列宁和她共有的家，同意与卡列宁离婚。但卡列宁在离婚的过程中设置了重重障碍，先是不给安娜她最亲最爱的儿子，后来，在安娜表示不要儿子也坚决离婚的情况下，卡列宁又以离婚不符合东正教教义为借口拒绝办理离婚手续，全然不顾安娜在上流社会无以复加的可怕和痛苦的处境。卡列宁这样做，实际上就是要无限地加重安娜的屈辱和难堪，使她总是感到犹如"把一个判了死刑的人的脖颈上套着绞索扣押好几个月，好像要处死刑,又好像要释放"①。这使安娜无论遇到什么人,心里都像刀割一样疼痛。所以安娜的哥哥奥布浪斯基告诉卡列宁,离婚对于安娜是生死攸关的问题。尽管如此,这种处境并没有动摇安娜对渥伦斯基的感情,未能把安娜从他身边拉开,直至生命结束。

但总体而论,虽然安娜对爱情的追求是一种十分美好的感情,体现了她的纯洁高尚的情操,但精神的内涵是贫乏的。安娜与丈夫卡列宁之间没有精神上的联系,卡列宁毫无激情和诗意,像对待下属或私有财产那样对待安娜,夫妻间根本谈不上共同的精神生活,更谈不上精神上的互相理解和交流。在安娜与渥伦斯基相遇以后,虽然互相都被对方强烈地吸引,的确产生了热烈的爱情,但这爱一开始便缺少精神追求的和谐一致,双方所渴求的仅仅是爱的情感的满足,这种爱没有受到信仰的引领,未能上升到宗教倡导的崇高精神境界。"爱的重要不仅仅是作为我们的一种情感,而是我们的全部生活兴趣从自身向另一种东西的转移,是我们个人生活中心本身的易位,一切爱都固有这种特征,而性爱更是如此。它的突出特点是……具有更充分的和全面的相互性。"②爱情的任务是"为了在事实上证明最初只存在于感觉中的爱的意义;要求两个具体、有限的人的结合,使这种结合能够把他们创造成一个绝对的理想的个性"③。不难理解,爱情还要求精神上的相通和紧密结合。小说中,列文与吉提的爱情就是这方面的典范。他们之间的爱是建立在互相体谅、互相尊重和准备为对方付出牺牲的精神的基础

---

① 列夫·托尔斯泰:《安娜·卡列尼娜》,周扬译,人民文学出版社,1981,第 1057 页。

② Соловьев В С, Смысл любви, Сочинения в 2-х томах: Т. 2. М. : Мысль, 1988, с. 511.

③ Соловьев В С, Смысл любви, Сочинения в 2-х томах: Т. 2. М. : Мысль, 1988, с. 513.

上,因此,他们的爱是牢固的、幸福的,充满了"和谐、纯洁、自我牺牲精神、温柔、真实和家庭和睦"[①]。相比之下,安娜与渥伦斯基的爱情显得不够充实,甚至表达爱情的语言都是那么单调和贫乏,没有什么精彩和诗意。这种爱当然很难维系持久。对此,弗拉基米尔·纳博科夫有很精彩的见地:"小说的真正道德结论是:爱情不能只是肉体的,因为那样它就是自私的,而自私的爱情不能创造,只能破坏。也就是说,它是有罪的。"[②]这最终注定了安娜所渴望的爱情生活的幻灭。

### 其三,无尽的羞耻感

人是否有羞耻感,对一个人的品德至关重要。若是一个人毫无羞耻感,那他也不会有道德感。与羞耻感相接近的还有一种羞怯感。羞怯是人性格的一种固有状态,主要体现在不愿往前钻,不愿出人头地,在没有必要的时候总是希望躲到阴影里。这显然是一种有消极因素的心理和性格特征。而羞耻感却更为积极,使人认识自己的过错,受良心谴责,进而产生责任感,去维护道德准则和自身的尊严。俄国人有一个说法:没有羞耻感的人也没有良心。弗拉基米尔·索洛维约夫认为,"羞耻的自然感觉是建造整个民族道德大厦的所有道德的基础"[③]。他在《善的论证》一书中指出:"羞耻感(最初源于性的羞耻感)是人道德的自然根源。"[④]从另一

---

① Набоков В В, Лекции по русской литературе. М. : Независимая газета, 1996, с. 231.

② Набоков В В, Лекции по русской литературе. М. : Независимая газета, 1996, с. 231.

③ Колесов В В, Язык и ментальность. СПб. : Петербургское Востоковедение, 2004, с. 117.

④ Колесов В В, Язык и ментальность. СПб. : Петербургское Востоковедение, 2004, с. 118.

方面而言,羞耻感又是人高尚的道德尊严的证明,是衡量人的伦理态度的一个标尺。俄罗斯的学者列昂季耶夫(К. Н. Леонтьев)有一种理论,认为俄罗斯圣徒身上更容易看到羞耻感和良心,这也是俄罗斯人文精神传统中的一种现象。作为一个实在论者,他认为人应当用可能的理想来"校正"自己的道德感。也有的学者,如帕梅朗茨(Григорий Померанц),却完全是在俄罗斯的人文精神传统之外来研究羞耻感的,甚至根本否认俄罗斯人羞耻感的存在。他的看法很值得注意——"如果说俄罗斯人中和作品中超出寻常的内疚很惹眼,那么这与什么相联系呢? 有可能与超出一般的犯罪能力有关,也与道德典范的不稳定有关,还与对痛苦的无底深渊的向往有关。这在生活和文学中也能见到……我甚至在想,内疚以某种形式直接与工作中的不正常行为相关联。有时甚至是在同一个人身上"[1]——似乎这是"罪过文化"的道德弥补。

安娜的情形显然与列昂季耶夫的理论相关联。自从她朦朦胧胧地感觉到与渥伦斯基"有点什么"那一刻起,就陷入了极度的不安、惶恐和羞愧,这种感觉始终伴随着她。因为自古罗斯以来,对女人的淫乱行为(包括有夫之妇的婚外恋情),无论是宗教还是法律都惩罚得十分严酷,犯了这种罪的女人特别受社会的歧视,把她们与窃贼和强盗并列在一起。[2] 尽管有家室的男性大贵族往往犯的罪过更严重,家中有许多妻子之外的女人,却不受责备和惩罚。可以看出,在这一方面,对女性的精神压迫十分深重。安娜自然也不会不意识到这一点。莫斯科的舞会以后,在她对杜丽谈起自己

---

① Колесов В В, Язык и ментальность. СПб. : Петербургское Востоковедение, 2004, с. 118.

② Костомаров Н И, Быт и нравы русского народа в XVI и XVII столетиях. Смоленск: Русич, 2002, с. 142.

如何无意识地抢走了吉提的舞伴渥伦斯基时，"她的脸一直红到耳根，到她脖颈上波纹般的乌黑卷发"。这甚至使杜丽感到"惊骇"①。在回彼得堡的路上，为了转移自己的思绪，她开始读一本英国小说。但小说的情节依然让她联想到莫斯科的事，虽然她自己也明白，实际上并没有发生什么事情，"一切都是良好的、愉快的"，"没有什么可羞耻的"。"即使这样，就在她回忆的那一瞬间羞耻的心情却加剧了，甚至感到全身发热，仿佛有什么内心的声音正在她回想起渥伦斯基的时候对她说：'暖和，暖和得很，简直热起来了呢。'"②当安娜突然在途中与渥伦斯基再次相遇时，她既惊喜，又害怕，心中充满了犹疑和矛盾。她请渥伦斯基忘掉他所说的话，并表示自己也要忘掉它。这次相遇使安娜更加不安，"她时时惧怕由于过度的紧张，什么东西会在她胸中爆裂"③。在她开始对渥伦斯基抱有感情上的希望以后，灵魂深处很为这种恋情感到羞耻，在极度的感情矛盾中她对渥伦斯基说："我来告诉您这是一定得了结的。我从来不曾在任何人面前羞愧过，可是您使得我感觉到自己像有什么过错一样。"并且说："我要您到莫斯科去，求吉提饶恕。"④诚然，从小说中我们看得出，安娜的这种表白很勉强、无力，只是她的微弱理性的有限抵抗，并不能抵挡她多年来压抑的爱欲的冲击。但无论怎么说，安娜在内心确实挣扎过。在卡列宁想同

---

① 列夫·托尔斯泰：《安娜·卡列尼娜》，周扬译，人民文学出版社，1981，第 144 页。

② 列夫·托尔斯泰：《安娜·卡列尼娜》，周扬译，人民文学出版社，1981，第 148 页。

③ 列夫·托尔斯泰：《安娜·卡列尼娜》，周扬译，人民文学出版社，1981，第 151 页。

④ 列夫·托尔斯泰：《安娜·卡列尼娜》，周扬译，人民文学出版社，1981，第 204 页。

安娜·卡列尼娜人格魅力探源

她谈谈与渥伦斯基的关系的问题时,安娜预感到谈话的内容,却装作若无其事,她开始"惊异于自己说谎的本领","她感到自己披上了虚伪的难以打穿的铠甲",只是出于对丈夫的厌恶,她才摆出一副全然不在意的神态,说些言不由衷的话。但她的内心深处还是洋溢着"感情和有罪的喜悦"[①]。

当渥伦斯基向安娜明确地表达了自己的欲望时,安娜低下了她那"曾经是自负和快乐的、而现在却深深羞愧的头,她弯下腰,从她坐着的沙发上缩下去,缩到地板上他的脚边,要不是他拉住的话,她一定扑跌在地毯上面了。'天啊! 饶恕我吧!'她抽抽噎噎地说,拉住他的手紧按在她的胸前"[②]。"她感觉得这样罪孽深重,这样咎无可辞,除了俯首求饶以外,再没有别的办法了。""她在自己精神的裸体面前所痛切感到的羞耻之情,也传染给他了。"安娜感到,"这些接吻——这就是用那羞耻买来的东西"[③]。她对渥伦斯基说:"一切都完了。"她的心中充满了恐怖和厌恶,感到"在此刻她不能把她踏进新生活时所感到的羞耻、欢喜和恐怖用言语表达出来"[④]。安娜的羞耻感和罪恶感使她经常做噩梦,这些梦恶魔似的折磨着她。[⑤]

---

[①] 列夫·托尔斯泰:《安娜·卡列尼娜》,周扬译,人民文学出版社,1981,第 217 页。

[②] 列夫·托尔斯泰:《安娜·卡列尼娜》,周扬译,人民文学出版社,1981,第 219 页。

[③] 列夫·托尔斯泰:《安娜·卡列尼娜》,周扬译,人民文学出版社,1981,第 219 页。

[④] 列夫·托尔斯泰:《安娜·卡列尼娜》,周扬译,人民文学出版社,1981,第 220 页。

[⑤] 列夫·托尔斯泰:《安娜·卡列尼娜》,周扬译,人民文学出版社,1981,第 221 页。

在离开卡列宁以后,安娜深深地感到"自己的处境是虚伪而又可耻的,她从心底渴望有所改变"①。她想对渥伦斯基说,她已经向丈夫坦白了自己对他的感情,但却没有说,因为"她感到羞耻","她对于以前从未加以考虑的耻辱感到恐惧"②。好像现在的"一切都在她的心里成了二重的"。总而言之,她感到自己虽然是出于不得已,但抛弃了丈夫和儿子投奔情人是"可耻"的,她将永远"是一个有罪的妻子"③。

正是这种随时会向安娜袭来的羞耻感为她所获得的真正爱情蒙上了一层阴影,使她没有失去道德感并不住地自责,无法忘记自己的责任,始终过着既饱尝爱的幸福又时时受良心谴责的苦乐参半的极端压抑的生活。

### 其四,深重的良心谴责

俄罗斯人特别看重良心的问题。那么,在他们的观念中,何谓良心?

伊利英(И. А. Ильин)给良心下了一个定义:"每个人都要有良心,良心是对完美的积极和整体的意志。"④它是一种品格,"是责任感的首要也是最深层次的来源……是内在自我解脱的基本行为……是公正的富有生命力和强大力量的来源……也是唤起人具

---

① 列夫·托尔斯泰:《安娜·卡列尼娜》,周扬译,人民文学出版社,1981,第 422 页。

② 列夫·托尔斯泰:《安娜·卡列尼娜》,周扬译,人民文学出版社,1981,第 423 页。

③ 列夫·托尔斯泰:《安娜·卡列尼娜》,周扬译,人民文学出版社,1981,第 431 页。

④ 转引自 Колесов В В, Язык и ментальность. СПб. : Петербургское Востоковедение, 2004, с. 112.

体行动的主要力量"①。伊利英认为,在俄罗斯人的直觉中,良心就是"品格、责任、自由、公正、直观、诚实和互相信任的光辉"②,它是规划文化生活的积极因素。在西方和俄罗斯这个概念有着十分悠久的历史。据说,使徒保罗首先将这一术语引用到《圣经》中来。《圣经》中有这样一段记载:保罗在耶路撒冷传道时,在圣殿里被人们抓住,交给了罗马驻军的指挥官。当时群情激愤,大声呼喊着要杀死保罗。保罗在祭司长和议会面前为自己辩解说:"弟兄们,我生平行事为人,在上帝面前良心清白,直到今天。"③保罗在这里所说的良心,实际上是他对自己行为的内在评价,是对自己行为的道德责任感。

除伊利英以外,还有几位俄罗斯哲学家的理论对俄罗斯人的良心观也具有一定的代表性。洛斯基(В. Н. Лосский)的基本看法是,对俄罗斯人而言,良心比名誉更重要。就俄罗斯的精神传统而论,名誉仅仅属于俗世,没有受到基督教的提升。而良心与俄罗斯东正教的观念相关联,它通过人是否按上帝的义行事来得到检验,并以此把所有的人联结在一种共同的精神活动中。这种精神的一致性也是著名的俄罗斯聚议性的重要体现,个人的道德由此受到约制。索洛维约夫认为,在任何情况下,人的个人的良心都要比环境强加的"觉悟"更加珍贵。良心本身就是聚议性意识的产物。④

---

① 转引自 Колесов В В, Язык и ментальность. СПб. : Петербургское Востоковедение, 2004, с. 112.

② 转引自 Колесов В В, Язык и ментальность. СПб. : Петербургское Востоковедение, 2004, с. 112.

③ 《圣经·新约·使徒行传》第23章,第1节。

④ 转引自 Колесов В В, Язык и ментальность. СПб. : Петербургское Востоковедение, 2004, с. 114.

德米特里·利哈乔夫（Дмитрий Лихачев）则认为，名誉是"正派地生活着的人的尊严"，而来自于灵魂深处的良心净化是证明这种尊严的表现。而科列索夫（В. В. Колесов）认为，名誉是调整社会行为的外在标准，而良心是其内在标准。两者都作为人行为的理想标准而呈现。从这个意义上而言，名誉是他人在与你的关系中对你的要求，而良心是你在与他人的关系中对自己的要求。在俄罗斯的历史上，斯拉夫派总是谈论良心和内疚，而西方派总是谈论名誉和诚实。这就是俄罗斯人关于内向性和外向性的概念。名誉与法律相联系，良心没有强加的权力的作用，最终与自由相关联。良心作为个人责任的纯东正教观念，是美德，而不是法律的强制。科列索夫得出结论说，一般来说，西方文学的主人公大多是个人主义者，海明威或雷马克的主人公都很重名誉，而俄罗斯文学的主人公都沉浸在良心的无底深渊之中。"欧洲人的自由的界限是由义务来确定的，而俄罗斯人的意志是由良心来指引的。""良心总是与意志进行斗争，这正是俄罗斯对自由的理解：用良心去限制为所欲为。"①

由于安娜·卡列尼娜是一个道德高尚的人，所以，良心的问题在她的身上体现得十分突出。8 年间她一直过着压抑灵魂深处对爱的渴求的生活，小说在一开始就揭示出了安娜的这一突出特征："在那短促的一瞥中，渥伦斯基已经注意到了有一股被压抑的生气在她的脸上流露……仿佛有一种过剩的生命力洋溢在她的全身心，违反她的意志，时而在她的眼睛的闪光里，时而在她的微笑中显现出来。她故意地竭力隐藏住她眼睛里的光辉，但它却违反她

① Колесов В В, Язык и ментальность. СПб.：Петербургское Востоковедение，2004，с. 113.

的意志在隐约可辨的微笑里闪烁着。"①读者一眼就看得出,这是一个内心世界和情感充满矛盾的人,内在的强有力生命激情与她的守妇道的伦理观无时不在进行着尖锐的斗争。所以,一切热情的流露都是违背她的意志的。她在彼得堡再次瞥见渥伦斯基的时候,"她的眼睛里有什么东西在闪烁,虽然那闪光一下子就消逝了"②。也就是说,她的良心时时刻刻在提醒她,不能有任何越轨的感情流露,并且,按照东正教的教规,只要有越轨的意念就已经是犯罪了。当安娜独自在家中恢复了往日的生活常态以后,她才感到"自己很坚定,无可指责了"③。安娜一发现自己在内心深处对丈夫并不满意时,立刻找理由为他辩护:"他毕竟是一个好人:忠实,善良,而且在他自己的事业方面是卓越的。"但与此同时,"她的眼睛和微笑里闪烁的那股生气已经丝毫没有了","相反地,现在火好似已在她心中熄灭,隐藏在远远的什么地方去了"④。这再好不过地说明了作为妻子的良心对安娜情感的制约达到了什么程度。这种恪守"妇道"的女人的良心曾使千千万万俄罗斯女人终生默默地忍受没有爱情的婚姻,屈从于上天安排的命运。

在《安娜·卡列尼娜》这部小说中,把彼得堡的上流社会的社交界划分成三个不同的交往圈子。其中的一个"由年老色衰、慈善虔敬的妇人和聪明博学、抱负不凡的男子"所组成,被称为"彼得堡

---

① 列夫·托尔斯泰:《安娜·卡列尼娜》,周扬译,人民文学出版社,1981,第90页。

② 列夫·托尔斯泰:《安娜·卡列尼娜》,周扬译,人民文学出版社,1981,第155页。

③ 列夫·托尔斯泰:《安娜·卡列尼娜》,周扬译,人民文学出版社,1981,第160页。

④ 列夫·托尔斯泰:《安娜·卡列尼娜》,周扬译,人民文学出版社,1981,第165页。

社会的良心"。安娜从莫斯科回到彼得堡以后,对这一群人产生了很大的反感,觉得他们令人厌倦和难以忍受。事实上,确实如安娜所感觉的那样,这个所谓的"彼得堡社会的良心"是根本没有良心的,这些人虚伪至极,无所不为,却自命高尚纯洁,是一群地地道道的伪君子。安娜在对他们感到厌恶的同时,也不能容忍自己的行为,因为这也违背了她自己的良心。只有真正道德高尚而又心灵纯洁的人才会产生安娜的不断的自责。

诚然,在安娜被渥伦斯基的爱情的烈火"点燃"以后,她确实是抛弃了丈夫和儿子,一味追求与渥伦斯基恋情的欢乐和幸福。不过,就在她陶醉于爱情的同时,却不时受到良心的谴责。她总感到自己对不起吉提。在她发现自己无法摆脱对渥伦斯基的热恋时,良心谴责的痛苦常常占据着她的心,使她不得安宁。她感到自己对不起儿子谢辽沙,在他面前有深深的负罪感,目光中透出有罪的恳求的神情。所以,在她偷偷回家去探望儿子时,听说卡列宁要到儿子的房间里来,便匆匆忙忙地离开了,甚至没有把她精心挑选的玩具交给儿子,原封不动地带了回来。与儿子会面这个情节是十分著名的,但人们所看到的更多的是安娜的母爱,却很少注意这种母爱背后深藏着的妻子和母亲的良心。

在安娜面临产后即将来临的死亡的时候,她的全部思绪都在忏悔。她热切地盼望着卡列宁的到来,祈望他能饶恕自己。当她看见丈夫走进来时,"突然她畏缩了,静默了,她恐怖地把手举到脸上,就像在等待什么打击,在防卫自己似的"①。然后她对丈夫说:"不要认为我很奇怪吧。我还是跟原先一样……但是在我里面有另一个女人,我害怕她。那个女人不是我。现在的我是真正的我,

---

① 列夫·托尔斯泰:《安娜·卡列尼娜》,周扬译,人民文学出版社,1981,第605页。

是整个的我。我现在快要死了……我只希望一件事:饶恕我,完全饶恕我! 我坏透了。"[①]

在安娜"临终"前的忏悔中我们清楚地看到了她的良心谴责之深重和人格的分裂,并且,其中起重要作用的是东正教关于女人修身的道德伦理观念。

安娜在灵魂深处不断受到良心谴责这个现实,证明了她道德的高尚,把她与上流社会那些假仁假义的伪道德卫道士区分开来,也使她成为俄罗斯民族性格一个珍贵特征的体现者。

**其五,不可辱的人格和尊严**

尽管安娜有婚外恋情的过失,但她绝不是失去人格和没有自尊的风流浅薄女人。相反,她在任何情况下都守护着自己的人格和尊严,保持着自己的人格自尊。

人格和尊严是俄罗斯人文精神传统自多神教时代起就已出现并颇受重视的概念。不仅是在上流社会,贵族十分珍视自己的人格和尊严,社会上普通阶层的人也认为,在任何情况下人都应该维护自己的尊严。但远非每个人的人格都能受到尊敬,也并非每个人的尊严都能受到人们的承认。只有品格、道德、情操真正获得所属阶层的认可的人才能获得这种可能。俄罗斯关于人格的概念正式形成于 17 世纪,是用"尊严"这个词来表示的。尊严不仅是社会对个人的评价,而且还是世界观的概念。"承认人的尊严,就是承认人个性本身的绝对价值。"[②]

安娜在遭到上流社会的谴责和排斥以后,虽然她的精神十分

---

① 列夫·托尔斯泰:《安娜·卡列尼娜》,周扬译,人民文学出版社,1981,第 606 页。

② Колесов В В, Язык и ментальность. СПб.: Петербургское Востоковедение, 2004, с. 122.

痛苦,并没有失去自己的人格和尊严。在承认自己的过错的同时,她不能容忍他人不尊重自己,在卡列宁和渥伦斯基面前,她都没有跪下来求情。无论受到社交界什么样的非礼对待,安娜都依然故我,不去理睬他人的冷淡和轻蔑,虽然她的内心深处十分痛苦。

安娜想回家探望儿子的请求遭到拒绝以后,她决定自己前去,不用得到卡列宁和他的"女管家"的允准。她自言自语地说:"这种冷酷——这种虚伪的感情!他们不过是要侮辱我,折磨我的小孩,而我一定得顺从吗?决不!她(指莉姬娅)比我还要坏呢。我至少不说谎话。"①

安娜在见到儿子以后,心情特别激动而且失落,她决定到剧院去欣赏柏蒂的歌剧。渥伦斯基不理解她为什么要这样做,用怀有疑问的眼光望着她,而"她却以那挑战的、又似快乐、又似绝望的、使他莫名其妙的眼光来回答"②。安娜知道会遇到上流社会人士的冷遇,甚至更糟,但她不想屈服于此,她觉得自己与其他人一样,有权利出席这样的场合。她精心地把自己装扮得十分靓丽,华贵而高雅。在剧院里,安娜抬起她那美丽高傲的头,安然地坐在包厢里,直到发生了令她不能再坐下去的异常情况:坐在相邻包厢里的卡尔塔索夫夫妇因安娜来听歌剧而边辱骂安娜边愤怒地离开了剧院。此时,虽然遭受了极大的屈辱,安娜还是做出了十分镇静、泰然自若的样子,尽管她气得美丽的脸庞都战栗了,但她并没有低下高贵的头。

上流社会抛弃了安娜,只有极少的人与她依旧保持着交往,其

① 列夫·托尔斯泰:《安娜·卡列尼娜》,周扬译,人民文学出版社,1981,第 776 页。

② 列夫·托尔斯泰:《安娜·卡列尼娜》,周扬译,人民文学出版社,1981,第 791 页。

安娜·卡列尼娜人格魅力探源

中包括她的嫂子杜丽。杜丽到乡下来看望异常孤独的安娜。出乎杜丽的意料，安娜表现出了一个有尊严、称职的家庭主妇的一切品格，她说："我很高兴你照我本来的面目看待我。主要的是，我不愿意你认为我想表白什么。我什么都不想表白，我不过要生活，除了我自己谁也不伤害。我有权利这样做。"①安娜特别害怕被人怜悯，"不愿意人家像发慈悲似的去看望她"②，如她哥哥所说，她把自己的生活安排得非常好，沉静而高雅。

在渥伦斯基对她的感情冷淡下来以后，她依然保持着自尊，不让他看到自己的眼泪，掩藏起自己的不痛快，"决不让渥伦斯基发现她很伤心，更不让他看出她的自怜自爱。她可以怜悯自己，但是可不要他来可怜。她不愿意吵架，而且还责备过他想吵嘴，但是她不知不觉地就采取了一种斗争的姿态"③。直到生命的最后时刻，安娜都为渥伦斯基对她爱情的减退而感到心中剧痛，她没有办法不受伤害。但即使如此，她还是不愿贬低自己，独自忍受着"寒彻骨髓的恐怖"④。

在安娜决定自杀的原因中，有一个很重要，那就是她无法无休止地忍受不受他人尊重的生活，她为自己尊严受到伤害而深深地痛苦。她感到周围的人都把她当作坏女人。在安娜死前不久会见吉提以后，她的"心情比出门的时候更恶劣。在她以前的痛苦之外

---

① 列夫·托尔斯泰:《安娜·卡列尼娜》，周扬译，人民文学出版社，1981，第899页。

② 列夫·托尔斯泰:《安娜·卡列尼娜》，周扬译，人民文学出版社，1981，第1014页。

③ 列夫·托尔斯泰:《安娜·卡列尼娜》，周扬译，人民文学出版社，1981，第1029页。

④ 列夫·托尔斯泰:《安娜·卡列尼娜》，周扬译，人民文学出版社，1981，第1101页。

现在又添上了一种受到侮辱和遭到唾弃的感觉,那是她和吉提会面的时候清楚地感觉到的"①。

在与渥伦斯基的关系中,安娜的人格和尊严也受到了伤害,因为她愈来愈清楚地意识到,在渥伦斯基追求她的热切的情感中有相当大的成分是为了满足虚荣心。"是的,他心上有一种虚荣心得到满足的胜利之感。当然其中也有爱情;但是大部分是胜利的自豪感。"②作者在对安娜的这段内心独白做了此番描述以后,坦言道:"这并不是凭空揣测,而是她借着现在突然把人生的意义和人与人的关系显示给她的那种照澈一切的亮光清清楚楚地看出来的"③。"如果他不爱我,却由于责任感而对我曲意温存,但是却没有我所渴望的情感,这比怨恨还要坏千百倍呢!这简直是地狱!"④对于安娜,爱情"离开了对女性人格的尊重便无从谈起"⑤。

从上面列举的小说文本中的具体描写我们可以看出,安娜在一个女人最难以维护自己人格尊严的情况下,无论是在心灵中还是行为中,都有意无意地在尽最大努力捍卫自己的尊严,这使安娜没有落入一般遭到厄运而仅仅令人怜悯的女人的境地,她的人格尊严使这一形象的内在精神令人尊敬,没有这一点,安娜的形象在

---

① 列夫·托尔斯泰:《安娜·卡列尼娜》,周扬译,人民文学出版社,1981,第1110页。

② 列夫·托尔斯泰:《安娜·卡列尼娜》,周扬译,人民文学出版社,1981,第1114页。

③ 列夫·托尔斯泰:《安娜·卡列尼娜》,周扬译,人民文学出版社,1981,第1114页。

④ 列夫·托尔斯泰:《安娜·卡列尼娜》,周扬译,人民文学出版社,1981,第1115页。

⑤ 徐岱:《边缘叙事:20世纪中国女性小说个案批评》,学林出版社,2002,第4页。

世界文学中不会赢得如此高度的赞扬。

　　综上所述,从安娜·卡列尼娜这个女性形象我们能够看到俄罗斯人文精神和民族性格的许多珍贵特征,进而发现俄罗斯女性气质的许多卓绝优异之处。安娜是一位外在容貌美和内在心灵美的和谐统一体。她优雅而高贵,纯洁、善良、自然、真挚、感情丰富而炽烈;她闪耀着自然和宗教赐予她的女性美的光辉,从容貌到心灵都是尊贵的,脱俗的,充满了女性的自尊;她对谎言、虚伪、欺骗和罪恶深恶痛绝。这个形象向我们展示了俄罗斯优秀女性气质中最本质的东西——对爱和被爱的始终一贯的严肃追求,这种追求发自灵魂深处,真诚、坦白而毫无矫饰;她对丈夫卡列宁的不爱和对渥伦斯基的挚爱都具有女性原型的意义;她在有了真爱之后所表现出来的心理矛盾、羞耻感和负罪感及守护自己的人格和尊严的意志,都是俄罗斯纯真善良女性精神面貌的自然表露,也是自我情结中主要是来自于俄罗斯东正教的道德自律的突出显现。安娜蔑视上流社会妇女的人格面具,公开向威严而又强大的上流社会社交界的腐朽和虚伪发出挑战,这种为真挚的爱情而产生的无畏无悔的勇敢坚贞精神为许多俄罗斯女性所特有,它已成为俄罗斯女性具有代表性的突出民族性格特征。

　　诚然,表面上看,安娜只是家庭所期待的女性角色,并不具有什么社会性,也就是说,她的女性人格魅力和女性的作用只局限在家庭之中,局限在完成夏娃的后代的人类使命范围内。这与俄罗斯文学同期的一些其他投身社会事业的女性形象相比而言,显得有些局限,也不够伟岸。但如果我们进一步思考一下,就会得出不同的结论。安娜是女性形象的另一种类型,她所具有的俄罗斯人文精神的许多精华使其具有超越时空的恒久女性魅力,即"永恒女性"的魅力,其容量、影响力和价值远在一般女性形象之上。她短暂的一生和动人的爱情故事之中蕴含着太多太多的俄罗斯式的美好,虽说不上惊天动地,但别有一番感人至深的品格和情怀。

这同西方文学的许多女性形象形成了鲜明的对照。如我们所知,19世纪西方文学中也有一位致力追求爱情而最终不免一死的女性形象,这就是福楼拜(Gustave Flaubert)的小说《包法利夫人》中的女主人公爱玛·包法利夫人。

包法利夫人与安娜同是爱情悲剧的主人公,她们都是那样的单纯和善良,她们所追求的理想化的美好爱情最终都遭到幻灭的结局,她们都被冷酷的社会所遗弃。但从她们的死因来看,却有很大的差异。两个女性的特点有天壤之别。安娜走向悲剧结局的原因主要是精神上的痛苦和绝望,是本文在前面所谈到的多种因素造成的;而包法利夫人之死则有更多的物欲的因素。

包法利夫人一生追求爱情,但却不知道爱情是什么。她所向往的东西与其说是爱情,毋宁说是金钱、富贵、生活享乐、名望和社会地位等。她对爱情的虚无缥缈的浪漫幻想,衬托出灵魂深处的空虚。她不顾一切地寻求精神寄托,却又极力掩饰自己的真实感情。她用强装出来的冷漠和贤妻良母的姿态来包藏动荡不安的心态和无穷的欲望。并且,她怨天尤人,自寻烦恼,对奢侈的欲望的无谓追寻使她"精疲力竭,气急败坏,如痴似呆"①,只要随便一个什么人对她动了邪念,甜言蜜语地施以引诱,她立即就会自投罗网,把轻浮的调情视为爱情,如罗多夫与她的"恋情"即是如此。包法利夫人对奢华生活的渴求使她的心灵越来越贫贱,她总是不自觉地沉湎于"受了伤的燕子陷入泥坑一般的梦想"②。无休止的虚荣心和欲望使包法利夫人失去了理性和自尊,失去了真正的信仰。她甚至在向上帝祈祷时说一些言不由衷的"美妙言词",那"正是

① 福楼拜:《包法利夫人》,许渊冲译,译林出版社,1992,第97页。
② 福楼拜:《包法利夫人》,许渊冲译,译林出版社,1992,第164页。

她从前向她的情夫推心置腹时说过的甜言蜜语。她以为这样能得到信仰;但信仰的幸福并没有从天而降,她又站了起来,四肢无力,模模糊糊地感到像是上了大当似的"①。最终,包法利夫人因不堪债务重负自杀而死。

同一个爱情主题下的两个女性形象何以有如此大的差异呢?这里不能不归结于两种文化心理和女性哲学观的不同。当然,如果只从上面两个女性的差别来分析整个西方和俄国文学所处文化语境的相异之处,那就不免一叶障目。不过,就欧洲文学和俄罗斯文学女性形象的总体突出特点而论,是可以看出一些差别的。我们所有喜欢俄罗斯文学的人,都觉得其中的女性形象更加可爱,有许多令人崇拜的品格。这是因为俄罗斯有它女性崇拜的文化和哲学传统,女性美是这个民族的骄傲。常常可以听见俄罗斯男人说:俄罗斯女人是世界上最美的女人。而这里所说的美,绝不只是外在的美,还包含心灵和道德的评价。由于俄罗斯文学有强大的现实主义传统和浪漫主义情怀,作家十分注重女性真实人格的发掘,并且不专注于形象的外在美,他们笔下的形象具有很大的真实性,但也不乏理想化的色彩。事实上,历史和现实生活中的俄罗斯女性确实有许多令人尊崇之处,如前面我们所谈及的安娜的许多特点及她们的坚忍、吃苦耐劳、自我牺牲精神、对信仰的虔诚及宽厚和爱心等。作家只要如实道来,女性形象就会令人赞叹,何况俄罗斯的许多作家又在忠实于生活的基础上十分善于对自己的女主人公施以理想化的完善呢! 可以说,俄罗斯的东斯拉夫的女性观比较单纯而且醇正,没有西方文化中那么根深蒂固的潘多拉式的女性情结。当然,西方文学也有自己一系列优秀的女性形象,但相比之下,俄罗斯文学的女性美在总体上更为鲜明突出,更富有圣洁的

---

① 福楼拜:《包法利夫人》,许渊冲译,译林出版社,1992,第190页。

光辉。

　　自从潘多拉的形象牢牢地进入西方人的意识中以后，它已经成为女性是"祸水"的象征，人们把世界上所有的不幸都归咎于女性。潘多拉又被众神赋予美貌，这美丽诱人的外表便掩盖了她的懒惰、狠毒和愚蠢，使她更具诱惑力。至于她那个盒子给人们带来的巨大不幸就更不必多说了。总之，这个险恶的女人给男人带来的只有种种不幸。潘多拉神话影响的结果，使女性成为低于男性的次一等性别，社会条件的限制更使女性成为男性欲望的对象，从而失去独立自主的人格，在西方颇为看重人格自尊的人文文化中，女性的尊严却所剩无几。上述情况部分地造成了西方文学中一般女性形象多有缺失性特征的特点。作家们所关注的不是对作为女性母题的东西的发掘，与俄罗斯文学相比，相对而言，女性形象的世俗内容的揭示更为普遍，崇高的、永恒的、诗意的内涵萎缩了，这当然与西方社会的商品经济的价值观不无关系。总体而论，俄罗斯的古代文学、古典文学、社会主义现实主义文学、回归文学等所探索的女性主题要宏大、深邃、圣洁得多，女性的可贵永恒特征得到了更充分的富有哲理性和诗意的展示。

## 参考文献

［1］Гродецкая А Г. Ответы предания：жития святых в духовном поиске Льва Толстого［M］. СПб.：Наука，2000.

［2］Набоков В В. Лекции по русской литератдре［M］. М.：Изд-во Независимая газета，1998.

［3］Маслин М А. Русская философия［M］. М.：Республика，1995.

［4］Соловьев В С. Сочинения в 2-х томах：Т. 2［M］. М.：Мысль，1988.

［5］Василенко Л И. Краткий религиозно-философский словарь

安娜·卡列尼娜人格魅力探源

［M］． М．：Истина и жизнь，2000.

［6］Колесов В В. Язык и ментальность［М］． СПб.：Петербургское Востоковедение，2004.

［7］Набоков В В. Лекции по русской литературе［М］． М.：Независимая газета，1996.

［8］Костомаров Н И. Быт и нравы русского народа в XVI и XVII столетиях［М］． Смоленск：Русич，2002.

［9］托尔斯泰. 安娜·卡列尼娜［M］. 周扬,译. 北京:人民文学出版社,1981.

［10］汪子嵩,范明生,陈村富,等. 希腊哲学史:第1卷［M］. 北京:人民出版社,1997.

［11］赵敦华. 基督教哲学1500年［M］. 北京:人民出版社,1994.

［12］徐岱. 边缘叙事:20世纪中国女性小说个案批评［M］. 上海:学林出版社,2002.

［13］福楼拜. 包法利夫人［M］. 许渊冲,译. 南京:译林出版社,1992.

对未来的回忆——俄罗斯文学与文化论集

# 托尔斯泰的女性观

比利时的著名斯拉夫学学者卡罗丽娜·德·玛戈特－索埃波（Каролина де Магд-Соэп）写了一本书——《俄罗斯的妇女解放运动：文学与生活》，其中谈到了托尔斯泰的妇女观。作者认为，在托尔斯泰看来，母性的至高使命不仅是人类的常规，而且是上帝的法规，母性是女人在一生中应该完成的唯一的社会和道德义务，女人的力量源自她准备服从爱情和家庭。作者在得出这一结论时，主要是参阅了托尔斯泰在 1911 年发表的文章：《关于女人的真话》。文中还谈到了作家对女性解放的否定态度。[①] 这也是通常人们对托尔斯泰的女性哲学观的主要看法。这位伟大的作家确实是突出地强调了女人的母性即生儿育女的作用，但要以此来概括托尔斯泰的女性哲学观是远远不够的。我们不妨看一看他在为契诃夫的短篇小说《宝贝儿》写的跋（1905）中，对女性在家庭乃至社会上的作用做了怎样的论述。他首先援引了阿特（Ат）（俄国军事工程师，曾为《新时报》撰稿——译者注）先生在《新时报》上发表的论妇女的文章中的一段话："妇女们力图向我们证明，我们男人能做的一切，她们同样能做。"然后阿特先生说："对此我不仅不争论，而且欣然同意，妇女能做男人所做的一切，甚至也许能做得更好，糟

① Де Магд-Соэп К, Эмансипация женщин в России：литература и жизнь. Екатеринбург：Издательство Уральского университета, 1999, с. 81－82.

糟的是,妇女能做的事,男人却不能做得稍微像样一些。"①托尔斯泰接下来说:"是的,无疑是这样,这里涉及的不仅仅是生男育女、哺养孩子及其早期教育,而是男人不能做那种最崇高、最美好、最使人亲近上帝的事,即爱情,为所爱的人献出自己的一切,这件事优秀的妇女们过去、现在和将来都做得那么出色,那么自然。如果她们不具有这一特性,如果妇女们不表现出这一特性,世界会怎么样,我们男人又会怎么样呢? 如果没有女医生、女电报员、女律师、女学者和女作家,我们是无所谓的;但如果没有母亲,没有内助、女友,没有那些爱男人身上一切美好品质,而且以不知不觉的暗示去唤醒并鼓励他身上这一切美好品质的女性安慰者——没有上述的这种妇女,活在世上会是很糟糕的。要是耶稣没有马利亚和抹大拉的马利亚,方济各没有克拉拉,十二月党人服苦役时没有他们的妻子,反正教仪式派教徒没有他们的妻子支持他们为真理而受苦受难,那些比任何人更需要爱的抚慰的酒鬼、懦夫或好色之徒没有那千千万万默默无闻的、最最优秀的使他们得到安慰的女性,那又将会是怎样? 无论是对库金还是对耶稣的爱,妇女主要的、伟大的、无可代替的力量就在于这种爱。"②

不用多说,这段写于晚年的话明显地表现出托尔斯泰的妇女观的精华和核心思想:女性在家庭和社会上的作用是伟大的和不可取代的,她们与男性的作用相辅相成,缺一不可。男性在社会上发挥的作用、社会道德的维护、男性心理的健全发展及事业的成就都缺少不了女性的支持,她们甚至起着决定性的作用。这是因为

---

① Де Магд-Соэп К, Эмансипация женщин в России: литература и жизнь. Екатеринбург: Издательство Уральского университета, 1999, с. 401.

② 列夫·托尔斯泰:《列夫·托尔斯泰文集:第 14 卷 文论》,人民文学出版社,2000,第 401—402 页。

女性有一种远远胜过男性的精神力量,这就是爱。因为有这种爱,人才能够做接近上帝的事情。托尔斯泰甚至认为,连基督耶稣都不能没有女人的支持。

对于没有摆脱传统观念的贵族思想家,托尔斯泰对女性在社会上的地位和作用的看法显然是很保守的,深受宗教和宗法制女性观的影响,最突出的体现是他不承认女性在社会上的独立地位,也不认为女性脱离开家庭能在社会上发挥同男性一样的作用。在他的一些小说中都表现了这样的思想。他在于1859年发表的小说《家庭幸福》中写的主要就是他对女人如何发挥自己作用的问题的观点。小说的女主人公玛莎同安娜一样,热切地渴望着纯洁、浪漫的爱情。在她获得了理想中的爱情以后,却开始为过于平静、无所事事和单调乏味的生活而感到痛苦,她开始渴望生活中的新东西:"虽然有他和我在一起,却开始感到孤独,开始感到生活只是老一套,无论在我身上或是在他身上都没有新的东西,恰恰相反,我们好像又回到老路上。"[①]玛莎感到,她的爱情停滞了,光爱丈夫是不够的,她说:"我需要的是活动,而不是平静的生活。"[②]"我想往前走,想每天每时都有新的东西,而他(丈夫)却想停止不前,并且拉着我不许前进。"[③]在最关键的时刻玛莎对丈夫说:"我不要装作在生活","我要像你一样地生活。"[④]这就是说,玛莎想冲出狭窄的

① 列夫·托尔斯泰:《列夫·托尔斯泰文集:第 3 卷 中短篇小说:1857—1863》,芳信译,人民文学出版社,2000,第 133 页。

② 列夫·托尔斯泰:《列夫·托尔斯泰文集:第 3 卷 中短篇小说:1857—1863》,芳信译,人民文学出版社,2000,第 133 页。

③ 列夫·托尔斯泰:《列夫·托尔斯泰文集:第 3 卷 中短篇小说:1857—1863》,芳信译,人民文学出版社,2000,第 135 页。

④ 列夫·托尔斯泰:《列夫·托尔斯泰文集:第 3 卷 中短篇小说:1857—1863》,芳信译,人民文学出版社,2000,第 133 页。

家庭生活的束缚,已经提出了男女平等的思想。但托尔斯泰是怎样安排她"走出家庭"后的生活的呢?他让女主人公到彼得堡的上流社会的社交界去混日子,消磨时光和精力,使她陷入了更加无聊乏味的没有意义的空虚生活,致使她终于醒悟,又回到家庭中承担起自己的原有角色。可见,托尔斯泰认为,女人脱离开家庭的妻子和母亲的责任和义务,不会有任何其他的出路和作为,所以,实际上,男女在社会上的平等也是不可能的。作家想要告诉读者的是,浪漫的爱情只会毁掉女性和家庭生活,女性的唯一出路是在家庭中尽自己的本分。

但必须看到,由于在托尔斯泰看来,女性禀有男性所难以做到的为爱献出一切的牺牲精神,所以,实际上他是把俄罗斯社会精神上升的希望寄托在女性的身上。这也可以说是他在作品中创作出有深刻内涵的不同凡响的女性形象的根本原因。单从这一点而论,托尔斯泰对女性的精神美的崇拜我们已经不用怀疑了。当然我们也不能忽略,托尔斯泰更多的是希望女性在家庭中发挥自己的必不可少的作用,而不是走向社会。因为他认为,"须知按自己的天职,妇女的事业有别于男人的事业"①。他在 1870 年 3 月 19 日给斯特拉霍夫的信中说:"妇女的使命毕竟主要是生孩子,抚养孩子。米什莱(法国历史学家、社会活动家——译者注)说得好:'只存在女人,而男人是女人的配偶。'请看看这个执行自己的直接义务的女人吧。谁和女人生活过,谁爱过女人,谁就清楚这个有10—15 年生育期的女人有一个时期是肩负着沉重负担的。她要怀胎,喂奶;孩子大了又要教他,给他穿衣、吃饭、看病、受教育,还有丈夫,与此同时还要有情欲冲动,因为她必须生育。在这一时期,

---

① 列夫·托尔斯泰:《列夫·托尔斯泰文集:第 3 卷 中短篇小说:1857—1863》,芳信译,人民文学出版社,2000,第 402 页。

女人仿佛生活在紧张的迷雾之中，她必须表现出难以想象的强大精力，除非我们没有见到过这样的女人。这就如同我们北方农夫夏季 3 个月收割庄稼一样。"① 这位伟大的思想家对妇女运动提出的要求抱有很大的反感，说这种"时髦的妇女运动"会"使妇女们步入迷途"，这种活动"可笑而糟糕"。② 然而托尔斯泰在他自己的作品中又情不自禁地否定了这种看法。远的不说，他在《复活》中所描绘的一些被流放做苦役的无辜的女人，玛丽亚·谢季宁娜也好，埃米利娅·兰采娃也好，她们都十分优秀、可爱，而她们的人格魅力正是在女人的"天职"以外来展示的，并且，卡秋莎·马斯洛娃走向精神复活也并非在女人尽"天职"的家庭环境中所能实现的。不过，我们也不必在这个问题上过多纠缠，因为对女人应在何种领域如何发挥作用的看法至今依然众说纷纭。作为一位伟大的思想家，托尔斯泰是从哲学人类学的高度，突出地强调了妇女与男性在人类社会发展中的根本使命的差异，以及这种差异导致的对男女两性理想的不同。

那么，女性为了完成自己的使命，要具备哪些条件呢？作为贵族的托尔斯泰，对女性在道德伦理和个人修养方面提出了极高的要求。他希望女人首先要有爱，要有爱情，"还要爱整个世界，爱人们，爱自然、音乐、诗歌，以及一切美好的东西，要发展自己的智力，以便学会理解世界上一切值得爱的东西。爱是活在世上的主要使命和幸福"③。"但确实还有一个女子必须发展自己的伟大理

① 列夫·托尔斯泰：《列夫·托尔斯泰文集：第 16 卷 书信》，周圣、单继达等译，人民文学出版社，2000，第 121—122 页。

② 列夫·托尔斯泰：《列夫·托尔斯泰文集：第 16 卷 书信》，周圣、单继达等译，人民文学出版社，2000，第 402—403 页。

③ 列夫·托尔斯泰：《列夫·托尔斯泰文集：第 16 卷 书信》，周圣、单继达等译，人民文学出版社，2000，第 44 页。

由。女子的使命,除了做妻子以外,主要是做母亲,而要做母亲,不是简单生儿育女……就必须发展自己。"①托尔斯泰认为,女人要胜任自己在社会和家庭中的职责,还需要一些必不可少的美德,如诚实,"过分的聪明令人反感,而诚实越多越完满则越可爱",还要有一个信念,即"唯一可能的,唯一真实的,永恒的最高幸福来自三件东西:劳动、忘我和爱"②。这就是说,女人要会劳动,会爱,为爱而忘我地劳动,爱自己所从事的劳动。

此外,在对女性的审美要求方面,托尔斯泰也持有完全是贵族的高雅标准。他讨厌女人具有"外省习气",或者"乡气十足"。他认为,女人还必须注意自己的外在美。在这方面,基督教更偏重于道德,"在它那里,美是完完全全被忽略了。但照一种完整的哲学来看,美远不是一种表面的优点,一种危险,一种不便,而是上帝的赐予,就如同德行一样。它与德行有同等的价值。美丽的女人表现出神的目的之一面,是上帝的意向之一,正如同天才的男人或有德行的女人一样"③。正因为如此,"女人装饰自己,就是履行一种义务,她是在完成艺术的、一种精致的艺术的事业,在某种意义上可说是一种最优美动人的艺术"④。

而女性应该怎样装饰自己,使自己不辜负上帝的恩赐呢? 托尔斯泰在给邻居家的小姐、曾经的女友阿尔谢尼耶娃的信中做了

① 列夫·托尔斯泰:《列夫·托尔斯泰文集:第 16 卷 书信》,周圣、单继达等译,人民文学出版社,2000,第 44 页。

② 列夫·托尔斯泰:《列夫·托尔斯泰文集:第 16 卷 书信》,周圣、单继达等译,人民文学出版社,2000,第 42 页。

③ 列夫·托尔斯泰:《列夫·托尔斯泰文集:第 14 卷 文论》,陈燊、丰陈宝等译,人民文学出版社,2000,第 80 页。

④ 列夫·托尔斯泰:《列夫·托尔斯泰文集:第 14 卷 文论》,陈燊、丰陈宝等译,人民文学出版社,2000,第 81 页。

十分具体的阐述："例如,像淡蓝色带白花的帽子这类常见服饰是很美,但它适合于乘英国式马车、住带镜子摆山茶花的楼房的夫人,而对一个住在陈设简陋的四层楼上、乘俄国式四轮马车的人,这种帽子就显得可笑,假如住在乡村、乘乡间大马车,那就更不用说了。……有另一种优雅,即简单朴素,摈弃一切奇特与鲜艳的东西,但在细节小事上十分考究,例如皮鞋、衣领、手套、指甲清洁、头发整齐等,我全力赞成这种优雅,如果不过多为之操心妨碍大事的话。……颜色鲜艳之类的优雅对于面目丑陋的小姐虽然很可笑,但还可以原谅,而您的面貌如此美丽,再持如此错误的观念就不能原谅了。我如果处在您的位置,我就是这么一条化妆原则:朴素,但在一切细枝末节上一丝不苟。"[①]托尔斯泰的女性理想和审美观由此可见一斑。他所塑造的美好女性形象——安娜的身上正体现了他的全面的经典的女性审美理想。

在小说中,安娜不仅是一个貌美出众和秉持了诸多俄罗斯精神优异特质的女性,她还拥有丰富多彩的性格和多方面的人格魅力。她的穿着打扮不必多说,完全符合托尔斯泰的标准——高贵而单纯,而且,她自身的美总是过于令人瞩目,甚至使衣饰退到了次要的地位。在日常生活中,安娜受到上流社会的冷落以后,偶尔有一些客人来拜访她和渥伦斯基时,她表现出一个卓越的家庭主妇的谈话组织者的才能。她自己非常善于与人交谈,"话说得十分自然又聪明,而且又说得很随便,她并不认为自己的见解有什么了不起,却非常尊重对方的见解"[②]。在宴席上,安娜表现出组织

---

① 列夫·托尔斯泰:《列夫·托尔斯泰文集:第16卷 书信》,周圣、单继达等译,人民文学出版社,2000,第45—46页。

② 列夫·托尔斯泰:《安娜·卡列尼娜》,周扬译,人民文学出版社,第1018页。

托尔斯泰的女性观

各种不同的人谈话、交谈的出奇本领,她"运用她一向的随机应变的机智,从容自如地、甚至还乐趣融融地,照顾着这场困难的谈话"①。

安娜不满意自己单调乏味的生活,于是,她就在读书中去追随他人过更有意义的生活。"她要自己来生活的欲望是太强烈了。她读到小说中的女主人公看护病人的时候,她就渴望自己迈着轻轻的步子在病房里走动;她读到国会议员演说时,她就渴望自己也做那样的演说;她读到玛丽小姐骑着马带着猎犬去打猎,逗恼她的嫂嫂,以她的勇敢使众人惊异的时候,她愿意自己也那样做。"②在托尔斯泰的笔下,安娜绝不是安于富足平庸生活的女人,她富有浪漫的生活理想和追求,渴望有意义的、有情趣的生活,天真地幻想着不可能发生在她生活中的事情。尽管她的生活内容千篇一律,她的精神世界却是丰富多彩的。安娜还"浏览了许多书籍,都是一些流行的小说和理论性的书籍。凡是他们收到的外国报章杂志上推荐过的书籍她都订购了,而且……聚精会神地来阅读。她也研究同渥伦斯基所从事的事业有关的书籍和专门性的书籍,因此他时常向她请教关于农业、建筑,有时甚至是关于养马或者运动的问题"③。安娜的知识和记忆力令渥伦斯基大为惊异,他甚至不敢相信她有这样的才能。安娜对渥伦斯基开办的医院的建筑也很感兴趣,有些部分甚至是她动手设计的。他们的朋友土希凯维奇说:

---

① 列夫·托尔斯泰:《安娜·卡列尼娜》,周扬译,人民文学出版社,第919页。

② 列夫·托尔斯泰:《安娜·卡列尼娜》,周扬译,人民文学出版社,第147页。

③ 列夫·托尔斯泰:《安娜·卡列尼娜》,周扬译,人民文学出版社,第922页。

"安娜·阿尔卡季耶夫娜在建筑方面的知识渊博得惊人哩。"①不仅如此，安娜还有教书的才能，并且善于写作。她写过一部儿童作品，虽然她并没有想到要出版，但却写得十分成功。安娜的哥哥斯捷潘把手稿拿给内行的人看，所得到的评价是充分肯定的。②

安娜对文学、绘画艺术都有自己的见解。列文说："法国人比任何人都墨守成规，因而认为返回到现实主义是特别有价值的事。他们认为不撒谎就是诗哩。"安娜对这个问题却有自己独到的想法："您所说的话完全描绘出现代法国艺术、绘画、甚至文学——左拉、都德——的特色。但是也许总是这样的，他们先根据想象的假定的人物来构思，等到把一切都布局好了的时候，又厌弃了这些虚构的人物，开始想出一些更自然、更真实的人物了。"③其实，像安娜这样的女人，也可以不必有这么高的文学、艺术修养，托尔斯泰不过是因为安娜在许多方面都是他的女性理想而把自己的见解借她一用。从这些细节的描写我们能够看出，作家对女性的才学、教养和知识寄予什么样的期望，他对自己的女主人公又是多么宠爱有加。

托尔斯泰还让小说的其他众多人物——旁观者——对安娜这一形象的美和魅力做出评价。

与安娜一起乘火车从彼得堡来到莫斯科的渥伦斯卡雅伯爵夫人对她赞不绝口："我可以和您（安娜）走遍天涯，永无倦意。您是

---

① 参阅列夫·托尔斯泰：《安娜·卡列尼娜》，周扬译，人民文学出版社，第 1015 页。

② 列夫·托尔斯泰：《安娜·卡列尼娜》，周扬译，人民文学出版社，第 1019 页。

③ 列夫·托尔斯泰：《安娜·卡列尼娜》，周扬译，人民文学出版社，第 1019 页。

托尔斯泰的女性观

那样一个逗人喜欢的女人,和您一道,谈话愉快,沉默也愉快。"①

"我实在爱上了您呢。"②

杜丽"看到安娜那由高帽里散落下来的一绺绺的乌黑卷发的美貌动人的头,她的丰满的肩膀,她的穿着黑骑装的窈窕身姿,和她的整个的雍容优雅的风度",她"不由得为之惊倒了"③。她想:"虽然她有优美动人的风度,但是安娜的一切——她的姿态、服装和举止——是那样单纯、沉静和高贵,再也没有比这更自然的了。"④而且"在抽象的理论上,她(杜丽)不仅谅解,而且赞成安娜的所作所为"⑤。

在吉提的眼中,安娜的魅力就在于"她的人总是盖过服装,她的衣服在她身上绝不会惹人注目。她那镶着华丽的花边的黑色衣服在她身上就并不醒目;这不过是一个框架罢了,为人注目的是她本人——单纯、自然、优美,同时又快活又有生气"⑥。

列文在安娜身上看出了另外一种特点:"除了智慧、温雅、端丽以外,她还具有一种诚实的品性。她并不想对他掩饰她的处境的

---

① 列夫·托尔斯泰:《安娜·卡列尼娜》,周扬译,人民文学出版社,第92页。

② 列夫·托尔斯泰:《安娜·卡列尼娜》,周扬译,人民文学出版社,第93页。

③ 列夫·托尔斯泰:《安娜·卡列尼娜》,周扬译,人民文学出版社,第890页。

④ 列夫·托尔斯泰:《安娜·卡列尼娜》,周扬译,人民文学出版社,第891页。

⑤ 列夫·托尔斯泰:《安娜·卡列尼娜》,周扬译,人民文学出版社,第907页。

⑥ 列夫·托尔斯泰:《安娜·卡列尼娜》,周扬译,人民文学出版社,第116页。

辛酸苦辣。"①列文一边谛听安娜的有趣谈话，一边在欣赏她："她的美貌、聪明、良好的教养，再加上她的单纯和真挚。"②最后列文沉思地说："一个非同寻常的女人！不但聪明，而且那么真挚……我真替她难过哩。"③通过小说中作家本人对安娜这一女性典型形象的描述和书中人物对她的评价，我们对托尔斯泰的女性观有了十分生动具体的领略。一切表明，尽管托尔斯泰的女性观有宗法制贵族所固有的局限性，他的女性理想却是十分俄罗斯的，闪耀着善于发现女性美、敬重这种美的民族文化的光辉。没有这样的女性理想，绝塑造不出安娜这样举世瞩目的魅力非凡的女性形象。吉提虽然也很美，但却没有安娜那么大的引人魅力，她在婚姻生活中的道德是作家所赞许的，但作为女主人公却绝对不是托尔斯泰所最钟爱的。读了小说就会感到，吉提的一切都是那么美好，那么尽善尽美而无可挑剔，可是她又在一切方面都逊色于安娜，这不是因为她不会写小说，也不懂建筑设计，而是因为托尔斯泰把太多的爱都给了安娜，吉提就只能成为一种平庸得多的陪衬。著名俄罗斯思想家列昂季耶夫说，吉提这个人物没什么意思，太实际，若是小说结尾处有哪个主人公要死去，那最好就是吉提。而安娜的外在美和灵魂美是融为一体的，她的非同寻常的风姿与坦诚，率真的秉性，纯洁无私的爱，及饱经磨砺、善于进行自省和忏悔的苦行修道者式的灵魂——所有这一切都是俄罗斯人十分钦慕的品格和人文精神。这一形象所包含的上述人文文化传统的珍髓使它与普希金

---

① 列夫·托尔斯泰:《安娜·卡列尼娜》，周扬译，人民文学出版社，第1022 页。

② 列夫·托尔斯泰:《安娜·卡列尼娜》，周扬译，人民文学出版社，第1023 页。

③ 列夫·托尔斯泰:《安娜·卡列尼娜》，周扬译，人民文学出版社，第1024 页。

的达吉雅娜的神圣罗斯的气质一起,互为映衬地诠释了俄罗斯文学中女性形象的至高道德和审美价值。安娜·卡列尼娜,卡秋莎·马斯洛娃,娜塔莎·罗斯托娃,索尼亚,帕申卡……这些女性形象的成就是列夫·托尔斯泰的文学伟业的一个重要组成部分,没有这些形象,他就不会如此伟大。因为,这些女性就是俄罗斯,就是俄罗斯的未来和希望。

## 参考文献

[1]Де Магд-Соэп К. Эмансипация женщин в России：литература и жизнь. Екатеринбург：Издательство Уральского университета，1999.

[2]托尔斯泰. 列夫·托尔斯泰文集:第14卷 文论[M]. 陈燊,丰陈宝,等,译. 北京:人民文学出版社,2000.

[3]托尔斯泰. 列夫·托尔斯泰文集:第3卷 中短篇小说:1857—1863[M]. 芳信,刘辽逸,译. 北京:人民文学出版社,2000.

[4]托尔斯泰. 列夫·托尔斯泰文集:第16卷 书信[M]. 周圣,单继达,等,译. 北京:人民文学出版社,2000.

[5]托尔斯泰. 安娜·卡列尼娜[M]. 周扬,译. 北京:人民文学出版社,1981.

# 列夫·托尔斯泰的理性信仰
# 与现代性因素①

到 2010 年,列夫·托尔斯泰离开我们这个世界已经整整 100 周年了。他所创造的艺术世界的博大宏伟,复杂和深邃,他对宗教真理和人生意义的至死追问,和他圣徒般的深重忏悔意识及自愿背上十字架的苦难精神历程,令我们在纪念这位大师时备感崇敬。但直至今日,在全世界都一致赞美大师的伟大艺术天才的同时,对他的思想和学说却褒贬不一,且贬抑居多。英国思想家以赛亚·伯林在自己的著作中援引俄国著名思想家、批评家 H. K. 米哈伊洛夫斯基的话说:"谈托尔斯泰伯爵,论者常言之事有二:他是优良出众的小说家、糟糕的思想家。这……已经成为一种不需证明的公理。"②以赛亚·伯林对此很不以为然,他说,H. K. 米哈伊洛夫斯基曾试图对此提出质疑,为托尔斯泰做了一场精彩而且令人信服的辩护,然而,他在这样做的时候相当孤独。这种情况一直持续到当今(即本书写作的年代 1978 年)。③ 而以赛亚·伯林十分肯定 H. K. 米哈伊洛夫斯基对托尔斯泰的正面评价,并撰文进一步加以引申。至于 H. A. 别尔嘉耶夫和 Д. C. 梅列日科夫斯基等思想家对托尔斯泰的评价之刻薄众所周知。今天,在纪念大师谢世 100 周年

---

① 原载《俄罗斯文艺》2010 年第 3 期。

② 以赛亚·伯林:《俄国思想家》,彭准栋译,译林出版社,2003,第 279 页。

③ 以赛亚·伯林:《俄国思想家》,彭准栋译,译林出版社,2003,第 279 页。

的庄严历史时刻,认真地思考一下相关的问题,厘清他的宗教信仰的本质特征,他与教会发生冲突的根本原因,以及大师宗教思想的时代意义与积极作用,不失为纪念伟大作家的一种方式。

对托尔斯泰思想批评的实践告诉我们,要充分地认识托尔斯泰思想和宗教学说的意义,不能完全站在东正教虔信者的立场上。这是因为托尔斯泰的宗教思想是开放式的,超越了东正教的界限,具有更深广的宗教人类学和宗教社会学的内涵。在很多情况下,托尔斯泰是把宗教当作社会现象来观照的,抛开了它的超验的根源。作为一个东正教信徒,托尔斯泰可能有这样那样的问题,但作为伟大的思想家就不一样了,他有权利也有义务做更广博的精神和理论探索。然而,正确理解托尔斯泰宗教学说的价值绝非易事,本文只能做一点点粗浅的尝试。

1901年2月20—23日俄罗斯东正教主教公会(全称至圣俄罗斯东正教会圣教公会)决定革除列夫·托尔斯泰的教籍,其文件内容如下。

"举世闻名的俄罗斯作家,按其所接受的洗礼和教育为东正教教徒的托尔斯泰伯爵,受高傲智慧的诱惑,粗暴地反对上帝和圣子基督及上帝的万有,公然在众人面前背离养育和教育他的母亲——东正教会,用文学活动和上帝赐予他的天才在人民中间散布反对基督和教会的学说,在人们的头脑和心中诋毁我们的国教东正教信仰。这种信仰确证了普世性,我们祖祖辈辈都赖以生存并得到拯救,而且,直至今日,神圣罗斯都靠它得以存在和巩固。在由他本人及其弟子在全世界——尤其是在我们亲爱的祖国境内——广为传播的他的著作和书信中,托尔斯泰以狂热者的热情推翻了东正教会的所有教条,以及东正教信仰最重要的教义:否认圣三位一体中被称为宇宙创造者和万物庇护者的活生生上帝本身的存在;否认耶稣基督是神人,即世界的赎罪者和拯救者,他为我们人类和我们的拯救受苦受难并死而复活;否认主基督不是由人类爱情受孕而生,否认童贞女和贞洁圣母马利亚;不承认人死后的生命及上帝的报应,否定教会的所有圣事及其中圣灵的圣恩作用,在亵渎东正教教民信仰最神圣的对象时,不惜嘲弄所有圣事中最神圣的圣餐礼。有鉴于此,教会不承认也不能承认他为自己的成员……"[1]

这一年托尔斯泰 73 岁,他正式加入东正教 23 年整。

由这个文件我们得知,东正教会革除托尔斯泰教籍的主要理由为:第一,他不承认圣三位一体中被赞誉为宇宙创造者和万物庇护者的上帝本身;第二,不承认耶稣基督这位神人及他对世人的救赎和死后复活;第三,不承认基督由圣灵受孕而生,同时不承认马利亚是童贞女和贞洁圣母;第四,不承认人死后灵魂的存在和上帝的报应;第五,不接受教会的圣事和仪典及相关圣灵的理念。也就是说,俄罗斯东正教会认为,托尔斯泰否定了东正教(即基督教)的所有重要教理,既然如此,他就不配做东正教徒。

对教会的这种裁决有人抗议,有人赞同。梅列日科夫斯基拍手称快,因为在他看来,托尔斯泰本来就是个"伟大的异教徒","他从来不曾是基督徒",所以"是没有脱离、也不可能脱离基督教的。真实的托尔斯泰的异教是初生的、首创的,任何洗礼之水冲洗不掉的"[2]。而另一位思想家 B. B. 津科夫斯基则认为,"托尔斯泰

① Платонов О А, Святая Русь: Большая энциклопедия Русского народа: русская литература. М. : Институт русской цивилизации, 2004, с. 365.

② 梅列日科夫斯基:《托尔斯泰与陀斯妥耶夫斯基》,杨德友译,辽宁教育出版社,2000,第 25 页。

与教会的分歧是一种致命的误会"①。意思是说,教会并没有理解托尔斯泰。

实际上,这两位思想家的评论都与事实相左。托尔斯泰是不是个东正教的信徒我们稍后再说。他与教会之间并没有什么误会。教会非常清楚,托尔斯泰对它深怀敌意。尽管托尔斯泰明明知道,"神学之全部精妙是设法证明某教会是基督的唯一真正的继承人,因此唯有它才对人们的灵魂以及肉体有充分的无限的权力"②。他还是不能不对官方教会持强烈的谴责态度。这是因为:

首先,托尔斯泰用几年的时间钻研了东正教的学说和规定,得出了一个结论:官方教会的许多规定直接违背基督的圣训,把揭露教会的欺骗说成亵渎神明,使人们无法看到真正的上帝。最初,托尔斯泰曾一丝不苟地参加教会的各项仪典和圣事,认真地聆听布道并真诚地祈祷和忏悔。但不久他便发现,在教会里实际上根本看不到信仰的真理,教会所宣讲的一些信仰之道与上帝的圣训背道而驰,没有对基督学说的确证和诠释。托尔斯泰感到教会宣扬的教条很奇怪:"它承认并赞同对人的迫害、绞刑和战争,以及各种不同信仰的人的互相否定。"③总之,教会要信徒恪守的规则不仅没有使托尔斯泰更加靠近基督的真理,反而使他感到自己远离了基督的精神。托尔斯泰由此甚至把俄国社会视为伪基督教世界。

其次,托尔斯泰反对教会支持沙皇政府的专制权力,不能容忍教会与当局勾结起来欺压人民大众。不仅是托尔斯泰,所有进步

---

①　Зеньковский В В, История русской философии: Т. 1, Ч. 2. Ленинград: Эго, 1991, с. 205.

②　列夫·托尔斯泰:《列夫·托尔斯泰文集:第15卷 政论 宗教论著》,冯增义、宋大图等译,人民文学出版社,2000,第220页。

③　Толстой Л Н, В чем моя вера? Ленинград: Художественная литература, Ленинградское отделение, 1991, с. 3.

的宗教思想家都反对教会与国家权力混在一起,不主张国家权力为了教会的利益而被误用,也不主张误用教会的权力为尘世政权谋利。然而,托尔斯泰的这种立场却使他站到了东正教与政权关系强大传统的对立面。应该说,古罗斯988年接受基督教洗礼这件事,预先就决定了宗教与政权的相互关系和基督教在俄国历史上的政治作用。《圣经·新约·罗马书》第13章中写道:"人人都应该服从国家的权力机构,因为权力的存在是上帝所准许的;当政者的权力是从上帝来的。所以,抗拒当政者就是抗拒上帝的命令;这样的人难免受审判。"这些训诫对教会当然也适用。拜占庭的政权模式吸收了从苏美尔、埃及和巴比伦时代起积累起来的东方专制的经验。早在公元451年召开的卡尔西顿普世大公会议上,已经确立了教会对俗世政权的态度,宣布"国君是主教,是信仰的导师"。一种新的政治观念由此而生——国君开始同时拥有"永远的主教"与俗世统治者的双重职能。这样一来,就发生了俗世政权的篡位:俗世的统治者成了上帝在俗世的代表者。从此以后,国君就其所拥有的权力而言如同上帝。不言而喻,反对俗世的统治者自然就等于反对上帝了。俄罗斯的东正教会甚至做了专门的决定:谁要是否认沙皇是受过上帝涂油登基仪式的君主,他就要被革出教门,而且要受到刑讯和被处死刑。在这种形式下,"整个教会管理系统,教会当局,上自牧首,都要听命于沙皇。教会的主教们也都承认这一点"[①]。连建立牧首制都是沙皇提出的倡议。牧首和主教们实际上不过是沙皇的普通官吏,第一任全俄大牧首约夫就是由沙皇提议任职的。以后各任牧首也都是由宗教会议按沙皇的意愿任命的。而且,主教一定要在沙皇任命的官吏的帮助下进行教

---

① 尼·米·尼科利斯基:《俄国教会史》,丁士超等译,商务印书馆,2000,第130页。

会的管理。可见,教会在各方面的领导权实际上都属于沙皇,并不属于牧首。"在17世纪替天行道的理论看来已经不够了,沙皇便干脆被宣布为上帝。一些教士在呈文中写道,沙皇是'备受崇敬的上帝',并且求助于沙皇时就'如同祈求上帝'。1660年的宗教会议毫不犹豫地承认:人间上帝对教会具有与天国上帝同等的权力——'上帝已将其教会交与沙皇'——他并且核准了传统上形成的沙皇权利,即'召开神圣的宗教会议'、'关心良好教规'和'保护东正教优秀建筑'的权利。"①到17世纪俄罗斯的国家政权成为东正教的专制政权。彼得一世的改革开启了俄国历史的新阶段,这是一个恢复国家政治主权的过程。他清楚地意识到,他所创建的国家与拜占庭传统不同,这是一个纯粹由君主统治的地上的国家。这与东方基督教的政权等级完全相悖。改革后的国家使建立在神权基础上的君主专制的时代开始走向没落。从19世纪中期起,俄罗斯人民公开反对君主专制的社会运动日渐强大,教会与它所依附的国家一样面临着灭顶之灾,产生了深重的危机感。教会在维护沙皇专制政权的宗旨下,公然违背基督教的根本教义,把帝王的犯罪说成是圣徒的行为,并且参与迫害民众的行动。同时,国家的官方教会"以非常畸形的方式"进行着资本积累,以对人民的盘剥为生,做出各种违背教义的事情。教会的名声和威望大为下降。神职人员压榨自己的教民,勒索津贴,在物质追求上贪得无厌。教会成了教士们发财的工具。人们已经认识到:"宗教不是别的,在最好的情况下也是一种自我欺骗,而在最坏的情况下则是蓄意

---

① 尼·米·尼科利斯基:《俄国教会史》,丁士超等译,商务印书馆,2000,第131—132页。

骗人。"①

托尔斯泰正是在这种形势下正式皈依了东正教。教会的种种虚伪、谎言和欺骗令他感到异常愤怒和失望,他"完全确信",他"所赞成的那种信仰不完全是真理"②。托尔斯泰感到,俄罗斯的东正教会并非"耶稣的身体",教会的领袖及其助手也并非如《圣经·新约·提摩太前书》中所提示的"必须是一个无可指责的人"。并且,统治者和上层社会的信徒们极其虚伪,口是心非,行为准则与教条大相径庭,信仰成为一种自欺欺人的面具。1881 年搬到莫斯科居住以后不久,托尔斯泰曾亲自到莫斯科及周围的贫民区去走访,了解并思考贫困产生的原因及解决的办法。在这次与赤贫阶层接触的过程中,他对俄国的社会、教会及自身有了一个新的认识,是他重新经验自我的一个过程。在《那么我们应该怎么办?》这部著作中托尔斯泰详尽地记述了这一切。他感受到教会的寄生性,它对大众的欺骗和盘剥,为教权和政权的暴力进行辩护,使"国王、僧侣和贵族的权力是神圣的那些既定的结论,渐渐被当作信仰在人群中流传开来"③。教会与国家统治者的相互联结使"托尔斯泰对教会的反抗态度和反抗国家的态度不可分割地联系在一起"④,正是这个原因使教会在革除托尔斯泰的教籍时毫无顾忌。

---

① 尼·米·尼科利斯基:《俄国教会史》,丁士超等译,商务印书馆,2000,第 462 页。

② 列夫·托尔斯泰:《列夫·托尔斯泰文集:第 15 卷 政论 宗教论著》,冯增义、宋大图等译,人民文学出版社,2000,第 66—67 页。

③ 列夫·托尔斯泰:《列夫·托尔斯泰文集:第 15 卷 政论 宗教论著》,冯增义、宋大图等译,人民文学出版社,2000,第 220—221 页。

④ 梅列日科夫斯基:《托尔斯泰与陀斯妥耶夫斯基》,杨德友译,辽宁教育出版社,2000,第 30 页。

第三，托尔斯泰信奉东正教是一种理性的信仰，他否定奇迹、圣事和仪典的神秘主义因素，他的宗教理念与东正教会因此发生了严重的分歧。

俄罗斯东正教主教公会在革除托尔斯泰教籍的文件中所列举的托尔斯泰对教义的否定并非杜撰。尽管伟大作家对基督教的虔诚信仰是毋庸置疑的，他所持的却是与大众不同的理性信仰。他用理性去理解和分析教条、教规，不能接受信仰的许多神秘主义内涵，尤其是神迹、圣事和各种神秘主义的仪典。这是由于托尔斯泰接受了西方的启蒙主义宗教观。启蒙时代是一个信奉理性的时代，它对宗教持有怀疑和批判的态度，但并不否定信仰本身。"启蒙运动最强有力的精神力量不在于它摈弃信仰，而在于它宣告的新信仰形式，在于它包含的新宗教形式。"①实际上，"当时所有的理智问题都与宗教问题融合在一起，并且前者始终如一地从后者汲取最深刻的灵感"②。一些启蒙思想家们还试图为宗教的先验性辩解，这其中表现出一种对宗教信仰的另一种虔诚。③ 由此看来，理性与宗教之间具有一种深层的互相依存的关系。我们对托尔斯泰宗教观的看法应该虑及启蒙主义的这些特点。

从理性出发，托尔斯泰把宗教的真理看作"人类能够获得的唯一真理"，而基督教教义又是"成为一切人类知识之基础的真

① 卡西尔：《启蒙哲学》，顾伟铭、杨光仲、郑楚宣译，山东人民出版社，2007，第125—126页。

② 卡西尔：《启蒙哲学》，顾伟铭、杨光仲、郑楚宣译，山东人民出版社，2007，第126页。

③ 卡西尔：《启蒙哲学》，顾伟铭、杨光仲、郑楚宣译，山东人民出版社，2007，第126页。

理"。① 他所信仰的上帝,如他自己所说,通过意识表现在人的心里,"还没有意识的时候就没有上帝。有了意识才可能有善、克制、服务、自我牺牲。一切取决于意识的指引"②。他进一步阐述了自己的上帝观:"六天之内创造了世界并将他的儿子送到世上来的上帝,以及这儿子本身都不是上帝,上帝是独一无二的存在,是不可思议的福,是一切的发端。"③"上帝是爱——这话不错。我们认识上帝只是凭着我们在爱这一点。至于说上帝是自在的,这只是一种推论,常常是多余的,甚至有害。如果别人问:有没有自在的上帝? 我应该说而且也会说:大概有,但是我对这位自在的上帝一点也不了解。作为爱的上帝就不一样了。这位上帝我确实知道。对我说来他是一切,他说明我为什么活着,他是我的生活目的。"④托尔斯泰深受其思想影响的斯宾诺莎对上帝的看法也是如此,他认为"上帝无处不在,世间万物莫不充满着他的力量。上帝高不可仰,深不可测,人对他应有'出自理性的爱'"⑤。托尔斯泰还很赞赏高尔基的一句话:"你信上帝就有上帝,你不信上帝就没有上帝。"⑥他说:"这句话很糟糕,但却使我深思。我也一直是这样想

①　列夫·托尔斯泰:《列夫·托尔斯泰文集:第17卷 日记》,陈馥、郑揆译,人民文学出版社,2000,第120页。

②　列夫·托尔斯泰:《列夫·托尔斯泰文集:第17卷 日记》,陈馥、郑揆译,人民文学出版社,2000,第231页。

③　列夫·托尔斯泰:《列夫·托尔斯泰文集:第17卷 日记》,陈馥、郑揆译,人民文学出版社,2000,第229页。

④　列夫·托尔斯泰:《列夫·托尔斯泰文集:第17卷 日记》,陈馥、郑揆译,人民文学出版社,2000,第351页。

⑤　雅克·巴尔赞:《从黎明到衰落:西方文化生活五百年》,林华译,世界知识出版社,2002,第356页。

⑥　列夫·托尔斯泰:《列夫·托尔斯泰文集:第17卷 日记》,陈馥、郑揆译,人民文学出版社,2000,第351页。

的。因此在基督所说的爱上帝也爱他人这句话里,我总觉得爱上帝是多余的,与爱他人不相容,不相容的原因是,爱他人非常清楚,没有比这更清楚的了,而爱上帝却相反,非常不清楚。"①

从大师的这些话我们可以看出,托尔斯泰的上帝只是信徒心中的一个概念,并非实际的存在。这与基督教神学和欧洲中古时期正统经院哲学对上帝的本体论观念是完全不同的。在托尔斯泰的神学理念中,上帝是一个可以用理性去理解和分析的概念,是所有持理性信仰的人都承认的一个主宰宇宙万物的神明,即"终极神圣"②。他是无形的,没有必要把他具象化,如同人格神,按人的想象将其比拟为人的样子。神的神格完全可以是抽象的,你相信它有,它就存在,否则则相反。托尔斯泰更进一步指出:"上帝的概念是一种我可以促使它产生或不使它产生的思想。"③不仅托尔斯泰,许多不主张盲信的持理性信仰的教徒也都这样认为,对于他们,上帝是"不同于、而且远远高于人类的存在,是超过人类的智力、经验、认识能力和表达能力的存在,因而对于人类来说深不可测,并且没有人类熟悉的证据来证明"④。

依照别尔嘉耶夫的看法,托尔斯泰对上帝的这种理念是泛神论的一种特殊形式。对于托尔斯泰,上帝是生活的至高律法,它充盈一切,并不存在上帝这个个体,上帝的意志直接体现在自然之中。所以,自然的状态是善的,也是神性的。这种泛神论意识不允许自然的内在世界与上帝的超验世界的并存。按照泛神论的理

---

① 列夫·托尔斯泰:《列夫·托尔斯泰文集:第 17 卷 日记》,陈馥、郑揆译,人民文学出版社,2000,第 351 页。

② 安伦:《理性信仰之道》,学林出版社,2009,第 4 页。

③ 列夫·托尔斯泰:《列夫·托尔斯泰文集:第 15 卷 政论 宗教论著》,冯增义、宋大图等译,人民文学出版社,2000,第 54 页。

④ 安伦:《理性信仰之道》,学林出版社,2009,第 62 页。

念,善,也就是生活的神的法规,是由自然的内在途径实现的,不需要神赐,也不用超验力量的介入。托尔斯泰的泛神论把上帝与世界灵魂混为一谈,但有时它又有自然神论的色彩。他的观念中的神只给予人律法和训诫,不给予神赐和帮助,是自然神论的无生命的神。①

对上帝的这种观念自然影响到托尔斯泰对上帝是圣三位一体的看法。他在上帝的圣三位一体中,只看到圣父的位格,不知道逻各斯。对托尔斯泰而言,"基督并不存在,存在的是基督的学说和基督的圣训",他看不到基督的圣容,只"能听到基督的教诲,但却听不到基督的声音"。② 托尔斯泰"不理解基督教关于基督个人和任何人的启示,他所接受的基督教是无个性的,抽象的,没有基督,没有任何个人"③。他不明白,基督为什么那么重要,认为不通过圣子,人靠自己的力量完全能够实现圣父的意志。而且托尔斯泰还认为,基督的诫命都是圣父的意志。他这样理解也不无道理,因为"作为《旧约》核心的十诫是《新约》一再援引和敬奉的权威教义,并且基督降临人间就是为了实现这些戒律"④。托尔斯泰全身心地渴望执行圣父的法规,而圣子妨碍他靠自己的力量达到这个目的,因此他无法接受赎罪和拯救的思想,所厌恶的不是拿撒勒的耶稣,

①　Бердяев Н А,Философия творчества,культуры и искусства:Т. 2. М.:Искусство,1994,с. 471.

②　Бердяев Н А,Философия творчества,культуры и искусства:Т. 2. М.:Искусство,1994,с. 467.

③　Бердяев Н А,Философия творчества,культуры и искусства:Т. 2. М.:Искусство,1994,с. 467.

④　刘远航编译:《汤因比历史哲学》,九州出版社,2010,第63页。

列夫·托尔斯泰的理性信仰与现代性因素

而是为世人的罪牺牲自己的基督——逻各斯。[①] 依照托尔斯泰的看法,基督学说是教人去过理性的生活,它是写在人们心中并为世界真正智者宣传的人类的共同学说。[②] 托尔斯泰的这种理解来自于对基督教最基本教义的理性主义认识论,这使他无法达到基督教神秘主义思维的深度。同样,他也不能理解基督死而复活、圣母马利亚由圣灵贞洁受孕等基督教神学奥秘。伟大思想家产生这样的怀疑并非只是他个人的现象,实际上,从启蒙时代人们的认识而言,"信仰必须包含一些能被清楚地理解的因素。因此,如果某种东西是彻头彻尾神秘的,就其定义就超越了一切悟性,它必定始终是与知识、同样也与信仰不相容的……托兰德由此得出结论:只能有相对意义上的神秘,而不可能有绝对意义上的神秘"[③]。从理性主义的立场而论,再没有比基督教的上述教义更荒唐的了,自然要受到拒斥。

托尔斯泰从基督教中所接受的从本质上而论是一种规范人道德的法规,是教人向善的不可违抗的圣训。他并不需要神赐,认识不到圣子对于人类获得救赎的重要意义。他从理性信仰的道理出发,认为,人只要认识到自己的罪过,就能改正它。总而言之,托尔斯泰只能有限地接受基督教中与神秘主义信仰相关的教义和教条,对许多重要的教理持怀疑、批评甚至否定的态度。

正是理性信仰使托尔斯泰在对上帝、基督和人进行思考时,创造出一种他自己的宗教人类学理论。托尔斯泰认为,对人的看法

---

① Бердяев Н А, Философия творчества, культуры и искусства: Т. 2. М.: Искусство, 1994, с. 468.

② Толстой Л Н, В чем моя вера? Ленинград: Художественная литература, Ленинградское отделение, 1991, с. 103.

③ 卡西尔:《启蒙哲学》,顾伟铭、杨光仲、郑楚宣译,山东人民出版社,2007,第160页。

通常有一种谬误,即"把人分为善良的,凶恶的,愚蠢的,聪明的。人是流动的,他身上有着各种可能性:曾经是愚蠢的,后来变聪明了;曾经是凶恶的,后来变善良了,或者相反。这便是人的伟大之处。因此不可指责人"①。托尔斯泰理论的要旨是,简言之,人由"动物人"和"理性人"组成,或者说,人的意识由"引向兽性的我的意识"和"引向精神的我的意识"构成,"引向兽性的我的意识扼杀、麻痹生命,引向精神的我的意识唤起、增高和解放生命","引向兽性的我的意识加强、煽动情欲,产生恐惧、斗争、死的恐怖,而引向精神的我的意识把爱释放出来"②。"生命是服从理性法则的动物人的活动。理性就是动物人为了自己的幸福应该服从的规律。爱则是人的唯一的理性活动。"③这就是说,作为动物人对幸福的欲望必须受到理性的制约;而使人的理性得以维系的活动即是爱。托尔斯泰认为,爱能够引导人为他人献身,以减轻人自身与他人的痛苦,爱的感觉能够消除死亡的恐怖,把为他人幸福而牺牲自己肉体的行为看作自己的幸福。而人为了获取真正的爱,只能虔诚地信仰上帝,因为"上帝是爱"。但对上帝的爱必须是理性的。

在托尔斯泰的观念中,理性就是《约翰福音》一开始所说的"道",它"是本原,一切都在其中,一切都起源于它,因此理性能确定其他一切,却不被任何其他东西所确定"④。这个为人所有的共

① 列夫·托尔斯泰:《列夫·托尔斯泰文集:第17卷 日记》,陈馥、郑揆译,人民文学出版社,2000,第226页。

② 列夫·托尔斯泰:《列夫·托尔斯泰文集:第17卷 日记》,陈馥、郑揆译,人民文学出版社,2000,第231页。

③ 列夫·托尔斯泰:《列夫·托尔斯泰文集:第15卷 政论 宗教论著》,冯增义、宋大图等译,人民文学出版社,2000,第302页。

④ 列夫·托尔斯泰:《列夫·托尔斯泰文集:第15卷 政论 宗教论著》,冯增义、宋大图等译,人民文学出版社,2000,第296页。

列夫·托尔斯泰的理性信仰与现代性因素

同的理性是任何人都不能缺少的,是人生命遵循的规律,是把人类联合起来的基础。令大师十分担心的是,一旦人被信仰所吸引,往往就会失去理性这个人最不可缺少的宝贵东西。由此他得出了一个结论:"不能不受责罚地允许任何不理性的即未被理性证实是正确的东西进入我们的信仰。理性是上天为了引领我们的赐予。如果我们消除了它,是不会不受报应的。理性的毁灭是最可怕的毁灭。"①

基于理性信仰的观念,作家否认《圣经·新约》中的奇迹,认为福音书中的奇迹不可能发生,因为它们是违背理性的,破坏了宗教的单纯和明晰,而这种单纯和明晰是为上帝和身边的人的真实关系所固有的。热衷于奇迹的信徒显然并没有完全领悟真正朴素的基督的学说。在信仰中起决定性作用的自然是理性,因为"上帝把理性赐予人,人就会明了上帝的意志,就知道上帝要求他怎样做"②。不言而喻,只要有了理性,人就可以靠自己的力量去接近真理,没有理性,任何真理都不能进入人的灵魂。

除神迹以外,与理性信仰相悖的还有宗教中的神秘主义仪式,托尔斯泰将其笼而统之地称为"迷信"。他说:"我主要是厌恶形形色色的迷信……我越是深入细致地观察人们的生活,越加深信,实现真教义的主要障碍,或者不如说延缓真教义传播的原因,在于形形色色的迷信。这些迷信从四面八方无孔不入地渗透到真教义中,不让真教义在人们心中扎根……不久前我到过奥普京修道院,看见那儿的一些人对上帝和人充满了真诚炽热的爱。但同时也有

① 转引自 Бердяев Н А, Философия творчества, культуры и искусства: Т. 2. М.: Искусство, 1994, с. 476.

② 转引自 Бердяев Н А, Философия творчества, культуры и искусства: Т. 2. М.: Искусство, 1994, с. 477.

另外一些人,他们认为每天必须在教堂里站上几小时,领圣餐,为别人和自己祝福,因而使自己麻木不仁,丧失了爱的活力。我对这些迷信活动不能不表示深恶痛绝。我看到,这些迷信使一些人把形式当作实质,以形式取代实质,对另一些人则是使人不和的手段,而且使一些人与真教义疏远。"①

由于托尔斯泰把宗教的教理纳入理性范围内来思考,容不得超验的神秘主义,对教义一定要用理性进行评判验证,"神学理性主义以相当简单化的形式主宰了他的意识"②,所以他必然要否定基督教中的诸多神秘主义的因素。从神学的立场来看,他对神迹和教会仪式及圣事的批评是很肤浅的理性主义,并没有深入到这些神秘主义宗教活动的本质中去。而教会认为,之所以发生这种情况,完全是因为托尔斯泰"受高傲智慧的诱惑",拒斥神赐的帮助,不明白靠人自然的力量战胜不了恶,不能理解基督带给人的神赐与自由。其结果是他完全不需要作为"真理、道路和生活"的基督,把《旧约》和《新约》等同起来。

然而,绝不能由此得出托尔斯泰是个纯粹的理性主义者的结论。虽然他坚持理性主义的信仰,他本人却固有一种特殊意义上的神秘主义本性,拥有与生俱来的宗教神秘主义思维,还有自发的宗教神秘主义自然力及相应的神秘主义经验。别尔嘉耶夫认为,托尔斯泰不仅有终生都燃烧着宗教渴望的宗教天性,他还有特殊意义上的神秘主义,并且,在他本人的生活和命运中也有神秘主义。但这种神秘主义永远都不会与逻各斯相遇,永远不可能被意

---

① 列夫·托尔斯泰:《列夫·托尔斯泰文集:第 16 卷 书信》,周圣、单继达等译,人民文学出版社,2000,第 236 页。

② Зеньковский В В, История русской философии: Т. 1, Ч. 2. Ленинград: Эго, 1991, с. 198.

识到。这使他的意识处于分裂状态,理论中经常出现理性与信仰经验的冲突和断裂,充满各种二律背反。追本溯源,托尔斯泰自幼就接受了两种完全相异的世界观,一种是宗教的,另一种是欧洲启蒙哲学的。两者对托尔斯泰的精神世界都产生了巨大影响。因此,从东正教教会的立场来看,托尔斯泰是不可救药的理性主义者;而从欧洲理性主义的立场来看,他又是十分宗教的,是一个宗教神秘主义者。

客观地说,托尔斯泰确实是否认甚至抨击了东正教的基于神秘主义宗教思维的教义,但这并不意味他否定东正教信仰,更不能说他背叛了东正教会。他只是对教义进行了深入的理性思考,产生了一些即使是再虔信的教徒也有可能提出的问题,况且俄罗斯的东正教会又确实有许多人所共知的违背神意的做法。这与托尔斯泰是否高傲无关。事实上,他可以说是东正教不可多得的虔诚信徒,是耶稣基督的赤诚追随者。托尔斯泰十分明确地认识到,"基督的学说是关于人子即上帝之子的学说,它是所有福音的基础。这个学说最清楚地表现在耶稣与尼哥德慕的谈话中。……'正好像摩西在旷野举起铜蛇,人子也必须被举起,要使所有信他的人都得到永恒的生命'(《约翰福音》,第 3 章,第 14—17 节)","基督教导我们,要把人子举得高于一切,他是上帝的儿子和人们的光"①。从这些托尔斯泰自己的话和他引用的《约翰福音》的话可以看出,托尔斯泰并不是,如有的研究者所说,不承认基督。他说:"当我说'我是基督徒'的时候,我既不是说我对教义已经身体力行,也不是说我比别人好,而只不过是说,人生的意义就在基督的教义之中,人生的欢乐是努力实行这些教义,因此,一切符合教

①　Толстой Л Н, В чем моя вера? Ленинград: Художественная литература, Ленинградское отделение, 1991, с. 54.

义的东西都使我感到亲切、愉快，而一切违背教义的东西都令我反感、痛苦。"①托尔斯泰对福音书的钻研是鲜有人能与之相比的，因为他认为福音书中的每一个字都是神圣的。为了真正领会它的精神实质，他竟然用五年多时间重新翻译了福音书，并且加了注释。在翻译过程中他把四个福音联系起来，反复对比、思考，不断地修正译文的错误，不断地发现新解释和主要思想的新证据。他感到福音书犹如一把钥匙，打开了理解基督学说的锁。托尔斯泰尤其喜欢研读《山上宝训》，认为基督在这里比在任何其他地方都更加清楚、明白地给普通大众讲解了基督教的准则。他正是基于对《山上宝训》的理解创建了自己的宗教伦理学理论，建构了"勿以暴力抗恶"的宗教乌托邦的救世论。同时，托尔斯泰受基督训诫的指引，苦苦地探寻生命的意义与上帝的关系，在《忏悔录》中写下了他对上帝的赤诚信仰："我记得，只有在我信仰上帝的时候，我才活着。和以前一样，现在我对自己说：'只要我体会到上帝，我就活着；只要我忘记他，不信仰他，我就死亡。'这些复活与死亡是什么呢？当我对上帝的存在失去信心时，我便不是活着，如果我没有能找到上帝的模糊希望，那我早就自杀了。只是我感觉到他和寻找他的时候，我才活着，真正地活着。'那么我还寻求什么呢？'我心里有个声音叫道：'他就在这儿。他是生命不可缺少的东西。认识上帝和生命是一回事，上帝就是生命。'"②并且，托尔斯泰从自己信仰的宗教实践中以宗教哲学家的思考得出了一个结论："只有宗教信仰的原理才能赋予生命以意义"，"任何宗教信仰的实质都是

---

① 列夫·托尔斯泰：《列夫·托尔斯泰文集：第 17 卷 日记》，陈馥、郑揆译，人民文学出版社，2000，第 121 页。

② 列夫·托尔斯泰：《列夫·托尔斯泰文集：第 15 卷 政论 宗教论著》，冯增义、宋大图等译，人民文学出版社，2000，第 54 页。

列夫·托尔斯泰的理性信仰与现代性因素

赋予生命以不朽的意义。"①虽然这些话是托尔斯泰在51—54岁期间写下的,但这种信念却一直伴随着他的后半生,在他被东正教会革除教籍以后也没有改变。

不仅如此,托尔斯泰还苦读大量圣徒传、圣僧传和各种关于圣徒的民间传说,甚至想完全彻底地改变自己贵族老爷的生活方式,想把家产捐出去,不收取著作稿酬,让自己和家人不再过寄生的生活,与贫苦的劳动者完全一样。在大师的宗教观念中,只有这样做,他的生活才不是罪恶的生活,他才能成为一个真正不虚伪的东正教信徒。

问题的复杂性在于,尽管托尔斯泰有虔诚信仰基督学说的一面,但他同时还十分关注一些其他宗教的教理,诸如犹太教、佛教、道教、印度教,以及儒教②等,在自己的信仰中吸纳了这些宗教的一些因素,晚年还极力提倡宗教信仰的世俗化(诸如《谢尔盖神甫》中帕申卡的信仰方式)。这种状况使有的评论家甚至认为"托尔斯

---

① 列夫·托尔斯泰:《列夫·托尔斯泰文集:第15卷 政论 宗教论著》,冯增义、宋大图等译,人民文学出版社,2000,第57页。

② 依照任继愈主编的《宗教词典》(2009)对"儒教"的诠释,儒教为中国古代社会长期形成的特殊形式的宗教。中国是否存在儒教,学术界有不同的观点。有的学者认为没有儒教,只有儒家的学说,它不是宗教。有的学者认为存在儒教,孔子是教主。后者认为汉武帝利用政治权力把孔子学说宗教化,定儒教于一尊。隋唐时期儒、释、道并称为"三教",此后,三教出现合一的趋势。儒教体系完成于宋代。它以中国封建伦理"三纲"、"五常"为中心,吸收佛教、道教的宗教思想和修养方法,提倡"存天理,去人欲",使宗教社会化,把俗人变成僧侣,使宗教生活、僧侣主义、禁欲主义、蒙昧主义、偶像崇拜渗透到每一个家庭。《四书》、《五经》是儒教的经典,祭天、祭孔、祭祖是规定的宗教仪式。由于儒教在形式上不同于一般宗教,儒家自己也不承认自己是宗教,所以有些人不把儒教看作宗教。参阅《宗教词典》(修订本)第1076—1077页。

泰的世界观不是基督教的,更多是佛教的"①。

这种结论并不十分符合实际。托尔斯泰在信仰东正教的同时,对东西方的哲学和宗教确实进行了重新审视和思考,一些宗教的精髓非常吸引他,诸如儒教中关于道德在社会中的重要作用、人是种族和社会整体的一个组成部分的思想;老子关于无为是预见未来和避免恶的观念;佛教关于涅槃的教理等。这些东方的智慧对托尔斯泰产生了潜移默化的影响,他开始感到世界是一个和谐的整体,是统一体,或者上帝。② 如托尔斯泰自己所说:"所有民族的宗教和哲学学说,除伪基督教世界的哲学学说以外,我们所知道的一切——犹太教、儒教、佛教、婆罗门教、希腊的智慧——所有的学说的宗旨都是安置好人们的生活并告诉人们,每个人应该怎样为活着和生活得好而努力。整个儒教在于个人的完善;犹太教在于每个人对上帝训命的遵循;佛教是关于每个人应如何从生活的恶中获救的学说;苏格拉底所教导的是为理性的个人完善;斯多亚学派认为理性的自由是人真正生活的普遍基础。"③此外,托尔斯泰还受到卢梭、康德和叔本华等西方哲学家理论的极大影响,尤其是卢梭对原罪说的否定和他的教育思想,康德的以人的义务为准则的道德学说,以及叔本华关于生命必然消亡的思想等。

多种宗教理念与宗教哲学的融合及宗教信仰的世俗化,使托尔斯泰的宗教信仰和理念具有一种非正统的现代化的性质。这是东正教会和东正教神学家绝对不能接受的。东正教修士大司祭拉

---

① Бердяев Н А, Философия творчества, культуры и искусства: Т. 2. М. : Искусство, 1994, с. 456.

② Маслина М А, Русская философия. М. : Республика, 1995, с. 518.

③ Толстой Л Н, В чем моя вера? Ленинград: Художественная литература, Ленинградское отделение, 1991, с. 53 - 54.

法伊尔在谈到现代主义的宗教世俗化理念时,将其称为宗教折中主义,并称其为"恶之花"。①

从我们的立场而论,这正是大师思想的深刻和伟大之所在。托尔斯泰能够突破东正教神学的界限,博采东西方众宗教教义之长,并吸收古今相关哲学思想,建构自己的宗教道德学说,充分地体现出他对新时代文明的敏锐预感和宗教精神真理探索的超越性。在托尔斯泰的宗教真理探寻中,体现出东正教会极其反对的来源于西方启蒙主义的现代性因素。这里我们所说的现代性,不是指称罗马帝国向基督教过渡的时期,也不是指它被首次使用的10世纪末,而限定在启蒙运动以来所产生的"新"的世界体系生成时代的思想意识(其顶峰在18世纪)。我们在本文中论及托尔斯泰的宗教信仰中的现代性意识,主要是指大师对欧洲启蒙运动的价值观念的信奉,他对古代宗教理念的具有现代意识的反思和重构,以及对与传统东正教价值观密切联系的俄国社会、政治、道德等方面的批判。从教会的立场来看,他的这种做法具有极大的破坏性,简直是对宗教权威的一种颠覆;而从文明发展的立场来看,这是一种了不起的进步,是托尔斯泰的创造。他的富有理性的宗教思想探索对当时和后世有很大的引领作用。正如汤因比所说:"创造性的人物是文明的先锋。"②

如我们所知,东正教一向以恪守传统教义的正统性而自居,这决定了它具有一定的封闭性和保守性。但在现代社会,"大多数宗教都已经走出了最基本的一步,从它们藉以诞生的特定文明的襁

---

① Архимандрит Рафаил ( Карелин ), Церковь и мир на пороге апокалипсиса: Ч. 1. Что такое модернизм. Православие и современность, Электронная библиотека, с. 3.

② 刘远航编译:《汤因比历史哲学》,九州出版社,2010,第25页。

裸中脱离出来,面向全人类"①。俄罗斯的东正教会依然没有做出大的改变。前面曾提到的东正教修士大司祭拉法伊尔坚定地认为,教会不应当允许现代化进程,因为,如果教会中发生现代化进程,就意味着承认"教会是发展着和进化着的组织机构,旧的和过去的东西应该消灭,取而代之的将是新的具有生命活力的东西。对进化教会的这种理论会导致对教会概念本身的破坏,因为教会是在所有历史时代都恒久不变的启示录的充分体现"②,这种进化的理论"歪曲了东正教人类学"③。这样一来,人就超越了以往历史的资料、宗教知识和概念,成为不断发展的生物,需要新的、更深刻的与他的时代相适应的观念。这就是说,启示录本身也应该进化,未来就意味着新宗教发展的可能性。也就是说,宗教将获取与科学假说相近似或雷同的特点。修士大司祭拉法伊尔认为,科学假说是随着知识的积累而完善和改变的,即对于现代主义者而言,真理成为相对的和相对论的概念。那么就产生了一个问题:"我们究竟应该相信哪一个教会,是现在的教会还是未来的教会?教条是什么?是教会的意识还是人类思想发展的一个阶段?"④

以拉法伊尔为代表的东正教正统观念还坚决反对把其他宗教的教义引入东正教,因为他们认为东正教是一个活的肌体,"强行

① 刘远航编译:《汤因比历史哲学》,九州出版社,2010,第35页。

② Архимандрит Рафаил (Карелин), Церковь и мир на пороге апокалипсиса:Ч. 1. Что такое модернизм. Православие и современность, Электронная библиотека, с. 1.

③ 许志伟:《基督教神学思想导论》,中国社会科学出版社,2001,第1页。

④ Архимандрит Рафаил (Карелин), Церковь и мир на пороге апокалипсиса:Ч. 1. Что такое модернизм. Православие и современность, Электронная библиотека, с. 1.

列夫·托尔斯泰的理性信仰与现代性因素

移植进来的另一种肌体会使其受伤,尔后,或者被东正教的活肌体排斥,或者留在这个机体中挤压它,污染它"①。而东正教之所以叫东正教,就是因为"其中保存着教条信息和神赐的精神经验的纯洁"②。

事实上,俄罗斯的东正教信仰的传统确实十分强大,几乎是无法撼动的。不过,在社会的现代化进程中,本来就存在多种信仰的俄罗斯宗教问题变得更加尖锐和复杂化了。现代意识促进了宗教世俗化的过程,也促进了宗教信仰平等和不同信仰共存的观念的形成,同时加强了教会和教会以外的知识分子中宗教改革的倾向。尽管占统治地位的东正教会毫不动摇地捍卫它的道德伦理价值观,防止教民接受从西方传入俄国的无神论思想和其他理性主义的影响,现代化进程还是对宗教信仰的一些方面产生了不可避免的影响,出现了一个集宗教、哲学思想和文化为一体的俄罗斯宗教哲学复兴的思潮。它在很多方面超越了俄罗斯固有的人文文化传统,对现代主义文化的发展有很大影响。这个思潮的思想家把目光投向唯心主义的宗教哲学和教会,原本是出于对当时占统治地位的实证主义哲学的不满,渴望获得精神自由发展的广阔空间。而官方教会却受着教条主义的束缚,完全没有可能对教条进行符合现代文化意识的创造性重新思考。唯心主义哲学家们向宗教的靠近促进了新宗教意识的形成。新宗教意识在很多方面是知识分子对封闭在历史教会性之中的教条主义的不满,是对"历史教会

---

① Архимандрит Рафаил（Карелин）, Церковь и мир на пороге апокалипсиса：Ч. 1. Что такое модернизм, Православие и современность, Электронная библиотека, с. 3.

② Архимандрит Рафаил（Карелин）, Церковь и мир на пороге апокалипсиса：Ч. 1. Что такое модернизм, Православие и современность, Электронная библиотека, с. 3.

性"的抗议。<sup>①</sup> 新宗教意识的实质在于：国家教会所代表的"历史基督教"由于其自身的局限性已经过时了，它在传播精神禁欲生活的同时，排斥了"肉体的真理"和"土地的真理"，而敌基督接受了它们，造成了社会生活与宗教的分离，使其进入世俗化的文化中。为了改变这种状况，必须有新的启示，即"第三约的启示"，它是当时尚未实现的"圣灵之约"。它不仅要在世界上揭示出关于精神的真理，而且要揭示出关于肉体的真理。可见，这个"第三约"具有国家和教会以外的社会性。<sup>②</sup> 教会当然不会允许对通向上帝的新道路的探索。但这个唯心主义宗教哲学潮流一经形成，教会便无法阻挡和制止其理论探索的新转向。上帝与世界、人在其俗世历史上及在其界限之外的地位和作用成为新精神探索的焦点。当时的一些学术团体以"在思想和生活中全面实现普世基督教理想"为己任，以道德新生为定向，试图使东正教成为俄罗斯社会和文化复兴的积极力量。新宗教哲学流派的视野十分宏阔，研究涉及西欧的神秘主义、俄罗斯的古代遗产、古典形式的多神教和东方宗教等。这个宗教—哲学复兴潮流涵盖了精神文化的所有领域，极大地促进了民族精神和宗教的觉醒。

托尔斯泰晚年的精神探索与上述哲学家、思想家颇有异曲同工之处。现代性的注入是托尔斯泰精神探索的必然趋势。托尔斯泰极为关注俄国的社会生活，对社会诸方面的发展和变化特殊敏感，所以，他对东正教的僵化和腐朽的感觉就十分突出。托尔斯泰

---

① Андреев А Л, Андреева Л А, Ахиезер А С, Российская цивилизация：Этнокультурные и духовные аспекты. М.：Республика, 2001, с. 340.

② Андреев А Л, Андреева Л А, Ахиезер А С, Российская цивилизация：Этнокультурные и духовные аспекты. М.：Республика, 2001, с. 341.

现代宗教意识的产生是很自然的过程,因为在历史发展的进程中,文明的进化必然要向古老的宗教提出挑战。尽管这个以 Д. С. 梅列日科夫斯基和 В. В. 罗扎诺夫为代表的"新宗教意识"流派曾批评托尔斯泰建立在农民文化理想基础上的"平民化",甚至说,与托尔斯泰的"逃遁道德"的斗争是 20 世纪俄罗斯哲学的中心任务,托尔斯泰伦理学的根本缺欠是把与恶的斗争转移到人的内心世界和回避与外在的恶的斗争,这转化成为一种"宗教意志薄弱"和"精神冷淡"等。① 然而,即使是批评他的人也不能不承认,托尔斯泰确实预感到了历史基督教的危机和教会生活必将发生的转折,并且,如别尔嘉耶夫所说,"以其批评、探索和自己的生活唤醒了沉睡和僵死的宗教世界"。他与教会的矛盾和冲突就是保守的东正教与现代理性信仰不相容的体现。他的所谓宗教折中主义正来自于理性主义信仰和现代性意识,因为在他生活的时代,依照哈贝马斯的说法,"宗教真理不能再仅仅通过神圣启示的教条而被接受。基督教的《圣经》自身渐渐地成了可能遭受理性的、科学的审视的东西,它的道德和神学主张只有得到理性和证据的独立论证时才是可接受的"②。托尔斯泰正是在这种历史环境中以启蒙主义者和神秘主义者的双重身份进入了俄国文化的现代化历程。他对教会谎言和欺骗性的尖锐批评、对宗教真理的理性探寻和在多种宗教中寻求人类共同意识的原理的努力,对世俗化民众信仰的理想,以及对信徒进修道院脱离社会生活苦修方式的否定等,都表现出他的进步宗教意识和伟大探索精神。他不仅怀有崇高的宗教精神追求,而

---

① Маслина М А, Русская философия. М. : Республика, 1995, с. 519.

② 安德鲁·埃德加:《哈贝马斯:关键概念》,杨礼银、朱松峰译,江苏人民出版社,2009,第 111 页。

且在家庭和社会生活中按圣徒精神去执行教规,以自己的行动实行对上帝的信仰。在后期的精神真理追寻中,他受着捕捉无法接近的神和精神圣化的渴望的驱策,生命历程进入一种圣徒式的苦难精神状态,上升到虚己和舍弃自我的精神境界。他的精神苦修犹如走进了旷野之中,孤独而无助,直到最终为此献出了自己的生命。无怪以赛亚·伯林称托尔斯泰为欧洲启蒙运动"传统里天资最丰富的一位烈士英雄",并说:"众所周知,托尔斯泰视真理为最高美德。另外也有人说真理是最高美德。他们对真理的称颂,同样令人感念。但是,为真理而令人感念,固然难能可贵,其中真正足堪缅怀者,又寥寥可数,而托尔斯泰足当其一。他牺牲所有,供奉于真理;他舍尽幸福、友谊、爱情、平静、道德与思想上的把握,最后,还献上他的生命。而她回报他的,只是怀疑、不安全、自菲自薄,以及无从解决的矛盾。"[1]

克尔恺郭尔说:"信仰,发端于思想离去的地方。"[2]自古以来,在人类尚未形成发达的理性思维以前,人们总是期盼奇迹。即使是在理性和科学相当发达的时代,思想一旦停顿,人们便容易走向迷信,进而越是荒唐越相信。而托尔斯泰却不相同,他几乎是从这种古老的神奇力量中挣脱出来,他的思想一生都在紧张地运转。像许多启蒙主义者一样,把经验视为神学的起点,"认为基督教信仰既是理性的,则信仰各层面都必须合乎理性,且源于理智。换而言之,神学任何一部分不能通过理智而得以证明的,都应从整个信

① 以赛亚·伯林:《俄国思想家》,彭淮栋译,译林出版社,2003,第305 页。

② 威廉·瑞珀尔、琳达·史密斯:《智慧之门:宗教与哲学的过去和现在》,张念群译,中国社会科学出版社,2000,第139 页。

仰系统排出去"①。他提出的许多问题至今依然没有答案，并且，有的问题可能永远也不会有答案。他大半生都挣扎在一些人生和宗教、哲学、伦理学等的重大问题之间，拼上性命去追索答案。他的思想充满了矛盾与冲突，诸如教会与上帝的意志，宽恕与惩罚，爱与正义，生命与死亡，自然与文明，理性与信仰，禁欲与享乐，强有力的自然力与理性意识，不抵抗恶与坚持正义，生命的自然过程与宗教诫命，生命的真实与道德完善，外在的文明生活与生命深层自然力的生活，统治者的俄罗斯与人民的俄罗斯，上层文化与底层文化等。在探寻这些问题答案的痛苦灵魂磨砺的过程中，他既是虚伪教会的可怕敌人，又是基督教复兴的伟大预言者。他以天才的巨大力量揭露和抨击了社会和宗教的欺骗和谎言，预告了俄罗斯的未来。在他的启蒙主义者和东正教信徒的两重文化身份的本质特征中，体现出俄国上流社会和普通大众的文化意识及他们对欧洲文明的态度。而他对真理追求的单纯、热情、执着与执拗又体现了俄罗斯民族一大显著的人文特征。

尽管托尔斯泰的思想有许多虚无主义和空想性，他的一些追求可能永远都不会实现，作为思想家，他的伟大仍不容置疑。以往对他的积极作用评价肯定较少，甚至说他是一个伟大的艺术家，但不是一个伟大的思想家。不得不说，这是一种对大师的误读。诚然，托尔斯泰的宗教思想更像朋霍费尔所建构的"非宗教的基督信仰"，且有一些与基督新教相近的观念，但可以说，他为拯救俄罗斯所做的一切，确实如人们在评论朋霍费尔所说的那样，很像《圣

---

① 许志伟:《基督教神学思想导论》，中国社会科学出版社，2001，第33页。

经·旧约》中所多玛的义人。① 还是俄罗斯人民更懂得自己的大师,所以,他们,如别尔嘉耶夫所说,像热爱自己的祖国一样热爱托尔斯泰。这也是一面镜子,它所映照出来的托尔斯泰要比我们以往所看到的更加清晰和明亮,更加深邃和恒久。

参考文献

［1］Платонов О А. Святая Русь: Большая энциклопедия Русского народа: русская литература［М］. М.: Институт русской цивилизации, 2004.

［2］Зеньковский В В. История русской философии: Т. 1, Ч. 2［М］. Ленинград: Эго, 1991.

［3］Толстой Л Н. В чем моя вера?［М］. Ленинград: Художественная литература, 1991.

［4］Бердяев Н А. Философия творчества, культуры и искусства: Т. 2［М］. М.: Искусство, 1994.

［5］Архимандрит Рафаил (Карелин). Церковь и мир на пороге апокалипсиса: Ч. 1: Что такое модернизм［М］. Православие и современность, Электронная библиотека.

［6］Андреев А Л, Андреева Л А, Ахиезер А С, и др. Российская цивилизация: Этнокультурные и духовные аспекты［М］. М.: Республика, 2001.

［7］Маслина М А. Русская философия［М］. М.: Республика, 1995.

［8］以赛亚·伯林. 俄国思想家［М］. 彭准栋,译. 南京:译林出版

---

① 温德:《力阻狂轮:朋霍费尔传》,陈惠雅译,四川人民出版社,2006,序第5页。

列夫·托尔斯泰的理性信仰与现代性因素

社,2003.

[9] 梅列日科夫斯基. 托尔斯泰与陀斯妥耶夫斯基[M]. 杨德友,译. 沈阳:辽宁教育出版社,2000.

[10] 托尔斯泰. 列夫·托尔斯泰文集:第 15 卷 政论 宗教论著[M]. 倪蕊琴,编;冯增义,宋大图,等,译. 北京:人民文学出版社,2000.

[11] 尼·米·尼科利斯基. 俄国教会史[M]. 丁士超,苑一博,杜立克,等,译. 北京:商务印书馆,2000.

[12] 卡西尔. 启蒙哲学[M]. 顾伟铭,杨光仲,郑楚宣,译. 济南:山东人民出版社,2007.

[13] 托尔斯泰. 列夫·托尔斯泰文集:第 17 卷 日记[M]. 陈馥,郑揆,译. 北京:人民文学出版社,2000.

[14] 雅克·巴尔赞. 从黎明到衰落:西方文化生活五百年[M]. 林华,译. 北京:世界知识出版社,2002.

[15] 安伦. 理性信仰之道[M]. 上海:学林出版社,2009.

[16] 刘远航. 汤因比历史哲学[M]. 北京:九州出版社,2010.

[17] 托尔斯泰. 列夫·托尔斯泰文集:第 16 卷 书信[M]. 周圣,单继达,等,译. 北京:人民文学出版社,2000.

[18] 埃德加. 哈贝马斯:关键概念[M]. 杨礼银,朱松峰,译. 南京:江苏人民出版社,2008.

[19] 瑞珀尔,史密斯. 智慧之门:宗教与哲学的过去和现在[M]. 张念群,译. 北京:中国社会科学出版社,2000.

[20] 许志伟. 基督教神学思想导论[M]. 北京:中国社会科学出版社,2001.

[21] 温德. 力阻狂轮:朋霍费尔传[M]. 陈惠雅,译. 成都:四川人民出版社,2006.

# 托尔斯泰思想遗产价值管窥①

列夫·托尔斯泰在痛苦与迷茫中孤独地悄然辞世而去距今已整整 100 周年了。纪念大师之际，心中除有道不尽的崇敬与感念之外，更被一种难以言说的沉重压迫着。这可能是因为托尔斯泰一生的精神探索太过挣扎，甚至拼上了性命；而且他自身道德完善的追求又是异乎寻常地执着与克己，所经历的种种心灵磨砺犹如背着沉重十字架的苦难圣徒。他的精神圣化的渴望如此强烈，捕捉生命精神真理的路程又是那么艰难、曲折，晚年甚至进入了常人无法企及的圣徒式虚己的精神状态。而遗憾的是，他所想所做的一切并没有得到同时代人和后人的认同，受到的种种批评和指责远远超过了他所应当承受的。在纪念大师逝世 100 周年的日子里，我们想抛开往昔那些对大师思想的是非曲直的争论，认真地思考一下，他给我们留下了什么珍贵的精神遗产，我们从他的思想探索中得到了什么启示。

在做这种尝试时，笔者遇到了许多困难。首先，托尔斯泰的学说十分庞杂，且观点并不始终如一，他的思想在不同著作中的表述时有矛盾；其次，他的学说的建构基于多种宗教、西方启蒙哲学与俄罗斯的固有文化传统，要想厘清他思想的来龙去脉，绝非易事；其三，托尔斯泰的宗教信仰及与教会的关系非常复杂，种种是非一时难以廓清。加之，学界对大师的研究已十分深入、全面，一些大师级的评论家、哲学家、思想家对托尔斯泰思想和艺术创作的一个

---

① 原载《外语学刊》2011 年第 5 期。

多世纪的评论足以令我们叹服,应该说的话似乎都说了。尽管如此,笔者还是要从中国学者的外位立场不揣浅陋做一点探讨。做这种研究是出于一种思考,即对大师思想遗产的回顾,就更广泛而实际的社会需要而言,未必要一味追求某种纯学术意义上的所谓深刻,当今大众而不是小众的精神文化建设之需更应为研究者所看重。

就从现在已为许多研究者所厌倦的"托尔斯泰主义"谈起。一提起"托尔斯泰主义",人们自然会想到勿以暴力抗恶和道德自我完善那些"泛道德说教"。这并没有错,但过于简单和片面。其实,所谓"托尔斯泰主义",要博大和深刻得多,总体而论,它所指的是托尔斯泰"创建的关于世界、人、生命的意义和社会改革的宗教伦理学说"①及在其基础上于19世纪末至20世纪初在俄国形成的宗教乌托邦社会思潮,其宗旨是通过宗教道德完善来实现对社会的改造。也就是说,学界所说的"托尔斯泰主义"是托尔斯泰毕生精神真理探索所建构的学说,含蕴甚广。他所思考的问题实际上大大超越了个人道德完善的范畴,广泛地涉及宗教人类学、宗教社会学、社会学、政治经济学及伦理学等领域。大师从创造社会物质财富的普通劳动者的根本立场出发,经过对农奴制(一称当代奴隶制)废除以后的俄国社会弊端的悉心研究和实地考察,创建了自己的非暴力理论学说,指出并严正抨击了当时俄国社会暴力存在的多种形式及给人民造成的非人道的危害。在此基础上,他提出了取缔诸种暴力的宗教途径,把不参与暴力作为道德完善的重要方面来倡导。这正是托尔斯泰的永远无法实现的人道主义宗教乌托

---

① Галактионов А А, Никандров П Ф, Русская философия IX - XIX вв. [М]. Ленинград: Издательство Ленинградского университета, 1989, c. 558.

邦理想。托尔斯泰的这些思想瑕瑜互见，但不得不承认，这个学说的一些理论，直至今日仍未失去社会意义的迫切性。我们当然不能在一篇小小的文章中侈谈"托尔斯泰主义"的方方面面，只想把我们对这一巨大思想世界的窥探局限在人道主义宗教乌托邦理想这一方面，其核心是还原并以今天的观念重新评价托尔斯泰的非暴力理论和道德自我完善学说的社会价值。

当代俄罗斯哲学家 M. A. 马斯林认为，非暴力学说是托尔斯泰世界观的独特精髓，以道教、佛教和印度教为基础的信念是这一学说产生的先决条件。[①] 这种看法不无道理。托尔斯泰确实是接受了一些东方宗教的教理，而且还应补充犹太教、儒家学说和西方启蒙哲学的影响。所有这些宗教和哲学中反对暴力的观念对托尔斯泰非暴力理念的形成无疑都有一定的作用，但依照托尔斯泰在《我的信仰是什么？》等著作中的论说，他的非暴力观念主要来自于《圣经·新约·马太福音》中的《山上宝训》。它的诫命中有一条：对恶人不要"以眼还眼，以牙还牙"地报复，即不要与恶人作对。最初，托尔斯泰完全接受了这个戒规，因为他把基督学说最根本的意义理解为对人们的爱，基督所说的"爱敌人"是为了表达基督教的本质，即任何时候都不做与爱相悖的事。当然，由此人会遭到痛苦甚至死亡。托尔斯泰还很喜欢诵读《山上宝训》中的下一段训诫："你们又听见这样的教训说：'爱你的朋友，恨你的仇敌。'但是我告诉你们，要爱你们的仇敌，并且为迫害你们的人祷告。……假如你们只爱那些爱你们的人，上帝又何必奖赏你们呢？就连税棍也会这样做的。假如你们只向朋友打招呼，那又有什么了不起呢？就连异教徒也会这样做的。你们要完全，正像你们的天父是完全

---

① Маслина М А, Русская философия. М.：Республика, 1995, с. 518.

的。"(《圣经·新约·马太福音》第 5 章第 43—48 节)托尔斯泰对这些话做了如下的理解:《福音书》中的这些诫命人人都必须实行,不要以恶报恶,要永远对所有的人做善事,饶恕所有的人。① 他说:"我的心清楚、明晰地告诉我,不要把人处死;科学说,不要把人处死,处死的越多,恶越多;理性告诉我,不要把人处死,用恶不能遏止恶,我所相信的上帝的话也是这样说的。"②

由此可见,托尔斯泰的非暴力理论完全来自于他对《福音书》的理解。他认为,人类要摆脱恶、遏止恶只有一条途径——对所有的人不加区别地以善报恶。这里有一个显而易见的真理:"如果一个人可以用暴力去抵抗他认为的恶,与此同时,另一个人也可以用暴力去抵抗他所认为的恶。这样一来,世上就充满了暴力,而恶也就越来越多。并且,暴力是违背人的本性的。"③托尔斯泰坚信,只要人们互相之间不做恶事,恶就不会有。最终能消除恶的不是恶,而是善。他在《我的信仰是什么?》一书中清楚、明白地阐述了自己的这一看法:"人类向善的运动不是由折磨人的人而是由受折磨的人来实现的。"④而且"正如不能用火去灭火一样,也不能用恶去除恶,只有善在遇到恶时不受其沾染才能战胜恶"⑤。

---

① Толстой Л Н, В чем моя вера? Ленинград: Художественная литература, Ленинградское отделение, 1991, с. 17.

② Толстой Л Н, В чем моя вера? Ленинград: Художественная литература, Ленинградское отделение, 1991, с. 17.

③ Толстой Л Н, В чем моя вера? Ленинград: Художественная литература, Ленинградское отделение, 1991, с. 21.

④ Толстой Л Н, В чем моя вера? Ленинград: Художественная литература, Ленинградское отделение, 1991, с. 22.

⑤ Толстой Л Н, В чем моя вера? Ленинград: Художественная литература, Ленинградское отделение, 1991, с. 22.

持有相近看法的俄罗斯思想家不止托尔斯泰一人。著名俄国思想家、哲学家弗拉基米尔·谢尔盖耶维奇·索洛维约夫就是其中的一位。他断言："只要社会发展的历史进程尚在继续，恶就不可避免。和恶斗争有两种权力：世俗的和精神的。世俗权力是以恶制恶，用惩罚和暴力与恶斗争，仅仅维持某种外在的社会秩序。第二种权力——精神权力，则不承认这种外在秩序表达了绝对真理，执意通过内在的精神力量，也就是使恶不仅受制于外在的秩序，而是彻底臣服于善，以实现绝对真理。"①这种理念与托尔斯泰的理念一脉相承。托尔斯泰的"勿以暴力抗恶"的准则正来自于"不抵抗恶"的天国律令，后者的旨意是不要以恶报恶，要以善在精神上征服人。托尔斯泰之所以对这一天国律令深信不疑，是因为他与卢梭一样，认为一切自然的，包括人的本性，都是善的，"不用去抵抗恶，善会自行实现；不需要你的积极参与，这是一种自然状态，上帝的意志在其中直接实现"②。这种看法反映出托尔斯泰对生命原初自然力是向善的、固有原生的仁慈的信念。依照这种观念，来自于自然的人民禀有善的本性，他们只要认识到什么是恶，便不会去作恶。也就是说，托尔斯泰对恶的看法是苏格拉底式的——恶来自于无知，来自于理性意识的缺失，几乎是由误解而生。正因为如此，托尔斯泰主张"要指责罪孽，但要容忍罪人"，"要恨人身上的恶，但要爱人"③。不能不承认，托尔斯泰在对恶的

①　索洛维约夫等：《精神领袖》，徐振亚、娄自良等译，上海译文出版社，2009，第3页。

②　Бердяев Н А, Философия творчества, культуры и искусства: Т. 2. М.: Искусство, 1994, с. 470.

③　Гродецкая А Г, Ответы предания: жития святых в духовном поиске Льва Толстого. СПб.: Наука, 2000, с. 115.

托尔斯泰思想遗产价值管窥

看法上,所持的是"幼稚的自然主义的理性主义"①。对于托尔斯泰,理性的就是善的、无罪的,他不知道,单从宗教理解而言,有与神的理性联系在一起的理性,还有脱离开神的理性的理性。对基督教的理性信仰使托尔斯泰把"爱"的教义绝对化,失去了正义的观念。实际上"爱"与"正义"正是基督教教理的最主要的二律背反之一。П. А. 弗洛连斯基曾对这个二律背反有过论述,称它是在基督教中占据中心位置的二律背反,即"宽恕与惩罚,救赎与毁灭,爱与公正,拯救者与惩罚者等"②。令人不可理解的是,这些完全相反的理念在基督教中并存着。

《山上宝训》中一味强调"爱","爱敌人",这虽然能够避免恶的循环往复,但却没有惩恶扬善的基本正义观。托尔斯泰在无比崇奉《山上宝训》的同时已经发现,这种只强调"爱"的天国的诫命在现实生活中有时无法实现。诸如一个士兵,虽然他清楚地知道"爱敌人"的教规,但一旦这一教规与军规发生冲突,他绝对不能违背军规;又如,一个民族受到了外族人的侵犯,政府号召人们去参加与敌人的战争,去消灭他们。在这种情况下教徒应该怎样做呢?是忠实于上帝的诫命不参战还是听命于政府的命令去打仗呢?这使教徒处于无法选择的两难境地。而且,托尔斯泰本人的生活也与国家生活交织在一起,经常从事与《山上宝训》中一些律令发生矛盾的活动,在上帝的律法和人的律法之间无法做出选择。令他困惑不解的是,他在历史上和现实生活中总是看到与上帝的律法、与他的良心和理性相反的律法,而如果他接受基督的法规,他会剩

---

① Бердяев Н А, Философия творчества, культуры и искусства: Т. 2. М.: Искусство, 1994, с. 471.

② Флоренский П А, Сочинения в 2-х томах: Столп и утверждение истины: Т. 1. М.: Правда, 1990, с. 209.

下孤身一人,会受到迫害和痛苦不堪,如果他接受了人的律法,所有的人都会赞同,他会平静而无忧无虑地生活。① 托尔斯泰认为《山上宝训》中的有些要求是人根本不可能做到的,不可能是人获救的必备条件。他产生了一个疑问:既然基督事先就知道靠人的力量不能实现他的学说,为什么还要为人制定这些清清楚楚的规则呢?② 这些疑问表明,托尔斯泰对《山上宝训》中的一些法规是有所保留的,他并不主张在现实生活中一律"不抵抗恶",在关系到军令、国法等大事面前,人还是应服从社会的律法。但他思想的主要倾向还是《圣经》中的非暴力圣训,对爱与正义的二律背反并没有清醒的明确认识。

有了这种非暴力的基本理念以后,托尔斯泰在如下诸多方面都对俄国的暴力进行了批判和抨击。

首先,托尔斯泰反对用暴力解决国家间、民族间、法庭惩罚等方面的问题。托尔斯泰之所以在这些方面提倡非暴力的学说,与他生活其中的俄国社会环境有直接的关系。自古以来,国与国之间、民族与民族之间经常发生武装冲突,并且旷日持久,愈演愈烈。俄国国内皇权的争夺也不乏诉诸武力的先例,军队、法庭的血腥惩罚(如绞刑、夹鞭刑等)之残忍、粗野举世皆知。并且,酗酒又助长了社会上和家庭暴力及残害人精神的软暴力等的滋生。对这一切,托尔斯泰在他的许多作品中,诸如《哥萨克》(1863)、《霍尔斯托梅尔》(1865)、《哈吉·穆拉特》(1896)、《舞会以后》(1903)、《为什么?》(1906)和《神意与人意》(1903—1906)等,都有描述。

---

① Толстой Л Н, В чем моя вера? Ленинград: Художественная литература, Ленинградское отделение, 1991, с. 11.

② Толстой Л Н, В чем моя вера? Ленинград: Художественная литература, Ленинградское отделение, 1991, с. 4.

中篇小说《哥萨克》中涉及了俄罗斯国情的上述特殊性。小说的主人公之一哥萨克士兵卢卡什卡刚一来到军队，就开枪打死了一个试图泅水进入哥萨克守卫地界的车臣人，他因此受到大家的敬佩。他站在车臣人尸体的旁边观赏着自己的战利品，兴高采烈地和同伴一起欣赏着被他击毙的车臣人是何等了不起的骑手，一边瓜分他的枪、短剑和衣物，一边哄笑着拿他取乐。而这个车臣人兄弟五人，其中的四人都在与哥萨克的暴力冲突中被打死。最终，车臣人在疯狂报复时也击毙了卢卡什卡。虽然哥萨克与山民有着血缘关系，而且车臣人已归顺了俄罗斯，但他们之间的武装冲突连连不断，哥萨克既憎恨车臣人，又憎恨俄罗斯士兵，甚至对后者的憎恨更加强烈。由于这种"以眼还眼、以牙还牙"的暴力行动不能理性地从根本上解决民族间的矛盾，所以，这种武装冲突一直持续到了今天。

另一部中篇小说《哈吉·穆拉特》写的也是少数民族与沙俄统治者的武装冲突，以及山民内部的暴力残杀。小说的中心主人公哈吉·穆拉特是东北高加索的鞑靼人，是首领沙米尔手下的一员立下汗马功劳的猛将，一州之长。沙米尔带领达吉斯坦和车臣尼亚的山民起来反对沙皇政府的统治。由于哈吉·穆拉特与沙米尔发生了矛盾，沙米尔杀死了他的父亲、兄弟和亲族。哈吉·穆拉特决定投奔俄国军队，借助俄军的力量向沙米尔讨还血债。但他的母亲、妻子和儿子都被沙米尔囚禁起来做人质，沙米尔威胁哈吉·穆拉特，如果后者不重新归顺他，就会挖去他儿子的双眼，并罚其母亲和妻子做奴婢。俄国政府想利用哈吉·穆拉特除掉沙米尔的武装力量，但不想去救作为人质的他的家人。情急之下，哈吉·穆拉特决定离开俄军，自己去营救家人。俄军发现了哈吉·穆拉特的行踪，派兵去追击，经过一场激烈的战斗，哈吉·穆拉特壮烈牺牲。这为民族间的仇恨和武力报复又埋下了新的种子。

在《哈吉·穆拉特》的半真实、半虚构的故事中，托尔斯泰还详细地描绘了他所极力反对的另一种暴力——沙皇政府对有罪过的普通人的暴力惩罚。小说中有一个嵌入的情节：沙皇尼古拉一世由于前一天猎艳留下的余味而十分不快，这直接影响到他审批公文的态度。在呈给他的报告中，有一个波兰籍学生布热佐夫斯基，是外科医学院的学生。他两次考试都没有及格，第三次考官又没有让他及格。这个神经有点毛病的学生抓起桌子上削鹅毛笔尖的小刀，向教授刺去，使教授受了几处轻伤。沙皇尼古拉一世看到这个报告后心情更加恶劣。"他对波兰人做了很多坏事。为了解释这些坏事是对的，他就得相信所有的波兰人都是坏蛋。于是尼古拉一世就认为他们就是这样的，并且随着他们做的坏事的增加，他对他们的憎恨程度也相应地增加。"①他决定对这个波兰学生处以死刑，于是写了如下的批文："但是谢天谢地，我们没有死刑，并且我也不愿意使用死刑。让他穿过一千人行列十二次。"紧接着托尔斯泰又写道："尼古拉知道，一万二千下鞭打，不仅是不折不扣的受苦的死刑，而且是过分的残酷，因为只要五千下答杖就足以打死一个最强健的人了。然而做一个无情的残酷的人他却觉得愉快，并且想到我们没有死刑也觉得愉快。"②沙皇还要让所有的学生去观看答刑，这有利于"消灭这种革命精神"，把它"连根拔掉"。这种残酷、野蛮的夹鞭刑在《舞会以后》《为什么？》等作品中都有极其具体的描述。

在另一篇中篇小说《神意与人意》中，充分地呈现出俄国时期

①　列夫·托尔斯泰：《列夫·托尔斯泰文集：第 4 卷 中短篇小说：1885—1910》，臧仲伦、刘辽逸译，人民文学出版社，2000，第 477 页。

②　列夫·托尔斯泰：《列夫·托尔斯泰文集：第 4 卷 中短篇小说：1885—1910》，臧仲伦、刘辽逸译，人民文学出版社，2000，第 477 页。

托尔斯泰思想遗产价值管窥

解决国家政权问题的暴力倾向与恐怖行为和政权、法庭对反对者的暴力惩罚。

小说的第一位主人公斯维特洛古勃曾参与反对政府的恐怖行动，因受另一个恐怖分子的牵连而被捕入狱，并代人受过而被判处绞刑。无可忍受的狱中生活完全消磨了他的意志，最终他靠福音精神改变了自己的信念。深信不应从事恐怖的暴力行动，而应用爱去对待一切人。他甚至对狱吏慈悲为怀。最后他以庄严、镇静的心情面带微笑地走上了刑场。托尔斯泰让他这位主人公最终理解了《圣经》中的一个道理："耶稣对门徒说，若有人要跟从我，就当舍己，背起他的十字架，来跟从我，因为凡要救自己生命的，必丧掉生命。凡为我丧掉生命的，必得着生命。"①作品的第二位主人公是一个分裂派教徒，他反对教派的领导人，也反对政府，认为他们都是反基督的。他因此被关在监狱里，并遭受各种残忍的暴力。他也在《新约全书》中找到了信仰的真正真理——羔羊的精神。这位老人认识到："恶的主宰是不会长久的，羔羊能以善和温顺征服所有的人，羔羊会把人们的眼泪擦干，不会再有哭泣、疾病和死亡。"②老人怀着这种信仰无限欣慰地离开人世去见上帝了。通过这个分裂派教徒的所思所想，托尔斯泰告诉我们，暴力不能解决人的精神问题，只有基督教的启示精神才能消除暴力带来的恶。小说的第三位主人公麦热涅茨基是一个从事恐怖活动的革命者，最后因失去精神支撑而上吊自杀。总而言之，三位主人公都因受到法庭和政府的暴力惩罚而失去了生命。

---

① 托尔斯泰：《托尔斯泰中短篇小说选》，吴育群、单继达译，花城出版社，1983，第470页。

② 托尔斯泰：《托尔斯泰中短篇小说选》，吴育群、单继达译，花城出版社，1983，第497页。

托尔斯泰通过对主人公暴力惩罚和绞刑的描写,提出了"国家对人的审判的合理性问题,特别是国家政权处置人的生命的问题"①。他在 19 世纪 90 年代创作的作品中也触及一个人审判和惩罚另一个人的权力及仁爱等问题。

仅由上面几部中篇小说中关于俄罗斯暴力盛行的描写可以看出,托尔斯泰的非暴力理念的产生是有极强的社会根源的,对于农奴制残余尚未消除、暴力行为比比皆是的专制暴政下的俄国十分有针对性。尽管托尔斯泰所宣扬的仁爱和非暴力思想仅仅是无法实现的宗教乌托邦,但仍然具有人道主义的感召力,对于俄罗斯不无裨益。

除上面谈到的托尔斯泰在作品中反对的国家政权、法庭等对敌对阶级和民众采用的暴力行动以外,作家还强烈反对沙皇政府、军队、法庭和教会等对劳动者实施的暴力统治。

他认为,"奴隶制依然存在(指 1861 年废除农奴制以后)。它究竟是什么呢?它一直是强者和手持武器者对弱者和手无寸铁者施行的暴力,无此就不可能存在"②。托尔斯泰认为俄国农奴制及其对人身施以暴力的三种基本方式为"兵役、靠兵役支持的地租、给一切居民造成直接税和间接税而同样靠兵役支持的贡赋"。而"最后一种暴力,金钱暴力,亦即赋税暴力是当今最强大和最主要的暴力,它获得了最为惊人的辩解,剥夺人们的财产、自由和他们的全部福利是为了自由和共同的福利。实际上呢,这种暴力不是

---

① 俄罗斯科学院高尔基世界文学研究所:《俄罗斯白银时代文学史:第 1 卷》,谷羽、王亚民等译,敦煌文艺出版社,2006,第 280—281 页。

② 列夫·托尔斯泰:《列夫·托尔斯泰文集:第 15 卷 政论 宗教论著》,冯增义、宋大图等译,人民文学出版社,2000,第 190—191 页。

什么别的东西,而恰恰就是奴隶制,不过是一种非人身奴隶制而已"①。也就是说,奴隶制的辩解者使对奴隶的暴力合法化了。在这种"用刺刀支持的暴力的"制度下,用武力残害广大劳苦民众、强行征集劳力和抽取地租并课以赋税,根本不会有人与人之间财富的合理分配,财富必然会"全数流入强暴者的腰包"②。而强暴者占有的金钱和财富越多,他对被奴役者的暴力控制越稳固,因为金钱充当了暴力的手段。

托尔斯泰并不是坐在书斋里看几本书得出的这个结论。他曾到农村和莫斯科的贫民区走访和调查,并亲自到莫斯科—喀山铁路货栈了解从乡下来的搬运工的劳动和生活情况,对上述三种暴力给人民造成的残害有了深入具体的了解,认真地思考了各种贫苦无告的人沦落生活底层的个人原因和社会原因。他看到,即使不在战争中,这一系列的暴力对人民的摧残也已骇人听闻。他对奴役劳动者的暴力深恶痛绝,深刻理解了一个道理:"一个人奴役另一个人的根本原因仅仅在于一个人能够剥夺另一个人的生命,他只要抓住这个令人生畏的地位不放,就能强迫另一个人去执行他们的意志。""可以完全肯定地说,只要存在着人奴役人的现象,即一个人违背自己的意志按另一个人的意志做他所不愿做的事,那么它的原因就只能是以剥夺他人生命的威胁作为基础的暴力。"③问题在于,具有这种对普通人生杀予夺权力的并不仅仅是一些农奴主和富人,而且是教会、政府和军队的整整三个等级的人

---

① 列夫·托尔斯泰:《列夫·托尔斯泰文集:第 15 卷 政论 宗教论著》,冯增义、宋大图等译,人民文学出版社,2000,第 191 页。

② 列夫·托尔斯泰:《列夫·托尔斯泰文集:第 15 卷 政论 宗教论著》,冯增义、宋大图等译,人民文学出版社,2000,第 191 页。

③ 列夫·托尔斯泰:《列夫·托尔斯泰文集:第 15 卷 政论 宗教论著》,冯增义、宋大图等译,人民文学出版社,2000,第 175 页。

们——僧侣、官吏和军人，他们"认为自己有权享用劳动者的劳动，才总是把自己的服务强加给人民"①。这种认识与《圣经·旧约》中对劳动和劳动者的态度有一定的关系。《圣经·旧约》中上帝对亚当进行诅咒，说："你既然听从妻子的话，吃了我禁止你吃的果子，土地要因你违背命令而受诅咒。你要终生辛劳才能生产足够的粮食。土地要长出荆棘杂草，而你要吃田间的野菜。你得汗流满面才吃得饱。你要工作，直到你死了，归于尘土。"(《圣经·旧约·创世纪》第3章第17—19节)显而易见，教会基于这种对劳动和劳动者的诅咒，可以对社会广大劳动阶层的教民进行盘剥，即施以暴力。而托尔斯泰对劳动和劳动者的态度与《圣经·旧约》根本不同。他认为，必须"承认劳动不是上天的诅咒，而是生活中一件充满快乐的事情"②。任何一个"还没有丧尽理智和良心的人"，都不能"不参加为全人类的生活而进行的斗争，只知道侵吞那些为人们的生活而进行斗争的人的劳动"③。托尔斯泰对东正教会给教民施加的暴力十分愤怒，他深知，"正如古代，为教权和政权的暴力进行辩护的神学之全部精妙总是为祭司们所专有，而声称国王、僧侣和贵族的权力是神圣的那些既定结论，渐渐被当作信仰在人群中流传开来"④。"为一个自己不做工而侵吞他人劳动的人所做的任何辩解，如法老和祭司们的辩解，罗马和中世纪的皇帝及其公

① 列夫·托尔斯泰:《列夫·托尔斯泰文集:第15卷 政论 宗教论著》，冯增义、宋大图等译，人民文学出版社,2000,第225页。

② 列夫·托尔斯泰:《列夫·托尔斯泰文集:第15卷 政论 宗教论著》，冯增义、宋大图等译，人民文学出版社,2000,第269页。

③ 列夫·托尔斯泰:《列夫·托尔斯泰文集:第15卷 政论 宗教论著》，冯增义、宋大图等译，人民文学出版社,2000,第216页。

④ 列夫·托尔斯泰:《列夫·托尔斯泰文集:第15卷 政论 宗教论著》，冯增义、宋大图等译，人民文学出版社,2000,第220—221页。

民——骑士、祭司和僧侣们的辩解，总是由两个观点构成：其一，我们占取庶民的劳动，因为我们是特殊人物，上帝指定我们来管辖庶民并且把上帝的真理教给他们；其二，我们带给庶民福利，而应当向他们取得多少劳动，不可能由庶民来裁决。"①

总而言之，托尔斯泰认为，以上帝的名义强迫教民用繁重的劳动供养剥削阶层的人们，这是十分虚伪的欺骗。这些剥削者靠他人的劳动为生，因脱离劳动和侵吞人民的劳动而给人民带来了恶。在托尔斯泰的观念中，盘剥社会财富的创造者既是一种暴力，也是奴隶制社会的恶之所在。它的表现是政府对人民、教会对教民、奴隶主对奴隶等实行的强制性繁重劳动和强制性重税重赋。其产生的根源就在教会基督教最古老的教义中，根据这种为人们背叛劳动这一基本职责所进行的辩解，人们按上帝的意志彼此区分开来，就像太阳区别于月亮和星星，而星星之间又有区别一样，一些人按上帝的旨意有权统治一切人，另一些人有权统治许多人，第三种人有权统治某一些人，第四种人按上帝的旨意俯首听命。而黑格尔的所谓"国家哲学教义"又为这种不合理的等级论进行辩解——"即凡存在的都是合理的，既无恶也无善，人无须和恶斗争，而只需体现精神，服军役的服军役，当法官的当法官，拉提琴的拉提琴"②。托尔斯泰认为，黑格尔的学说之所以在短短的时间内就成为全世界的信仰，原因只有一个，像人的坠落和赎罪的理论取得成功的原因一样，就在于这一哲学理论的种种结论放任了人们的弱点。

从托尔斯泰对奴隶制社会暴力的认识和批判我们可以看出，

---

① 列夫·托尔斯泰：《列夫·托尔斯泰文集：第15卷 政论 宗教论著》，冯增义、宋大图等译，人民文学出版社，2000，第222页。

② 列夫·托尔斯泰：《列夫·托尔斯泰文集：第15卷 政论 宗教论著》，冯增义、宋大图等译，人民文学出版社，2000，第229页。

托尔斯泰把脱离劳动、剥夺社会财富创造者的劳动成果的政府、教会和个人的行为视为奴隶制社会的主要暴力和使人民不幸的恶。他对这种暴力和恶持极端反对的态度,愤怒地口诛笔伐。与此相关,他坚决反对俄国的土地私人占有制和维护这种私有制的法律。他在逝世前 10 年的论著《当代的奴隶制度》中以具体的实例讲述了俄国将迈进 20 世纪时的奴隶制式剥削何等惨重。在莫斯科—喀山铁路货栈有 250 个从农村来谋生的装卸工,他们要连续工作 36—37 小时,其间 5 个人要装卸 16—38 吨货物,但一昼夜还挣不上 1 卢布,每个月只能挣 25 卢布,还要从中支付伙食费。他们 100 个人挤在 10 俄尺大的一间小屋子里,连床底下都没有空地方可躺。托尔斯泰感到,"就是在农奴制时代,任何一个最残酷的奴隶主也未必会迫使自己的奴隶这样劳动。何必说奴隶主呢,就是任何一个车夫也未必让自己的马这样干活,因为马是值钱的"①。这样剥削劳动者的结果,致使人们大批走向过早的死亡。托尔斯泰把享用以人的生命为代价换来的劳动成果的人视为野兽,他们产生的社会根源就是私有制和不公正的维护私有制和剥削合法权益的法律。土地私有制的合法化使没有土地的农民的全部劳动成果以捐税和赋税的形式被剥夺,使广大农民陷入赤贫的非人的生活状态。托尔斯泰逐一地批驳了"土地被算作是一些不耕地的人的私有财产,人们不应该使用这些土地""捐税用于对所有的人都有利的社会需要上""人们不应该享用他们为了满足其消费必需的物品,如果这些物品是别人的私有财产的话"等等受法律保护的为私有权的强词夺理的不公正辩护,认为所有这些辩解都是为了抢夺劳动者的劳动成果并保护抢劫者的不可剥夺的私有财产,当代奴

① 陈琛主编:《列夫·托尔斯泰文集:第 4 卷 散文随笔 天国就在你们心中》,吉林人民出版社,1995,第 381 页。

托尔斯泰思想遗产价值管窥

隶制度正是从"关于土地、捐税和私有财产的三项法律中产生的"①。

　　看清楚这一切以后,托尔斯泰准备怎样使人们摆脱这种被奴役的境地呢?他指出了自认为唯一可行的必由之路:"现存的秩序是建立在粗暴的暴力基础上的,而生活的理想,则是由人们的团结一致所构成,这种团结是建立在合乎理性的和谐的基础上的,是被习俗所肯定的。在现存秩序和生活理想之间,存在着无数的阶梯,人类沿着这一阶梯不断地前进。人们只有逐渐地日益摆脱参与暴力、使用暴力和对暴力的习惯,才能接近于这一理想。"②在"这一阶梯"之中,托尔斯泰坚定地认为,首先要明白政府活动的罪恶性和有害性,明确地认识生活制度糟糕的原因是政府暴力造成的奴隶制度,绝不能使用和参与政府的暴力,为了消灭政府的暴力,只有一种办法,即人们拒绝参与暴力。是怀着崇高的目的去参加这个人类的总的运动,还是做这个运动的反对者,这是每个人都面临的一种选择,"要么去反对神的意志,把自己短暂的虚假生活的破屋建筑在沙滩上,要么按照神的意志,加入真正生活的永恒的、不朽的运动中来"③。

　　在辞世的前几年托尔斯泰已经认识到:"现存制度的基础与社会意识的冲突已经发展到这种程度,如果保留基础便无法修补这制度,正像房屋的地基一旦下沉,便无法修补墙壁一样。应该从最底层起全部加以改造。在现存制度下,一些人家资巨万,奢侈无

---

① 陈琛主编:《列夫·托尔斯泰文集:第4卷 散文随笔 天国就在你们心中》,吉林人民出版社,1995,第407页。

② 陈琛主编:《列夫·托尔斯泰文集:第4卷 散文随笔 天国就在你们心中》,吉林人民出版社,1995,第424页。

③ 陈琛主编:《列夫·托尔斯泰文集:第4卷 散文随笔 天国就在你们心中》,吉林人民出版社,1995,第425页。

度,群众却贫穷困苦,还存在着土地私有权,国家征税权,对别国领土的掠夺,爱国主义,军国主义,分明是虚假的、却被人们努力维持着的宗教,这样的制度无法修补。这一切是无法用立宪、全民投票、工人养老金、政教分离及类似治标办法修补的。"①但同时,托尔斯泰又不主张用革命的途径去彻底摧毁旧制度,因为"革命的主要动机之一是驱使孩子去破坏玩具的那种感情,是破坏狂"②。虽然他知道革命者"希望变革……为了实现他们的变革不畏惧暴力,也不怕受穷受苦",他们"精力充沛,为了达到他们心目中的善良目标而准备吃苦",但又认为他们"放肆,残忍"③,目标虽然是善良的,但却狂暴地去破坏一切。由此不难看出,托尔斯泰是肯定革命者变革社会的善良动机和他们的勇敢牺牲精神的,但不能接受具有破坏性的暴力行为。难怪有人说,他的思想与布尔什维克更接近,"他的追求形而上学的平等的'西徐亚'意志与从普加乔夫、巴枯宁到列宁的俄罗斯精神和文化的掘墓人的灵感相一致"④。

不过,托尔斯泰所主张的实现社会变革的方式与布尔什维克大相径庭,直至生命的最后他都坚决地认为,"一切的根由是有理性为之辩解的暴力,而解脱的办法是宗教,即认识自己对上帝的态

---

① 陈琛主编:《列夫·托尔斯泰文集:第 2 卷 日记·书信 樱桃园之雪》,吉林人民出版社,1995,第 135—136 页。

② 陈琛主编:《列夫·托尔斯泰文集:第 2 卷 日记·书信 樱桃园之雪》,吉林人民出版社,1995,第 139 页。

③ 陈琛主编:《列夫·托尔斯泰文集:第 2 卷 日记·书信 樱桃园之雪》,吉林人民出版社,1995,第 139 页。

④ Николюкин А Н, Литературная энциклопедия русского зарубежья (1918 – 1940): Т. 4 Всемирная литература и русское зарубежье. М.: РОССПЭН, 2006, с. 398.

度"①。他试图用"勿以暴力抗恶"的上帝的诚命来统辖每个人的精神世界,通过每个人的道德完善拯救俄国。他深信,只要每个人都弃恶扬善,不再剥夺劳动者的所获,奴隶制对民众的暴力即会消失。有人说,这样一来,托尔斯泰把变革俄国社会的问题和与恶的斗争转移到了人的内心世界。这种看法很普遍,但却有失公允。托尔斯泰所提倡的道德自我完善是一定要付诸行动的,要在为他人谋幸福的劳动中来实现。他决定从自己做起,对以往的生活进行了痛苦的反思,为自己占有的财产、社会地位和生活方式而深深地自责。他开始从事体力劳动,摆脱靠农民供养的寄生生活,而且自己缝制皮靴,并准备不再收取著作稿酬,捐出全部家产。总而言之,他极力想把自己变成一个不用为自己不劳而获羞愧的创造物质财富的劳动者。他的这些极端的想法激起了他与妻子的尖锐矛盾。托尔斯泰在这样想和这样做时,正如有的评论者所说的那样,在一定程度上是"自我中心主义和主观主义"的表现,他的道德学说有自己道德经验绝对化的因素。② 思想的极端化是他老年精神痛苦的主要原因。他甚至否认文学创作这种脑力劳动也是劳动,认为自己写书所得的报酬是"黑心钱",把人的欲望视为魔鬼的诱惑,过分强调人原初自发和自然的善的本性,进而怀疑并试图摒弃文化的积淀。直到生命的最后时刻他都坚持实行自己所信奉的天国律令。

但他并不主张为了宗教的目的而到修道院去过与世隔绝的修道生活。他认为人不能只为自己的精神圣化离群索居,而应该在

---

① 陈琰主编:《列夫·托尔斯泰文集:第 2 卷 日记·书信 樱桃园之雪》,吉林人民出版社,1995,第 294 页。

② Николюкин А Н, Литературная энциклопедия русского зарубежья(1918 – 1940): Т. 4 Всемирная литература и русское зарубежье. М.: РОССПЭН, 2006, с. 398.

劳动中、在为他人幸福奉献自己的过程中获得灵魂的救赎。因为在俗世比在修道院能更好地侍奉上帝,而修道院的生活会使人一味地追求禁欲苦修的荣誉,受到享受这种荣誉的极大诱惑,这实际上是另一种私欲的欺骗。修士传中有许多关于僧侣因追慕虚荣而使修道生活的圣举毁于一旦的记载。在他的中篇小说《谢尔盖神甫》(1898)中,托尔斯泰为人们树立的榜样恰恰不是谢尔盖神甫,而是在普通人的生活和劳动中实现灵魂得救的帕申卡。《复活》(1899)中的聂赫柳多夫和卡秋莎·马斯洛娃及《安娜·卡列尼娜》中的列文等所走的精神复活和圣化的道路,实质上都体现作家的这种意识。作家十分具有穿透力地揭露了修道院中常见的"神圣的利己主义",它使修道者对自己灵魂的关注胜过了身边人的幸福。① 古罗斯以来流传下来的传说中记述了一些作为流浪艺人的苦行者和农民苦行者,他们超越隐修士的地方正在于他们为身边的人劳作。他们与隐修僧侣的差别在于,僧侣的道德是自我中心主义的,基于"对自己个人命运的目标高远但深藏若虚的关注",而俗世苦行者才真正做到了顺服,乐于布施和济贫,富有善心和同情心。二者形成了鲜明的对照。在对这两种不同的,即宗教的与世俗的精神圣化进行比较研究时,托尔斯泰特别重视个人和众人生活、个人幸福和众人幸福的"共存"的探索。这是托尔斯泰本体论和伦理学的中心问题。② 他认为这两者是一致的并互为确证。所以,人的道德完善离不开与他人的联系,离不开俗世的共同生活。个人模糊不清的本能的道德感必须由永恒的道德观念来确证。

除必须从事为他人服务的创造物质财富的体力劳动以外,托

① Гродецкая А Г, Ответы предания：жития святых в духовном поиске Льва Толстого. СПб. : Наука, 2000, с. 230.

② 布宁:《托尔斯泰的解脱》,陈馥译,辽宁教育出版社,2000,第12页。

尔斯泰认为,为了实现道德完善,人必须恪守禁欲主义。这个禁欲主义完全是道德意义上的,是俗世生活中的禁欲,与僧侣的禁欲主义并不相同,即是与人动物性的要求——情欲和各种贪欲的抗争,有人称其为道德禁欲主义。越到晚年,托尔斯泰越主张做纯粹精神的人。他不仅要求自己实现道德自我完善,而且要追求上帝的纯净。[1] 托尔斯泰后期的创作,如《安娜·卡列尼娜》(1878)、《克莱采奏鸣曲》(1891)、《谢尔盖神甫》、《魔鬼》(1889)和《复活》等作品,所表现的都是这种道德禁欲主义的思想。他把情欲和贪欲视为魔鬼,而魔鬼的本性就是作恶。道德自我完善就是一个不断地抵御各种魔鬼诱惑(即恶)的过程。这实际上来自于圣徒传诗学,圣徒传中经常出现"淫乱魔鬼",传统的圣徒或圣徒式人物往往是先受其引诱而犯罪,经过苦修最终战胜自身的恶的人。在作家后期的上述作品中,传统的圣徒传的因素有明显的增加,包括评价的用语和隐喻,诸如光明——善、真理,黑暗——恶,野兽——情欲等。[2] 小说《魔鬼》的主人公叶夫根尼·伊尔捷涅夫就遭遇了情欲这个魔鬼的百般折磨。他是彼得堡大学法律系的优秀毕业生,有良好的家庭教养,对自己的行为举止有严格的要求。然而,在他遇到家乡的村女斯捷潘妮达(其丈夫在外谋生)以后,尽管他不是个"淫荡好色之徒",还是陷入了致命的情欲中而不能自拔。甚至在他娶妻生子以后仍然无法管束自己。托尔斯泰多处使用"鬼使神差""鬼迷心窍""魔鬼""兽欲""像虫子钻进心里"等词语来反复说明,情欲是魔鬼,它使人堕落,误入歧途,无论是上帝还是理性都无法战胜它。小说的两种不同结局告诉读者,为避免受诱惑,只有

---

① 布宁:《托尔斯泰的解脱》,陈馥译,辽宁教育出版社,2000,第12页。

② Гродецкая А Г, Ответы предания: жития святых в духовном поиске Льва Толстого. СПб. : Наука, 2000, c. 15.

两种途径——或者结束自己的生命，或者铲除情欲这个诱惑的根源。

纵观托尔斯泰一生的精神探索，他始终挣扎在宗教、哲学、人类学、伦理学和社会学等一系列重大问题之间，在有关俄罗斯自我意识的觉醒和俄罗斯历史道路等方面的思考为俄罗斯思想的发展做出了自己独有的贡献。在从事文学创作的同时，他一刻也不停歇地去追索自己提出的各种问题的答案，思想充满了矛盾与冲突，诸如教会与上帝的意志，宽恕与惩罚，爱与公正，生命与死亡，自然与文明，理性与信仰，禁欲与享乐，强有力的自然力与理性意识，不抵抗恶与坚持正义，外在的文明生活与生命深层自然力的生活，生命的真实与道德完善，统治者的俄罗斯与人民的俄罗斯等。在探寻这些问题答案的痛苦灵魂磨砺的过程中，他既是虚伪教会和反人民政府的可怕敌人，又是人类精神复兴的伟大预言者。尽管他赤诚地信奉福音圣训，他却一向把宗教作为一种社会现象来观照和评论，并不看重宗教的超验的根源，而专注于宗教与社会生活、政权、社会变革、人的行为和道德准则的关系的研究，把教会、宗教团体当作整个社会的组成部分来看待，在俄国社会生活中来研究它们的肯定和否定的作用，而且把上帝和神启看作影响社会文化、政治、伦理、道德等的决定性因素。他一生都在思考一个问题：怎么样在俗世按教义去实际掌握自己的生命？这正是古老的基督教对它的选民的要求——生活在现世的世界里，但不依照这个世界的准则而生活。在道德失范的俄国，他拼上性命去探讨善与恶的来源和消除恶的途径，始终在维护创造社会财富的普通劳动者的利益。他所寻找的是俄罗斯的民族的真理，他热爱自己民族的一切。托尔斯泰始终"把过着自然农民生活的人民的经验和想法看作真理的源泉，他道德理想探索的主题都与宗法制农民的伦理和文化相一致,它贯穿着他的所有作品"①。

顺便说一下,托尔斯泰还有一些深深地植根于俄罗斯人精神文化和伦理观念中的反暴力理念,诸如反对对人的精神软暴力欺凌并持有反对对自然界生物暴力残害的生态伦理观等。托尔斯泰的非暴力学说的实质在于,他想遵从天国的律令,尽量减少人与人之间由于报复而产生的恶,尽量减少互相的怨恨和武力冲突,听从上帝的圣训,以爱为怀,以善报恶。有人将托尔斯泰的这种学说称为"朝向未来的人道主义宗教乌托邦"②,这是很有道理的。不使用暴力是基督教的道德规范,是人们达到统一和幸福的理想的手段。为了杜绝使用暴力,人就必须在道德方面自我完善。而事实上这个天国的律令在人世间是无法实现的,纵观人类文明史的进程,无论是君临天下的统治者还是普通百姓都不是没有区分地一律不以暴力抗恶。由此可以看出,托尔斯泰的意识是不全面、不完善的。这正是他"道德观发展和宗教观成长过程中沮丧、病态之最重要原因之一"③。这源自于他灵魂深处的原生自然力与理性宗教信仰的冲突。

此外,托尔斯泰的宗教思想还缺少一个十分重要的观念,就是宗教是有政治属性的。任何一个政权、一个阶级和阶层对待宗教信仰都有自己的立场和态度。宗教对于不同的阶级和阶层也有自己的定位,在客观上具有某种政治属性,并且极力为自己在社会上获取一定的地位。所以,任何宗教都要以政治权力作为依托,与政

---

① Лапацка Л А, История художественной культуры России. М.: Академия, 2008, c. 248.

② Маслина М А, Русская философия. М.: Республика, 1995, c. 518.

③ 梅列日科夫斯基:《托尔斯泰与陀斯妥耶夫斯基》,杨德友译,辽宁教育出版社,2000,第 69 页。

权相互利用,以达到控制人的意识的目的。① 托尔斯泰虽然缺少这种对宗教政治属性的意识,但他也没有让广大信众消极、驯顺地听凭政权和教会的奴役的意思,他只是认为不参加任何国家的军事、诉讼、经济和思想等暴力活动,是改善社会的强有力手段,而且这个福音精神本来就顺应人的自然本性,会给所有的人带来幸福和安康。以往对托尔斯泰的这一学说,俄国的革命者持强烈的谴责态度,认为它反对暴力革命,对俄国的革命起了很大的阻碍作用。这种消极影响不能完全否认,因为早在托尔斯泰生前,俄国就有一些民众自称托尔斯泰主义者,他们甚至聚集在托尔斯泰的庄园,极力主张托尔斯泰的救世道德伦理学说而反对社会运动。但这只是问题的一个方面。在战争频频爆发、武装冲突和恐怖活动盛行的年代,"勿以暴力抗恶"的理论会使争战者冷静下来,理性地解决各种矛盾和冲突,减少民众的流血牺牲。并非所有的争端都必须诉诸武力才能解决,而且,在流血的武装冲突中付出最大牺牲的永远是底层民众。即使是在和平年代,在处理国家、社会群体、领导与群众及人与人之间的关系时,不用"以眼还眼、以牙还牙"的报复手段,而采用与人为善的立场,也是十分应该提倡的,有利于和解与和睦关系的形成,这才是人类的共同理想。托尔斯泰为拯救俄罗斯所做的一切,颇像《圣经·旧约》中的索多玛的义人。在追求真理的道路上,他是个强有力的伟大孤独者,像狮子用利爪般擒住了俄罗斯的种种弊端,他的精神是大无畏的、顽强而执拗的,他以自己智慧独具的"沉重性和笨重性""痴狂"地探索着俄罗斯精神生活的深层奥秘,他对俄罗斯的伟大贡献正在于此。

---

① 金泽:《宗教人类学导论》,宗教文化出版社,2001,第122页。

**参考文献**

[ 1 ] Галактионов А А, Никандров П Ф. Русская философия IX – XIX вв.〔M〕. Ленинград：Издательство Ленинградского университета，1989.

[ 2 ] Маслина М А. Русская философия〔M〕. М.：Республика，1995.

[ 3 ] Толстой Л Н. В чем моя вера?〔M〕. Ленинград：Художественная литература，Ленинградское отделение，1991.

[ 4 ] Бердяев Н А. Философия творчества，культуры，искусства：Т. 2〔M〕. М.：Искусство，1994.

[ 5 ] Гродецкая А Г. Ответы предания：жития святых в духовном поиске Льва Толстого〔M〕. СПб.：Наука，2000.

[ 6 ] Флоренский П А. Сочинения в 2-х томах：Столп и утверждение истины：Т. 1〔M〕. М.：Правда，1990.

[ 7 ] Николюкин А Н. Литературная энциклопедия русского зарубежья（1918 – 1940）：Т. 4 Всемирная литература и русское зарубежье〔M〕. М.：РОССПЭН，2006.

[ 8 ] Лапацка Л А. История художественной культуры России〔M〕. М.：Академия，2008.

[ 9 ]索洛维约夫,等. 精神领袖〔M〕. 阿希姆巴耶娃,编;徐振亚,娄自良,等,译.上海:上海译文出版社,2009.

[10]托尔斯泰. 列夫·托尔斯泰文集:第4卷 中短篇小说:1885—1910〔M〕. 臧仲伦,刘辽逸,等,译.北京:人民文学出版社,2000.

[11]托尔斯泰. 托尔斯泰中短篇小说选〔M〕. 吴育群,单继达,译.广州:花城出版社,1983.

[12]俄罗斯科学院高尔基世界文学研究所. 俄罗斯白银时代文学

史:第1卷[M].谷羽,王亚民,等,译.兰州:敦煌文艺出版社,2006.

[13]托尔斯泰.列夫·托尔斯泰文集:第15卷 政论 宗教论著[M].倪蕊琴,编;冯增义,宋大图,等,译.北京:人民文学出版社,2000.

[14]陈琛.列夫·托尔斯泰文集:第4卷 散文随笔 天国就在你们心中[M].长春:吉林人民出版社,1995.

[15]陈琛.列夫·托尔斯泰文集:第2卷 日记·书信 樱桃园之雪[M].长春:吉林人民出版社,1995.

[16]布宁.托尔斯泰的解脱[M].陈馥,译.沈阳:辽宁教育出版社,2000.

[17]梅列日科夫斯基.托尔斯泰与陀斯妥耶夫斯基[M].杨德友,译.沈阳:辽宁教育出版社,2000.

[18]金泽.宗教人类学导论[M].北京:宗教文化出版社,2001.

托尔斯泰思想遗产价值管窥

# 试论俄罗斯文学研究
# 和批评的新倾向①

近年来,俄罗斯文学界对俄国古典文学的研究和评论出现了一些有别于以往的新倾向,其最突出的特点是大大增强了文化意识,使研究不断发展。文学理论家和批评家在研究作品时,把目光转向了俄罗斯古已有之的对传统文化精神的发掘和诠释,诸如古今俄罗斯人的宗教信仰,包括俄罗斯传统文化中多种宗教信仰(多神教、东正教、诺斯替教、共济会及多种民俗信仰等)的重叠、对话与融合,东正教在俄罗斯宗教文化中主宰地位的确立及其对社会伦理道德的影响,俄罗斯的传统历史范式——官方人民性,民族文化传统在不同历史时空语境中的动态变化,俄罗斯传统文化精神在历史发展中的周期性循环,多元民族自我意识的形成及思维方式的矛盾性和二律背反,欧亚性对传统文化精神特质的影响,当代俄国传统文化精神的蜕变和消解,东正教信仰的危机,当代俄罗斯文化传统向自由主义、现代主义的转化等。从这些文化视点解读古典文学作品的研究成果越来越多,尤其是当代出版的文学史论著和教材,出现的有别于传统伦理观和审美观的评论数量不菲,值得我们认真探讨。

笔者在这里更为关注的是宗教文化,包括残存的多神教观念、东正教的正统神学观念及道德观和伦理观等对文学研究与文学批

---

① 原载《俄语教学与研究论丛·第 19 辑》,黑龙江大学出版社 2014年版。

评的影响,以及与之相关的宗教神话解读趋向。

## 古典文学作品中人物形象的宗教文化诠释

从苏联时代后期开始,许多俄罗斯文学研究者开始关注对以往或被忽略或受禁阻的作品文本宗教内蕴的发掘。

首先是对隐含在作品中的宗教理念的揭示和阐发。在这方面,一个十分突出的例证是对众所周知的古代编年纪事文学《古史纪年》(«Повесть временных лет»)的研究。以往的研究者都避而不谈这部编年纪事文学的开首部分,因为这一部分是与《圣经》的宗教神话接轨的。在文本中,俄国远古的历史从《圣经》中的世界大洪水过后开始说起。《古史纪年》的作者认为,大洪水以后,挪亚的三个儿子闪、含、雅弗瓜分世界,而斯拉夫人是雅弗的后代,因为按《圣经》的记载,雅弗占有西方和北方的领土。斯拉夫人部族的分布说明他们是雅弗后代发展起来的一支。注意到《古史纪年》的这一部分很重要,当代俄罗斯研究者认为,从中可以得到至少两个十分重要的启示:第一,在接受基督教一百多年以后,古罗斯人已经相当熟悉《圣经》文本,完全接受了《圣经》的创世说,并且,这种写法还说明,俄罗斯与中世纪欧洲文化已有相当的联系,因为当时《圣经》是欧洲许多历史著述的权威话语;第二,古罗斯人对自己的来源这段远古的历史一无所知,所以就用《圣经》中的宗教神话来填充自己的早期历史。这导致了一种思维方式的形成,即神话与历史的合一。这种思维方式在一些史学家那里十分流行,甚至一直持续下来,成为俄罗斯的一种独特史学传统。

由此可见,从宗教视角对作品进行解读颇有益于深化作品的认识论渊源和对思想与艺术价值的理解。

当今对另一部俄罗斯古代文学名著《伊戈尔远征记》(«Слово

о полку Игореве»）的解读，也突出了对宗教文化的诠释。这部作品创作于接受基督教洗礼二百年以后，但其中依然充满了多神教的世界观，例如，作品中古罗斯人不仅崇拜大自然，将其作为神来崇仰，而且在精神上与大自然相融相合，追求一种与大自然合一的境界。在这部抒情叙事诗中，古罗斯人与大自然浑然一体，一生俱生，一亡俱亡。人与自然界的天空、大地和万物处于一种多神教神话的统一之中。在伊戈尔出征之际，太阳投下了阴影，走兽悲鸣，飞鸟抖动翅膀，似乎在发出警报，预示凶兆，自然界的万物都进入了征战的状态，与将士们心灵相通，同仇敌忾；战争打响时，大地轰鸣，江河浊流滔滔，黄尘漫天；而在伊戈尔的军队惨遭失败之时，草原上的花草树木皆露悲伤，乌鸦悲凄忧伤地聒噪不停……这种人与自然的统一构成了古罗斯人简单而朴素的宇宙论基础。尽管古罗斯的原生性多神教经历了向创生性宗教——基督教的更宗，但人与自然息息相通的亲密关系和万物有灵的泛神论观念却为他们的文化心理打上了深深的印记，这只是《伊戈尔远征记》反映出来的宗教意识的一个方面。值得注意的是，文本中还有多神教与基督教观念的融合。在伊戈尔军队败退之时，正是上帝给他们指出了逃离波罗维茨的路，伊戈尔在上帝的引领下终于回到了基辅。难怪，他在回到基辅以后，首先去教堂敬拜圣母。这段描述不仅表明 12 世纪古罗斯多神教信仰与基督教信仰互不干扰地共存着，而且表明，最终能够拯救人的是基督教的上帝。可以说，上帝是人类救主的观念在古罗斯人的信仰中占据了主导地位。这种多神教的泛灵论与基督教的弥赛亚意识的合一在俄罗斯人的宗教意识中长久流传，成为一种独特的宗教信仰传统。生活在这种传统文化中的许多俄罗斯作家，诸如普希金、莱蒙托夫、屠格涅夫、列夫·托尔斯泰、布宁、普里什文和阿斯塔菲耶夫等，都十分善于同大自然进行神秘交往，似乎与大自然有一种隐秘的关系，从大自然领悟社会和人生的哲理,获取情感的慰藉和精神力量,并且借此抒发他们的生态伦理和道德理想。在近年来的评论中,俄罗斯学者指出了列夫·托尔斯泰的一些作品,如《哥萨克》(《Казаки》)、《三死》(《Три смерти》)、《霍尔斯托梅尔》(《Холстомер》)、《哈吉·穆拉特》(《Хаджи-Мурат》)及《主人和雇工》(《Хозяин и работник》)等,都有东正教观念与或多或少泛灵论的交汇。

其次是对作品中人物形象的审美和伦理道德价值的判断向东正教古训的回归。这突出地体现在对一些古典文学作品有定论的女性形象的评论中。这里仅以对几个众所周知的经典女性形象的新评论为例,探寻一下这种倾向是如何表现出来的。

先看看对《叶甫盖尼·奥涅金》(《Евгений Онегин》)的女主人公达吉雅娜形象评论的变化。以往对这一形象的评论充分肯定达吉雅娜在爱情生活中忠实于道德义务的高尚情操,肯定她恪守自己人生理想的情怀。近年来的评论除继续赞颂女主人公这方面的品格以外,还从东正教的伦理道德观念来分析她高尚品格形成的根源。有的评论者指出,普希金很早就把美妙的少女视为"眼睛向上天瞩望"的"悲哀"的"孤零零的天使来到世上"。这就是说,在诗人至高的女性理想中有着伊甸园中的温柔天使抑或童贞女玛利亚的因素。在俄罗斯当代的一些评论中,达吉雅娜的美好品格和高尚情操不仅源自质朴的乡民的影响和乡野中大自然的滋养,同时还来自东正教的伦理道德戒律,她的恪守妇道和牺牲精神正是诗人心灵深处的宗教伦理观的折射。还有的研究者指出,达吉雅娜的姓氏拉林娜与罗马神话的家园之神拉瑞斯(Лары)相关,由此引申出了这个形象的家园守护者的象征意义。① 近些年出版的

---

① 参见 Коровин В И, История русской литературы XIX века: Ч. 1 (1795 – 1830). М. : ВЛАДОС, 2005, c. 369.

俄罗斯文学史著作特别强调达吉雅娜这一形象的社会和宗教价值,即以牺牲自己的爱情来守护家庭的完整,并且指出,这正是东正教的女性理想。如《圣经》中所说:"妻子不可离开丈夫,要是离开了,就不可再嫁。"(《圣经·新约·哥林多前书》)"夫妻不再是两个人,乃是一体,所以,上帝所配合的,人不可拆开。"(《圣经·新约·马太福音》)《圣经》还要求人应该"博爱、喜乐、和平、忍耐、仁慈、良善、忠信、温柔、节制"(《圣经·新约·加拉太书》)等。而达吉雅娜在婚恋中表现出来的圣洁、克己和牺牲精神正是神圣罗斯正统基督教的道德理念,而这种神圣的信仰赋予了女主人公坚韧的道德力量,使她自觉自愿地舍弃个人的幸福来换取家园的完整和宁静。在当今的一些评论中,达吉雅娜对婚姻和家庭的态度只是她的综合精神境界的一个体现,这一形象还有更深层的象征意义,是对神圣古罗斯宗教精神的回归和对忠于它的道德义务意识的呼唤。还有的研究者进一步指出,达吉雅娜的形象结合了民间传统和启蒙贵族的文化精神,诗人正是想把这两者联结成统一的民族文化。①

还有一个值得注意的古典戏剧的女性形象,即 19 世纪俄国戏剧大师奥斯特洛夫斯基的悲剧《大雷雨》(《Гроза》)的女主人公卡捷琳娜。众所周知,剧本一发表,杜勃罗留波夫就写了一篇评论文章《黑暗王国的一线光明》。文章写得十分激进,从头到尾都贯穿着他的启蒙主义思想对黑暗和腐朽的社会现实的批判,语言犀利,有极强的政论性。该评论文章高度评价卡捷琳娜不向环境妥协的精神,认为这是俄罗斯可以依靠的真正性格力量。女主人公最终以死与黑暗王国的专制肆虐抗争,激起了人们对黑暗王国的愤怒

---

① 参见 Коровин В И, История русской литературы XIX века: Ч. 1 (1795 – 1830). М.: ВЛАДОС, 2005, с. 369.

与憎恨,可以说卡捷琳娜的这种精神使黑暗王国透出了一线光明。这个评论在俄国文学史上成了一种定论,一直持续了许多年,甚至也为我国的评论定下了基调。

而近年来,评论家们开始从宗教的视角重新解读卡捷琳娜,其结论也就完全不同。一些俄罗斯文学批评家从东正教信仰的视角对这一形象进行解析,认为卡捷琳娜投河自尽是出于对上帝的恐惧,她的至高价值就在于对自己背叛丈夫和破坏家庭的忏悔意识。这种理解完全是对东正教古训的回归。从东正教的道德观而言,卡捷琳娜不是一个好妻子、好女人,因为她背叛了自己的丈夫;而与此同时,她又有极强的宗教情绪,心中总是充满对黑暗神秘力量的恐惧和罪恶感,这必然导致她的人生悲剧,所以,悲剧是她的人生宿命。在卡捷琳娜看来,大雷雨预示着上帝将对她做出严厉的惩罚,教堂墙壁上画的地狱之火更加剧了她的恐惧,她失去了活下去的勇气。当代评论家杜纳耶夫说,对于《大雷雨》的大多数主人公而言,首先是卡捷琳娜,有一个十分重要的基督教真理必须认识到:"在关闭了通向上帝之路的地方,打开了通向精神灭亡之路。"①

但也有批评家认为,卡捷琳娜这一形象的内涵和价值完全在于她的宗教性,说"她的形象在宗教的狂热中极大地高尚起来"②。

总而言之,对卡捷琳娜形象的评价近年来有明显的颠覆经典评论的倾向,其集中表现即是用古罗斯宗教圣训的伦理道德标准来衡量这一形象的伦理和审美价值,从而得出与传统批评完全相

①　Дунаев М М, Православие и русская литература: Т. 3[М]. М.: Христианская литература, 1997, с. 257.

②　Вайль П, Генис А, Родная речь. М.: Независимая газета, 1995, с. 107.

异的结论。这种评价有符合俄罗斯传统人文精神的方面,但只从宗教的角度阐释人物形象的价值肯定会有偏颇,因为宗教戒规和天国律令毕竟与尘世物质生活中的人的自然生命需求及生活法则是矛盾的。如我们所知,许多俄国经典作家都被这个问题所困扰。如果一味提倡遵循宗教诫命,文学批评就可能忽略作品创作时代的社会现实和积极作用。《大雷雨》的创作年代正是废除农奴制改革的前夕(1859年),剧作家对社会生活进行了十分深入的调查研究,专门到伏尔加河沿岸进行考察,从商人和小市民的生活中抓取了许多反映时代特征的生活细节,为剧本的创作提供了鲜活的素材。从总的时代特征来看,当时正是新、旧观念更替的时期,但这种更替尚未完成,社会的新、旧观念形成了一个断裂带,悲剧就形成于这个断裂带中。人与人、人与环境之间的旧的关系已不复存在,女主人公的心灵深处开始对世界产生新态度和新感觉,虽然她对此尚无清醒的认识。她追求个人爱情、幸福的意识已经苏醒,但却认为这是无法洗清的罪恶。这种宗法制世界的宗教诫命对卡捷琳娜充满了原生的意义。而宗法制关系的世界正日渐走向衰亡,这个世界正在痛苦中失去生命力。

对卡捷琳娜形象的评价缺少社会环境和历史进程的把握,就看不到这个人物形象的社会进步意义——她对在封建农奴制压制下不幸命运的抗争,而这正是俄罗斯女性开始觉醒的第一步,这方面的意义和价值是不容忽视的。只肯定忏悔意识,就等于否定了这个形象的重要社会作用。如果是这样,女性就永远不能挣脱令她们窒息的樊笼,也就只能做黑暗王国的牺牲品。由此看来,宗教文化的诠释还必须与历史、社会学的诠释有机地结合起来,必须以唯物主义历史观为指导,综合地、全面地深入理解人物形象的社会意义和审美价值。

对《安娜·卡列尼娜》的同名女主人公的宗教解读近年来也有

了一些新说法和新资料。列夫·托尔斯泰对女主人公究竟是什么态度，多少年来人们一直争论不休。这个争论主要集中在对小说卷首题词"申冤在我，我必报应"的理解上。多数研究者认为，作者引用这个宗教律令的目的在于说明安娜犯了罪，理应遭到上帝惩罚，是罪有应得。残酷的死亡是犯罪者必不可免的命运，是一种对女主人公的道德谴责。无论对题词的语言表达的诠释有何差异，这个主要的基调一直没有变。这实际上是对小说的宗教社会学的解读，把人是否遵守天国的律令看作社会现象来评论。这种研究今天依然在继续。所不同的是，学者对题词"申冤在我，我必报应"的宗教神学理解有所变化，更加趋于深化，并且，评价的内容更加明显地向传统道德观回归。有的学者指出，"申冤在我，我必报应"既是作者对女主人公的谴责，又是对她的庇护，认为她虽然迷失了自我，但却是无辜的。这个卷首题词可以理解为一种对人们的提示——社会无权对人做出评断，只有上帝才有这个权力，正如《圣经》所说，"不要评断人，上帝就不审断你们；不要定人的罪，上帝就不定你们的罪"（《圣经·新约·路加福音》）。这句话的意思很清楚，人的一切都是上帝安排的，人不要指责他人，上帝自然会评断。这就是说，无论安娜·卡列尼娜是不是犯了罪，都不能由小说中的人物来评说，小说中那些谴责和迫害安娜的人才应受到上帝的惩罚。

在小说《安娜·卡列尼娜》出版许多年以后，作家本人曾经谈到引用《圣经》中这两句话做小说卷首题词的用意，说这个题词"是为了表达一种思想——人所做的坏事，所有造成不良后果的痛苦的一切，都不是来自人，而是来自上帝，安娜正是亲身体验到了

这一点"①。托尔斯泰的这段话表明,上面这些评论与作家的创作思想是吻合的。然而,对作者的这段话有的当代评论者却做了完全不同的解读,认为作家的意图是告诉读者:对于人所做的一切坏事有一种报应的道德律法,这种道德律法才是小说的中心思想,它造成了作品的"迷宫式布局";作者引用这两句《圣经》中的话是要告诫人们,人的生活是靠执行道德律法来维系和支撑的。依照这种看法,《安娜·卡列尼娜》这部作品贯穿着一个来自民间神话诗学观念的潜台词:安娜是一个犯罪者的形象,她的人生道路是违背道德律法的犯罪和毁灭的道路,无论她是一个多么美好的人。

这里自然而然地产生了一个问题:托尔斯泰本人的上面那段话并不难理解,对安娜的悲剧产生的根源做了神学的诠释,并没有诉诸道德律法来惩罚她的意图。那么,当代评论者为什么会得出与作者相左的结论? 笔者以为,这是俄罗斯社会道德教育的需要,在评论者的价值尺度中这种德育的迫切需要甚至高于形象本身的审美价值和艺术创新的意义。这与前面提到的对达吉雅娜和卡捷琳娜新评价的实质是一致的。

除女性形象以外,对经典作品中的许多男主人公的人物形象也突出了以往不多见的宗教诠释。这里仅举一例加以说明。

果戈理的《彼得堡故事》中有一部中篇小说《外套》(«Шинель»),其主人公为阿卡基·阿卡基耶维奇·巴施马奇金。他是一个在彼得堡冷酷无情的等级制社会中备受欺凌的下层小官吏,是一个以往的文学史有定论的人物形象。近年来的研究论著,转引了以前未受到关注的 Г. П. 马科戈年科的观点。Г. П. 马科戈年科曾尝试从东正教的立场来解析主人公的形象。他认为,阿卡

---

① 转引自 Коровин В И, История русской литературы XIX века: Ч. 3(1870–1890). М.: ВЛАДОС, 2005, с. 238.

基·阿卡基耶维奇·巴施马奇金这一形象的原型是圣徒阿卡基·巴施马奇金。这个名字来自希腊语,是"不怀恶意"的意思。按照《圣徒传》的记载,阿卡基·西纳伊斯基是一位十分凶狠的长老,阿卡基·巴施马奇金是他的门徒。可想而知,他受尽了什么样的精神和肉体的折磨,但他默默地忍受了一切。他的隐忍和善良感动了上帝,神赐从天而降,让他摆脱了苦难。Г. П. 马科戈年科认为,果戈理在《外套》中要表现的正是这种圣徒忍受苦难的精神和由此得到的神赐。当代研究者还有一种观点,认为物欲充满了阿卡基·巴施马奇金的灵魂,使上帝之光照不进去,所以,他的灵魂只能处在黑暗之中,死后也不能升入天堂。他只能成为孤魂野鬼,在黑暗中抢人们的外套,成了一个恶灵。诸如此类的评论同前面提到的对女性形象评论的出发点一致,都是通过向宗教古训的回归,劝导人们遵从古已有之的传统伦理道德戒规,从而改善社会的道德风貌。但这种文学批评走入了另一个极端,往往忽略了文学形象的社会进步作用,太过于牵强地利用它们为社会需要服务。从这一方面而论,当代的这种类似的做法倒是对 19 世纪民主主义文学批评的过于社会思潮化的一种承袭。

## 对作品的宗教神话诠释

近年来俄罗斯文学评论中还出现了一个与上述特点相关的对作品的宗教神话解读。这些研究成果发掘了以往没有揭示出来的神话诗学特征和神话内涵。研究者所运用的是神话批评的方法,也称仪式批评,或神话原型批评,目的是发掘文学作品中的神话情节和主题,探寻民族文化的根源。

以往对普希金的长诗《青铜骑士》(«Медный всадник»)主要是从社会和历史的角度来评价的,把彼得一世视为用双肩把俄国扛起来的一代雄主,而他骑的高头大马脚下踩着的蛇是莫斯科保守势力或瑞典侵略者的象征。近年来研究者却从宗教神话的角度进行了新的诠释。一种评论把彼得一世视为雷神的象征,从多神教的宗教观对雷神的至高权力崇拜得五体投地,在多神教中,雷神或骑马,或乘车,用武力抗击蛇一类的敌人,所以,青铜雕像正是雷神的体现;另一种评论源自梅列日科夫斯基的小说《基督和反基督》(«Христос и Антихрист»)三部曲中的《彼得和阿列克塞》(«Петр и Алексей»),作品中把彼得一世视为魔鬼式的可怕人物,或称敌基督。类似的评论都诉诸宗教神话的形象或理念,借助神话原型来突出形象的肯定或否定价值,增强其传统文化的承载作用。

　　近年来对陀思妥耶夫斯基作品的神话诗学研究日渐增多,尤其是对他与彼得堡相关的神话更为关注。评论者认为,彼得堡神话是陀思妥耶夫斯基文学创作形式和思想的闪光点之一,它与俄罗斯北方首都的历史、地理环境及社会生活和心理特征密切相关。作家借助彼得堡的宗教神话和传说在作品中演绎出各种象征性的情节、意象和形象。

　　《穷人》是大家十分熟悉的书信体小说,它以为社会底层的"小人物"鸣不平的人道主义思想而备受瞩目。而俄罗斯学者的评论却从基督教神话的视角对作品进行了别开生面的解读。评论指出,《圣经》中的伊甸园和世界大洪水的对立是《穷人》的神话原基础。作品中岛上的安乐、幸福、郁郁葱葱的树木和盛开的鲜花是伊甸园的象征,而杰沃式金居住的公寓则是在世界大洪水中出现的景象的象征。作品中明明白白地写道:这个公寓十分拥挤,而且无序,正如世界大洪水发生时的挪亚方舟。这种对作品的基督教神话诠释体现了研究者对《穷人》所蕴含的深层思想,即对末世论情结的窥探。这种结论间接地折射出陀思妥耶夫斯基所代表的俄国知识分子对社会进行的宗教、道德和审美探索的深度。

对陀思妥耶夫斯基另一部不太为人们所关注的作品《女房东》（《Хозяйка》），俄国研究者也从神话诗学方面进行了解读。这部小说刚发表时，别林斯基和安年科夫都认为这是陀思妥耶夫斯基创作的失败。别林斯基在给安年科夫的信中写道：《女房东》是彻头彻尾的无稽之谈，他想把马尔林斯基（十二月党人别斯图热夫的笔名，俄国浪漫主义文学的代表之一——笔者注）和霍夫曼熔于一炉，再加上一点果戈理。他的每一部新作都是又一次的堕落。可见，作为民主主义的批评家，别林斯基并没有深入到作品的思想内涵中去。后来，人们对《女房东》的评价有所改变，认为作品所要表现的是灵魂的召唤和物质引诱的矛盾。随着时间的推移，人们越来越深刻地认识到这部作品对陀思妥耶夫斯基创作的特殊重要意义，即艺术现实模拟方法的创新。

目前，评论者开始把研究的视点转向对神话诗学的解读，这为深入一步理解作品的神秘主义内涵和宗教意蕴打开了一扇窗。

在《女房东》的男主人公奥尔登诺夫的意识中有一种非理性的自然力，与之相关，他的内心世界富有一种浪漫气质，这使他时常处于梦幻状态。陀思妥耶夫斯基正是借助神话诗学中梦、幻想和幻觉等元素来组成他小说的结构的。但他对梦的描写突破了德国耶拿派浪漫主义作家的梦的结构，也突破了马尔林斯基的梦的浪漫主义新神话，充分体现出陀思妥耶夫斯基艺术世界中关于梦的独特新神话的最初特征。虽然梦境依然是宗教仪式范围内的，与日常生活的现实有本质的差别，但它却是深入到绝对的美和善的一种渠道。这种梦境无疑具有某种仪式的性质，读者应从宗教仪式的肯定的层面来领悟主人公心灵深处的奥秘。小说中，在主人公的梦境里经常出现混沌的情境和魔鬼的肆扰，使主人公的梦境充满破坏性的非理性因素。作家试图表现的正是这种非理性侵入力的强大及对主人公心理和行为的影响。后来,这些非理性的因素都进入了陀思妥耶夫斯基的另一些主人公的梦中,其中最具典型性的如拉思科尔尼柯夫和米加·卡拉马佐夫等。

对《白痴》(《Идиот》)这部作品除以往的基督教理念解读以外,近年来又有一些新的诠释。以往对主人公梅什金公爵的评价,强调他是基督式的正面美好的人的形象;当今的评论则认为,梅什金公爵接近于神性在人身上的体现的理想,借助这个人物形象,小说文本一再发出基督第二次降临的音调。并且,近来的评论还在基督教理解之外,指出梅什金公爵与卢梭的作品中的主人公很接近,天真而和谐,与塞万提斯的堂吉诃德的形象也有相似之处。此外,对梅什金公爵与女主人公阿娜斯塔西娅·菲里波芙娜的关系也做了新的基督教神话诠释,把梅什金公爵对女主人公的态度理解为基督对抹大拉的玛利亚的宽恕,并且,女主人公的名字"阿娜斯塔西娅"在希腊语中是"复活了的女人"的意思,而她的姓氏"巴拉什科娃"会引起人们对"无辜的赎罪供物"(即祭品)的联想。当代评论者最后对这部作品所表现的思想做出了如下的评价:"依照陀思妥耶夫斯基的看法,在人的难以摆脱的内在矛盾性即他世代相传的特征之中,隐含着美的矛盾和对立性,这种美牢固地把神的与魔鬼的、阿波罗的与狄奥尼索斯的因素联结在一起。小说《白痴》给读者留下了一个问题:美能够拯救世界吗?"[①]

从上面的神话诗学研究可以看出,这种解读对深入理解作品的内在人文精神和其中渗透出来的俄国传统文化精神大有裨益。这些神话因素多种多样,来自斯拉夫多神教、希腊神话、基督教与其他俄国民间宗教。作家在创作现代神话时,多半运用神话思维,

---

① Коровин В И. История русской литературы XIX века: Ч. 3 (1870–1890). М.: ВЛАДОС, 2005, с. 309.

借助古代神话原型,包括神话故事的情节、形象及神话诗学构成元素,诸如神、魔鬼、魔法、仪式和各种虚拟的与神话理念相联系的情境,被注入神话观念的大自然的现象,以及人与自然的关系和人与人之间关系的宗教神话意蕴等。也有的作家在作品中不直接写神话,但在其中灌注某种宗教神话理念,如索多玛的命运、末日审判和启示录精神等。俄罗斯的一些当代评论家将这些内容也纳入宗教神话解读的范围之内。

仅从本文所列举的文学批评的实例可以看出,当代俄罗斯古典文学研究无论多么多姿多彩,其中还是有一种以社会需要为己任的意识和宗旨,虽然这只是评论的一种倾向,远非全部,但这是俄罗斯文学批评的一个重要传统,无可厚非。不过,还是应该指出,这种评论有一个前提——不能违背艺术创作的客观规律和历史规定性,否则还是会偏离文学批评的根本主旨。

## 参考文献

［1］Коровин В И, История русской литературы XIX века：Ч. 1（1795 – 1830）［M］. М.：ВЛАДОС, 2005.

［2］Дунаев М М. Православие и русская литература：Т. 3［M］. М.：Христианская литература, 1997.

［3］Вайль П, Генис А. Родная речь［N］. М.：Независимая газета, 1995.

［4］Коровин В И. История русской литературы XIX века：Ч. 3（1870 – 1890）［M］. М.：ВЛАДОС, 2005.

［5］Аношкина В Н, Громова Л Д. История русской литературы XIX века：Часть 2（40 – 60-е годы）［M］. М.：Оникс, 2006.

［6］Гродецкая А Г. Ответы предания：жития святых в духовном поиске Льва Толстого［M］. СПб.：Наука, 2000.

［7］Топоров В Н. Петербургский текст русской литературы ［М］. СПб.：Искусство-СПБ，2003.

# 俄罗斯民族的人文特征<sup>①</sup>

　　俄罗斯人究竟是一个什么样的民族,有哪些独具的文化心理和性格特征,这些特征是如何形成的,直至今日研究者对这些问题的看法很不一致。一些俄国学者认为,俄罗斯人有两种灵魂:一种来自西方,另一种来自东方。笔者在本文中想对这一具有广泛影响的问题做一尝试性分析。

　　众所周知,俄罗斯人的祖先是东斯拉夫人的一支,而东斯拉夫人最早是游牧民族。这些东斯拉夫人起初分布在东欧大平原上。最早的俄罗斯国家是由古罗斯人9世纪末至10世纪初建立起来的。所谓罗斯人,是芬兰人对居住在北欧斯堪的纳维亚半岛上的一些日耳曼人的称呼,意为北方人或诺曼人,而东斯拉夫人称他们为瓦良格人,意为商人。有的西方学者进一步指出,这些诺曼人是从北欧斯堪的纳维亚半岛经河流水道航行而来的瑞典商人和海盗,俄国史学家则把他们称为"瓦良格—罗斯人"。这些瓦良格—罗斯人以武装商队为基本组织,因而行动十分机动灵活,并且有极强的战斗力,所以常被斯拉夫人请去解决他们之间的各种冲突,或者对付外敌侵扰。居住在诺夫哥罗德一带的一支东斯拉夫人请他们去为自己执掌权柄,于是就出现了瓦良格—罗斯人的留里克王朝。他们统治下的斯拉夫人就被称为俄罗斯人。可见,从俄罗斯最早出现在历史舞台上起,它的民族的血统就具有明显的混合性。只不过是在这种北日耳曼人和东斯拉夫人的融合中,占上风的是

----

东斯拉夫人的因素。虽然瓦良格—罗斯人成了统治者,但他们却被当地的东斯拉夫人逐渐同化了。这些俄罗斯人的祖先生活在东欧平原的北方,靠近北冰洋。灰蒙蒙的阴霾的天空,一望无际的大雪坚冰,蛮荒的草地,这种严峻的自然环境使古罗斯人长期不能安居乐业。这在很大程度上决定了他们的生存方式、性格、心理,甚至信仰。他们乞求自然之神的保护,与大自然进行着神秘的交往。他们迫望离开了无生机的荒原和冷冰冰的冻土,不断地四处扩张并为此连连征战。他们在马背上游荡着,希望以武力为自己获取一个理想的家园。著名俄罗斯历史学家 C. 索洛维约夫把古罗斯形容为"犹如风滚草似的流动的罗斯",认为这种流动性或者说是"液态因素"延缓了古罗斯的发展。这种人性不足的过于原生态的生活,使古罗斯人最初缺少理性的根基,受制于一种无个性的民族自然力,神圣和罪孽对他们是同样的永恒的诱惑。同时他们又有着极强的群聚性,性格勇猛强悍,灵魂躁动不安。

由于诺夫哥罗德所处的地理位置偏僻,有许多不利于发展的因素,留里克的继承人奥列格决定向基辅进军。他在占领了基辅以后又四方征讨,把斯洛文人、克里维奇人、德列夫利安人、谢维利安人、拉迪米奇人等斯拉夫人部落及麦里亚人、维西人、楚德人等非斯拉夫人置于自己的控制之下。这样一来,历史上就形成了一个以基辅为中心的国家——基辅罗斯。它实际上是后来的俄罗斯人、乌克兰人、白俄罗斯人共同的国家。这是一个保留着浓厚原始公社制残余的早期封建国家。它的统治者们野蛮且贪图享受,沉湎于吃喝玩乐,且掠夺财富的手段十分残酷,其"索贡巡行"是众所周知的。这一切最后引发了德列夫利安人与基辅罗斯的血腥冲突。德列夫利安人在忍无可忍的情况下杀死了基辅罗斯的伊戈尔大公,伊戈尔的妻子则对德列夫利安人进行了多次罕见的残忍报复,大有不将其赶尽杀绝誓不罢休之势。而在基辅大公们攻打拜占庭的过程中,古罗斯人再次表现出了极度的野蛮和凶残,他们不仅疯狂地掠夺财物,而且焚烧教堂,毁坏宫殿,对抓获的战俘"或砍杀,或酷刑折磨,或作箭垛射杀,或投入大海",真是残忍得无以复加。按拜占庭史学家的记述,伊戈尔的儿子斯维亚托斯拉夫更是不屈不挠,骁勇无比,生性大胆而易冲动。基辅罗斯的史书上记载,斯维亚托斯拉夫在战斗中"步履矫健,身轻如豹",出征"不携锅灶,不煮食肉类,只把切成薄片的马肉、兽肉或牛肉,架在火堆上炙烧而食",夜宿"不搭设帐幕,不铺鞍垫,枕马鞍,露天而眠"。

由此可见,一些人所说的俄罗斯人从蒙古接受的"东方因素",实际上正是生活在东欧平原北部的古代东斯拉夫人所固有的特征。诸多地理、气候、人文、政治、经济等条件,造就了俄罗斯人与众不同的独特性格,其基本特点早已有之,并非从东方移植而来。至于蒙古人对俄罗斯人200多年(1243—1480)的统治,确实给俄罗斯人带来了深重的苦难,严酷地破坏了俄罗斯本来不甚悠久的民族文化,使俄罗斯民族的历史不仅处于停滞状态,而且可以说进入了一个退缩的时代。不过,相对而言,蒙古人对俄罗斯在诸多社会和文化方面的影响并不太大,这是因为蒙古是游牧民族,这种生活方式和社会组织难以与农耕为主的俄罗斯相融合,而且他们对俄罗斯人的统治是通过少数俄罗斯的王公贵族进行的,并未采取直接占领的方式。在社会结构集中于城市和耕地的定居农业社会与掠夺性的、以大草原生产方式为主的游牧社会之间,没有建构统一经济模式的可能性,并且游牧社会具有周期性掠夺、扩张的特点,急剧膨胀又迅速缩小,其在被征服国家的生存方式是寄生的,生产方式是停滞性的,没有与俄罗斯融为一体。但从另一方面说,蒙古人横扫欧亚大陆这种征战本身,打破了东西方之间的阻隔,也打开了俄国与亚洲交往的大门,俄罗斯开始睁开眼睛看亚洲,受到亚洲的吸引。

而且,蒙古在治国安邦等方面的经验使俄罗斯的统治者受到极大启示,蒙古人的许多管理国家的办法在俄国一直沿用下来。但总体而论,俄罗斯从蒙古接受这一切都是被动的,迫不得已的,是在被奴役的情况下,加之,蒙古崛起的时间并不久远,所以,它对俄罗斯的影响,尤其是在精神文明和文化心理方面远不及文明古国拜占庭那么深远。

拜占庭对俄罗斯的影响是多方面的,当然占据最重要地位的是基督教。由于俄罗斯人原来的多神教信仰较为粗陋,弃绝它并不十分困难,而且,古代的俄罗斯人享有发达的神秘主义直感,他们在实现由多神教向基督教的信仰更宗时,相对而言,进行得比较顺利。俄罗斯从拜占庭接受的东正教,不仅是一种宗教信仰,而且是一种世界观。俄罗斯人先知的预感,神秘主义沉思,启示心境,宗教使命感和弥赛亚精神显然都源于拜占庭的宗教和文化。

由于当时拜占庭的文化正处于鼎盛时期,对俄罗斯产生了极强的吸引力。除宗教以外,当时在西欧广为流行的占星术,还有通灵术,以及字母、货币、建筑和装饰艺术等都从拜占庭进入俄国,所以有人说,俄罗斯在上述诸方面都是"拜占庭的女儿"。可以说,以东正教为核心的拜占庭的人文精神进入俄国以后,逐渐深入到俄罗斯人的心灵之中,点燃了俄罗斯固有的多神教灵魂的神秘主义激情。也许,这其中才真正隐藏着俄罗斯人的历史的宿命。

甚至在拜占庭走向衰败以后,俄罗斯人仍把教会视为精神积极性的源泉,依然在追随希腊的传统。所以,要看俄罗斯人的灵魂如何,不应该仅仅从他们与谁相邻而居的地域的概念来认定,而主要应该看这一民族自身的文明发展历程及在这一过程中吸纳的适应其需要的影响。如果一定要说俄罗斯有两种灵魂,那么,并非是如有些人所说的来自东方和西方的两种灵魂,而是东斯拉夫人固有的灵魂和东正教的灵魂,确切些说,是这两种灵魂的融合,这决定了俄罗斯民族的根本异质性特征。

但决不能由此得出结论,俄罗斯人的心理和性格特征从古至今一成不变。总体看来,俄罗斯人在与自然环境、外敌和自己的命运的抗争中,在与东西方文明交融的历史景观中,尤其是在与斯拉夫其他部族、东欧、北欧和日耳曼人、蒙古人等相融合的过程中,得到了不断的发展。到了近代,透过历史的棱镜,我们所看到的俄罗斯人既有坚韧、发达的直感和不受约束的狄奥尼索斯精神,以及与此相关的神秘主义灵感和非凡的艺术创造力,又具有闪闪发光的理性、发达的科学思维和批判精神,作为一个举世无双的天才而奇特的民族吸引着世界人民。

这里要特别说一说俄罗斯人的酒神崇拜的狂欢文化。希腊的酒神崇拜具有鲜明的狂欢性,是希腊人强有力生命的一种自然释放。同希腊人相似,俄罗斯人也有狂欢文化。俄罗斯人的狂欢文化不仅表现在各种节日(包括一些宗教节日)和庆典之中,而且表现在日常生活的饮酒文化中。俄罗斯人酷爱饮酒举世皆知,他们不仅是为了享受酒的美味,而且是为了追求饮酒后心灵的无拘无束的自由感,以求进入酒神状态、获取酒神狂欢的激情,并自由地释放出东正教教堂金顶压抑下的这种激情。这可以说是俄罗斯人生命理想的一种象征。"这其中有原始生命冲动,也有神秘的心灵感应……人的粗野、原欲和竞争都在这种文明许可的形式下……得到了充分的表现。"[1]并且,俄罗斯人的狂欢行为远远超越了庆典框架的约束,他们经常在朋友间举办的宴饮、聚会上边饮酒边载歌载舞,尽情地表现酒神带来的灵感和迷醉,以及蕴藏在生命中的潜在热情和冲动。当然,对于苦难深重的社会底层的俄罗斯人,饮酒

---

① 李咏吟:《原初智慧形态:希腊神学的两大话语系统及其历史转换》,上海人民出版社,1999,第240页。

后民族狂欢性格的充分舒展,也是灵魂的暂时解脱。

对于这一充满心理和性格矛盾的民族,一位西方学者做了不乏尖刻的精彩概括:"俄罗斯文明显示出一种奇妙的混合特性,既有违抗不得的纪律,又充满着冷酷无情的压迫,虔诚中夹带着暴力,祈祷神祇而又亵渎它们,充满着音乐但却也非常粗俗,忠诚而又残忍,一副奴隶似的卑微却又时而表现出不屈不挠的英勇。这一民族无从发展出和平的美德,因为面对着漫长的冬天和待不到黎明的冬夜,他们必须要战斗,而这是一场苦斗,他们要战胜横扫冰封大地的凛烈极风。"①

总而言之,俄罗斯人既遵从古罗斯圣徒的精神准则,甘愿忍受无可忍受的痛苦,期望着俄罗斯的复活,对俄罗斯寄予最神圣的理想;与此同时,俄罗斯人的灵魂深处又有着永恒的骚动。这些看起来互相对立、充满矛盾的人文特征是互相融合的,浑然一体地统一在民族自然力的混沌之中。我们越是深入地了解俄罗斯人,越感到有许多令人迷惑不解的地方,可能就是因为他们的灵魂和性格的复杂性和二律背反。

这就是我们所知道的天才、伟大而又奇特的俄罗斯人。

**参考文献**

[1]李咏吟.原初智慧形态:希腊神学的两大话语系统及其历史转换[M].上海:上海人民出版社,1999.

[2]威尔·杜兰.世界文明史:卷10 卢梭与大革命 中[M].北京:东方出版社,1999.

---

① 威尔·杜兰:《世界文明史:卷10 卢梭与大革命 中》,东方出版社,1999,第633页。

# 俄罗斯的种族宗教文化记忆①

　　许多俄罗斯学者直至今日都认为俄罗斯人有两种灵魂，一种来自东方，另一种来自西方，最有代表性的观点是高尔基的著作《两种灵魂》。

　　笔者以为，如果一定要说俄罗斯人有两种灵魂，与其说是来自东方和西方，毋宁说是来自多神教和东正教。

　　可以认为，任何文化的起源都具有一定的宗教的性质。有的俄罗斯学者认为，俄语中"文化"（культура）一词就是由"崇拜"或"祭祀"（культ）这个词构成的。俄罗斯人是十分重信仰的民族，众所周知，古罗斯人一出现在人类的历史舞台上，就是多神教的信仰者。虽然信仰多神教的时代早已成为湮远的过去，但这种古老的信仰对俄罗斯文化的影响却没有泯灭。俄罗斯天主教信徒、耶稣会成员、修士司祭约翰（科洛格里沃夫）于20世纪中叶在罗马的教皇东方学院讲课时说："俄罗斯人被强制忘掉了多神教的神的名字和对他们的记忆。然而，基督教却不总能使自己的教条和信仰在俄罗斯的灵魂中扎根。福音学说和古代多神教观念重叠着，这种情况直至今日仍未消失。在一些地方，人民不仅保持了多神教的仪式，而且在基督教的外表之下保存了多神教的精神；或者说得再清楚些，俄罗斯的民间基督教是某种多神教的基督教，其中多神

---

　　①　原载《国外社会科学》2003 年第 5 期。

教的体现是信仰,而基督教的体现是祭礼。"①

那么,俄罗斯古代的多神教有哪些基本信仰,对俄国精神文化有何影响呢?

初看起来,这两种信仰的并存很难理解,因为多神教崇拜的一切——太阳、雷、电、风、山河、大地、石头、动植物等——都是被造之物,而基督教所崇拜的是这一切赖以产生的创世主——上帝;多神教与偶像崇拜、魔鬼、魔法、多神论相联系,基督教则认为只有上帝才能创造并主宰世界,人类只有信仰上帝及其儿子耶稣基督才能获救。② 俄罗斯特有的宗教神秘主义的灵感,使他们找到了两者之间的联系,那就是上帝的化身——索菲亚和圣母等。我们在探讨这两种宗教信仰的交替和融合的过程中会逐渐明了这一切。

古罗斯人信仰的多神教比较粗陋,这种信仰主要是崇拜各种自然现象,将其神化,认为自然是神灵,除上述多神教崇拜的神以外,古罗斯人和其他斯拉夫人还信奉树精、水妖、美人鱼、家神等。与此同时,他们还有崇拜和祭祀祖先的风习。

在多神教中最受尊敬的是雷神彼隆,此外还有牲畜、贸易和财富之神维列斯,光、生命和知识之神达日博格,太阳神霍尔斯,种子和庄稼守护神西马尔格尔,宇宙之父和创造者斯特里博格,生殖、水女神和女性生产活动及少女命运守护神莫科什等。③ 古罗斯人把这些神做成简陋的神偶,对其顶礼膜拜。在《古史纪年》中有如下记载:基辅的山头树立着一尊雷神的偶像,公元 945 年,伊

---

① Юдин А В, Русская народная духовная культура. М.: Высшая школа, 1999, с. 114 – 115.

② Василенко Л И, Краткий религиозно-философский словарь. М.: Истина и Жизнь, 2000, с. 252.

③ Богданов А П, Степанищев А Т, История России с древнейших времен до Петра Первого. М.: Терра-кижный клуб, 1998, с. 34.

戈尔公就是在这个神柱面前发出恪守与希腊人签署的协议的誓言。980年,弗拉基米尔大公开始在基辅执政以后,在山丘上树立起雷神、霍尔斯、达日博格、斯特里博格、西马尔格尔和莫科什的偶像,这些都是古斯拉夫人崇奉的最高神(当然还应当加上维列斯)。这些神在印欧语各民族的神话中十分常见,被人们称为"弗拉基米尔神祇",这些神被弗拉基米尔大公当作全国多神教崇拜的对象。[①]在上述多神教的众神中,只有莫科什是女神,她位于诸神的最后,在东斯拉夫的神话中她处于神和下界的魔鬼之间,将两者分开;还有一些传说,认为莫科什既与上天、下界相连,又与水、火相连。对莫科什的崇拜在古罗斯十分盛行,主要把她作为女性及其从事的各种生产活动的保护者。

与自然神崇拜直接相关,古罗斯人十分相信魔法的力量。在传说中,极北地区有个布扬岛,是能够发出最大魔法力量的中心。人们借助于这里的魔力能够改变自己的生活轨迹,改善命运,战胜一切敌人的阴谋诡计。布扬岛由此成为魔法的象征。俄罗斯最杰出的民间文学研究者 A.阿法纳西耶夫曾经断言:布扬岛上集中了最强大的雷电、风和暴风雨的神话化身,这里居住着蛇王、乌鸦王和蜂王等。人们认为,地上的一切禽鸟、昆虫都是它们所生。从古代咒文中得知,朝霞女神和太阳就端坐在岛上。总之,布扬岛是大自然中一切魔法力量和创造力的永不枯竭的源泉。[②]

在多神教信仰流行的历史时代,也同时流行着魔鬼说,所指的是上述受崇拜的神之外的低级魔怪,它们没有什么鲜明的个性,

① Юдин А В, Русская народная духовная культура. М. : Высшая школа, 1999, с. 55 – 56.

② Демин В Н, Гиперборея: Исторические корни русского народа. М. : Фаир-Пресс, 2001, с. 99 – 100.

俄罗斯的种族宗教文化记忆

都有一些相近的特点。关于魔鬼的观念是多神教信仰大自然多种精灵的一种残存余念，它们在当今的俄罗斯依然存在。

虽然东斯拉夫人的多神教有些粗浅，但这种宗教意识已经相当成熟和牢固。尤其值得注意的是，多神教的信仰和宇宙观对俄罗斯人的民族性格和文化心理有着深远的甚至是不可磨灭的影响。首先，俄罗斯人从对众多自然之神的崇拜产生了一种本民族独有的对大自然的神秘感应力，喜欢依赖对大自然的神秘主义直感，许多诗人，如莱蒙托夫、茨维塔耶娃等能够神奇地与大自然进行神秘的交往并由此得到精神的解脱。古今的俄罗斯人与大自然相处在和谐的美好关系中，这可以说是俄罗斯民族文化的一个传统。与此同时，古罗斯人在多神教的诸神保护下，对自然的狂暴力量和敌人无所畏惧，喜欢令人心惊胆战的征战以及与自然力的搏斗，在其中追求一种疯狂体验的快感，感受自然－原始生命的活力及其充分释放的欢乐。在果戈理的《塔拉斯·布尔巴》等作品中及列宾和苏里科夫画笔下的查布罗什人哥萨克和斯捷潘·拉辛，以及叶尔马克等俄罗斯人的面貌中都可看到多神教影响下的那种狂放无羁的原生态人文特征。古罗斯人天真而乐观地把自己的命运寄托在魔法的救助中，相信古老的魔法会消除一切灾难而使他们获救。在文学大师陀思妥耶夫斯基的那些挥之不去的梦魇和列夫·托尔斯泰求得生命解脱的方式中[1]，我们都不难捕捉到多神教和魔法感的印迹。由于多神教没有那么多的道德戒律的约束，原始的古罗斯人充分地感受到生命的喜悦和欢乐，无拘无束地发挥着自己的神秘主义灵感和无限创造力。多神教激发了他们的神秘主义激情和非凡的艺术想象力，以及他们的童趣和艺术渲染、夸

---

[1] 布宁：《托尔斯泰的解脱》，陈馥译，辽宁教育出版社，2000，第45—46页。

张的能力,赋予了俄罗斯人狂放的酒神精神和狂欢性格(如苏里科夫的画《攻取雪城》和斯特拉文斯基的舞剧《彼得鲁什卡》,以及普罗科菲耶夫的交响童话《彼得与狼》等)。这一切使俄罗斯人在艺术上取得了辉煌的成就,也使他们表现出雅利安人所没有的某种饕餮性。古今俄罗斯的不少文学、艺术天才都浸泡在烈酒中,这种狄奥尼索斯精神与古希腊相比具有了更多的蛮夷性。不得不承认,多神教为俄罗斯带来的诸种人文特征异常牢固地得到了世世代代俄罗斯人的历史传承,许多特点直至今日仍明显可见。

不过,当古罗斯人与信奉基督教的希腊人接触以后,他们还是认识到了希腊基督教的优越之处。他们逐渐认识到,东斯拉夫人所崇奉的是人们用手制作的神偶,是木头桩子,而他们却还要向这些木头神偶献祭活人;希腊人信仰的上帝才是神,是他创造了天、地和日月星辰,创造了人,赋予人生命,让他生活在大地上。这种鲜明的宗教观念的差异令古罗斯人对自己的原始信仰产生了怀疑,结果使多神教开始走向衰落,古罗斯人的传统世界观就此发生动摇,以致在希腊人面前他们也无从为自己的信仰辩护。

如前所述,弗拉基米尔大公是血统纯正的斯堪的纳维亚人,虽然他出生在古罗斯。因此,他对东斯拉夫人的传统宗教持怀疑态度。加之在他执政期间,多神教信仰已经受到其他宗教的冲击,各国不同宗教的传教士都不断地向大公宣传自己宗教的优越性。经过仔细的斟酌和调查,弗拉基米尔大公最后选择了东方的(拜占庭的)基督教。就最基本的教义而言,东正教认为上帝是全知全能的,他是造天地、造人类和世界万物的主宰者,上帝是三位一体的神, 即圣父—圣子—圣灵;耶稣是上帝之子,造成肉身,生于童贞女马利亚;人生来就有罪,称为原罪,耶稣降生就是为救赎众人的罪;东正教相信人的灵魂不死不灭,所有的人在世界末日接受上帝的审判。善者,灵魂肉身一起升天堂享永福;恶者,灵魂肉体同下

俄罗斯的种族宗教文化记忆

地狱受永罪。这一宗教对古罗斯人是完全陌生的。

俄罗斯从拜占庭接受的东正教不仅是一种宗教信仰,而且是一种世界观。俄罗斯人的先知的预感、神秘主义沉思、启示心境、宗教使命感和弥赛亚精神显然都源于拜占庭的宗教和文化。因为当时拜占庭的文化正处于鼎盛时期,对俄罗斯产生了极强的吸引力。除宗教以外,当时在西欧广为流行的占星术、通灵术,以及字母、货币、建筑和装饰艺术等都从拜占庭进入俄国,所以有人说,俄罗斯在上述诸方面都是"拜占庭的女儿"。可以说,以东正教为核心的拜占庭的人文精神进入俄国以后,逐渐深入到俄罗斯人的心灵之中,点燃了俄罗斯固有的多神教灵魂的神秘主义激情。也许,这其中才真正隐藏着俄罗斯人的历史宿命。甚至在拜占庭走向衰败以后,俄罗斯人仍把教会视为精神积极性的源泉,依然在追随着希腊的传统。不过,信仰的更替对一个民族来说实在不是一件容易的事情,对此俄国编年史中有十分详细、生动的描述。由于人们不情愿接受新宗教,在基辅他们被成群结队地赶入第聂伯河去接受洗礼,而在北方的诺夫哥罗德,人们对基督教的抵制更加强烈,多勃雷尼亚甚至不得不动用武力。整个 11 世纪,这种反抗新宗教的行为都在各地持续着,尤其是在古罗斯东北和西南方的农村,对基督教的拒斥异常顽固,甚至到 13—14 世纪人们仍不肯放弃多神教信仰。① 而乐于接受基督教的古罗斯人则多半是因为在宗教仪式上体验到一种神圣忘我的美感,以为其中便有至高真理的存在。可见,总体而论,古罗斯人是从直观感觉到,以原有多神教的世界观、审美观和信仰接受的新宗教缺少神学基础。因此,俄罗斯的东正教信徒在相当长的历史时期内,实际上所具有的是

---

① Еремина Н, История России с древнейших времен до конца XVII века. М.: АСТ, 2000, с. 81.

多神教和东正教的双重信仰，并且其间还掺杂着其他东斯拉夫人和非斯拉夫人固有的民间信仰。拜占庭的基督教进入古罗斯时也带来了狄奥尼索斯和小亚细亚及巴尔干的诸神崇拜，这都是多神教的遗产。所以有人说，俄罗斯人具有"三重信仰"①。用 H. 托尔斯泰和 C. 托尔斯塔娅的话来说，"斯拉夫人的中世纪和'传统'宗教文化是由三种起源不同的部分构成的：其一是基督教，它与教会的教条相联系，是从希腊的拜占庭或者天主教的罗马引进的；其二是多神教，它从斯拉夫多神教信仰者祖先的原始时代继承而来；其三是'反基督宗教'。最常见的还是多神教，但它的起源是非斯拉夫的，是随同基督教或通过其他途径渗入到斯拉夫的民间"②。这些信仰久而久之或多或少地融入了俄罗斯的东正教之中，被教会合法化，造成了俄罗斯有别于拜占庭的东正教信仰，这在民间宗教文化中有更多的反映。一个最为明显的例子是古罗斯多神教的许多节日，如送冬迎春节、夏至节、荐亡节等都与东正教的节日合而为一，在东正教的节日活动中都有多神教节庆的活动和内容。③

在这些信仰的相互融合中，古罗斯人原有的认识世界的传统模式、时空观及与其相关的季节性祭祀，在人们的观念中还相当牢固，远远超过对诸神崇拜的外在形式。在这种情况下，教会也不得不对教民做出一些让步。在罗马尚且如此，何况俄罗斯呢！一些圣徒和苦行者及弥赛亚本身在教民的意识中都变成了多神教中的相应人物，人们用多神教的观念和方式来认识他们，赋予他们

---

① Юдин А В, Русская народная духовная культура. М.: Высшая школа, 1999, с. 115.

② Юдин А В, Русская народная духовная культура. М.: Высшая школа, 1999, с. 115.

③ Рыбаков Б А, Язычество древней Руси. М.: Наука, 1988, с. 657 – 682.

多神教中神的职能。例如,位于沃洛斯街上的诺夫哥罗德的圣弗拉西教堂中,圣像上的圣徒被牲畜环绕着。① 可见这里把圣徒与多神教中的牲畜守护神沃洛斯(即维列斯)等同起来。类似的情况在古罗斯屡见不鲜。虽然如此,古罗斯人的宗教信仰还是前进了一大步,这也是人类宗教信仰发展的历史的必然,这种进步最集中地表现在人与神的关系及宗教对神圣的观念中。

在多神教中,人对神的认识直接来自于大自然,没有基督教中的丰富精神内容,而且在原始的多神教信仰中,人与神的关系是单方面的,他们企望依靠多神教观念中的魔法单方面对另一个世界发生作用;而在基督教中,人与上帝的关系具有某种对话性,上帝向人靠近了一步,这表现在上帝为人提供的选择、赐予人的神奇力量和死后灵魂的荣耀。可以说,在基督教中人能够与至高无上的力量对话。② 在接受新宗教以后,关于神圣的观念有了重要的改变,用俄罗斯学者 B.托波罗夫的话来说,"改变的本质在于神圣位置的三重新走向:从自然转向人(和超于人以上);从物质－实物转向理想和精神;从具体和可见转向抽象和不可见"③。B.托波罗夫认为,接受基督教以后,11—12 世纪期间形成了作为整个俄罗斯生活基础的三个关键的思想观念:第一,空间和政权范围相统一的思想,这种统一正是充满《古史纪年》和《伊戈尔远征记》的主要激情,它的产生是基于对公爵地位高低的原则的严格遵守,以制止公爵的权力之争,其后果就是几个世纪以后形成的对俄罗斯广袤

---

① Юдин А В, Русская народная духовная культура. М.: Высшая школа, 1999, c. 116 – 117.

② Юдин А В, Русская народная духовная культура. М.: Высшая школа, 1999, c.211.

③ Юдин А В, Русская народная духовная культура. М.: Высшая школа, 1999, c. 226 –227.

领土的强硬中央集权；第二，时间和精神相统一的思想，就是精神文化的继承性，它在基辅的伊拉里昂的《法与神赐说》一书中有所反映，而且在"莫斯科是第三罗马"的莫斯科东正教王国的观念中以及对异邦文化遗产的表面、非本质的接受和对自己文化遗产的轻视方面也体现了这种统一的思想；其三是神圣的思想，它被视为行为最高的道德理想，一种独特的生活态度，更确切些说，是把神圣理解为牺牲、对另一个世界和对非现世价值的期望这种独特的神圣的观念。① 这三种思想观念对俄罗斯至关重要，预先决定了俄罗斯未来的道路，也为俄罗斯抵达精神的顶峰开辟了一条独一无二的道路。因此，进入神圣之国成了俄罗斯精神生活的超级目标②，而在对神圣的理解方面，"俄罗斯的精神传统最大限度地表现出自己的独立性和创造能力"③。"神圣的罗斯"并非是在道德意义上的神圣，而是指神圣的理想对古罗斯而言是所有价值之上的最高价值。④

对于神圣的理解决定了古罗斯人的宗教生活态度，教徒们首先在上帝所在的至高无上的天上世界中看到神圣的一切，通过这种认识实现了对非现世生活价值的确认，进而把神圣理解为自我牺牲精神。在后一种理解中圣徒的典范起了重要作用，这导致了俄罗斯人对待苦难的与众不同的态度。

---

① Юдин А В, Русская народная духовная культура. М.: Высшая школа, 1999, с. 223.

② Юдин А В, Русская народная духовная культура. М.: Высшая школа, 1999, с. 222.

③ Юдин А В, Русская народная духовная культура. М.: Высшая школа, 1999, с. 223.

④ Юдин А В, Русская народная духовная культура. М.: Высшая школа, 1999, с. 222.

俄罗斯的种族宗教文化记忆

在古罗斯圣徒的观念中，自觉自愿地牺牲自己，自愿选择死亡才能避免恶的不断产生，这是战胜必然和强迫的奴役，进入上帝的自由之路，在这种意义上死亡换取了永恒的生命。Г. 费陀托夫说："自愿忍受苦难是对基督的效仿，是《福音书》的完满实现阶段。"①俄罗斯是世界上公认的能够领悟基督教本质的民族之一，他们热爱基督和十字架，珍重苦难，从中汲取积极的力量，能够感受到赎罪的作用，甘愿在苦难中考验自己对上帝的忠诚并净化灵魂。这种神圣的观念逐渐从依附在旧文化的表层而深入到人民意识的深处，在俄国历史的漫长进程中锻造着俄罗斯人的灵魂，成为俄罗斯人追求的至圣道德准则和至高精神境界，致使俄罗斯的东正教信徒竭诚遵守教会的一切严峻的精神和肉体的戒规，甚至在俄罗斯的东正教中不仅有为信仰而献身的受难者，还有神圣的殉教者，只为殉教而献身。这种观念深深地植入俄罗斯人的意识之中，广泛地影响着俄罗斯人的世界观，使他们特别敬重有牺牲精神和忍受苦难的人。

然而，由于东正教在当时起着维护封建君主制的作用，是旧制度的一个组成部分，它受到俄罗斯一些进步人士的反对。他们向往的是否定圣徒传统的俄罗斯，即非神圣的俄罗斯，有人称其为撒旦的俄罗斯。与圣徒的俄罗斯相对立，撒旦的俄罗斯富有反抗精神，升腾着狂暴的民族自然力，不屈从、不忍让、勇于批判、勇于为自己的命运去抗争。可以说，这是一个怀疑、否定、充满反叛和背弃精神的俄罗斯。

历史的逻辑有时就是这样地不可捉摸：俄罗斯人千古渴慕的神圣使俄罗斯停滞不前，而非神圣的俄罗斯才真正推动了俄国社

---

① Юдин А В, Русская народная духовная культура. М.：Высшая школа，1999，с. 225.

会的前进。可见,神圣和非神圣都是俄罗斯人种族的真理。非神圣的俄罗斯的代表者是不信奉上帝的激进的知识分子,他们从理性上舍弃了东正教的信仰,是因为受到欧洲革命思想的指引,开始尊崇无神论和唯物主义,后者成了他们的新信仰。在这个知识分子的群体中,可以看到一个非常发人深思的现象:他们摒弃了东正教,而灵魂深处又摆脱不开神圣俄罗斯的理念,各种教规和戒令都已成为他们的行为准则;在他们所投身的事业中,他们的思想异常坚定,一切行为都要受到严格的制约,并且他们随时准备为自己的思想去坐牢、服苦役,甚至面对死刑。只要他们迷醉上一种思想,便如教徒般忠贞不渝,终生遵奉着它的信条。可见,传统的东正教影响与他们的无神论世界观虽然十分矛盾,却坚定了他们的革命意志。有的革命者就是以基督拯救人类所做出的牺牲为榜样投身民族解放运动的。可见东正教在俄罗斯民族文化中的影响有多么深。不仅如此,我们所熟知的俄国著名的虚无主义也与东正教精神之间存在着某种深层的消极联系。一些平民知识分子对传统文化和信仰的否定如此坚决,竟然导致了虚无主义的产生。虚无主义传统的价值观对破坏旧世界具有一定的积极作用,但同时也转化成一种威胁俄国社会的破坏力。而富有戏剧性的是,虚无主义者在进行蔑视一切的恶作剧时,灵魂深处还遗留着东正教的影响:他们蔑视人,却又准备为他们献身;他们戴着犬儒主义的面具,心中却保持着贞洁的冷漠;他们还时常在心里暗中乞灵于上帝。所以,可以认为,他们的运动是由宗教饥渴导致的自发性疯狂行为,是高压下长久积累起来的压缩状态的宗教力量的总爆发。[①]在他们否定一切理论和行为的背后,隐匿着的却是俄罗斯东正教

---

① 金亚娜:《俄国文化研究论集》,黑龙江教育出版社,1995,第87页。

的神圣精神及其改造世界的主张。①《福音书》的精神已经深入他们的灵魂,他们之中的许多人曾经受到空想社会主义理论的吸引,更多的是因为他们在其中看到了符合东正教世界观的社会理想,指望借助这种理论把俄国变为人人平等、充满博爱和绝对自由的正义王国。

最后还应提及的是俄罗斯宗教观中对索菲亚、圣母、永恒的女性、大地母亲等的崇拜,这种宗教观决定着俄罗斯人文文化的一些不容忽视的特征。

索菲亚是个神学－哲学概念,是对俄国哲学具有重要意义的核心概念之一。由于俄罗斯人比其他民族更具认识和感知世界的神秘主义灵感和直觉,他们对索菲亚的关注和研究多于其他国家的神学家和哲学家。虽然索菲亚是个十分古老的概念,在《圣经·旧约》和《圣经后典·所罗门智训》中早已被提及②,但俄罗斯思想家对其产生兴趣是在 18 世纪末和 19 世纪初。从俄国政治思想家 M. 斯佩兰斯基开始,众多哲学家、神学家,如 B. 索洛维约夫、Π. 弗洛连斯基、C. 布尔加科夫、E. 特鲁别茨科依、H. 洛斯基、B. 伊里英、B. 津科夫斯基、K. 莫丘利斯基、C. 阿维林采夫等都建构了自己的索菲亚学说。俄罗斯人认为,索菲亚是圣智,她来自逻各斯,既具有精神性,又兼有物质性,是“上帝的永恒躯体”和“世界灵魂”,是“永恒的女性”;索菲亚是“被救赎的被造物的开端和中心”,是“教会”,等等。这一学说十分复杂,我们在此不想专门论述,但有一点特别值得注意:俄罗斯人所建构的民族索菲亚观与拜占庭的索菲亚观有所不同,拜占庭神学强调索菲亚与逻各斯的联系,而俄罗斯神学思想家则把索菲亚与圣母更紧密地联系在一

---

① 金亚娜:《俄国文化研究论集》,黑龙江教育出版社,1995,第 91 页。
② 《圣经后典》,张久宣译,商务印书馆,1996,第 110—113 页。

起。这是因为俄罗斯学者认为，索菲亚虽是被造之物，但不是一般的被造之物，而是全体被造之物的根源，被造之物依靠这个根源而与上帝的三位一体相连，并且索菲亚参与三位一体的神的生命，进入三位一体的深处并参与上帝的爱。可见，索菲亚既是被造之物的理想实体，又是被造之物的精神，她使被造之物神化，正是圣灵和圣母马利亚。俄罗斯人还认为，索菲亚是上帝和物质的汇集，而这个过程是由圣母来实现的——圣母把尘世和上天连接起来，也使万物的来源"润泽的大地母亲"具有神性。在俄罗斯民间流传的诗歌中，古代歌者还赋予圣母的眼泪以神性，大地母亲接受了圣母的眼泪即获得了索菲亚的美。由此我们不难看出，俄罗斯人把索菲亚和圣母联系起来是其宇宙观的一种体现。他们因索菲亚在创世过程中起了重要作用，与世界一切被造之物的产生密切相关而将其视为宇宙的不可或缺的来源，特别强调索菲亚的女性和母性特征（而雅克·博麦却强调索菲亚的室女性①），由此进一步赋予尘世具有母性功能的女性、母亲和大地母亲以潜在的神圣性，造成了俄罗斯文化中对永恒的女性的尊崇。在俄罗斯文学和艺术中我们不难看到对索菲亚幻化出来的各种形象——圣母、永恒的女性、理想的人，以及对索菲亚在诗人创作中的作用的赞颂等。与之相关，俄罗斯的民族索菲亚观还决定了俄罗斯人对创世和赎罪的奥秘的思维方式，他们从索菲亚的精神、物质性兼而有之的认识出发，引申出精神、肉体同样神圣的观念。这种认识往往导致对基督教教义的曲解，甚至导致异教思想产生。陀思妥耶夫斯基虽然不是一般意义上的神学家，但他却以自己天赋的敏锐洞察力发现了俄罗斯基督教中潜在的两种不同的认识倾向：其一，认为肉体被

---

① Мочульский К В, Гоголь, Соловьев, Достоевский. М.: Республика, 1995, с. 120.

俄罗斯的种族宗教文化记忆

上帝的仁爱净化后即是神圣的;其二,认为肉体是人的弱点和不净的根源。这两种认识在俄罗斯的宗教文化中都有很深的根源,对其正确的理解是诠释俄罗斯宗教观念中一个重要冲突的一把钥匙。

由此可见,东正教在俄罗斯的社会生活和精神文化中起着相当重要的作用,在相当长的历史时期一直统辖着俄国的人文文化,对哲学、社会科学、文学和艺术等的发展有着不可估量的巨大影响。例如,在哲学领域,俄罗斯形成了以索洛维约夫为代表的强大的宗教哲学流派,它在哲学和神学研究上独树一帜,一反传统,把研究引向了对人的问题的关注,引起了世界哲学界和神学界的重视,有的西方学者把俄罗斯的宗教哲学称为"百思不得其解的宝库"。在文学领域,从远古时代民间文学中的壮士歌和勇士歌谣开始,基督教的精神就得到了充分的反映;后来到 19 世纪和 20 世纪,众多的举世闻名的俄罗斯文学大师,如果戈理、涅克拉索夫、陀思妥耶夫斯基、列夫·托尔斯泰、以梅列日科夫斯基和别雷为代表的象征派诗人、加尔洵、安德烈耶夫、布尔加科夫等等,无一不把东正教作为文学创作的重要题材,提出并探讨了许多与俄罗斯人文精神密切相关的重大问题,诸如俄罗斯历史文化思维的基督教色彩、不同历史时期基督教观念的重大变化、基督教人类学中关于人的问题的观念、《圣经》对俄罗斯人文精神的影响、俄罗斯人的宗教乌托邦理想、东正教与多神教和其他民间宗教教义的混合和相互影响、俄罗斯东正教信徒与上帝交往的内在宗教精神生活、《福音书》基督教和民间基督教的相互关系、俄罗斯土壤上的东方基督教的禁欲主义、俄罗斯的虚无主义的宗教性、俄罗斯的神圣性、神圣俄罗斯与罪恶俄罗斯的并存、战争与东正教理念的矛盾、《福音书》的伦理原则与暴力的冲突、各种不同的历史索菲亚概念的相互作用、对待现存的基督教的态度、对爱和生命及死亡的宗教观念、圣徒对待死亡态度的消极影响、"上帝惩罚"的天命论思想、修士的苦行修道生活、苦行的道德行为理想、圣愚现象、原罪意识、忏悔和悔过及赎罪意识、灵魂不死和人的复活、启示录精神、末日论和最后的审判等等。当然,除东正教以外,俄罗斯作家在其文学创作中还涉及多神教和一些其他民间宗教、民间崇拜、民俗信仰等,如诺斯替教、波果米耳教、萨满教、大地母亲崇拜、动植物崇拜、祖先和名人先师崇拜、对圣人和英雄的崇拜、对行业保护神的崇拜,以及相术、卜算、扶乩、禁忌、占星术、梦境解释等。作家们从宗教的角度对俄罗斯人的人文文化和精神生活做了多姿多彩的描述,这对俄罗斯人灵魂和精神异质性的揭示极为重要。

　　总之,俄罗斯人所固有的多神教信仰和从拜占庭引进的东正教信仰已深深地植根于他们的灵魂之中,在其世界观、心理和诸多人文特征中打上了深深的印迹。这种种族的宗教文化记忆使俄罗斯人活得十分不轻松,但也赋予了他们成为一个独特的伟大民族的诸多灵感和睿智。这是沉重的包袱,也是无比丰富的伟大财富。

## 参考文献

[1] Юдин А В. Русская народная духовная культура[M]. М.: Высшая школа, 1999.

[2] Василенко Л И. Краткий религиозно-философский словарь [M]. М.: Истина и Жизнь, 2000.

[3] Богданов А П, Степанищев А Т. История России с древнейших времен до Петра Первого[M]. М.: Терра-кижный клуб, 1998.

[4] Демин В Н. Гиперборея: Исторические корни русского народа[M]. М.: Фаир-Пресс, 2001.

[5] Еремина Н. История России с древнейших времен до конца

XVII века[M]. М.：ACT, 2000.

［6］Мочульский К В. Гоголь, Соловьев, Достоевский[M]. М.：
Республика, 1995.

［7］Боханов А Н. История России с древнейших времен до
конца XVII века[M]. М.：ACT, 2001.

［8］Рыбаков Б А. Язычество древней Руси［M］. М.：
Наука, 1988.

［9］布宁. 托尔斯泰的解脱[M]. 陈馥,译. 沈阳:辽宁教育出版社,
2000.

［10］金亚娜. 俄国文化研究论集［M］. 哈尔滨:黑龙江教育出版
社, 1994.

［11］圣经后典[M]. 张久宣,译. 2 版.北京:商务印书馆,1996.

# 俄罗斯文学中的"永恒女性"
# 崇拜哲学与文化探源

　　女性和男性是构成文化研究无数对立因素中的一对。在这个对立又统一的系统中，缺少任何一方，另一方的存在便失去了意义。在历史上，男性和女性这两个世界的质的差别在于，男性的环境和活动成就了社会群体的历史的外观，而女性的所谓"亚文化"则处在阴影中，女性世界大部分隐蔽在世人目光之外。正因为如此，对女性世界的探索从古至今都是人们更感兴趣的课题。

　　如我们所知，自古罗斯以来，文学中就显现出赞扬、歌颂女性形象的倾向，无论是远古的神话、民间传说、童话故事，还是编年纪事文学及纪实性的史诗等都是如此，甚至存在着女性形象神话化的倾向。而"神话是占主导地位的社会舆论的反映"[①]。所以，可以肯定地说，文学中女性形象的神话化有其现实的社会基础。并且，如梅列金斯基（Е. М. Мелетинский）所说，这种女性形象的神话化是无意识的，是"对种种既有的生活形态予以折射"，从而创造出一种"崭新的、幻想的'高超现实'；而这种现实则被相应的神话传统的负载者奇异地视为诸如此类生活形态的初源和理想的原型"[②]。也就是说，这种女性形象的神话化源自于古代生活和人们

---

　　① Землянская М, Мужчина и женщина：правда и мифы о взаимоотношениях. М.：Эксмо, 2002, с. 4.

　　② 梅列金斯基:《神话的诗学》，魏庆征译，商务印书馆，1990，第188 页。

对其认识本身，并非刻意构思的产物。

　　早在多神教时代，古罗斯就形成并长久流传着女神崇拜的习俗和观念，以及与之密切相关的对魔法和奇迹的信仰。这种崇拜不仅有悠久的历史，而且一直延续到现代社会。受到崇拜的女神的基本品格为向善、对人的命运的呵护、为人带来幸福、庇护丰裕，以及拥有超验力量——通过施巫术、魔法创造各种奇迹等。与那一时代女神崇拜观念一脉相承的受推崇的女性特征为神秘灵感、勇气、力量、独具的智慧和独立自由的意志等。在基督教传入古罗斯以后，形成了圣智索菲亚和圣母崇拜的神学和哲学观。对索菲亚崇拜的主要因素为智慧、美、善和真；对圣母崇拜的因素包含着对童贞女马利亚的圣洁的崇拜和对圣母的伟大的爱的崇拜。

　　在俄罗斯文学漫长的发展过程中，人们把对索菲亚、圣母，以及对大地母亲的崇拜逐渐联系起来，认为这三者的作用密不可分。在俄罗斯人看来，索菲亚所起的作用等同于圣灵和圣母，而润泽的大地母亲通过圣母获得了神性，并得到了索菲亚的智慧和美。这些观念最终在俄罗斯的哲学和文学创作中逐渐汇聚成了"永恒女性"的理念，形成了俄罗斯对"永恒女性"尊崇的文化传统。这个"永恒女性"的概念既是俄罗斯人对女性的集体无意识，又指向具体女人的个性特征。这样一来，俄罗斯文学中就由女神、索菲亚、圣母、童贞女马利亚、大地母亲等幻化出了体现"永恒女性"的各种女性形象：神女、半人半神的女性、"美妇"、母亲、妻子、情人、纯洁少女、智慧女性等等。对这些女性的赞颂实际上是对女性神人合一的美德和气质的尊崇。除此而外，俄罗斯女性在社会历史进程中的实际地位和作用也构成了文学中女性崇拜的现实基础。

　　而到了 19 世纪，俄罗斯文学中形成了一种倾向——小说中女性地位的中心化。与此同时，在承袭古代文学传统的基础上，还形成了女性形象理想化的审美取向，在后来的文学创作中它发展成为一个强大的传统，位于其顶端的就是家喻户晓的、出自普希金（А. С. Пушкин）笔下的头上罩着光环的达吉雅娜·拉琳娜。作家们自觉或不自觉地将俄罗斯新的希望、拯救灵魂和获得救赎的希望寄托在女性身上。这样一来，俄罗斯文学中就出现了不同程度的女性崇拜的内蕴。有人说，俄罗斯人文文化中之所以有女性崇拜的情结，是因为俄罗斯民族本身就固有一种女性气质，整个俄罗斯文化都渗透着女性强于男性的意识。别尔嘉耶夫（Н. А. Бердяев）这样说过，一些其他俄国思想家也说过类似的话。诚然，对于俄罗斯人具有女性气质和日耳曼人具有男性气质的看法，远不是俄国学界的所有人都认同的，这也并非没有原因。从俄国的现实而论，在古代和近代历史进程中，俄罗斯的女性大部分处于从属地位，只是作为主角的男性的配角，或者说是伴侣。除古代和近代的几位女执政者和一些"阳化"的女革命者以外，女性在社会生活中直接发挥的作用实在有限。

但是，如果我们潜入俄罗斯文化的深层结构之中，观照一下俄罗斯灵魂深处放射出来的审美和道德光束，感悟就会完全不同。不得不承认，在宗教文化传统的作用下，在独具的人文文化语境中，在诸如被誉为"兼有世俗和宗教的一切智慧的俄罗斯传统文化纪念碑"的《治家格言》的影响下，俄罗斯的女性确实成为一种净化灵魂的力量、邪恶势力的颠覆者和神圣罗斯理念的体现者，一句话——俄罗斯复兴的希望。尽管基督教在人类文化史上首次确立了在上帝面前男女平等的观念，教会对女性的封建约束依然十分严酷。这造成了一种现实：女性在家庭生活中仍旧受着沉重的封建压迫，但在灵魂得到救赎和成为圣者方面，她们却有着同男性一样的条件和可能，女性同样能够得到上帝的关爱和光照。由于俄罗斯女性具有胜于男性的神秘灵感，虽然她们在社会生活中是没有地位的"装饰"的角色，但这并不妨碍她们在统辖俄罗斯人文精神的宗教文化中发挥作用。而这种作用直接渗透到构成社会的基本组成单位——家庭之中,规范着家风和后代的教育。在俄罗斯,正是女性的因素从家庭开始在历史上削弱了暴政,强化了道德意识。这导致了一种倾向:俄罗斯精神传统的基本定势是道德而不是法;而道德的完善又要借助神的力量,所以俄罗斯人认为神赐高于法。这种集体的民族意识首先为女性所拥有。[①] 纵观俄罗斯文化史的进程,可以看出女性在家庭生活中所表现出来的人格特征,在男性主导的社会文化中彰显出自己独具的优势。这在某种程度上导致了俄罗斯文学中男性作家对女性形象定位的父权意识的偏离。女性的宗教潜质的进一步发挥还引发了她们自身世界观的裂变,其世界观和性格及心理的矛盾性对俄罗斯民族而言也很有代表性。矛盾的发展和激化冲击了男性主流文化的强势语言,在一些方面开始打破男主女从的从属关系,甚至在社会生活领域中也出现了先知先觉的女性"丈夫",这在屠格涅夫(И. С. Тургенев)、冈察洛夫(И. А. Гончаров)和车尔尼雪夫斯基(Н. Г. Чернышевский)等作家的作品中有鲜明的反映。可以认为,在 19 世纪至 20 世纪初期的俄罗斯文学中,也包括后来的大部分社会主义现实主义文学,女性崇拜的倾向已成为一个备受瞩目的闪闪发光的显性世界。

要研究俄罗斯的人文文化、传统的人文精神在文学创作中起了什么样的作用,作品的文本所表现的是什么样的哲学观、宗教观、宇宙论等等,通过对女性形象的研究与分析来寻找答案是最具有代表性和典型意义的。这是因为俄罗斯女人是俄罗斯的"家园女神",是自古以来"村社精神"的体现,俄罗斯人理想的性格和意

---

① 参阅 Колесов В В, Язык и ментальность. СПб. : Петербургское Востоковедение, 2004, с. 164 – 165.

识类型一向更为这一民族的女性所禀有。并且,俄罗斯的女性特别善于对男性产生影响,她们的潜移默化的作用渗透到生活的各个方面,如罗扎诺夫(В. В. Розанов)所说,如果男人有一杯水,那就是确定不变的有一定重量的一杯水,而女人会把这杯水变成蒸气和雾,抓不住也没有重量,但却充满家中的一切空间,进入所有的缝隙。① 而且,"没有比女人更可靠和更热情的所有新事物的传播者,无论关系到什么——从服饰到哲学,从玩乐到宗教"。这里占据重要位置的是"永恒女性"(Вечная женственность)的问题,涉及信仰、希望、爱和智慧等种种美德。许多俄罗斯的诗人和哲学家在其作品和论著中都涉及这一哲学命题,诸如勃洛克(А. А. Блок)、索洛维约夫(В. С. Соловьев)、伊利英(И. А. Ильин)、阿斯塔菲耶夫(В. П. Астафьев)、罗扎诺夫等。这里要特别提一下几乎从来不在作品中赞美女性的一位大师果戈理(Н. В. Гоголь)的女性观。果戈理认为,女人在社会上的影响是非常大的,特别是在社会上呈现出一种心灵冷漠的精神疲惫状态时,女人在精神复苏中能起到必不可少的作用。因为女人的心灵是保护丈夫的护身符,她能使丈夫免于接受不良道德的坏影响,甚至使他改邪归正;抑或相反,妻子的心灵也可能成为丈夫的恶的根源,使他走向彻底的毁灭。女人之所以有如此重要的作用,是因为她们有三种优势,即美、好名声和心灵纯洁的威力。女人的美是个秘密,上帝不是无故地让一些女人成为美女,而且,让所有的人都为美所倾倒也不是没有道理。如果一个美女的毫无意义的任性行为曾经促使世界性事件的转折,让最聪明的人去干蠢事,设想一下,如果这个任性的行为是有意义的,向善的,那么,会带来什么样的结果呢? 有时,只要

---

① 参阅 Розанов В В, Русская государственность и общество: Статьи 1906 - 1907 гг. М. : Республика, 2003, с. 58

有一位美女出现，人们就会感到面前的一切都很粗俗，不能允许自己产生任何坏的想法，因为在美女的面前他感到羞愧，而这种意识本身，即使是一闪而过，也已经使人向好的方面迈出了第一步。

当然，这还不是一切，女人还有上帝赐予她心灵的对善的渴求。女人的亲切声音，女人的纯洁目光，还有女人的温暖的微笑——这本身就具有使人向善的作用。如果把社会当作一座医院，其中充满了受病痛折磨的患病的人，一位备受尊崇和信任的女人走进去，尽管她不是治病的医生，也不用给他们下诊断和开药方，她只要给病人带来微笑，还有仿佛是从天庭传来的姐妹的声音，这就足够了。人们所期待的正是她所具有的亲切的声音。① 这些话富有神秘主义、直觉主义的色彩，以有别于西方的独特的思维方式和缺乏体系的理论告知读者："像谜一样的俄罗斯灵魂"究竟有多么深的奥秘。顺便说说，俄罗斯人之所以特别需要女性的提升道德的力量，是因为这个民族的种族独特性中，有一个事实恐怕谁也不能否认，即俄罗斯人无论从性格上还是心理上，都是难以统一的矛盾、对立品格的复合体，"没有一个民族有引起这么多矛盾感觉的荣幸"②。一方面，俄罗斯人秉有与生俱来的虔诚的宗教性、对真理的不倦追求、善良且富有怜悯心、率真而忠诚等品格，他们有良心的道德感和尊严感，敢于伸张正义和主持公道，勇敢地追求自由，富有大无畏的牺牲精神、坚定的意志和顽强的忍耐性等；另一方面，俄罗斯人又受非理性民族自然力的主宰。20 世纪初期的一个英国人莫里斯·贝林格（Moris Bering）概括了俄罗斯人性格的

① Гоголь Н В, Женщина в свете // Гоголь Н В, Духовная проза, М.：Отчий дом，2001，с. 52－55.

② Мосейко А Н, Мифы России. М.：Институт Африки РАН，2003，с. 43.

否定方面——缺少分寸感,行为乖张而怯懦,从精力旺盛到无所事事、从乐观到悲观、从反抗到服从的跳跃等。他认为,"俄罗斯人身上结合了彼得大帝、梅什金公爵和赫列斯达科夫的特性"①。这个结论显得有些刻薄,但却有一定道理,它主要还是来自于俄罗斯文学。也许,俄罗斯文学过于重批判,所以反映了俄罗斯人过多的弱点,而没有突出他们性格的强有力方面。19 世纪贵族的文学和批判现实主义文学的确如此,那些奥涅金们、玛尼洛夫们和奥勃洛摩夫们,还有卡拉马佐夫们及渥伦斯基们,真是令人看不到伟岸、具有钢铁般意志的俄罗斯气质。据说,德国的陆军元帅保卢斯(Friedrich Paulus)在第二次世界大战以前曾仔细地研究过俄国古典文学,以便对将要与之作战的俄国人有更好的了解。后来,他在被俘之后承认说,他在读陀思妥耶夫斯基的书时,对俄国人形成了一种印象——他们是不善于果断行动的喜怒无常的神经衰弱的人。如果他对俄国和它的人民有更为确切的了解,他完全可能采取对俄战争的不同战略。② 可见,保卢斯并没有领悟俄罗斯文学的精神实质。他只看到了被作家们批判的俄罗斯病症的体现者,却忽略了往往体现俄罗斯拯救之路的正面典型——与男主人公相对而立的女主人公的形象。对俄罗斯人文精神特殊性的不了解使保卢斯表面,甚至错误地理解了作品的深层内涵。

各个不同的民族都有自己理想的人的典范:"中国人理想的典范是智者;印度人——苦行僧;罗马人——执政者;英国人和西班牙人——显贵;德国人——士兵;而俄罗斯人的理想由它的女人来

---

① Мосейко А Н, Мифы России. М.: Институт Африки РАН, 2003, с. 43 – 44.

② Мосейко А Н, Мифы России. М.: Институт Африки РАН, 2003, с. 43.

呈现。"①俄罗斯的思想家巴枯宁（Н. А. Бакунин）说："如果我们俄罗斯人在自己粗陋的生活环境中有什么可以炫耀的，那就是俄罗斯女人的形象。"②"任何地方和任何时候都未曾有过，也不可能有更纯洁、更质朴、更真诚、更庄重和更美好的女性形象。"③由此可见，俄罗斯作家在其作品中把俄罗斯女人说成是"俄罗斯气质的最高成就"④便不难理解了。还有许多俄罗斯乃至西方的思想家和史学家都十分看重女性在俄罗斯的特殊重要地位和作用，认为把女人称为俄罗斯生活的主体是可能的(Г. Д. Гачев)；女人的作用对俄罗斯是决定性的(И. Л. Солоневич)；在西方人看来，"俄罗斯的形象是由女人来象征的，因为在俄国的生活中女人起着非同寻常的作用"。⑤英国人格雷厄姆(S. Graham)直言不讳："俄罗斯因女人而有声望。"⑥总之，世界上，只有在俄罗斯，女人才享有这么高的声誉，她们肩负着拯救民族灵魂的使命，是俄罗斯得救的可靠力量，也是俄罗斯的大写的母亲。⑦ 这正是俄罗斯独有的女性弥赛亚观。

---

① Рябов О В, Миф о русской женщине в отечественной и западной историософии. Филологические науки, 2000(3), с. 28.

② Бакунин Н А, Запоздалый голос сороковых годов. Филологические науки, 2000(3), с. 28.

③ Рябов О В, Миф о русской женщине в отечественной и западной историософии. Филологические науки, 2000(3), с. 28.

④ Рябов О В, Миф о русской женщине в отечественной и западной историософии. Филологические науки, 2000(3), с. 28.

⑤ Рябов О В, Миф о русской женщине в отечественной и западной историософии. Филологические науки, 2000(3), с. 28.

⑥ 转引自 Рябов О В, Миф о русской женщине в отечественной и западной историософии. Филологические науки, 2000(3), с. 28.

⑦ 参阅 Рябов О В, Миф о русской женщине в отечественной и западной историософии. Филологические науки, 2000(3), с. 28.

19世纪末至20世纪初俄罗斯寻神派中的索菲亚学说即与女性救世论有一定的联系。它的中心的概念是圣智索菲亚，尽管最初学者们将其理解为"完善的世界（宇宙），完美无缺的人（圣者），还有完美的理想机体"①，后来哲学家和诗人还是把这个概念与"永恒女性"联系起来，与"美妇"联系起来。这便使对"永恒女性"的崇拜带有了寻神说的色彩。在前面列举的俄罗斯人的诸多民族特征中我们不难看出，短处多为男性所具有，而长处更鲜明地为女性所体现，在俄罗斯的民族精神中，说"巾帼不让须眉"是不够的，而更应该说"巾帼强于须眉"。当然，这也不是绝对的。笔者作为一个非俄罗斯人的旁观者，多年来在研究俄罗斯人文文化的过程中，逐渐认同了俄罗斯的女性弥赛亚观，形成了一种俄罗斯女性价值观：俄罗斯女人确实是阻止俄罗斯人堕落的强大力量，使俄罗斯人有可能过一种"罪在其外、内心虔诚的生活"②。她们的使命感、义务感和责任感对这个民族永远有引领和激励的作用。这也正是我们把对女性形象的研究定位在女性崇拜这一方向上的学理依据。

须要说明的是，这只是我们在解读和诠释俄罗斯文学经典时的一个视角，它不说明我们认为俄罗斯文学的女性形象都体现对其崇拜的哲学观。除去苏联解体以后的俄罗斯文学，在古代和古典文学、白银时代和二三十年代文学及社会主义现实主义文学中找出具有否定人格特征或不受赞美的女性形象并非难事，仅以19世纪的古典文学为例，普希金、果戈理、屠格涅夫、萨尔蒂科夫－谢德林（Салтыков-Щедрин）、契诃夫（А. П. Чехов）等作家笔下都不

---

① Семенин Н С, Философия богоискательства: Критика религиозно-философских идей софиологов. М.: Политиздат, 1986, с. 5.

② Мосейко А Н, Мифы России. М.: Институт Африки РАН, 2003, с. 50.

乏这样的女性形象。这是因为女性的人格是多方面的、细腻而复杂的,比男性更难以琢磨,作家对女性的认识和感受当然也不是那么单纯和绝对化。同一位作家的艺术世界中往往既有高尚、完美得让人仰望的圣洁女性,也有虚荣、贪婪、邪恶、狠毒的人格低下的女性,还有善恶、美丑并存的女性,这很符合现实生活的逻辑。但我们还要明白,在这一切似乎是必然的和偶然的、个别的形象的背后,或者说是深层结构中,还是贯穿着这一民族的特有人文精神,它这样或那样地决定了各种不同女性形象的民族特殊性及相互间的内在联系,体现出民族的道德、审美原则的一致性,或者对各种性格和心理的二律背反做出具有民族文化意识的诠释。由此可见,我们所要研究的女性崇拜的论题仅是俄罗斯文学女性形象研究的一个链条,但它不是普通的链条,而是能够拉动其他链条的中心锁链。通过对这一论题的研究,我们可以探寻出俄罗斯文学与哲学、宗教等观念的深层联系,从而更加深入地理解和把握俄罗斯文学的精髓和独具意义。

在我们所进行的俄罗斯文学女性形象研究的论题中,我们选择"永恒女性"作为最核心的关键词,这是因为在这一整体性的概念中包含着俄罗斯文化的极其重要的民族理念,并且涵盖了女性崇拜的哲学的全部要旨和精华。这是一个从俄罗斯的人文文化中升华出来的大容量概念,它喻示了俄罗斯人民族人类学理想的总体化的原则。虽然对"永恒女性"的赞颂并非为俄罗斯文化所独有,但如前所述,这个概念对于俄罗斯却有非同寻常的、体现民族人文精神特质的重要意义。它向我们揭示了女性崇拜哲学观形成的神学基础,这种崇拜从对神到对人的转化,以及它所体现的女性之所以受到尊崇的诸多美德。"永恒女性"是俄罗斯古今致力以求的审美和道德理想的完美终极体现,它具有启示的意义。由此看来,我们把"永恒女性"这一概念作为研究的中心便不难理解。我们的研究中将要涉及的各种女性形象都将从不同的视点和侧面揭示"永恒女性"的内容和意义。这种分析和阐释将是文学研究的一种文化现象的观照和哲学思考。

由于俄罗斯文学中女性形象的类型十分多样，异彩纷呈，内涵特别丰富，所以，我们对部分作品中有一定代表性的女性形象的研究采用了多视角的学理透视，以便于从不同侧面探究我们所要寻找的答案。其中的一类女性形象所体现的是"永恒女性"的美，包括神性美和人性美，这类女性形象虽然多出现在白银时代的诗文中，但却概括地体现了俄罗斯古今文学女性崇拜的真谛；第二类女性形象体现的是各种不同社会角色的女性——母亲、妻子、情人、闺阁和社会运动中的少女、智慧型女性、女巫等的美德，这些女性形象反映出俄罗斯女人在日常家庭和社会及宗教生活中表现出来的令人尊崇的情操和品格；第三类女性形象也可以归入第二类中，但因其具有一种特殊的审美特性——有玷瑕的完美——突出地体现了民族性格的诸多矛盾，是对"永恒女性"主题诠释的一种深化，并因此在世界文学史上占有一席其他俄罗斯文学女性形象无法相比的显著地位，我们便对其另眼相看，单独分离出来，以便于更加深入、细致地解读。

考虑到在俄罗斯文学发展过程中，免不了与西方文学的对话和互动——吸纳和借鉴也好，排斥和颠覆也好，西方文学对俄罗斯文学影响的印迹总是可以看得出来，我们在一些女性形象的研读过程中对西方文化、文学的一些现象也要有所涉及。在做这种有意识的比较时我们发现，确切地说，是更进一步确信，俄罗斯的文化，包括文学，有一种独有的崇仰女性的基调。说"崇仰"，是想强调，在俄罗斯，对女性不只是崇拜，还有一种暗含的信仰在其中。这是一种十分复杂的民族观念，其产生的基础既有此前谈及的来自于多神教、东正教和民俗的女性观的影响，还有多神教的偶像崇拜在女性观中的投射。俄罗斯文学中的许多少女、少妇都是男主人公崇拜得五体投地的女神式偶像：维拉的不辞而别令毕巧林五内如焚、肝肠寸断，一个安娜·卡列尼娜能让花花公子渥伦斯基改邪归正、一心想做个好男人……至于少女的容貌就更不必说了，作家笔下的少女绝大部分都是貌美非凡，即使不是美女，也一定具有比美女更大的气质的魅力，她们一定让男主人公为之神魂颠倒、夜不能寐，迟早成为男主人公心中挥之不去的偶像。一些从事文艺创作的男主人公或作家本人干脆把心仪的少女（或少妇）视为来自于希腊多神教的缪斯，在对其崇拜的过程中吸取灵感。更值得注意的是，俄罗斯文学中的女主人公受到作家如此的推崇和信赖，以至大多数美德都被女主人公所占有。她们不仅柔美依顺，而且能拉住烈性的大马，甚至在大难临头时也是女主人公才能力挽狂澜（如高尔基笔下的外祖母）。在民族解放的事业中她们还因其艰苦卓绝的精神而胜过男主人公。作家这样写，是因为在现实生活中就持有这种女性偶像崇拜观。例如，我们之前提及甚少的大师陀思妥耶夫斯基就是如此。他在给他的速记员斯尼特金娜的信中写道："无限爱你和无限信仰你的、全部属于你的 Ф. М. 陀思妥耶夫斯基。你是我未来的一切——是希望，是信仰，是幸福，是快乐——总之是一切。"① 而果戈理在他致一位朋友、省长夫人的信中，颇为令人信服地说，省长夫人在省里的影响肯定比省长大得多，甚至比总督还要大。② 并且他确信无疑，妻子在丈夫的道德方面和事业中起着决定性的重要作用。正因为作家有这样的女性

---

① Мочульский К В, Гоголь, Соловьев, Достоевский. М.: Республика, 1995, с. 378.

② 果戈理：《果戈理书信集》，李毓榛译，安徽文艺出版社，1999，第322页。

观,他们在创作中便将女性神化了。他们所写的许多故事都是关于女性的"神话",女主人公既是神,又是人,传承了女神的美德,致使俄罗斯文学的女性形象比许多他国文学的女主人公整整高出一头。于是俄罗斯文学因女主人公的美而独树一帜,她们令人喜爱并备受崇敬。这里实际上存在着女性形象赞美的主题先行的倾向。俄罗斯的哲学有以伦理为定向标的特点,只要谈到哲学问题,总要从伦理和宗教的角度来阐释。① 这在文学作品的主人公的形象构思中自然也起着决定性的作用,因为习惯于欣赏"问题文学"的俄罗斯人总是喜欢从作品中汲取精神生活的榜样和力量,这也正是作家创作的宗旨。

这样一来,俄罗斯文学的许多女主人公都负有超负荷的精神使命。这是超越性别的净化社会道德的使命,这与女人的自然本性有着尖锐的矛盾和冲突。所以,几乎所有俄罗斯传统意义上的优秀女性都在极端痛苦的矛盾中挣扎着,作家把她们推向了审美和伦理的制高点,使她们没有可能再退回到普通女人的自然本性中来,她们要保持圣洁、高尚、善于自我牺牲和无保留地付出爱等许多女性和人类的至高美德,只能违背天性地不断自我完善,付出再付出,牺牲再牺牲,许多女主人公最后悲壮或悲惨地死去,抑或是虽然活着,却完全失去幸福。远的不说,我们在本研究中将要提到的卡捷琳娜(《大雷雨》)、季娜伊达(《初恋》)、薇拉(《浮士德》)、玛丽雅(《僻静的角落》)、索菲娅(《奇怪的故事》)、卢克丽娅(《酷似活尸》)、安娜·卡列尼娜(《安娜·卡列尼娜》)、鲍加尼达村的母亲(《鱼王》)、婀克西尼娅和娜塔莉娅(《静静的顿河》)、

---

① Введенский А И, Лосев А Ф , Радлов Э Л , Шпег Г Г, Очерки истории русской философии. Свердловск: Издательство Уральского университета, 1991, с. 12.

纳斯焦娜(《活着,可要记住》)等深为人们喜爱的女主人公不都遭到了死亡的命运吗?! 有些女主人公虽然有一条生路,但生死未卜,如叶琳娜·斯塔霍娃,还有的虽生犹死,凡心完全死灭,如丽莎·卡里金娜(《贵族之家》)等。这些女性以她们所能付出的最高代价换取了道德高尚等各种美誉,成为俄罗斯神圣精神复兴的灯塔,但却失去了她们最宝贵的生命和幸福。这可以说是俄罗斯文学女性崇拜情结导致的一种后果。从根本上说,这是由宗教宇宙观决定的,它与斯多亚学派哲学有一些相吻合的地方。女性的这种共同悲剧命运也许是作家们始料未及的,因为这种女性观植根于民族的集体无意识,来自于民族女性观的积淀,并非作家刻意经营的产物。正因为如此,这些女性形象中往往凝聚着生活的真理与幻想的真理,它更加引人入胜,令人去追索。不过,由于许多女性形象都共同地体现同一女性崇拜观,而且它们又处于相近的社会或家庭的氛围之中,形象的性格和命运等不免有些雷同的特征,有些苍白和简单化,缺乏恒久的魅力。其实,真正令人永远感念的还是像安娜·卡列尼娜那样闪耀着女性人性美的、光辉的、充满矛盾的艺术形象,虽然其中不乏上述女性观,但这样的形象却因其为所有女性共有的平实生活和人性的自然追求而成为人们的永恒记忆。

今天,俄罗斯文学中的女性崇拜传统已经悄然走向消解。昔日圣母和各种各样的圣洁女性形象已烟雾般地散去了,只剩下了遥远艺术世界的影子。单就女性形象的塑造而言,这或许是更贴近了现实。女性不再是作家的梦幻、阳光和虚想,不再是由人们的理想和向往创造出来的完美形象。她们之中有人有病态人格,过着罪恶的生活,甚至犯罪,而罪过又常常与童稚的纯洁浑然一体;她们不再是高尚的牺牲者,而是自身道德败坏的牺牲品。取代拥有古典美的魅力女性的是从现代的幻想和童话中走出来的新型女性,她们所体现的更多是传统女性观中的"不美的美",是另类诱惑者。或许,她们正是当代人的"希望女性"。不过,对这些问题的探索已经不是本文的任务了。

## 参考文献

[ 1 ]Землянская М. Мужчина и женщина: правда и мифы о взаимоотношениях[ M ]. М. : Эксмо, 2002.

[ 2 ]Колесов В В. Язык и ментальность [ M ]. СПб. : Петербургское Востоковедение, 2004.

[ 3 ]Розанов В В. Русская государственность и общество: Статьи 1906 – 1907 гг. [ M ]. М. : Республика, 2003.

[ 4 ]Гоголь Н В. Женщина в свете[ M ]// Гоголь Н В. Духовная проза. М. : Отчий дом, 2001.

[ 5 ]Мосейко А Н. Мифы России[ M ]. М. : Институт Африки РАН, 2003.

[ 6 ]Рябов О В. Миф о русской женщине в отечественной и западной историософии[ J ]. Филологические науки, 2000 ( 3 ).

[ 7 ]Бакунин П А. Запоздалый голос сороковых годов [ J ]. Филологические науки, 2000( 3 ).

[ 8 ]Семенкин Н С. Философия богоискательства: Критика религиозно-философских идей софиологов [ M ]. М. : Политиздат, 1986.

[ 9 ]Мочульский К В. Гоголь, Соловьев, Достоевский[ M ]. М. : Республика, 1995.

[ 10 ]Введенский А И , Лосев А Ф , Радлов Э Л , и др. Очерки истории русской философии [ M ]. Свердловск:

俄罗斯文学中的"永恒女性"崇拜哲学与文化探源

Издательство Уральского университета, 1991.

[11]梅列金斯基.神话的诗学[M].魏庆征,译.北京:商务印书馆,1990.

[12]果戈理.果戈理书信集[M].李毓榛,译.合肥:安徽文艺出版社,1999.

# 人性美的回归

## ——维亚切斯拉夫·伊万诺夫创作中的永恒女性崇拜哲学[①]

　　19 世纪末至 20 世纪初是俄罗斯文化，尤其是宗教复兴的时代，有的研究者称其为大启示的时代。这在当时的文学创作中留下了十分鲜明的印迹。一些富有神秘主义灵感的杰出诗人和艺术家，在作品中表现出来的对永恒女性，即圣智索菲亚的崇拜和感动，要远远胜过"黄金时代"（即普希金的时代）对缪斯的尊崇。B. 索洛维约夫的著名叙事诗《三次约会》，A. 勃洛克的以《陌生女郎》为代表的一系列诗作，M. 沃洛申的小诗《她》等，字里行间都浸透着对俄罗斯式理解的柔美、圣洁的永恒女性的无限渴盼和追寻。

　　白银时代俄国有一位颇受人们崇拜的诗人叫维亚切斯拉夫·伊万诺夫，在文化界备享殊荣，被誉为智慧超群的天才诗人、伟大的哲学家、象征主义文学的柱石等等。客观地说，他当之无愧。不过由于时代文化语境的局限，我们对这位俄罗斯白银时代的文化巨人了解和研究得甚少。

　　维亚切斯拉夫·伊万诺夫的文学创作活动充分体现了他的哲学思想和象征主义理念，思想内容极其丰富、深刻。1903 年他发表了第一部诗集《舵星》，给诗人带来了极高的声誉。这部诗集中的作品反映出维亚切斯拉夫·伊万诺夫对精神真理的崇尚，具有"聚议性"传统的古罗斯的乌托邦式理想化，以及这种理想对资产阶级个人主义的否定和对宗教共同性复兴的希望等。第二部抒情诗集

---

[①]　原载《俄语语言文学研究》2005 年第 1 期。

《通体透明》（1904）同样获得了极大的成功。A. 勃洛克在评论中写道："维亚切斯拉夫·伊万诺夫的这本书可以被称为'有学术价值的'和'哲学的'诗章。至少，除为数不多的纯抒情和如水晶项链般透明的诗（如《百合花》）以外，最引人注意的是那些带有古希腊风格深深印迹的诗篇……几乎所有的诗都写得趣味精细，并且运用了我们的文学尚未使用的写作方法。"①C. 阿维林采夫说："他以更大的不可动摇的决心按照希腊的方式去琢磨简洁的箴言，以表达'永恒的'真理。"②诗人的第三部诗集《厄洛斯》（1907）获得的好评如潮，如 B. 勃留索夫评论说："维亚切斯拉夫·伊万诺夫在《厄洛斯》诗集的 34 首诗中，重新以不知道艺术禁异的诗人的姿态出现在我们面前，他威严地，如魔法师一般掌握着俄罗斯诗歌和俄语的一切奥秘……维亚切斯拉夫·伊万诺夫属于达到艺术所有顶峰的艺术家……他的诗是俄罗斯文学史开辟通向远大未来之路的新阶段。"③在诗人的"美妇人"式的妻子去世以后，维亚切斯拉夫·伊万诺夫发表了两卷集诗歌《燃烧着的心》（1912），它可以说是诗人在"塔楼"这段生活的一种总结。

以上我们仅列举了诗人创作的有代表性的部分作品。从中可以看出，几乎所有的诗作都贯穿着诗人对世界认识的基督教神秘主义，但只是渗透其中，并非直接表现，这正是最佳意义上的宗教诗歌。

然而，本文所关注的却是前面没有提及的诗人创作的另一个

---

① Скатов Н Н, Русские писатели: XX век. М.: Просвещение, 1998, с. 551.

② Скатов Н Н, Русские писатели: XX век. М.: Просвещение, 1998, с. 551.

③ Скатов Н Н, Русские писатели: XX век. М.: Просвещение, 1998, с. 552.

主题,那就是永恒的女性即圣智索菲亚崇拜。他的永恒女性崇拜并不仅仅局限于基督教的范围内,还掺杂着希腊多神教对爱与美的女神及缪斯的崇拜。

叙事诗《斯维托米尔王子的故事》是诗人于 1928 年开始写作的,但未完成,生前也未能发表。待作者辞世之后,这部未完成的叙事诗才得以问世。这可以说是诗人表现俄罗斯文化传统中永恒女性崇拜哲学的有代表意义的史诗性作品,其中的许多诗行都在吟唱索菲亚。故事的素材取自于历史事件,但作家笔下的叙事诗并不具有纪实性,其中所描写的历史事件只有一个是十分确定的,即 1453 年察里格勒的陷落。① 但这也不等于说,故事情节发生在 15 世纪。有的评论甚至说:"《斯维托米尔王子的故事》的构思是基于毫无顾忌的时代错乱。故事的历史内容超出了具体历史的界限,所展示和描绘的是永恒的神圣罗斯。"②这里我们抛开叙事诗的历史内容,看看本文关注的永恒女性崇拜的主题是如何得到揭示的。故事中有一个人物,是王子斯维托米尔的教诲者西蒙·霍尔斯,他是拜占庭的星相家、使者,他的步态如狮子,与弗拉基米尔神祇中的一位多神教的神同名。其实他在书中已经预告了故事的主要思想:"尘世圣母给自己戴上了皇冠,女沙皇便以白沙皇(即不必给任何他国君主纳贡的沙皇)的形象来管辖整个大地。"③这是对故事的神秘预言。其中所说的白沙皇指的正是斯维托米尔。这就是说,未来沙皇斯维托米尔的统治将在圣洁圣母的主使和指引下

① Тахо-Годи Е, Вячеслав Иванов — творчество и судьба: К 135-летию со дня рождения. М.: Наука, 2002, с. 20.

② Тахо-Годи Е, Вячеслав Иванов — творчество и судьба: К 135-летию со дня рождения. М.: Наука, 2002, с. 20.

③ Тахо-Годи Е, Вячеслав Иванов — творчество и судьба: К 135-летиюсо дня рождения. М.: Наука, 2002, с. 21.

进行。而这个"圣洁的圣母"在故事中即是圣智索菲亚,她一直陪伴着斯维托米尔。王子回忆道:"记得,童年时常有这样的情况:我看见树和小河,还有周围的各种东西,一种蔚蓝色的闪光罩在我们的玩具上,甚至在白天它们都被无比明亮的光照耀着。这时,虽然尘世的一切依旧是尘世的,但却令人体验到难以言表的快乐。也许,是圣索菲亚来与我做游戏,我不知道。但是我的心热烈地跳动起来,爱使心灵窒息和深受感动。"①从这段话我们可以看出,在维亚切斯拉夫·伊万诺夫的笔下,索菲亚犹如王子童年时代善良的引路人,光辉而快乐,帮助少年参与存在的快乐和创造的喜悦。显然,这些特征与 B.索洛维约夫在《三次约会》中所见到的美少女的形象有很大不同,它们正是维亚切斯拉夫·伊万诺夫所需要的灵感的来源,帮助他从事愉快而充满智慧的创作活动。

斯维托米尔的母亲是叶弗罗西尼娅,她就是戈里斯拉娃的女儿奥特拉达,她成了弗拉达里的妻子。故事中的帕尔费尼长老向奥特拉达揭开了一个对她而言至关重要的秘密:"当她还是少女的时候,她的面前曾出现过一个幻象:圣母迈着神圣的脚步从大地上走过,而她走过的地方就成了天堂。直至今日,她在尘世天堂中的氏族依然存在。圣母在走过时指出,奥特拉达的谢拉菲姆,即斯维托米尔,就是她的氏族,她还授予他一种神圣的使命:一生都要侍奉她。"②由此可见,斯维托米尔在国家执政的使命是由圣母赐予的。在维亚切斯拉夫·伊万诺夫的整篇故事中,沙皇对臣民的统治都必须有女人的参与,甚至约翰神甫都有东斯拉夫母神相陪伴。

---

① Иванов В И, Собрание сочинений в четырех томах 1971－1987: Т. 1. Брюсель: FOYER ORIENTAL CHRETIEN, 1971, с. 480.

② Тахо-Годи Е, Вячеслав Иванов — творчество и судьба: К 135-летию со дня рождения. М.: Наука, 2002, с. 21.

圣徒阿纳斯塔希教诲斯维托米尔说："圣言说到尘世的地方，那里就有索菲亚，这就是我们的庇护者仁慈的恩赐。"从这段话我们可以看出，在维亚切斯拉夫·伊万诺夫的诗中，圣母和索菲亚是相等同的，可以互相代替。还有一点也很值得我们注意，即诗人所使用的蔚蓝色、天蓝色也都与索菲亚直接相关。П. 弗洛连斯基在他的《真理的柱石和确证》一书的"索菲亚"一章中，曾引用了维亚切斯拉夫·伊万诺夫本诗中的诗句：

> 这是你的蔚蓝色帷幕吗，
>
> 爱妻，是你的气息吗，奥特拉达……①

而这种"蔚蓝色的帷幕"正是 В. 索洛维约夫用来象征"永恒的女友"即索菲亚的幻象（"你全身透出金光闪闪的蔚蓝色"，"周围突然充满金灿灿的蔚蓝，她重又在我面前闪现"等）。但 П. 弗洛连斯基却把这种幻象的产生视为维亚切斯拉夫·伊万诺夫的"真实经验"②，认为它在 В. 索洛维约夫亲眼看到幻象之后，又一次证明了索菲亚周围绿松石色的环绕和蔚蓝色及蓝色的象征意义。这又一次让我们确信，在维亚切斯拉夫·伊万诺夫的诗作中，圣母与索菲亚常常是同一个概念，即至圣的少女（Пречистая Дева）。

关于圣智索菲亚所起的作用，叙事诗《斯维托米尔王子的故事》中有一段她以第一人称做的叙述："我曾经是上帝的艺术家，每一天我都很快乐，上帝的面容令我愉快，并且，我的快乐与人类的

---

① Флоренский П А, Сочинения в 2-х томах: Столп и утверждение истины: Т. 1. М.: Правда, 1990, с. 570.

② Флоренский П А, Сочинения в 2-х томах: Столп и утверждение истины: Т. 1. М.: Правда, 1990, с. 570.

儿子们同在。"①

从《斯维托米尔王子的故事》中对索菲亚的描摹和理解我们可以感受到,她在维亚切斯拉夫·伊万诺夫的诗作中占有何等重要的地位,所起的作用又是何等巨大。一方面,索菲亚同圣言相联系,另一方面,她又是至圣少女,等同于圣母,并且,她还起着缪斯的作用,为创作者带来灵感和愉悦。

诗人的另一首诗《美》(1903)创作的时间比这首叙事诗早,它所展现的是大于索菲亚的宗教含义的内容。在这首短诗中,索菲亚既与 B. 索洛维约夫的观念相通,又与其有别,带有更多希腊多神教的色彩。这首诗是诗人第一部诗集《舵星》的开篇,被研究者称为"纲领性"作品。② 全诗的内容如下:

> 献给弗拉基米尔·谢尔盖耶维奇·索洛维约夫
> 美拂煦着她,环绕在她周围。
>
> ——荷马

> 我看见了您,神的幽远之乡,
> 乌姆勃里蓝色晶体般的山冈!
> 啊,众神在那里让我的美梦成真:
> 它清清楚楚地向旅人显现……
>
> "你是大地
>
> 或者天庭的女儿,请你听着:
>
> 我是你的! 你的容颜总是出现在我面前。"

---

① Тахо-Годи Е, Вячеслав Иванов — творчество и судьба: К 135-летию со дня рождения. М. : Наука, 2002, с. 26.

② Тахо-Годи Е, Вячеслав Иванов — творчество и судьба: К 135-летию со дня рождения. М. : Наука, 2002. с. 8.

"对于我和世界这是个秘密，

我在自己尘世的居所，

噢，却沿着明亮的天空行走：

旅人呀，从今以后你将用我来观看！

　　谁看清了我的面容，

　　他将永远心明眼亮——

凡尘世界对于他将永远是另外的模样。


"我快乐地沿着开满鲜花的该亚

行走，不知去向何方。

我微笑着侍奉阿德剌斯提亚，

向善和童贞与我无缘。

　　我戴着戒指，

　　而我的面庞——

是神的神秘祝愿的温柔的光。"（自译）

　　对于这首诗的内容，不同的学者发表了迥然相异的看法。有人认为，维亚切斯拉夫·伊万诺夫在诗中所描绘的会面究竟是同谁无法确定，有可能是赋予他灵感的人，也可能是缪斯，抑或美的化身、世界的灵魂等。[①] 还有的人认为，维亚切斯拉夫·伊万诺夫创作这首诗是受到歌德的影响，歌德有一首叙事诗《科林斯的未婚妻》，启发了维亚切斯拉夫·伊万诺夫的创作灵感。究竟是否有这种可能呢？

　　《科林斯的未婚妻》创作于 1797 年，是一首写"鬼"的诗，说的

　　① Тахо-Годи Е, Вячеслав Иванов — творчество и судьба: К 135-летию со дня рождения. М. : Наука, 2002, с. 8.

是人鬼情未了的爱情故事,讲的是教会禁欲主义的不人道。科林斯就是《圣经》中现译为哥林多的地方,是基督教的圣地,圣保罗曾在那里有十分著名的传道活动。本诗所写的故事,实际上发生在雅典,并不在哥林多。维亚切斯拉夫·伊万诺夫更改地点的目的显然是为了把故事的内容同基督教联系起来。故事讲的是一位青年从雅典出发到科林斯会见早年由父母做主订婚的未婚妻。这位青年和他的父母信奉的是多神教,而科林斯姑娘一家已经受洗,成了基督徒。既然信仰发生了改变,对婚事的态度也与先前的约定有所不同。母亲决定用大女儿(即雅典青年的未婚妻)给上帝献祭,而把二女儿嫁给雅典青年。眼下大女儿正躲在静室里,"不久就要进入黄泉去藏身"。雅典青年满怀一腔爱的火热激情,见到的却是一个尘缘已断的幽灵,"像雪一样洁白,却冷得像冰块",胸中已"没有跳动的心"。青年决定用"男性爱情的威力"激活未婚妻的生命和爱情,终于,这对一人一鬼的夫妻进入了爱的狂热之中。然而就在此时,"幽灵"的母亲出来干预,这引起了女儿的极端愤恨。她怒斥母亲用新的信仰取代了对维纳斯的信奉,破坏了女儿的婚约,并且把她送入坟墓。她"要吸啜未婚夫心中的鲜血",叫他丧生,同他一起火葬,然后"去见古代的神灵"。①

由这首诗的内容不难看出,它所表现的主旨是对人类精神和情感的自由追求,抨击基督教对人的精神束缚和压制,有的评论者把这首诗誉为"叙事诗中的《浮士德》"。不过,从全诗的基调来看,诗中含有一种对基督教禁欲主义的偏见,这恐怕与歌德的宗教观有关。毋庸置疑,基督教的禁欲主义与多神教的享受欢乐的处世态度是互不相容的,但基督教并非主张用活人给上帝献祭,也不一律要求牺牲爱情。那么,究竟是什么使研究者把这首诗与《美》

---

① 歌德:《歌德诗集》,钱春绮译,上海译文出版社,1999,第233页。

联系在一起,认为它引发了维亚切斯拉夫·伊万诺夫的创作激情?笔者感到有些费解,其间的联系实在牵强。也许,两首诗中的神秘气氛和女主人公身份的难以确定,以及男、女主人公的情感关系可以引起相近的联想。

还有一种看法,认为《美》这首诗的创作与其说受到《科林斯的未婚妻》的影响,不如说受歌德的另一首诗《献诗》的影响更为直接。[①] 这首诗在歌德作品集中被刊在卷首,是歌德诗作中颇为著名且具有一定代表性的作品。诗篇献给一位高贵的神女,她在诗人清晨到圣洁的大自然中漫步时在山中向他显现:

> 这里,在我眼前飘然出现
> 一位驾云的天神似的女郎;
> 我一生从未见过这样的美女,
> 她望着我,在我的面前飘浮。[②]

这位神女用至诚至爱的声调向诗人开口说道:诗人应当认识她,因为他在童年时曾与她订交,要永远保持友好。这时诗人回忆起了一切:

> "我对你早已久仰;
> 每逢激情对我青春的躯体
> 不停地折磨,你让我镇静如常;
> 在大热天,你用天神的羽翼
> 荫蔽我的额头,使我凉爽;
> 你赐我世间最贵重的礼物,

---

① Тахо-Годи Е, Вячеслав Иванов — творчество и судьба: К 135-летию со дня рождения. М.: Наука, 2002, с. 17.

② 歌德:《歌德诗集》,钱春绮译,上海译文出版社,1999,第 2 页。

　　我只愿从你手里获得幸福!"①

　　而接下来,神女给予诗人的却是一系列十分世俗的教诲:

　　　　"你还没有克制童稚的心情,

　　　　你还没有摆脱重大的迷误,

　　　　你就自以为已经成为超人,

　　　　你就懒于尽你男子的义务!

　　　　你跟别人究竟有多少悬殊?

　　　　要认识自己,跟世人和平相处!"②

　　诗人在听了她的教诲之后,做出了真心的剖白:

　　　　"请原谅我"……"我是好心;

　　　　难道让我白白地把眼睛睁开?

　　　　我的血里存在着快活的本性,

　　　　你的礼物的价值,我完全了解!

　　　　我有为人效劳的高贵的善心,

　　　　我不能,也不再想自甘沉埋!

　　　　我为何这样热切地寻访正道,

　　　　若不是为了把它指点给同胞?"

　　最后,神女说:

　　　　"请接受为你早已准备的礼品,

　　　　谁能心平气和接受这恩典,

　　　　这位幸福人将一生享用不尽:

　　　　这是由朝气和阳光混纺的织物,

---

①　歌德:《歌德诗集》,钱春绮译,上海译文出版社,1999,第3页。

②　歌德:《歌德诗集》,钱春绮译,上海译文出版社,1999,第4页。

由真理之手给你的诗的帷幕。


如果你和友人在中午之时
感到闷热,请把它抛入高空!
立刻就会飘来晚风的凉气,
还有馥郁的花香向你们吹送。
浮世的悒悒情怀就会消逝,
坟墓也会变成碧霞仙宫,
生命的狂澜全将归于平静,
白天可爱,黑夜也大放光明。"①

　　维亚切斯拉夫·伊万诺夫的研究者 H. 科特列列夫认为,诗人的《美》一诗的创作更多是受歌德的这首《献诗》的影响。"这里首先涉及内容的从属性和作者自传式神话空间的前期象征性经过史:歌德的诗成为神秘主义长诗《秘密》的序言,并且从 1787 年开始,《献诗》一诗成为大多数歌德诗集的开首之篇。歌德的序言犹如维亚切斯拉夫·伊万诺夫的一样,讲述的是主人公与一位同其进入珍秘关系的女性的相见,我们在两首诗中同样可以听到祭司的成年仪式的故事。……在维亚切斯拉夫·伊万诺夫的许多诗中都能听到歌德的《献诗》的回声,尤其是自《舵星》的开篇这首献诗起,因为歌德的《献诗》创作于《美》之前;仔细地分析文本之间的联系是未来的迫切任务。"②

　　从《献诗》的情境和女主人公的绝伦之美、神秘的神性及对男主人公的庇护而言,这首诗与维亚切斯拉夫·伊万诺夫的《美》确

---

　　① 歌德:《歌德诗集》,钱春绮译,上海译文出版社,1999,第5—6页。

　　② Тахо-Годи Е, Вячеслав Иванов — творчество и судьба: К 135-летию со дня рождения. М. : Наука, 2002, с. 17.

乎有着某种内在的联系,说诗人的创作受到歌德《献诗》的启示也许不是没有道理。但若对两首诗的内在深层含义做进一步的思考,便会发现,其文本间的联系还是表层的、次要的。其实,《美》更直接受 B.索洛维约夫的《三次约会》的启示,这要更有说服力。H.科特列列夫也看到了这种联系,但没有给予足够的重视。

首先,《美》的刊首题词的第一句是"献给弗拉基米尔·谢尔盖耶维奇·索洛维约夫",这很说明问题。诗人为什么要把对"美"的赞歌献给 B.索洛维约夫呢?显而易见,这是对 B.索洛维约夫的长诗《三次约会》的直接回应,因为诗中的"永恒女友"的非凡之美引发了诗人对美的思索和赞颂。我们再来看看诗的前七个诗行,这种推断就会显得更有说服力:两首诗中主人公与女神相会的情境几乎完全一样,不过是维亚切斯拉夫·伊万诺夫把 B.索洛维约夫与"永恒女友"的三次会面的情景浓缩和简化了而已。诗人与 B.索洛维约夫一样,都在旅行中四方寻找,终于见到了梦寐以求的女神的面庞,但不知她来自上天还是尘寰。B.索洛维约夫在见到圣智索菲亚时感受到:

> 我看见了一切,曾经有过的唯一的一切——
> 那就是女性美的形象……
> 这形象宏大无比,
> 在我的面前和我的心中——
> 只有你一个。

这种与神灵相会的神秘体验使 B.索洛维约夫的灵魂得到净化,从此以后,这个"永恒的女友"占据了他的整个心灵,使他的心灵向上天的爱敞开。不仅如此,B.索洛维约夫还从与索菲亚的三次会面中得到了"关于世界神的统一的启示,这个统一就是'女性美的形象'"①。

维亚切斯拉夫·伊万诺夫也与 B.索洛维约夫一样,眼前总是闪现出"美"的形象:

> "你是大地
>
> 或者天庭的女儿,——请你听着:
>
> 我是你的! 你的容颜总是出现在我面前。"

两种体验何其相似!"美"幻化成的女性形象——并且是神女的形象——向诗人来显现,这在诗人看来,简直是"众神使他的美梦成真"。从此以后,"美"犹如《三次约会》中的索菲亚,对诗人来说也如同神的启示:

> 旅人呀,从今以后你将用我来观看!
>
> 谁看清了我的面容,
>
> 他将永远心明眼亮——
>
> 世界对于他将永远是另外的模样。

可见,"美"成为诗人观照世界的一种根本观念,这何尝不是上帝对世界的统一的启示呢?! 这种对"美"的哲学观源远流长,贯穿在自古罗斯以来的俄罗斯哲学中。在古罗斯"美"即被视为各种现象的本质。在基里尔·图罗夫斯基的观念中,"美"是精神的,具有思想、认识和宗教、道德的意义。11—12 世纪以后,"美"被视为上帝原初形象的根本特征;而在圣像画中,特别珍视"美"与智慧和"美的技艺"的结合。到了罗蒙诺索夫的时代,"美"的源泉被视为上帝的智慧和力量;在白银时代的别尔嘉耶夫这里,美的本质成为本体论和宇宙论的……总之,"美"始终与世界的本质和上帝相关

---

① Мочульский К В, Гоголь, Соловьев, Достоевский. М.: Республика, 1995, c. 99.

联。诗中还有一个将两首诗联系起来的细节,它特别值得我们注意:诗人和他的"美"的神女都无法确定,她是来自天庭还是生活在大地上,如"美"在诗中所说:

> "对于我和世界这是个秘密,
>
> 我在自己尘世的居所,
>
> 噢,却沿着明亮的天空行走
>
> ……"

此处"美"女神的"居无定所"寓意十分深刻,这的确是俄罗斯索菲亚学说的一个大"秘密"!而本诗恰恰与《三次约会》一道,揭开了这个"秘密",并由此进一步展示出两首诗的内在联系。B. 索洛维约夫诗中的"永恒女友"既能出现在蓝色的天幕上,也能出现在教堂、阅览室和底比斯沙漠中;维亚切斯拉夫·伊万诺夫的"美"女神既可以在明亮的天空遨游,又可以沿着鲜花盛开的该亚行走。这是因为她们都是索菲亚,同时具有精神性和物质性。从宗教哲学的角度而论,"索菲亚是上帝的神圣智慧,又是神的物质体现"[①],"索菲亚既在上帝之中,又在上帝之外,即在被造物之中,在人之中。"[②]所以众多哲学家、神学家把索菲亚说成是"基督的躯体、圣母、永恒的女性、教会"等。这是俄罗斯宗教哲学和神学的一个重要理念。由此看来,《三次约会》和《美》中的神女都具有索菲亚的上述属性,可以说与索菲亚完全相同。

但是,我们由此得出这种结论还为时尚早,因为诗中接下来写道:

---

① 金亚娜:《俄侨哲学家的索菲亚学说》,载《俄语语言文学研究·文学卷:第 2 辑》,人民文学出版社,2003,第 282 页。

② 金亚娜:《俄侨哲学家的索菲亚学说》,载《俄语语言文学研究·文学卷:第 2 辑》,人民文学出版社,2003,第 282 页。

　　　　我微笑着侍奉阿德剌斯提亚，

　　　向善和贞洁与我无缘。

　　显而易见，这里的"美"女神不仅有与索菲亚相同的特征，而且拥有其他的因素。阿德剌斯提亚是希腊神话中最受尊敬的最古老的女神之一，她的名字的意思是"神力无边，人人俯首"。她还有一个名字叫涅墨西斯。相传，她是夜神之女，曾化作一只鹅，与为追慕她而化作天鹅的宙斯结合，所生的蛋中孵化出了海伦。在希腊神话中阿德剌斯提亚的形象是一位威严的女神，带双翼，携带平秤、笼头、宝剑或鞭子，还有鹰头狮身海怪格律普斯牵引的车等象征物，它们象征着均衡、控制、惩罚和速度。通常把阿德剌斯提亚看作道德、伦理和命运的化身，专门惩罚追求享乐和过分骄傲的人。有时，这位女神还同该亚或阿佛罗狄忒的形象结合在一起。而希腊的哲学家对这位女神又做了引申一步的诠释。苏格拉底认为，柏拉图在《斐德罗篇》中把灵魂不灭和必然与自由的问题联系起来，"这是命运女神阿德剌斯提亚的规定：凡是灵魂能紧随神辨明真理的，便可以不受伤害，保持原来状态；如果不能做到这样，便会失去羽翼堕落到地上"。在同一部著作中还提到了命运女神阿德剌斯提亚的诏命：凡是智慧或美的追求者，或缪斯的追随者和热爱者，都是第一类灵魂。①

　　初读这首诗时，对诗人突然从索菲亚转向希腊女神免不了感到费解，尤其是诗中还指出索菲亚的诸如"向善"和"童贞"的品格与"美"无干。应该如何理解"美"的这种"转向"呢？

　　诗人在文本中给予我们一种提示：他的"美"女神的出现不仅源自于圣智索菲亚，而且还有希腊神话甚至希腊观念的源泉。从上述希腊神话和希腊哲学中阿德剌斯提亚女神的象征意义我们可

---

① 柏拉图：《柏拉图全集》，王晓朝译，人民出版社，2003，第 162 页。

以看出,诗人把"美"与阿德剌斯提亚联系起来,是有深在的思想意义的。从直接意义上说,这位古老的大女神具有美、爱、智慧、诗神崇拜等象征意义,所以她在本诗中出现也不是没有缘由。如前所述,古老的命运女神阿德剌斯提亚在将灵魂分为九等时,处于最上一等的便是爱好诗神缪斯的人,所以诗人自然要面带微笑地侍奉她。这里无疑饱含着缪斯崇拜的意味。但诗人引出这位古老的大女神的原因远不止于此。如我们所知,阿德剌斯提亚是希腊神话中神力无边的古老大女神,集多种神格于一身,说她是什么神都可以——命运、智慧、道德、美、爱、大地、公正、权力……诗人选择了这样的女神,正是因为她在希腊诸神中更有多面性,因此更具代表性,所以引申一步可以认为,她是希腊的神的抽象和泛化,是一种象征,或者说是代码,也可以说是神话精神甚至人文精神的高度概括和体现。这就是希腊文化倡导的人本主义思想。在希腊文化传统中,有一个突出的特点,就是突出个人的地位。虽然希腊的神系十分庞大,神力无边,但在神话中是神人并举的,既有神的故事,也有人的故事。神的故事惊天动地,人的故事也惊天动地,神话和英雄史诗浑然一体,神与人的争斗难解难分,英雄有时公然背弃神的意旨,各行其是。例如,在荷马史诗中贯穿着人和神的双重主题,它们互相交织在一起,构成了英雄史诗的基本文化特质。可见,神对于人并没有绝对的权力和权威。就希腊多神教的信仰而言,其特点也与基督教有很大的、甚至本质性的差异:没有《圣经》或类似的圣书,并且没有特权的祭司阶层和正统的宗教思想。希腊的多神教与其说是信仰,毋宁说是进入社会生活中的一种活动,也就是说,它不是虚空的,而是与社会生活紧密地联系在一起。一位著名的文化学家安·邦纳说过:"全部希腊文明的出发点和对象是人,它从人的需要出发,它注意的是人的利益和进步。为了求得人的利益和进步，它同时既探索世界也探索人，通过一方探索另一方。"①希腊神话说的是神的故事，讲的却是人的事情。诗人在《美》一诗中最终把"美"与希腊人本主义精神的象征联系在一起，正是为了强调这个"美"既有神性，也有人性，但更为人所固有。作者的人文思想在此表达得十分清楚：他要在基督教的智慧之神以外，在人之中去寻找美。所以，接下来"美"所说的"向善和贞洁与我无缘"便不难理解。"向善"和"贞洁"是圣智索菲亚的突出特征，也是基督教为女性立的戒规；而诗人在这里所着意倡导的是人性美，是阿德剌斯提亚所象征的智慧、美、爱、权力、大地等具有永恒价值的东西，是超越宗教范畴的"人是万物的尺度"的人本主义价值观。正因为如此，"美"才"戴着戒指"，即指她处在人寰之中，接受的是人的道德伦理规范。在深谙希腊文化的维亚切斯拉夫·伊万诺夫这里，对"美"的理解是同希腊先民"斯芬克斯之谜"的思索一脉相承的，这强化了他对人的价值、人的地位和人的创造的观念。诗文再一次说明，"文化财产也旅行"②。古代希腊的文化财产一旦随着维亚切斯拉夫·伊万诺夫这样的思想家旅行到了俄罗斯，便因其产生的无法估量的影响而价值倍增。

　　尽管如此，最终，"美"还是不失其来自神的神秘主义因素："而我的面庞——是神的神秘祝愿的温柔的光。"在对"美"的赞歌的最后，诗人又回到了与索洛维约夫的永恒女性即索菲亚相回应的意念上。不过，这已经是在人性美的回归的更高层次上。

　　从《美》这首诗的全部内容而言，它反映了维亚切斯拉夫·伊

---

　　① 张广智：《世界文化史（古代卷）》，浙江人民出版社，1999，第257—258页。

　　② 费尔南·布罗代尔：《菲利普二世时代的地中海和地中海世界（全二卷）：下卷》，商务印书馆，2009，第171页。

万诺夫在 20 世纪前几年的文化史观和艺术创作观,它集中地体现出诗人在创作《舵星》时对人类文化记忆的问题的思考。依照诗人的观点,只有记忆能够战胜死亡,超越时空,生命是沿着舵星的旅途,是返回自己泉源的"逆向之旅"①。这种观念的产生,是由于维亚切斯拉夫·伊万诺夫对人类文化的童年记忆——希腊文化十分珍视。希腊神话,当然还有《圣经》,总是自然而然地为他提供创作思想,激发他的艺术灵感。在维亚切斯拉夫·伊万诺夫的眼中,"整部《圣经》都沐浴着末世论的阳光:而维亚切斯拉夫·伊万诺夫的世界观也想要成为末世论的"②。与此同时,他还非常珍视人类文化的另一种记忆,即文学艺术大师的创作遗产,从维吉尔、但丁、歌德、普希金、莱蒙托夫、B.索洛维约夫、瓦格纳等人的作品中汲取了人类文化记忆的精华。他把普希金的"至圣之美"诠释为诗人的基本直觉,而认为在陀思妥耶夫斯基这里,美是他对俄罗斯宗教性诠释基础的隐秘而亲近的天堂。这就是说,对于维亚切斯拉夫·伊万诺夫而言,人类的文化记忆不仅仅是宗教的,而且是世俗的,包含人类精神文化的全部精华。

从此前我们对《美》一诗的分析可以看出,维亚切斯拉夫·伊万诺夫的这首短诗要比 B.索洛维约夫的《三次约会》的内容更为丰富、深刻,它超越了宗教的理念,并且突出了俄罗斯白银时代人文精神的一个重要因素——复兴希腊文化和欧洲文艺复兴的精神。在维亚切斯拉夫·伊万诺夫的笔下,人格化了的"美"首先具有神性,与 B.索洛维约夫的圣智索菲亚一脉相承。B.索洛维约夫

---

① Николаев П А, Русские писатели 20 века. М.: Просвещение, 2000, c. 302.

② 列夫·舍斯托夫:《钥匙的统治》,张冰译,上海人民出版社,2004,第200 页。

的《三次约会》中的永恒女性(即索菲亚)是爱和美的化身,也是拯救的力量。它是超验的,又是有具体面容的女神。维亚切斯拉夫·伊万诺夫笔下的"美"正是她的折光。并且,与索菲亚相同,"美"也具有精神—物质性。在 B.索洛维约夫的理念中,索菲亚与圣母、耶稣基督之间有着神秘的联系,索菲亚是上帝未来和最终的显现。所以,这里的索菲亚带有启示录的性质,精神性和神性更为突出。而在维亚切斯拉夫·伊万诺夫的观念中,"美"的物质性即人性则更加突出,她甚至拒斥圣智索菲亚所拥有的基督教教义下的善和童贞,因为她与人类心胸和情怀中更博大、更人性的东西相一致,同创作自由的理念相联系,这里刚好凸显出诗人创作中的希腊人文精神精粹。"美"所幻化出来的不是神的理想化抽象形态,而是充盈着人的追求和意志。在《美》这首小小的诗文中,我们能够窥见希腊神话中所特有的那种人与神"相融相合的高度和谐的理想"①。其实,希腊神话中的许多神都有爱人、为人服务的神迹,他们施予人友善和关怀。这体现出古希腊人所追求的神与人类和谐统一的社会理想。不过,维亚切斯拉夫·伊万诺夫所表现的已经不是希腊人的原始神话思维,而是对俄罗斯人文精神之"美"在新时代的深刻沉思。

## 参考文献

[1]Скатов Н Н. Русские писатели: XX век [M]. M.: Просвещение, 1998.

[2]Тахо-Годи Е. Вячеслав Иванов — творчество и судьба: К 135-летию со дня рождения[M]. M.: Наука, 2002.

---

① 周来祥主编:《西方美学主潮》,广西师范大学出版社,1997,第 173 页。

［3］Иванов В И. Собрание сочинений в четырех томах 1971 – 1987：Т. 1 ［М］. Брюссель：FOYER ORIENTAL CHRETIEN, 1971.

［4］Флоренский П А. Сочинения в 2-х томах：Столп и утверждение истины：Т. 1［М］. М.：Правда, 1990.

［5］Мочульский К В. Гоголь, Соловьев, Достоевский［М］. М.：Республика, 1995.

［6］Николаев П А. Русские писатели 20 века ［М］. М.：Просвещение, 2000.

［7］Асоян Ю, Малафеев А. Открытие идеи культуры：Опыт русской культурологии середины XIX – начала XX веков ［М］. М.：ОГИ, 2001.

［8］Маслин М А. Русская философия［М］. М.：1995.

［9］СтепунФ А. Литературно-критические статьи（вступительная статья Г. М. Фридлендера）［J］. Русская литература, 1989（3）.

［10］ИвановВ И. По звездам（Статьи и афоризмы）［М］. СПб.：Оры, 1909.

［11］Лосев А Ф. Из последних воспоминаний о Вячеславе Иванове［М］. М.：Наука, 1989.

［12］Иванов В И. Стихотворения и поэмы［М］. Ленинград：Совет. Писатель, 1978.

［13］歌德. 歌德诗集［M］. 钱春绮,译. 上海:上海译文出版社,1999.

［14］金亚娜. 俄侨哲学家的索菲亚学说［C］//黑龙江大学俄语语言文学研究中心. 俄语语言文学研究·文学卷:第 2 辑. 北京:人民文学出版社,2003.

［15］柏拉图. 柏拉图全集［M］. 王晓朝，译. 北京：人民出版社，2003.

［16］张广智. 世界文化史（古代卷）［M］. 杭州：浙江人民出版社，1999.

［17］费尔南·布罗代尔. 菲利普二世时代的地中海和地中海世界（全二卷）：上卷［M］. 唐家龙，曾培耿，等，译. 北京：商务印书馆，2009.

［18］列夫·舍斯托夫. 钥匙的统治［M］. 张冰，译. 上海：上海人民出版社，2004.

［19］周来祥. 西方美学主潮［M］. 桂林：广西师范大学出版社，1997.

［20］汪子嵩，范明生，陈村富，等. 希腊哲学史：第 1 卷［M］. 北京：人民出版社，1997.

人性美的回归——维亚切斯拉夫·伊万诺夫创作中的永恒女性崇拜哲学

# 洛谢夫文化哲学的五个论题

阿列克谢·费多罗维奇·洛谢夫（Алексей Федорович Лосев，1893—1988）的名字在中国学界并不陌生。近年来有人专门立项研究,已有一些研究成果,并有一部研究洛谢夫理论的博士学位论文。但总体而论,我们对这位伟大哲学家的学术思想和理论建树可以说是不甚了了,说九牛一毛并不为过。这不能不说是我们研究的一大憾事。洛谢夫作为一位稀世天才、俄国最后一位经典哲学家、20世纪俄罗斯第一大哲学家、俄罗斯历史语文学和哲学思想的首领、名副其实的百科全书式的学者,俄罗斯学界有人称其为哲学批判思想的提坦神。他的研究领域十分广博,包括哲学、语文学、美学、历史、文化学、神学、神话、语言学、艺术论、音乐理论、心理学、文艺学和天文学等。他的著作约有八百项之多,其中有几十部专著。至今,他的著作的总数还没有被完全统计出来。其中最有代表性的著作诸如《名称哲学》（«Философия имени»，1927，又译《名谓哲学》），《神话辩证法》（«Диалектика мифа»，1930），《希腊象征主义和神话学概论》（«Очерки античного символизма и мифологии»，1930），《历史发展中的希腊神话》（«Античная мифология в её историческом развитии»，1957），《象征问题和现实主义艺术》（«Проблема символа и реалистическое искусство»，1976），《希腊历史哲学》（«Античная философия истории»，1977），《文艺复兴美学》（«Эстетика Возрождения»，1978），《希腊美学史》（«История античной эстетики»，1963—1986）等。他的成就在20世纪的俄罗斯哲学界无人比肩,成为俄罗斯哲学的一种独特现象。21 世纪初期的资料表明,洛谢夫是俄罗斯知名度最高的世界级前十位哲学家之一,与尼采(Nietzsche)、苏格拉底(Socrates)等一起,大约排列在第 8 到第 10 位。① 然而,他研究领域的浩瀚却往往令人望而却步,学术思想的厚重积淀和深邃又令人难以企及,致使对他一向仰视的俄罗斯学界的研究成果至今相对而言并不丰硕,我国的论著则更稀少。

有人称洛谢夫为文化哲学家。② 这是因为洛谢夫一生的研究大半是文化理论,包括对文化的哲学和美学研究。终其一生文化哲学的学术业绩,最有建树的方面之一是他提出了诸多文化哲学研究论题。这些论题至今对我们在文化史、文化哲学和美学等领域的探索仍有很多启迪,是伟大哲学家对个性、信仰、社会和历史的超越学科和流派的综合研究,其思想的宏阔和辩证无与伦比。遗憾的是,学者们直至今日对洛谢夫文化哲学的专门论述成果十分少见。本文尝试对洛谢夫文化哲学的一些重要论题力求客观地做出综述和评价。

# 一、文化概念的哲学阐释

何谓文化? 众多的定义不胜枚举。洛谢夫谢世之后才面世的著作《精神的无畏求索》③中在回答这个问题时,给文化下了一个见解独到的定义:"文化是历史过程所有主要层面(经济的、社会 - 政治的、意识形态的、实践 - 技术的、手工业的、科学的、艺术的、道

① Карабущенко П Л, Подвойский Л Я, Философия и элитология культуры А. Ф. Лосева. М. : Литературная учеба, 2007, с. 47.

② Тахо-Годи А А, Тахо-Годи Е А, Алексей Федорович Лосев. М. : РОССПЭН, 2009.

③ Лосев А Ф, Дерзание духа. М. : Политиздат, 1988.

德的、宗教的、哲学的、民族－民间的和日常生活的等）的最大共性。"①这就是说，各个文化层面和领域在其历史发展进程中所具有的最大共性即共同的规律创造了文化。这里必然要牵涉到一个重要的问题：文化各个层面和领域的个性与共性的关系，也就是共性与个别或共性与唯一间的关系。洛谢夫强调指出，对这种关系必须辩证地理解，因为"共性不能脱离唯一，而且是其产生的规律；唯一不能脱离共性，但永远是共性的某种表现和存在"②。这位哲学家之所以对文化哲学采用共性与个性关系辩证观点的研究模式，是由于他认为这个模式要优越于一些单个术语的运用，诸如通常研究文化时所涉及的"原则"、"思想"、"形象"、"原型"、"原初形态"、"象征"、"原象征"或"价值"等。其中的每一个术语都表现文化的某些单个层面，但它们都有意义多面性的共同缺点，因而必须对它们进行细致的研究和分析。而对共性与个性的辩证关系的研究已经进行得相当详细和清楚。当然，这里也看得出洛谢夫受到了希腊哲学的影响。希腊的一些哲学家，如苏格拉底和柏拉图（Platon）都十分重视普遍性和一般性的规律的研究。洛谢夫选择辩证关系研究模式还有更深层的对文化的理解，如当代俄罗斯学者 А. Л. 多勃罗霍托夫（А. Л. Доброхотов）在对洛谢夫文化定义进行深入研究之后，发现了隐匿其后的他对文化的哲学理解："它是绝对下降而成为异在和个别向绝对上升的阶梯。"③ А. Л. 多勃罗霍托夫认为，这种理解是在德国古典哲学的影响下产生的。它体现了黑格尔（Hegel）关于绝对观念的辩证思想，即绝对是万事万物

---

① Лосев А Ф, Дерзание духа. М.：Политиздат, 1988, с. 218－219.

② Лосев А Ф, Дерзание духа. М.：Политиздат, 1988, с. 219.

③ Тахо-Годи А А, Тахо-Годи Е А, Алексей Федорович Лосев. М.：РОССПЭН, 2009, с. 22.

的实体,但不是僵死的一成不变的东西,而是一个具有创造性的、处于动态发展过程中的主体。笔者认为,这种看法不无道理,但还有值得商榷的地方。洛谢夫作为一个有真正东正教信仰的人,他对绝对的理解显然含有神学意识,确切地说,是东正教的核心理念。这里所说的绝对,指的就是神,亦即上帝。他的宗教哲学尤其突出的一个特点是"试图把绝对的哲学神学原理作为我们世界的完善和善与爱的主导思想来论证"①。可见,这里的"绝对"含有更深层的宗教意义,正如被洛谢夫尊为导师的索洛维约夫(В. С. Соловьёв)所说的那样,"这个绝对是永恒的,既是个别,又是一切;既是具体的存在物和存在,又超乎其上,是上帝,是永恒的基督。它体现着万物无不具有的灵魂和机体的统一,是人能够以直感知觉的那个真正的大一统"②。总而言之,洛谢夫关于文化的概念既受希腊和德国哲学的影响,也有俄罗斯哲学的固有独特性因素,包括宗教信仰,两个方面都不可忽略。

依照洛谢夫的观念,文化哲学的任务应该是提出并解决下列问题:

第一,认清历史进程中各个文化层面的相互关系;

第二,厘清所有这些层面与其最大共性,即与其受历史制约的及每一次独有、占主导地位的首要原则的关系;

第三,明确给定文化的这一首要原则与其他文化——即使是最接近的文化——的首要原则的关系;

第四,正确理解为什么必须从首要原则的角度来评价历史进

① Карабущенко П Л, Подвойский Л Я, Философия и элитология культуры А. Ф. Лосева. М. : Литературная учеба, 2007, с. 50.

② 金亚娜主编:《当代中国俄语名家学术文库·金亚娜集》,黑龙江大学出版社,2012,第 24 页。

程的所有层面。①

看得出来，洛谢夫对文化概念的认定，是从文化赖以生成的宏观和微观规律及其相互关系出发的，重视对普遍性和一般性的规律的探究。而在这些规律中，他的关于"绝对"的基督教宗教观又起着统辖的作用。所以，这种文化的定义中含有理性思考与宗教信仰的综合因素。

洛谢夫为文化哲学研究提出的任务和要解决的问题，决定了他在这一领域研究的其他论题。

## 二、文化的类型研究

洛谢夫认为，不同历史时期和不同地域、民族、国家等的文化间既存在着极大的共性，同时又有其各自的独具特性，正是后者构成了一种文化独立存在的基础。为了把握某种文化的全面特征并突出其独特性，洛谢夫运用了文化的类型研究方法。他给文化类型下了一个定义："文化类型是一定时间和地点历史进程的所有层面相互关系的系统。这个系统造成了作为一定结构的不可分割的整体性，其结构明显地和感性物质地表现出它的物质和精神的独特性，成为诠释历史发展各个层面的新方法，无论是在其理论对比方面，还是在其历史连续发展方面。"②这就是说，每一种类型的文化都是一个独特的系统，但它不是孤立存在的，而是在一定历史发展过程中与文化其他层面的相互关系中形成的，这不妨碍它成为不可分割的整体，这个整体性的结构既包括物质方面，也包括精神方面。从上述洛谢夫给文化类型下的定义可以看出，洛谢夫的文

①　参见 Лосев А Ф, Дерзание духа. М. : Политиздат, 1988, с. 233.

②　Лосев А Ф, Дерзание духа. М. : Политиздат, 1988, с. 219 － 220.

化类型研究视野极其博大,是一种综合性的动态研究,既包括物质方面,又包括精神方面,并且将文化类型置于历史发展的动态图景中来观照,既研究其独具的特征,又考察其与其他文化间的相互关系和影响。这种综合研究得出的结论应该具有更大的可靠性和客观性。例如,洛谢夫借助于文化类型说的理论和方法对希腊文化和俄罗斯文化的不同特征从哲学方面进行了类型的研究,得出的独到结论至今仍有启迪。

我们首先看看洛谢夫对希腊文化类型的哲学研究结论。这位哲学家有一个著名的论断:"希腊文化的类型是对自然-人的物质性在其与它特殊生命宗旨的不可分割联系中的最大概括。"①从这句话我们可以看出,作为希腊文化基础的是可感的物质宇宙论和生命的哲学。在希腊人的观念中,可见、可听和可触摸的物质宇宙犹如一个巨大的活人机体,它从产生之初便自行运动着,有生命且有理性。但在洛谢夫的理论中,并非认为希腊哲学研究的就是人体,也并不认为雕塑是希腊这种文化对象的最有现实意义的表现。这位哲学家所说的是人的物质性,而不是人体。这种人的物质性还包括人的心理、智力及个性特点等,而这一切在希腊文化中都基于感性物质方面来思考。还应虑及,洛谢夫所说的人的物质性,是在其最大概括的意义上。换一种说法,对于希腊人而言,人的可感物质身体并不是完全的绝对的现实,而可感的物质宇宙才是绝对的现实。这里它的体现首先是星空。在古希腊,人们不仅能用眼睛看到它,而且还能听到它的声音,能触摸到它。也就是说,这个宇宙就是神。它是绝对,是一切的创造者,自然高于一切。古希腊人正是基于这种客观主义和对宇宙的感性理解,创建了他们的泛神论,由此生成了希腊文化的独具基础。洛谢夫概括出了所谓物

① Лосев А Ф, Дерзание духа. М.：Политиздат, 1988, с. 220.

质性及其概括性在希腊人的观念中表达的哲学含义:"其一,被感知的物充分地表现出自己的功用,并且物对于其自身是绝对的;其二,这个物是其自身的理想,它自身首先是美的,但由于这种感性可感的物毕竟是物,即使以极其概括的宇宙的形式来体现,它依然永远只能是它自身,并且保持自己的实际功能"。①

由此可见,在希腊,美的物体不仅是在思想中观照的失去其物的属性的物体,而且还是完全实用的,是有专门用途的工具。洛谢夫以盾牌为例进行了论证:在古希腊人的观念中,盾牌不仅是军人使用和作用明确的工具,而且还是可供欣赏的美的物品,为了描绘这种既有用又美的盾牌,荷马(Homeros)在《伊利亚特》中足足使用了 130 个诗行。②

这里自然要产生一个问题:既然感性可感的物体的最大概括是看得见、听得着和可触摸的感性物质宇宙,那么应该如何看待希腊的神呢? 洛谢夫认为,在希腊文化中,除可感的物质宇宙之外,还有更具概括性的高于宇宙本身的东西,那就是希腊的神和魔怪。这种观念的来源是古希腊柏拉图等人的客观唯心主义本体论和认识论。而人们在看待希腊的神时,总是自觉或不自觉地将其基督教化。前面述及,只有从基督教的观点来看,神才是绝对的个体,它高于和早于任何宇宙,按自己的意志和目的从无创造了世界。但是基督教所看重的首要因素并非感性可感的物,而是纯粹的精神。这与希腊人的观念完全不同。希腊人提出了物质永恒性的假说,试图赋予这个永恒和混乱以某种物质形式。既然如此,从人格主义宗教的理念去理解希腊的宗教文化精神就不会得出正确的结论。洛谢夫在对希腊的宗教、神话进行充分研究以后,探寻出了一

---

① Лосев А Ф, Дерзание духа. М. : Политиздат, 1988, с. 221.

② Лосев А Ф, Дерзание духа. М. : Политиздат, 1988, с. 221.

种答案:希腊的众神充其量犹如我们对自然规律的理解,当时的希腊人还不善于对抽象的规律做出概括,但对物和物质现实单个方面的存在和发展却有深刻的感觉。希腊时代尚未形成由这种感觉而来的准确定义。由于原始公社的意识形态在希腊从未彻底泯灭,希腊人对整个自然和世界的理解是神话式的,神和魔怪的观念便由此而来。其结果是,神话中的神和魔怪成为唯一被承认的感性物质宇宙的组织原则。从当今的观点来看,它们所体现的就是希腊自然的规律。这些神和魔怪不仅拥有人的长处,也禀有人的短处,诸如人的种种欲望和恶德,甚至罪恶。在荷马的史诗中,众神经常发生战争,他们之间的纷争和各种故事实质上体现出来的大多是人的特征。这反映出希腊人认识世界的基础离不开物质性,是基于对他们所概括的人的物质性的认知。

总之,在洛谢夫的理念中,"希腊人是自由的,同时服从于必然性;他是宇宙论的,无个性的。希腊人还是奴隶主,而奴隶制本身也是无个性的、宇宙论的和物质可感的"。"最终希腊人开始感觉到,他们的体系距个性太遥远,在这个意义上太空乏。这带来了一种可能性——后来在希腊的废墟上出现了以个性绝对化为基础的新文化。"①基督教成了希腊的国教,多神教已经走到了尽头。多神教哲学家们深深地懂得希腊哲学的本质,认识到他们所创建的希腊文化的概念不过是荒漠,因为这里没有任何人,没有个性,有的只是宇宙。

而对于俄罗斯文化类型的哲学研究,洛谢夫则得出了与希腊文化完全不同的结论。在洛谢夫对俄国文化史进行充分研究的基础上,他又吸收了弗拉基米尔·索洛维约夫和弗洛连斯基(П. А. Флоренский)等人的理论精华,对俄国文化类型的独特性做出了

① Лосев А Ф, Дерзание духа. М. : Политиздат, 1988, с. 169 – 170.

别有见地的分析。这里我们重点探讨一下这位哲学家对俄罗斯哲学思想独特性及其反映出来的俄罗斯文化特质的理论。

如我们所知,俄罗斯哲学的特殊性是由它的社会文化发展的特点决定的,这与古罗斯接受基督教洗礼有密切关系。西方掌握希腊的文化和科学是通过拉丁语,而古罗斯却是通过拜占庭的宗教接受了希腊文化的影响。既然处于外来文化中心的是宗教,古罗斯人在接纳希腊文化时就是有选择的,易于接受那些与他们的思维方式和宇宙论相通的观念。洛谢夫认为,总体而论,俄罗斯的各种哲学思潮和流派都显现出一种直觉主义和神秘主义的特征,与西方哲学完全不同,没有形成自己的体系。洛谢夫在他1919年用德文写的专论《俄罗斯的哲学》中,对俄罗斯哲学有别于西方哲学的诸多特点进行了全面、系统的论述,被评论界誉为"这为读者提供了不仅听到一位哲学史家、而且听到一位独立的俄罗斯思想家的声音的真正唯一可能性,他珍藏并发展了祖国哲学思想的遗产"①。在这部专论中洛谢夫明确地指出:"认识是否只在思维的轨道内进行——这不是一个简单的问题。现代哲学的主要流派似乎并没有为类似的怀疑提供依据。与此同时,却愈益积累了运用和考虑认识和思维的非逻辑和前逻辑层面的依据。自然,许多人感到这种方法无法接受,并且,依照他们的看法,其后隐匿着对哲学的天真、神话式理解。不过,这也实属无奈,我们在这里正应成为神话学家,因为几乎全部俄罗斯哲学都显现出前逻辑、前体系,或最好说超逻辑、超体系的哲学思潮和流派的图景。"②在德国,不

———————

① 金亚娜主编:《当代中国俄语名家学术文库·金亚娜集》,黑龙江大学出版社,2012,第91页。

② 金亚娜主编:《当代中国俄语名家学术文库·金亚娜集》,黑龙江大学出版社,2012,第91页。

仅哲学流派的首领,甚至二流思想家都能创造出自己理论的完善体系,而俄国的情况却迥然不同。19世纪俄罗斯的整整一代哲学家、思想家,尽管其天赋和思想不亚于欧洲的大师们,却没有一个人在身后留下完整封闭的哲学体系。原因何在? 洛谢夫认为,这里隐匿着一些深层的内在原因。首先,俄罗斯的哲学著作都是浸透着直觉和神秘主义的创作,其中没有时间概念,这与基督教的宗教神秘主义认识论有直接的关系,哲学家们根本无意于进行思想的逻辑锤炼;其次,俄罗斯的哲学具有突出的政论化色彩,标举自由、平等和仁爱,哲学家们关注的是与社会问题密切相关的哲学论题,这使他们不能四平八稳地致力于理论体系的建构;第三,俄罗斯哲学家们(尤其是19世纪80年代至今)的哲学思想发现无所不包,内容异常广泛而深刻,虽然系统化在这里是有可能实现的,但距体系的完整依然相去甚远,在最好的情况下,也只能说是"体系的一般提纲"[①]。

许多著名当代俄罗斯哲学家赞同洛谢夫的上述观点,并对他的理论做了进一步的概括和阐释:俄罗斯独有的创造性的哲学思想给自己提出的任务并非揭示抽象的智性的真理,而是以生活为定向的实践的真理。"在洛谢夫看来,俄罗斯哲学企望探寻的是综合的宗教整体性,它形成于生活方式本身,所以俄罗斯文学在词语的色彩中和艺术形象的创造中展现出哲学真理,许多哲学家都是文学家和政论家。俄罗斯哲学思想的活力,洛谢夫在 Н. В. 果戈理(Н. В. Гоголь)、Ф. И. 丘特切夫(Ф. И. Тютчев)、А. А. 费特(А. А. Фет)、Л. Н. 托尔斯泰(Л. Н. Толстой)和 Ф. М. 陀思妥耶夫斯基(Ф. М. Достоевский)等作家的作品中都能看到。许多最重要的

---

① 金亚娜主编:《当代中国俄语名家学术文库·金亚娜集》,黑龙江大学出版社,2012,第92页。

洛谢夫文化哲学的五个论题

哲学问题都蕴含在他们的文学和政论作品中。"①与之相关,站在认识真理制高点上的不是书斋式的职业哲学家,而是圣徒式的思想探索者。他们为了探寻民族的真理宁愿牺牲一切,包括自由和生命。正因为如此,东正教的精神性和神人学说及爱的理念就成为哲学关注的中心,笼罩着俄罗斯的精神文化。这种依托逻各斯的认识论是动态的,范围是无止境的,与西方静止的理性主义认识论截然不同。不过,洛谢夫也认为,俄罗斯的非逻辑的神秘主义哲学的有机发展,正是在与西方理性主义抽象哲学的不断碰撞中实现的,在这种与理性主义和无神论的交汇中,俄罗斯的东正教哲学才逐渐成熟和发展起来。例如,在索洛维约夫的哲学中,可以见到柏拉图主义、新柏拉图主义、教父哲学、诺斯替教、谢林(Schelling)和黑格尔的哲学,它们与独特的俄罗斯世界观和神秘主义认识论有机地融合在一起。洛谢夫认为,20世纪初期的俄国宗教思想家,都不同程度地受到西方,尤其是德国哲学的影响,但是,最终"认识的现实性和合理性在这种武断的神秘主义中为自己找到了最后的根据"②。由于俄罗斯人太善于感受自己的哲学,又太不善于从理论上概括自己的哲学思想,所以世界对这一哲学了解甚少。不过,经过洛谢夫的阐述,这种起始于斯拉夫派的田园诗式浪漫主义哲学到当今的世界末日论哲学,已经有了比较清晰的发展脉络。

与俄罗斯哲学的特点密切相关,俄罗斯的社会文化发展,一方面离不开宗教世界观的框架,另一方面又不断地受到西方文化的冲击,这也造成了俄罗斯人文精神的诸多二律背反。其核心为对

---

① Карабущенко П Л, Подвойский Л Я, Философия и элитология культуры А. Ф. Лосева. М.: Литературная учеба, 2007, с. 47.

② 金亚娜主编:《当代中国俄语名家学术文库·金亚娜集》,黑龙江大学出版社,2012,第105页。

土地的坚实、不可动摇信念与脱离土地的永恒精神漫游,对上帝救赎的毫无保留信仰与背弃上帝的撒旦式恶的欲望,田园诗般的浪漫主义乐观精神与末日惶恐、悲剧预感及提坦式的忧患意识,等等。①

　　总而言之,依照洛谢夫的观念,"希腊文化的类型是对自然 – 人的物质性在其与它特殊生命宗旨的不可分割联系中的最大概括"②。希腊人是自由的,同时他们又服从于必然性。他们的宇宙论是无个性的,同时又是崇高的和庄严的。最终希腊人开始感觉到,他们的体系距个性太遥远,这导致了后来以个性绝对化为基础的希腊新文化。而俄罗斯文化类型的突出特征是视东正教教理为万能,把圣经视为常绿的果树,是以宗教为基础的象征的文化。俄罗斯人基于逻各斯建构自己的哲学学说,与理性相对,诉诸形而上学和神明,其主导思想形成于东方基督教神人的逻各斯与西方的理性的不断斗争中。正是由于在这个漫长的历史过程中,俄罗斯人对宇宙深在奥秘的非理性理解日益吸纳了西方的理性认识,俄罗斯思想才能不断地攀升到新的高度。

　　从上述洛谢夫对希腊文化和俄罗斯文化类型的研究可以看出这位哲学家理解文化类型的根本原则——他不局限于把一定的模式按时间顺序串联起来,而是从这些模式创造出十分复杂的元历史轮廓。在洛谢夫这里,类型成为唯一可能的历史"透镜",透过它才能看到向共同和个别运动的轨迹。而为了对文化类型进行深层次、超出一般文化维度的研究,洛谢夫采用了一种独特的研究方法作为补充,借用俄国学者 А. Л. 多勃罗霍托夫的说法,这就是文化

---

　　① 参阅金亚娜主编:《当代中国俄语名家学术文库·金亚娜集》,黑龙江大学出版社,2012,第 99 页。

　　② Лосев А Ф, Дерзание духа. М. : Политиздат, 1988, c. 220.

的肖像化塑型①,也有人称这种研究方法为文化面相学。这种研究方法使他有可能把对一种文化的时代思维逻辑结构的研究同对时代和民族文化的具体动态景观的关注融为一体,并且,对思想外在表现形式的分析极其生动、简洁,而对文化心理的描摹达到了肖像化。哲学家在研究希腊美学史时,对苏格拉底的无比精彩的肖像化塑型就是一个很有代表性的范例。

"他(苏格拉底)的独特性在一些地方已经达到了巨大而骇人听闻的程度,而这只能用他那个时代的过渡性来解释:那种旧与新的可怕混乱,可以说是正在走向毁灭的古希腊城邦的突出特点。鉴于苏格拉底精神面貌的这类特点尚无人虑及,并完全没有得到分析,我们就尝试做一些粗线条的勾画,远不奢求完善的图景。"②

"苏格拉底的整个面貌像谜一样神秘莫测并令人感到有点恐怖。在谈到生命和精神的大问题时,他总是用一种嘲讽的口气,狡猾地眨着眼睛,这时你尤其难以理解他。人不能总是温厚和善,而苏格拉底却永远是和善和乐观的。但他并不是像老年人那样徒然的和善,许多人都把这种和善视为精神的高尚和内在完美。苏格拉底并非如此。他的温厚和善带有一种特别的挖苦和尖酸刻薄。他用这种和善来报复。他了解每个人内心深处的隐秘,特别清楚他的丑恶之处。诚然,他没有利用这一点,而相反,用自己的和善掩盖了这一点。但这是令人难堪的和善。有的人宁愿听到直接的斥责甚或侮辱性的言辞,也不愿听普里阿波斯式那种高明的装腔

---

① Тахо-Годи А А , Тахо-Годи Е А, Алексей Федорович Лосев. М.: РОССПЭН, 2009, c. 23.

② Лосев А Ф, История античной эстетики: Ранняя классика. М.: Ладомир, 1994, c. 79.

作势的话,谁知道这些话会带来什么样的后果。"①

"苏格拉底与他那个时代的所有希腊智者一样,都是颓废派。他是兴致勃勃地把真理作为意识问题来宣讲的第一个希腊颓废派成员。柏拉图的学说是体系、神学,是某种过于宏大和严肃的东西,不能用颓废派来涵盖;亚里士多德也是对科学的清醒和深刻思想进行颂扬。而苏格拉底却没有任何体系和科学。他整个人都在浮游,悠游自在,戏弄他人,以模仿他人取乐,嘿嘿窃笑着潜入人的心灵深处,然后再悄悄地跳出来,就像鱼跳出养鱼池,你只能看到它瞬间摆动的尾巴。苏格拉底敏锐、好嘲笑人、乖戾、极其聪明,是个赴过汤、蹈过火的颓废派。在他身边你可要小心啊!"②

"柏拉图在《斐多篇》中以令人惊诧的简略描述写出的苏格拉底生命那最后时刻,令人很难理解……这个天才的丑人早就知道了一些不为常人所知的东西……眼看着盛满毒液的苦杯,要想说出轻松而不轻率的话,情何以堪!……在那最后的时刻,他身边甚至最庄重的人们都哭了起来,有的人甚至忍不住离开了。而苏格拉底却十分平静和认真地发起议论来:'当心脏变僵硬了的时候,人就到了最后的时刻,如此而已。'"③

"多么令人生畏的人!理智的冷静和颓废派的激昂情感在他身上融汇成一种伟大的、令人惊异的、极其吸引人的,甚至是雄伟的和悲剧性的东西,但同时也汇聚成一种可笑的、喜剧性的、轻率

---

① Лосев А Ф, История античной эстетики: Ранняя классика. М. : Ладомир, 1994, с. 79–80.

② Лосев А Ф, История античной эстетики: Ранняя классика. М. : Ладомир, 1994, с. 82.

③ Лосев А Ф, История античной эстетики: Ранняя классика. М. : Ладомир, 1994, с. 82.

的、飘浮不定的和智者的东西。"①

"苏格拉底——他可能是整个希腊哲学史上最激动人心、最令人不安的问题。"②

在洛谢夫的希腊文化研究著述中,诸如此类的文化肖像化塑型很多,成为一种真正的艺术,令人叹为观止。这种研究方法的运用,除前面提到的优越性以外,还极大地丰富了对希腊哲学家的个性化研究,增加了对那个遥远时代文化的实感。

## 三、象征主义

洛谢夫在建构自己的文化哲学研究概念体系时,将象征主义置于十分重要的地位。在洛谢夫看来,全世界的文化语言都永远要使用这个术语,千方百计地保存它,尽管可以找到几十个似乎完全可以取代它的其他术语。数学中也有"象征";在政治中……也说"象征的行动"。③ 就研究的理论意义而言,哲学家认为象征有一种更具世界意义的价值,即它"是摆脱使西欧文化传统陷入错综复杂的诸多矛盾的唯一途径"④。这是因为,"只有象征主义能够使现象从主观主义的幻想主义和将物质盲目神化中摆脱出来,确证它的本体论现实……并确证象征主义的包罗万象含义和无法归

① Лосев А Ф, История античной эстетики: Ранняя классика. М.: Ладомир, 1994, с. 82.

② Лосев А Ф, История античной эстетики: Ранняя классика. М.: Ладомир, 1994, с. 82.

③ Лосев А Ф, Проблема символа и реалистическое искусство. М.: Искусство, 1976, с. 4.

④ Тахо-Годи А А, Тахо-Годи Е А, Алексей Федорович Лосев. М.: РОССПЭН, 2009, с. 26.

类的现实要素"①。从这段话可以看出,象征主义在洛谢夫的文化哲学中何其重要。他认为,为了避免其他文化形态研究的弊端,从全局上把握文化现象的本质,只有借助于象征主义的研究方法。诚然,他的思想有极强的针对性,不赞同西欧一些理论家的观点和研究方法。洛谢夫直接批评了文化形态学的奠基人施本格勒(Spengler),认为他的研究理念中缺少有自觉意识的辩证法,尽管十分清晰地表明了每一种文化的独特性和其个别的无法归类性,但过分强调了人类世界历史文化的互相隔离,没有把人类文化视为一个整体,未能通过哲学、历史和逻辑的研究揭示构成希腊文化所有基础的先验联系。在洛谢夫的观念中,只有借助于象征主义和辩证法才能够展现各种文化结构的范畴的统一,才能够昭示每一种文化在整个文化所共有的某些范畴的组合和重心体系中与另一种文化相区别的独特性。而黑格尔所进行的才是历史哲学的辩证研究。在他的《精神现象学》中,实现了启蒙主义文化人类学和历史主义与绝对自行运动的辩证神话的综合。

至于象征主义的研究方法,洛谢夫在建构自己的理论时,批判性地吸收了黑格尔和康德(Kant)等西方哲学家的一些理念,尤其得益于康德学说的思辨 - 辩证法,后者成为这位俄国哲学家文化哲学研究的主导方法。依照洛谢夫的观念,康德理论建树的突出成就在于,他发现了想象的象征功能(更具体而言,是想象和理性的能力的自由游戏)实质上能够把可见世界与不可见世界——亦即物质事实的世界与精神意义的世界——联系起来。为了解决与"绝对"直接"接触"的问题,用象征主义来代表不可见世界的方法便成为康德体系中必不可少的环节。可以认为,康德把文化作为象征的现实来研究,其主旨之一是为了把"绝对"在此在世界完美

①　Лосев А Ф, Бытие, Имя, Космос. М. : Мысль, 1993, с. 700.

地体现出来。① 在把文化作为象征的现实来研究这一方面,康德给予了洛谢夫很多启迪,正是在此基础上这位俄罗斯哲学家建构起自己文化象征主义研究的完整独立体系。

到了晚年,洛谢夫把自己的象征主义研究明确地归纳为五个论题。

其一,象征是现实的从属现象。象征是现实的反映,或者说得更概括一些,是现实的功能,借助这种功能,象征能够把距离或近或远并能进入无限多样结构联合的无穷多成分包含于自身。

其二,象征是现实的意义,但不仅是现实的功能或反映,也不是某种随便的反映(机械的、物理的等),而是揭示被反映物的意义的反映。并且,这种反映在人的意识中是完全独特的和无法归并为被反映物的。但这种无法归并为被反映物的特性并不是与后者的脱离,而相反,是进入了被反映物的深处,这种深度是外在感官的复现所不可及的。

其三,象征是对现实的诠释。由于象征是人意识中的现实的反映,且这种意识是完全独有的,象征也就不是现实的机械复现,而是对现实的独特加工,即对现实的这样或那样的理解,抑或这样或那样的诠释。

其四,象征是现实语言符号的概念的内容化。由于象征是现实在意识中的反映,它应该用这样或那样的符号来表示现实。所以现实的象征还永远是现实的符号。为了在意识中反映现实,应该以某种方式再现它。而现实的任何再现,如果与现实完全相同,那么就应该借助符号来表达。现实本身则应该是某种符号的表示。

---

① 参阅 Тахо-Годи А А, Тахо-Годи Е А, Алексей Федорович Лосев. М.：РОССПЭН, 2009, с. 25.

其五,象征是现实的改造。象征是现实的反映和符号标识。但现实永远处在运动之中,创造性地生长和发展。因此,象征是作为永久的改变和创造而建构的。缺少现实的和有效的象征的体系,现实对于我们就依然会是某种不可认识的领域。因此,象征的理论只是认识一般理论的个别表达,它从生动的观照走向抽象的思维并进而走向实践。现实和生动的象征的最好和最简单例证是苏联国徽上的镰刀和锤子。但这是象征的极端概括,与其相比,还可能有无限多的其他象征,它们所揭示的是象征化的不同程度,直至通常文艺学或这个词一般化意义的象征。①

最后,洛谢夫对自己的象征理论做了一个总结:"第一是生动的观照,第二是抽象思维,第三是实践。这就是我对您所说的关于现实、对它的认识与改造和关于象征的一切的意义。哲学史教给我们的抽象思维,我们应将其视为对某种现实生动观照的独特象征(好的或者坏的)。抽象思维本身应该成为人真实实践的象征,没有这种实践,抽象思维是不完满的。"②

洛谢夫在其一生的研究中,不仅从理论上对象征进行了有独创性的阐释,而且对科学、哲学、艺术、神话、宗教、自然和社会、人的表情、思想和动机及外在技术等诸多领域的象征进行了辩证的分类研究,他的著作《象征问题和现实主义艺术》堪称典范。

# 四、神话哲学

何谓神话? 洛谢夫在《希腊美学史》中说过这样一段话:"神

---

① 这五个论题参见 Лосев А Ф, Дерзание духа. М.: Политиздат, 1988, c. 214 –215.

② Лосев А Ф, Дерзание духа. М.: Политиздат, 1988, c. 218.

话是理想和现实的同一,似乎两者是不可分的……整个希腊美学即是神话学,而且神话学是关于存在的深思熟虑的学说;当审美表现的客体有别于表现它的主体但与其实质相符合时,它还是深思熟虑的哲学。"①

　　这段话可以说是洛谢夫对希腊神话、美学和哲学研究的高度概括性结论,体现了哲学家神话研究的辩证思想。我们在这里主要探讨一下洛谢夫对神话作为文化现象的哲学概念及一些相关的理念。可以说,《神话辩证法》集中地体现出哲学家神话研究的理论精粹。有的学者甚至断言:"整个 А. Ф. 洛谢夫的哲学都是在神话辩证法的标志下展开的。"②这个说法得到了一些人的肯定和赞同,因为神话和神话学在洛谢夫的文化哲学研究中确实占有一席特殊的地位,在这位哲学家的观念中,"哲学始于神话,终于神话。但最初神话是盲目的,是生命的直觉和力量,最终它成为理想显现的精神意义的系统"③。俄罗斯学界认为,这位哲学家对神话哲学研究方面的贡献在俄罗斯哲学家中无人能比。洛谢夫与许多研究者不同,并不认为神话是前科学思维的表现,而认为当今时代依然固有神话意识。对一种思想的盲目崇拜或将其神话化,使许多民族在遵照神话创造的规律而生活。洛谢夫给自己提出的任务是仅仅依据神话意识所提供的材料来实质性地揭示神话的概念。有人

　　①　Лосев А Ф, История античной эстетики: Итоги тысячелетнего развития в 2-х кн. : кн. 1. Харьков : Фолио, 2000, с. 513.

　　②　Алексей П В, Философы России XIX – XX столетий: Биографии, идеи, труды, в Карабущенко П А, Подвойский Л Я, Философия и элитология культуры Л. Ф. Лосева. М. : Литературная учеба, 2007, с. 87.

　　③　Яковенко Б В, История русской философии. М. : Республика, 2003, с. 408.

将他的神话观概括为十四个方面。

第一，神话不是臆造和假象，不是幻想的杜撰，而是最鲜明和最真正的现实。这是思想和生活的完全必需的范畴，远离任何偶然性和个人意愿。

第二，神话并非理想的存在，神话是生活本身，是在生活中感觉到和创造出来的物质现实。

第三，神话不是科学的，尤其不是简单科学的体系，而是生动的主客体的相互联系。这种联系包括其自身科学以外的纯神话的真实性、准确性和原则的规律性及结构。

第四，神话不是形而上学的理论，神话是现实的、物质的和感性创造的现实，后者同时是与现象通常进程相隔绝的。这种隔绝可能有不同的等级、层次和程度。

第五，神话既不是图示，也不是寓喻。神话从来不仅仅是图示或寓喻，但首先永远是象征，并且作为象征，它能够涵括图示的、寓喻的和复杂化象征的层面。

第六，神话不是诗歌作品。诗歌有许多与神话共性的东西，但诗歌完全不需要神话，神话也完全可以不用以诗的形式存在。不借助诗歌这种表达手段，神话形象也可以建构。

第七，神话是个性鲜明的形式。神话是个性的存在，或更确切地说，是个性存在的形象，是个性鲜明的形式和个性的面貌。个性是神话并不是因为它是个性，而是因为它是从神话意识的观点理解和形成的。

第八，神话不是专门的宗教创造物。宗教和神话都靠个性自我确证而存在。如果说宗教是个性在永恒存在中的实体性自我确证，那么，神话则不是实体性确证，更不是永恒的确证。对于真正的神话，神话本身绝不应该是完全宗教的，神话不能归为宗教，因为它是比宗教更广的范畴。

洛谢夫文化哲学的五个论题

第九，神话不是教条。教条是宗教思想内容的记录，宗教没有教条是不可能存在的（正如不可能没有神话）；而如果神话不是宗教，那它也就不是教条。神话在任何意义上都不是某种内省，而教条永远是内省的，正因为如此，宗教和神话在发展阶段上是不相同的。例如：最早的基督徒精神寄托是神话，而不是教条。教条是神话成熟认识的最初原则。神话永远是历史的，而教条是超历史的，它不过是作为绝对和永恒的一定真理的确证。总而言之，神话不是教条，而是历史，它是历史赋予的个性存在。

第十，神话不是历史事件本身。神话的历史性并不表明神话隶属于经验的历史，不能将其归为某个历史事件。洛谢夫提出了对神话历史性诠释的独特理念。他把历史过程分为三个层面。第一个层面是"自然－物质"的层面，即事件和事实本身。对于洛谢夫而言，这只是原始材料，还无资格被称为历史。第二个层面是理解的事实，即对能够提供建构历史概念和模式的事实的概括。这里所说的事实应该是意识中的事实。上面所说的第一个层面是非神话的，而第二个层面在为神话提供事实材料时，类似于舞台，神话的历史即可在这里展开。第三个层面是历史过程终结的层面，这是被人们意识到的自己的历史，即历史是自己意识的对象。在第三个层面上，历史是自我意识，还是自我意识的事实的历史，是有意识地表现的事实的创造。而创造性和积极表现出来的自我意识正是语言，后者是个性自我组织的工具，是其历史存在的形式，可以说，历史过程只有在这里才达到了结构的完整。

那么，历史与神话的三个层面的关系究竟如何呢？洛谢夫得出了一个结论：表达事实的语言是神话意识发挥作用的真正舞台，并且，没有语言，神话永远也不可能潜入人个性的深处。神话不是历史事件本身，但它永远是语言，其中，历史事件上升到自我意识的层级。总之，神话是语言中给定个性的历史。

第十一，神话是奇迹。洛谢夫对奇迹有自己的独特概念，认为奇迹永远是对个性的评价并为个性存在，当经验的个性与其理想的任务相一致时，便出现了奇迹。神话适宜于任何事物，所以，整个世界和它的组成部分、有生命和无生命的一切同样是神话，同样是奇迹。

第十二，从奇迹概念的观点来评论神话的所有辩证因素。奇迹是神话意识赖以存在的绝对必不可少的辩证综合，没有奇迹便没有神话。个性、历史和语言这三者是神话内部的辩证三位一体，这是神话自身的结构。

第十三，最终的辩证公式。为了强调奇迹这一概念在揭示神话内容方面的作用，洛谢夫指出：如果说在引入奇迹的概念之前神话被定义为语言中的给定个性的历史，那么现在可以说，神话是语言中给定奇迹的个性的历史。这就是哲学家的展开了的"最终公式"。但洛谢夫对这个公式并不完全满意，他想找到一个语言中的范畴，使其能够涵括个性、历史、奇迹和语言这四个成分。最后，哲学家想出来一个新的公式——"神话是展开了的魔法名称"。这就是洛谢夫对神话概念的现象学－辩证法的揭示。然而，他觉得还应对这种研究做一点补充，即绝对神话与相对神话的对立，于是，出现了下面的题目。

第十四，向现实神话的过渡和绝对神话的理念。这里所说的"绝对神话"，洛谢夫所指的是作为唯一可能的世界图景的存在、其任何原则都不能受到丝毫损害的神话。仔细研究哲学家的这个概念便会发现，这里含有神学意义，如他所说："绝对神话永远是教会

意义的宗教。"①

综上所述,洛谢夫的神话观从文化哲学的角度而论,可以概括出如下独到见解:神话是"个性的有力自我确证",是"个性的形象"、"个性的面貌",是"语言中给定的个性的历史",并且,有神话的地方,就充满了奇迹,而整个世界都是奇迹和神话。可以看出,这种对神话的研究和理解是一种人格主义的学说,它关系到人精神的完善,还涉及人与绝对的联系。俄罗斯学界甚至认为,洛谢夫关于个性的哲学与 20 世纪的人格主义哲学间有着极为密切的联系,值得进行专门的深入探讨。

## 五、宗教哲学

早在 1911 年,洛谢夫就试图在哲学层面上概括出自己的世界观原则,即把科学、宗教、哲学、艺术和道德结成一体的原则。他认为,只有从至高综合的立场,从某种完整的知识的立场,才能研究任何生活现象。这实际上就是索洛维约夫的"大一统"的思想。他的这种理念可见于《作为幸福和知识的至高综合》一书。在洛谢夫的这种"至高的综合"中,宗教显然占有一席殊为重要的地位。他称自己为"智慧的颂扬者",不仅仅是在科学中,而且还在宗教中,知识和信仰在他这里是统一的。并且,洛谢夫还认为,"对存在的奥秘和深层的宗教感觉是哲学发展的首要和必需的条件"②。这位

① 以上十四种神话观参见 Карабущенко П Л, Подвойский Л Я, Философия и элитология культуры А. Ф. Лосева. М.：Литературная учеба, 2007, с. 97 – 106.

② Лосев А Ф, Очерки античного символизма и мифологии, 转引自 Тахо-Годи А А, Тахо-Годи Е А, Алексей Федорович Лосев. М.：РОССПЭН, 2009, с. 176.

伟大的哲学家甚至用宗教的观念来诠释世界的发展和变化,他有一段名言:"宗教是……世界的创造性变容,它是由牺牲得到的拯救和实现,是以生命和苦修获取的与神奥秘的交往。这就是宗教与哲学的区别。哲学不是在肉体和鲜血的生命苦修中与神奥秘的相遇,而是在创造性发展的概念中的相遇。"①一些洛谢夫的研究者很赞同这种观点,因为他们认为,"俄罗斯社会文化发展的特点决定了俄罗斯哲学的独特性,即它是在宗教世界观的框架内形成的"②。这与古罗斯通过信奉基督教的拜占庭而接受希腊文化和科学真理有直接的关系。古罗斯的文化是在极端的条件下发展的,这在社会制度的形成、无法律权利和对个人生命价值的蔑视等方面都有体现。正因为如此,占据俄罗斯哲学中心位置的突出特征就是对精神性和真正的爱的问题的思考,而这一切使哲学家们自然而然地转向了对宗教哲学的探讨。

洛谢夫在总结俄国哲学与西方哲学的理性主义的区别时指出,俄罗斯哲学信仰形而上学和神的逻各斯,其中主要的是客观的神的因素,因此,站在认识真理顶端的不是学者和哲学家,而是圣徒。正因为如此,这位哲学家对东正教哲学在俄国的形成和发展极为关注,将其分为四个阶段。

第一阶段相当于 Г. С. 斯科沃罗达(Г. С. Сковорода)创作的时期。这位哲学家已经接近了真正的逻各斯,但还没有深入到其本质中去。对于人精神的问题,这位乌克兰的苏格拉底认定:人是一个小宇宙,心脏是认识的工具,人通过心脏认识自己,在认识到

---

① Тахо-Годи А А, Тахо-Годи Е А, Алексей Федорович Лосев. М.: РОССПЭН, 2009, с. 176.

② Карабущенко П Л, Подвойский Л Я, Философия и элитология культуры А. Ф. Лосева. М.: Литературная учеба, 2007, с. 47.

洛谢夫文化哲学的五个论题

自己的双重本性的同时,潜入上帝的真正观念之中,由此掌握精神生活的内在因素。正是这位 Г. С. 斯科沃罗达首先提出了精神性和儿童沿着"精神完整性"之路发展必要性的问题。他所采用的是道德的、基督教的思维方式,成功地避免了伏尔泰主义和神秘主义的影响。

第二阶段为对俄罗斯固有思维达到深度认识的时期,其开拓者是著名的斯拉夫派。他们运用了有机的和历史的方法,首次把俄罗斯的民族精神同宗教经验结合起来,将他们所处的时代与古代民族的浪漫主义理想化相等同。正因为他们的思想有古代民族精神的依托,所以它拥有一种坚不可摧的可靠性和稳健性。洛谢夫认为,正是斯拉夫派发现了东正教的真理,揭示出东正教的这种特殊文化类型,确证了俄罗斯民族的东正教自我意识。尤其值得注意的是,这位哲学家指出:斯拉夫派的认识论是以对黑格尔哲学缺点的揭示为基础的。这里所说的缺点,指的是黑格尔的哲学是在信仰之外发展的,所以,它把活生生的存在与概念等同起来,其结果必然是抽象的唯心主义转换成为辩证唯物主义。而 А. С. 霍米亚科夫( А. С. Хомяков ) 在教会的交往和爱中找到了认识的准则。他认为爱的法则是全世界至高的最完善的法则,它扩大了思想的视野并获取了对真理的认识,但对真理的把握只能靠由爱联结起来的思维的总体。洛谢夫认为,这里蕴含着东正教的独具特点——在爱中的交往,即以生活为基础的聚和性。斯拉夫派依凭信仰的学说认识到了东正教的特殊之处,这使俄罗斯哲学建立在信仰的观念上,并融入了知识的一些因素。概括地说,斯拉夫派的认识论是完整精神认识论。洛谢夫援引 А. С. 霍米亚科夫的话作为斯拉夫派最基本的哲学公设:"教会不是权威,正如上帝不是权威一样;基督也不是权威,因为权威对于我们是某种外在的东西……基督教本身不是别的什么,而是基督中的自由。"①

第三阶段为以索洛维约夫及其弟子和追随者为主的创作时期。这些哲学家与斯拉夫派不同,对逻各斯理解的立场完全相异。索洛维约夫被洛谢夫视为神秘主义者和诗人,是具有俄罗斯启示精神世界观的哲学家。在他的哲学理论中占主要地位的是精神物质性的思想。与斯拉夫派不同,他确证了对上帝物质性的信仰。在论证这一学说时,这位哲学家用神人的牺牲来消除恶,试图对资本主义在社会上迅速发展所产生的恶的问题做出诠释,其结论自然是:恶破坏了世界的机体,使其处在分裂利己的状态。②

而第四阶段是由 С. Н. 布尔加科夫(С. Н. Булгаков)和 Н. А. 别尔嘉耶夫(Н. А. Бердяев)开启的。洛谢夫对这些宗教哲学家的评价很高,认为他们把斯拉夫派和索洛维约夫的诺斯替教宗教观和辩证法联结起来了。Н. А. 别尔嘉耶夫对世界的认识是基于对创造活动的理解,他正是从这种观念出发来研究国家、家庭、婚姻、艺术等领域的社会成规。

总体而论,俄罗斯的宗教哲学的成熟和发展,如前所述,始终处在与从西欧,大部分是从德国哲学传统而来的理性主义和无神论的碰撞中。时至 20 世纪,俄罗斯的思想进入了唯物主义的框架中,开始采用哲学研究的辩证的方法。无神论对哲学理论的发展产生了巨大的影响。洛谢夫对俄罗斯宗教哲学的分析到这两位哲学家为止。而实际上,俄罗斯学界认为,洛谢夫本人也应该进入那些在俄罗斯的艰难时刻试图为俄罗斯哲学保存自己的宗教哲学传

① Карабущенко П Л, Подвойский Л Я, Философия и элитология культуры А. Ф. Лосева. М. : Литературная учеба, 2007, с. 46.

② Карабущенко П Л, Подвойский Л Я, Философия и элитология культуры А. Ф. Лосева. М. : Литературная учеба, 2007, с. 49.

统的思想家的行列。

最后,当代俄罗斯学界认为,还应特别指出洛谢夫宗教哲学的一个突出特点,即他试图把绝对的哲学神学原理作为我们世界的完善和善与爱的主导思想来论证。①而在这种研究中触及了精英学的问题。众所周知,精英的世界从本质上来说最接近绝对并反映它完善的本质,并且,精英的特点有时在我们的世界中可能以最不可思议的方式表现出来,要认识和了解其存在是很不容易的,必须通过多次接触并成为其一员时方有可能。

作为一位宗教哲学家,洛谢夫的思想在他的著作《名称哲学》中得到了最充分的揭示,他所依据的是关于上帝和力量、其荷载者的本质的学说。这一学说与否定神学相一致,认为神的本质是不

---

① Карабущенко П Л, Подвойский Л Я, Философия и элитология культуры А. Ф. Лосева. М.: Литературная учеба, 2007, с. 50.

可认识的,但它可以通过自己的力量宣布出来。这个学说在赞名派①的宗教理念中有所表现。

## 结语

　　洛谢夫的文化哲学研究领域十分广阔,以上只对其中的一些方面做了极其简略的概述。但从中我们依然可以看出这位伟大哲学家学术思想和研究方法的一些突出特征。他的文化哲学思想具有罕见的多维性和综合性,他的学说中共存着各种倾向、思想和方法,这里所提及的只是微不足道的"巨大哲学交响曲"的几个音符和和弦。А. А. 塔霍－戈吉(А. А. Тахо-Годи)把洛谢夫的哲学称

---

　　① 所谓赞名派,指的是 20 世纪初期东正教神学的一个学说和流派,大圣衣修士伊拉里昂的著作《在高加索的山上·两位苦行修士长老就通过向耶稣基督的祈祷达到与救主内心一致问题的交谈,或现代独居修士的宗教生活》奠定了这一神秘主义学说的基础。这部著作在 20 世纪初期曾多次再版。它描述了信徒在诵读耶稣祷文时的神秘主义体验和特殊状态。耶稣祷文的主要特征是多次提到耶稣的名字。它起源于宁静主义,被视为与上帝的生动交谈,在做这种祈祷时似乎能够感觉到上帝就在身边。用伊拉里昂的话来说,"在上帝的名字中就有上帝本身的存在"。20 世纪初期,这种思想在希腊阿封山的俄罗斯东正教会的修道院中传播得十分广泛。正统神学认为,上帝的名字即是上帝本身,但上帝本身并不是上帝的名字,也不是任何名字,赞名派对上帝名字的过分崇拜,实际上降低了上帝名字的神秘主义意义。俄罗斯东正教至圣主教公会主要从行政的立场批判了赞名派,将其视为异端,把这些修士的行为视为造反。阿封山上的赞名派被遣散到各修道院。但赞名派依旧维护他们的信念,并且他们的思想得到了许多大宗教思想家的支持,后者对他们的思想进行了整理和概括。可以认为,赞名派的思想成为 П. А. 弗洛连斯基、С. Н. 布尔加科夫和 А. Ф. 洛谢夫的"名称哲学"的根基。俄罗斯学界认为,赞名派在俄罗斯精神文化史上起了重要作用,为"名称哲学"奠定了神学基础。

为"高度综合的哲学"①。他的哲学思想远不像俄罗斯学界有的评论者所认为的那样，只是柏拉图主义，或只是客观唯心主义哲学，他的一系列理论对 20 世纪的现代哲学有重要的引领和启迪作用。例如，洛谢夫的现象学理论颇为值得注意。他认为，观念和物质、本质和现象不是单独存在的，不仅是存在决定意识，意识也决定存在，思想使物质具有精神性，物质是精神的具体体现。这与现象学对世界的认识是相通的，最终的目的都是精确地描述意识活动和意识对象的本质。与胡塞尔不同的是，洛谢夫在对现象进行直观的同时，不局限于对现象的直观把握，而更重视个性的偶然的现象之间的联系、物质与精神的联系和相互作用。这里不能不提到的是他的思辨 – 辩证思想和研究方法，因为这对于俄罗斯固有思维方式尤其珍贵。辩证的方法在洛谢夫的毕生学术研究中一以贯之。诸如，在对文化概念的哲学阐释方面，他特别强调文化各个层面和领域的个性与共性的辩证关系，指出共性不能脱离唯一，并且是唯一产生的规律，唯一也不能脱离共性，而永远是共性的某种表现和存在。在研究俄罗斯文化和西方文化的特点时，洛谢夫也强调辩证思维和方法的重要性，不赞成过分强调人类世界历史和文化的互相隔离的理论，而主张将其视为一个整体。并且洛谢夫认为，只有借助于辩证法和象征主义才能展现各种文化结构的范畴的统一，昭示每一种文化在整个文化中与其他文化的共性特征和独具个性。这位哲学家在指出俄罗斯直觉主义与神秘主义哲学的独特性的同时，特别强调它的形成和发展离不开西方哲学思想的冲击，指出俄罗斯哲学正是在与西方理性哲学的碰撞中得以不断提升的。这种辩证的思维方式使哲学家远离各种绝对化的片面结

---

① Тахо-Годи А А, Тахо-Годи Е А, Алексей Федорович Лосев. М. : РОССПЭН, 2009, с. 181.

论,也使他不局限于对现象的直观把握,在研究中把可见世界与不可见世界联系起来,从而把物质与精神间的联系和相互作用在更深的层次上揭示出来。

## 参考文献

［1］Карабущенко П Л, Подвойский Л Я. Философия и элитология культуры А. Ф. Лосева［М］. М.：Литературная учеба, 2007.

［2］Тахо-Годи А А, Тахо-Годи Е А. Алексей Федорович Лосев ［М］. М.：РОССПЭН, 2009.

［3］Лосев А Ф. Дерзание духа［М］. М.：Политиздат, 1988.

［4］Лосев А Ф. История античной эстетики：Ранняя классика ［М］. М.：Ладомир, 1994.

［5］Лосев А Ф. Проблема символа и реалистическое искусство ［М］. М.：Искусство, 1976.

［6］Лосев А Ф. Бытие, Имя, Космос［М］. М.：Мысль, 1993.

［7］Алексеев П В. Философы России XIX – XX столетий：Биографии, идеи, труды ［М］// Карабущенко П Л, Подвойский Л Я. Философия и элитология культуры А. Ф. Лосева. М.：Литературная учеба, 2007.

［8］Яковенко Б В. История русской философии［М］. М.：Республика, 2003.

［9］Лосев А Ф. Из ранних произведений ［М］. М.：Правда, 1990.

［10］Лосев А Ф. История античной эстетики：Итоги тысячелетнего развития в 2-х кн.：кн. 1. Харьков：Фолио, 2000.

洛谢夫文化哲学的五个论题

［11］金亚娜. 当代中国俄语名家学术文库·金亚娜集［M］. 哈尔滨:黑龙江大学出版社,2012.

# 阿维林采夫论古罗斯和拜占庭
# 精神文化的两种类型

## ——《另一个罗马》读书笔记

　　有一个史实众所周知，就是古罗斯的精神文化，主要是东正教信仰的宗教文化及其伴随文化，受到了拜占庭巨大的影响。无论是世界史还是俄国史的著述中，对此都有清楚的记载和描述。但对古罗斯和拜占庭各自固有何种精神文化（包括政治文化和社会文化）、古罗斯从拜占庭接受和摒弃了哪些文化元素、最终建构的精神文化特质如何，却鲜有史学家的系统论述。而这正是今天的研究者更为关注的问题。C. C. 阿维林采夫院士在《另一个罗马》这部讲稿和论文的选集中，对诸如此类问题的论说十分深刻而精彩，使笔者大受启迪，遂做了较为详细的读书笔记。不久前重读这些笔记，算是一种温习，果然又有新的收获，在一些方面加深了对大师思想的领悟。

　　C. C. 阿维林采夫这位百科全书式的俄罗斯科学院院士，对古希腊罗马文化的精深研究，在俄罗斯，除 A. Φ. 洛谢夫以外，可以说是无人比肩。许多苏联大百科全书之类工具书的最重要条目都是这位学者撰写的，诸如五卷集《哲学百科全书》，尤其是 1967—1970 年出版的第四卷和第五卷，其中的许多高难度重要条目都由 C. C. 阿维林采夫院士执笔，如"新约""接受新信仰""启示""格利高里·帕拉马""教父学""保罗书信""东正教""基督新教""索菲亚""救赎""命运""有神论""神权政治""神学"等。C. C. 阿维林采夫的知识之广博、深邃大大超过了语文学学者。有的俄罗斯研究者说,就与白银时代的密切联系和精神的契合、复杂而崇高的思维方式和难以企及的思想深度而言,C. C. 阿维林采夫令人想到П. A. 弗洛连斯基。他的许多哲学和宗教思想可以说颠覆了苏联知识分子的精神生活。苏联时期是不允许公开讲神学的,C. C. 阿维林采夫的许多哲学、宗教观点都与官方意识形态有根本性的分歧,这使他承受了巨大的精神压力。但他不想使自己祖国的精神文化面貌受到歪曲,始终坚持着自己的立场和信念。有人评论说,他为消除俄罗斯知识分子所处的社会的,甚至是存在主义的孤立状态,做出了巨大的贡献,他的作用犹如另一位俄罗斯的杰出学者Д. C. 利哈乔夫。

《另一个罗马》这部文集收入了 C. C. 阿维林采夫院士有关历史诗学方面的概论和讲稿,题目都与他的著作《早期拜占庭文学诗学》有内在的联系。作者的思想由文学问题过渡到了宗教领域,无论他所研究的是诗学的哪一方面,最终都会探寻到对诗学渊源的文化模式评价的途径。他敏锐地倾听着历史的各种声音,将每一种声音不可重复的独有音调准确地传达给读者。例如,基督教提出了上帝无可超越的价值观,但是,《圣经·新约》里又说:"天国又好像买卖人寻找好珠子,遇见一颗重价的珠子,就去变卖他一切所有的,买了这颗珠子。"(《马太福音》,第 13 章,第 45—46 节)若是没有 C. C. 阿维林采夫的提示,对这段话很难做出正确的理解。人们会提出疑问:为什么在说到上帝所在的天国时,提到首位的却是物质的价值,这不是商人追求的理想吗? 对此,C. C. 阿维林采夫做出了诠释:圣经中之所以用了珍珠的比喻,是因为珍珠的价值无可超越,任何其他价值与其都无可比性。《圣经·新约》中采用了这个说法,就是要把人们的注意力集中到至高的价值这一点上。C. C. 阿维林采夫还发现了一些《圣经·新约》同古希腊伦理价值观的对立之处,例如,当耶稣哭泣时,苏格拉底却在笑。自杀和自愿的死亡在古希腊的观念中是可以接受的,而依照《圣经·新约》的意识是不可以接受的。这位学者从对《圣经·新约》的类似研读中得出了一个结论——古希腊的理想对《圣经·新约》的内容和诗学并未产生重要影响。

1988年,在纪念古罗斯接受基督教信仰一千年时,苏联的执政当局对宗教的态度发生了重大变化。基辅、莫斯科和圣彼得堡分别召开了三次前所未有的众多世俗学者和神学院教授参加的东正教研讨会。С.С.阿维林采夫在会上讲授了基督教的相关知识,他的学识和理论受到了与会者的一致充分肯定。他被公认为是基督教的大思想家,他的一些立论具有极其重要的价值。尤其引人注意的是,С.С.阿维林采夫院士首次指出,正是基督教发现了"个性"这个概念,而这一概念的形成与教会的圣三位一体的学说密切相关,基督教的概念进入文化之中都经过了一条漫长之路。这里须特别指出的是,虽然阿维林采夫有极强的宗教感,其宗教哲学思想异常深邃,但他绝不是宗教的宣传者,而是一位全神贯注致力于研究的大学者,他在按自己的价值体系对史实和信仰进行诠释时,从来不做任何歪曲。

在《拜占庭和古罗斯——精神文化的两种类型》这篇专论中,С.С.阿维林采夫从神圣大国的遗产和法与仁慈两个视角阐述了拜占庭和古罗斯的两种不同文化类型。

# 一、神圣大国的遗产

很值得注意的是文章的前面有一段题词,引用的是宗教思想家和历史学家Г.П.费陀多夫的一段话,意思是:没有比民族特性更艰难的问题了,但外国人却很容易直观地感觉到。不过,对本民族人而言,尤其是那些有深入和复杂的民族生活经验的人,那些外国人的认识都是十分粗浅的。C. C. 阿维林采夫之所以引用了这段话,是认为这些话特别有道理。实际上,要说清楚这个问题,无论是从精神方面,还是道德方面,都是十分困难的。不过,我们必须承认,这位院士对拜占庭的研究确实十分精深。读他的论著,可以说是我们了解拜占庭的捷径。他对拜占庭的历史和精神文化做了系统而简括的梳理,为我们展现出这个古代强国精神文化的独具特征和国家兴衰的历史图景。

从 4—6 世纪东罗马帝国形成到 1453 年 5 月 29 日土耳其奥斯曼帝国将其毁灭,这个国家经历了千年的历史。依照《圣经》的文本,在上帝那里,一千年就是一天。但文化史家没有上帝的透镜,不能和上帝相比,而必须由表及里地仔仔细细研究千年文化的各个层面及发展、演变的过程。这种研究谈何容易?! C. C. 阿维林采夫院士提醒说,尽管已经有史学家研究的大量成果和资料,当今的研究者还是不能主观臆断,"严防视错觉",避免错误地理解研究者多年积累的史料引文。

C. C. 阿维林采夫认为,对欧洲而言,拜占庭是完全不可企及的政权的典范。在这一民族的自我意识中,拜占庭在世界上不仅是第一个,而且是唯一一个这样的国家,是无可比拟的。人们做出这样的结论是依凭了三个准则:第一,拜占庭是信奉东正教的国家,有基督教信仰;第二,拜占庭拥有国家和外交实践的高度文明化风格,并且有希腊类型的文学和哲学文化的补充;第三,拜占庭对信奉基督教的罗马帝国君士坦丁大帝有合法继承权。对于第三个准则,这位院士就其世界观基础及作用力做了特别的说明。依照史学家对历史的基督教诠释,形成了一种说法:基督的降生与奥古斯丁的统治正相吻合。罗马总督本丢·比拉多的名字进入了《圣经》,成了基督教信仰的象征。不过,本丢·比拉多在《圣经》中是把基督钉上十字架的刽子手,这种"荣誉"是可怕的。然而这却表明,对于普世的基督教信仰神圣历史而言,罗马作为世俗的国家是十分强大的。它在把地中海的文明联结起来以后,几乎成了一个世界。罗马当局当时一直在追逐那些基督教的早期传播者。公元476年西罗马帝国覆灭,其后东罗马帝国又继续存在了一千年。大约在东罗马帝国灭亡以后的一百年,西欧那些不赏识东罗马帝国的学者们,开始将其称为拜占庭帝国。这是一种"学术代号",意在表明东罗马帝国的"黑暗时代"与真正希腊、罗马精神之间的鸿沟。东罗马帝国的人从来不把自己称为拜占庭人,也不自称为希腊人,而称自己为罗马人。从国家继承性的角度而言,他们完全有这个权利,即使是他们的敌人也无法反对他们这样做。不过,在中、外文的史书上,都是把东罗马帝国称为拜占庭。

近代,国家思维的基本范畴有了很大的发展和变化。C. C. 阿维林采夫强调指出,研究者不能任凭自己的想象用王位和圣坛联盟的新欧洲思想偷换神圣强大国家的神学观念,并以此建构自己的理论。这两者是完全不同的。在近代欧洲世界中,神学思想已经从政治现实中消失了,宗教成为局部的事情。而宗教的本来意愿并非如此。在早期基督教(包括后来东正教和天主教沿袭的传统)的语言中,基督教的信徒是氏族,是上帝的子民,如同《圣经·旧约·创世纪》中的选民的具体含义。而在《圣经·新约》中,上帝的选民似乎是"从各族、各方、各民、各国中买了人来,叫他们归于神"(《圣经·新约·启示录》,第5章,第9节)。为了把整个人类联结成一个整体,"将只有一小群羊和一位牧长"(参见《圣约·新约·路加福音》,第12章,第32节;《圣经·新约·彼得前书》,第5章,第2—3节)。

后来,罗马帝国的疆域缩小了许多,最终几乎只剩下了君士坦丁堡。它既非欧洲城市,也不能称为亚洲城市,至少在土耳其人将其变为伊斯坦布尔之前是这样。可以说,它是欧亚大陆的首府。

在地中海地区只有一个同欧洲和亚洲紧密相连的地方,那就是博斯普鲁斯海峡、马尔马拉海和达达尼尔海峡地区。在特洛伊的城墙外,集中形成了古希腊历史的神话渊源,通过埃涅阿斯形成了罗马的神话历史,而通过罗马人又形成了欧洲的神话史,包括俄罗斯的神话史。希罗多德(Herodotos)已经明白了特洛伊之战是欧洲与亚洲的相会。正是在这里,东方的皇帝进入了欧洲,而欧洲的皇帝进入了亚洲。诸如,在这个地方,东方的皇帝薛西斯到了欧洲,而马其顿王亚历山大这位西方的皇帝却到了亚洲。在中世纪,虽然西欧的众多国家间有纷争,但信奉基督教的国家和民族,总体而论,还是一个整体。所有信奉基督教的国家和民族都遵从部分服从整体的准则。作为部分服从至高统一的保障,在中世纪确立了两个至高的职位——帝王和教皇。

在古罗斯,为了使普世教会的神学概念在自己的国土上扎根,将其引入了更加日常生活化的领域,同时又使其拥有值得称颂的未来。正是在这种宗教文化语境中形成了"神圣罗斯"的理念。与之相应的概念是"神圣罗斯的土地"。依照 C. C. 阿维林采夫的看法,"神圣罗斯"所涵盖的不仅仅是一个国家和民族,所表达的也不是一个民族的思想。神圣罗斯几乎是一个普世的概念,在其范围内至少装得下《圣经·旧约》中的伊甸园和《圣经·新约》中的巴勒斯坦。对此,Г. П. 费陀多夫在他的俄罗斯民间宗教文学的例证中做了十分精彩的描绘:

> 美好的太阳
> 在天堂照耀着
> 神圣罗斯的土地……
> 希律王派人
> 到神圣罗斯的大地上来……
> 童贞女沿神圣罗斯行走,

寻找着自己的儿子……

在 C.C. 阿维林采夫看来，如果把 Г. П. 费陀多夫的这些诗句视为俄罗斯人追慕伟大的种族癖好，那就未免太庸俗化了。这些诗句与种族的观念没有任何联系，所体现的也不是贴近神圣人物和神圣事件的希求。有这种欲望的倒是西方天主教，至少从中世纪开始是这样。恰恰相反，在俄罗斯人的观念中，对宗教圣礼过于随便的亲近是渎神的，而应对其持有距离的严肃态度。对此，俄国历史上的一些事件是最有力的证明。例如，大牧首尼康曾想在罗斯建一座新耶路撒冷城，他的这个企望受到了俄罗斯人的强烈反对。后者认为，这是对圣城的不敬，他们质问尼康：把圣城的名字移到另一个地方并玷污它，这样做合适吗？尼康还把伊斯特拉河更名为约旦河。从俄罗斯人的观点来看，这种做法是可怕的放肆，把一条普通的河圣化，无疑是使伊斯特拉河异化。神圣罗斯并没有地域性的局限，而有两个独具的特征：其一，在一定意义上它是整个世界，甚至连天堂都包括在内；其二，是以真正信仰为标志的世界。在著名的《古书颂诗》中，对沙皇的权力提出了唯一的根据——我们的沙皇是信仰基督教的沙皇：

> 古罗斯的沙皇位于所有的沙皇之首，
> 为什么他凌驾于所有的沙皇之上？
> 因为沙皇接受了信仰的洗礼，
> 开始信仰东正教，
> 信仰圣三位一体的神。

在信仰问题上，俄罗斯人的导师不是天主教徒，这一点有极其重要的意义。对天主教徒而言，教会组织的存在不受国家机构的干预，这是天主教的经验。而信奉东正教的拜占庭人却坚决主张教会和国家统治的完全不可分离。莫斯科大公瓦西里一世说，俄罗斯人有与拜占庭同样的教会,但是没有拜占庭那样的皇帝,东正教的唯一皇帝不是俄罗斯的。而君士坦丁堡的大牧首安东尼四世对他说:"对基督教徒而言,不可能只有教会而没有国家,因为教会和国家处在完全的统一之中,是不可分割的。"拜占庭大牧首的这一席话,对俄罗斯东正教的牧首产生了深远的影响。

　　一个十分重要的历史事实给俄罗斯提供了机遇。在莫斯科崛起之时,正值拜占庭日渐走向衰败。1453 年土耳其人攻陷了君士坦丁堡,而莫斯科于 1478 年吞并了大诺夫哥罗德的疆土,于 1480年终结了鞑靼人的统治。在这种形势下,东正教的中心从君士坦丁堡转移到莫斯科就成了历史的必然,没有其他选择。当时,莫斯科国家是世界上唯一以东正教为国教的国家。普斯科夫的长老菲洛费伊说:"两个罗马倒下了,第三个罗马挺立着,不可能有第四个罗马","整个基督教世界瓦解了,它落入我们国君统治的唯一王国之中。"

　　除了上述历史和宗教信仰方面的因素以外,地理环境也起着重要的作用。虽然基辅罗斯的疆域很大,领土处于明确的疆界之内,但这并没有妨碍它感到自己是与他国整体相连的一个部分,也没有成为古罗斯人与欧洲人皇室间通婚的障碍。在击败鞑靼人以后,罗斯成为更加强大的欧亚大国,它自身就是一个世界。"神圣罗斯"并非民族的概念,流传下来的《金帐汗国王子彼得的传说》就是一个鲜明的例证。彼得是金帐汗国的王子,早在鞑靼人统治古罗斯的时代就接受了东正教信仰,在罗斯托夫建造了教堂,用贴近东正教精神的言行感化了俄罗斯人。

　　而在对国家性的宗教理念方面,古罗斯与拜占庭之间有很大的差异。第一,罗马帝国不是起源于古代的宗法制,而是苏拉和恺撒之类将领个人权力的制度,它成熟于非常文明的时代,在共和制建立了几百年以后。非永久的王朝可能建立,也可能衰败,但是作为王朝道德意识事实的准则却没有形成，忠于皇帝的个人义务的观念也十分薄弱。在古罗马和拜占庭，国君可能轻而易举地被推翻，有时甚至在众人的嘲弄之下被杀死。但这并不意味在拜占庭人这里不存在任何神圣的东西。对拜占庭人而言，世界上最神圣的是帝国本身，它将政治、法律、文化和宗教的价值集于自身。所以，在拜占庭不可能产生库尔布斯基①这样的倒戈者。他投入蛮夷营垒，无声无息，谁也不会听他的，谁也不会反驳他。在拜占庭人的观念中，帝王的王位也同帝国一样神圣，占有这个王位的必须是最能干和最幸运的人，如果他是个篡权者，他就要有更大的本领和运气。而在俄罗斯的历史上，冒名顶替占领王位的现象颇具典型性，在俄国君主专制时代也很盛行。这与拜占庭的情形完全不同。在拜占庭，想要夺权的人，必须首先做出足够的业绩，凭业绩占据最高权位，完全没有必要冒用别人的名字。因为在拜占庭人的观念中，在政治方面上帝是赞成胜利者的，当然，这个胜利者不能是异教徒。拜占庭人世世代代永远忠于自己的国家，而对国君的忠诚要看他是否与国家的伟大相称。前面已提到，国君有时是当众被谋杀而死，拜占庭的史书中对此有十分客观、鲜明的描述。拜占庭人显然没有因这种事件而受良心谴责。他们不会明白普希金和皮敏的悲伤，而在他们身上正反映出俄罗斯心理的重要情调。

> 我们犯了罪，我们触怒了上帝：
> 我们竟把弑君者尊称为

---

① 库尔布斯基（Андрей Михайлович Курбский，1528—1583）是俄国公爵、大贵族、作家。他曾参加喀山远征，是国王重臣拉达成员，立窝尼亚战争的统帅。由于同伊凡四世处死的封建主过从甚密，担心被贬黜，于1564年逃往立陶宛。

自己的君王。

（А.С.普希金,《鲍里斯·戈都诺夫》）

　　С.С.阿维林采夫说,拜占庭人还不明白另外一件事:怎么能把鲍里斯和格列布(还有后来的皇子德米特里)归为圣徒呢? 他们并不是为信仰而死,不过是尘世日常生活秩序的牺牲品而已。须知,世界处在恶之中,难道无辜的牺牲者还少吗?! 不过,看待这个问题,不能脱离开古罗斯的宗教文化的特殊性。古罗斯人(不仅是古罗斯人)极富宗教敏感性。鲍里斯和格列布的牺牲,从这种信仰传统的观念来看,拥有意想不到的重大意义。如果说,俄罗斯的圣徒中有为信仰的受难者,那么,可以去问问最有学识和最信奉上帝的人,他们是谁? 谁也不会回忆起梁赞公罗曼·奥利戈维奇,虽然他因为在金帐汗国辱骂鞑靼人信仰的多神教而遭到五马分尸,也不会想到维亚迪奇人的启蒙者库克沙;但却可能毫不费力地想到米哈伊尔·切尔尼戈夫斯基,因为他是切尔尼戈夫、诺夫奇罗德的公和基辅大公。而鲍里斯和格列布则被俄罗斯人世世代代牢记着。在古罗斯人的观念中,正是在"殉教者"身上才能真正体现出国家地位的神圣。他们虽然没有任何为信仰而付出的行动和苦行,但却甘愿接受痛苦死亡的命运,他们的牺牲维护了国家的存在。

　　还有一个很简单的历史事实:俄罗斯的大公们都出自于一个统一的种族,而君士坦丁堡的王位却向任何一个冒险者敞开。重要的是,古罗斯的君主政体并未成为使俄国走出国境的出路,它产生于宗法制的关系。最后还应虑及拜占庭的理性思维方式与俄罗斯灵魂机制的不同。

　　在对国家性的宗教理念方面,拜占庭与古罗斯的第二个差别在于,信奉基督教的拜占庭是从多神教信仰者罗马那里承袭了政治制度。这使罗马人(即拜占庭人)没有可能用基督教的意识去接受君主专制的问题,这是清晰可见的历史事实。而俄罗斯的情况有所不同。

## 二、法与仁慈

在专论的第二部分"法与仁慈"中,C. A.阿维林采夫论述的是政权与宗教关系的类型及与之相关的暴力实践。

作者首先谈到了圣徒问题,因为这是政权与宗教关系体现的一个重要方面。圣徒体现着东正教的理想,基督耶稣是圣徒应追寻的榜样。基督教的神圣理想在任何民族的信仰中都必然要包含两个方面——严厉和仁慈。《圣经·新约》中的基督,并不像 M. A. 布尔加科夫在他的小说《大师和玛格丽特》中所写的约书亚那样,无论对谁都说"好人",他完全能看透那些恶人。《福音书》中的耶稣"温和而谦卑",宽宥了女罪人,他爱所有那些不被社会上层人士当作人的人们。这绝非勃洛克不知为什么称为的"女性幻影",也非同画家和文学家所描绘的那种软心肠。在《圣经·新约·约翰福音》第 2 章第 24—25 节中写道:"耶稣却不将自己交托他们,因为他知道万人;也用不着谁见证人怎样,因为他知道人心里所存的。"尼采在他后期的著作《敌基督》中写道:基督似乎是一种独特的心理学现象,其典型特征是不善于对任何人说"不"。令人不解的是,在这个基督新教牧师家庭的后代的意识中,《福音书》中基督的形象怎么会无影无踪了呢?我们必须得承认一个事实:在俄国不仅有安德烈·鲁布廖夫画的耶稣的慈祥的面容,还有十分严厉的、拷问的、愤怒的耶稣的面容,这在拜占庭和古罗斯较早期的圣像画中都可见到,诸如《救主的严厉目光》(«Спас Ярое Око»),令人望而生畏。其实,《福音书》的文本中也有这样的内容。

圣徒的情况也大体如此。神学家约翰的青年时代并不像近代欧洲绘画中所描绘的那么少女般多愁善感和富于幻想,基督并非没有缘由地给他和他的兄弟雅各"雷子"的绰号。(《圣经·新约·马可福音》第 3 章第 17 节中有一段关于耶稣论雅各兄弟的话:"还有西庇太的儿子雅各和雅各的兄弟约翰,又给这两个人起名叫半尼其,就是雷子的意思。")当雅各和约翰见到撒马利亚村庄里的人对耶稣不敬时,就祈求上帝降下天火烧这个村子(《圣经·新约·路加福音》,第 9 章,第 54—55 节)。就是这个约翰后来教导人们要有"完全的爱",它能"把惧怕除去"。(《圣经·新约·约翰一书》第 4 章第 18 节中的原话为:"爱既完全,就把惧怕除去。")还有一位约翰,也是圣徒,是 4—5 世纪的希腊传教士,因口才好而得名"金口约翰"(亦称"金言约翰")。他认为,有积极作用的仁慈高于奇迹。而与此同时,他又是一个最坚定的揭发者,为此他死在了流放中。从这些例子可以看出,在圣徒的问题上存在着一种二律背反:在一些情况下他们是严厉的,而在另一些情况下他们却很仁慈。

在 C. C. 阿维林采夫看来,西欧圣徒的神圣性面貌要更温和一些,这与那里文明程度的提升和野蛮程度的降低有关。社会生活的进步有其一定的轨迹,骑士比野蛮的先辈更文明,而中世纪后期文化时代的人还要更文明一些,他们不仅住在城堡里,而且已经住在了城市。只有在这种情况下才能出现阿西西的圣方济这样的人,它标志着西方宗教精神神圣性情感氛围深在特性的改变。13 世纪还没有"与时共进"(аджорнаменто)这个词(它是 1962 年教皇约翰二十三世提出的革新天主教的口号),但它所表示的现象已经非常鲜明地表现出自己的特征,即教会的外在形式应适应当前的需要。从那时开始,天主教会就形成一种以完全自觉和统一的行为来掌握文明的新形式,这些行为具有周期性的标志,造就了新时代天主教的历史。天主教会还继续进行"十字军东征"，圣方济不反对这些远征，传教士到埃及去远征就是一个很鲜明的例证。依照天主教的观念，与苏丹对话要比打仗更好一些。如果相信传说，圣方济还与狼交谈，并且效果比与苏丹谈的更好。但圣方济所做出的行为不仅体现出他个人的善良，而且还反映出文明的进步。他所主张的传教活动比十字军东征更实际，更适合未来的是传教士而不是十字军。

C. C. 阿维林采夫认为，十分重要的是，这里已经提出了神圣性与文明化社会性间的关系的问题，并且不是顺便的，而是在道德神学问题的理论水准上。这里存在着我们一直十分关注的问题，即两种文化不同精神类型的对比。对于西方基督教信仰者而言，法的根源是上帝本身，但它不是个人的，对所有的个人它都是中性的，正如牛顿的空间对所有的物体都是中性的一样。单个人是"堕落的"、有罪的，因此应不让他们互相损害，在每一个人的周围应该有一个由礼貌构成的距离的区域，而人与人之间的关系应该由契约来调整。当我们阅读天主教道德神学的著作时，不禁会感到惊讶——那里十分详细地说明了身边人保护个人隐私的权利的界限，以及个人存在领地的护墙。而在谈到这一切时，最常使用的重要术语就是契约，拉丁语的意思即合同。

实际上，关于"社会契约"的思想在卢梭和法国大革命的思想中就已经存在，在历史上留下了深刻的记忆。作为政权权力的根源，它源自于 16—17 世纪反对国王神权学说的耶稣会神父的专论。无怪，陀思妥耶夫斯基如此憎恶契约道德精神，他认为它根本不符合基督教的博爱，甚至令人想到《启示录》中第三位骑手手里拿着的天平。这个天平是吝啬称重的形象，所称的重量正如物自身，一点都不会多。

而天主教神学从成熟的中世纪经院哲学时代起，就始终坚定不移地教诲说,"公正的法律"是"自然法"。这种情况早已由亚里士多德和斯多亚学派提出来,这是在罪恶的世界中为达到"爱的律法"的上个层级所需要的下面的层级。如果没有契约,没有上帝允准的合同,怎么样才能挽救堕落的人,使他摆脱他人和自己的罪过? 在俄罗斯的政论文献中曾多次提到天主教的这种精神。

至于说到威严的圣徒和温和的圣徒,这在拜占庭的传统中是一个十分幼稚的问题,对拜占庭的圣徒不可能按情感的准则去分类。拜占庭精神性的氛围,首先取决于东正教共同的、被严格恪守的"清醒"的行为准则。其次,这一早已成熟的文明本身固有某种情感的淡漠。拜占庭人不可能不是十分聪明和知性的人,即使是当他们弃绝理智的时候亦如此。所以,按"威严"和"温和"对拜占庭的圣徒分类是不适宜的。

俄罗斯的情况有所不同。虽然俄罗斯东正教的神圣与拜占庭的神圣有着共同的前提,但它的情感色彩是另一种,它来自于这个年轻民族的敏锐感受力,并且有更多宗法制生活的印迹,禀有斯拉夫人敏感的独特格调。在俄罗斯,"温和"与"威严"这两种类型的对立并没有文明的间接作用,如同在西方这种作用愈益增强那样,也没有像拜占庭那样向"理智色彩"易位。温和与威严的神圣都表露得十分裸露和直接,这是在任何其他地方都不可能见到的。如果一个圣徒是威严的,那么他的这种威严会令信仰者的灵魂如孩童般恐惧和颤抖;而如果他是温和的,那么,他的温和是无限的,这可能更令人感到可怕。并且,这两种类型无法归入历史进程的接续性框架中,譬如说,哪一个历史时期哪一种类型占主要地位,而另一个时期变为了另一种类型。它们并不属于哪一个历史阶段,也不能互相取代,而是互相依存,缺一不可。这是作为"神圣罗斯"基础的统一二律背反的两个极,是对"神圣罗斯"的意识有决定性意义的基本概念。而在其背后有着十分严肃、令人困惑不解和尚未解决的问题。这个问题在俄罗斯的意识中和历史上起着很大的决定性作用。即使是不谈东正教传统，它的潜在作用依然存在。

这个问题由两个互相对立的极构成。

其一为：试图接受基督关于爱仇敌、不抵抗恶、不要与恶人作对、有人打你的右脸就把左脸也转过去由他打等圣训。依照这种不抵抗恶的精神，人被打的不仅仅是面颊，还有他的头。施暴者不仅不受反击，而且不受责备，被打者还要对他说"我亲爱的兄弟"。如我们所知，圣徒鲍里斯和格列布对杀害他们的凶手就是这样说的。此外，《圣经·新约》中的基督、首位殉道者圣斯特梵等例证都教诲人们如何为刽子手祈祷。鲍里斯和格列布在面对死亡时感受到一种狂热到流泪的欣喜，他们自愿地接受不抵抗的死亡命运，以避免由暴力引发的更大的灾难。他们从一开始就不是积极的行动者，而是忍受苦难的人。苦难正是他们自觉承担的事业，他们以无比庄重的仪式实现了这一事业。这种与英雄主义的苦难有别的、没有任何附加色彩的牺牲的观念具有一种特殊的力量。

虽然上面提到的俄罗斯的殉道者不能被称为通常意义上的为信仰而死的受难者，但是他们在圣传中被描写成不抵抗恶的受难者，他们为有罪的世界无辜地牺牲了自己的生命。这要求他们有特殊的温顺，甚至还要感觉到受难者完全不必有的软弱无力，他们都是满怀激情地信仰和布道的信徒。这里，俄罗斯的圣传延续了《圣经·旧约》中"谦卑靠主"的话题："我的心平稳安静，好像断过奶的孩子在他母亲的怀中；我的心在我里面真像断过奶的孩子。"（《圣经·旧约·诗篇》，第131章，第23节）殉道者的力量就在于他完全无能为力，在于他的孩童般的无辜与过失的结合。这正如《圣经·旧约·诗篇》中第38章的抒情主人公，口中没有揭露恶人的话语。如我们所知：鲍里斯和格列布不能也不想指责杀害自己的人；而首位殉道者圣斯特梵还为刽子手祈祷，不过，在此之前他还是揭露了他们。修士圣徒谢拉菲姆遭遇强盗以后，放下了斧头，恭恭敬敬地让他们打自己，虽然没有被打死，却从此终身残疾。如果说在希腊的圣徒传和西方的使徒行传中也有类似的情形，那么，在这里必须指出俄罗斯所具有的独特性——通过谢拉菲姆孩童般的、有些像圣愚的温和的具体面貌突出并加强了不反抗和牺牲精神。

其二为：威严的神圣性大多来自于被封圣的主教、教会的掌权者，而教会的权力与政权很难分开。政权令人恐惧，执掌教会权力的人有时也十分残忍，对人的惩罚异常严酷。例如，莫斯科第一任非君士坦丁堡任命的都主教约纳就是一个鲜明的例证。对于约纳任教职的合法性，有人提出了质疑，他就是修道院院长圣徒帕弗努季·鲍罗夫斯基。约纳不仅令人毒打了他，而且将他投入监狱。约纳在俄罗斯人的记忆中留下了严酷、可怖而不宽容的印象。

有一个俄语词"крутой"，表示的意思是俄罗斯式严酷的独具特征，所以，无法译成其他语言。西方也有狂热信徒的残酷性，诸如十字军东征的首领贝尔纳德·克列尔沃斯基，他比俄罗斯历史上严厉的圣徒更凶猛。但是，俄罗斯的约纳所具有的正是修士圣约熙福式的严酷，后者是俄罗斯宗教精神的同样典型的代表者。圣约熙福满怀着旧约传说的情绪，例如：先知如何出人意料地叫人殴打自己，而如果谁要拒绝这样做，就会有狮子吃了他。"有先知的一个门徒，奉耶和华的命对他的同伴说：'你打我吧！'那人不肯打他。他就对那人说：'你既不听从耶和华的话，你一离开我，必有狮子咬死你。'那人一离开他，果然遇见狮子，把他咬死了。"（《圣经·旧约·列王纪上》，第20章，第35—36节）圣约熙福深受这种旧约精神的影响，对异教徒和背叛信仰者惩处的主张十分严酷。他认为，对这些人不仅应该定罪，而且应该诅咒他们，沙皇、公和法官应对他们进行审判，将其投入监狱并绞死。但俄罗斯的这一类圣徒并不是在任何情况下都如此严酷，他们还有仁爱的一面，残酷和仁爱难以想象地集于一身。这位圣约熙福对儿童又满怀慈爱之心，供给无家可归的、挨饿的孩子饮食，成为他们的庇护者。依照C.C.阿维林采夫的看法，圣约熙福这两种情感是统一的，并不相矛盾。在他的意识中，社会的因素占有很重要的地位，他希望用人性的态度对待处于依从地位的人，这样做无论是在尘世还是末日审判时都是有益的。

对于理解俄罗斯，还有一点也很重要，即基里尔修道院的长老们与圣约熙福就斥责异教徒信函的争论。这些长老并非持有自由思想的人，不是主张容忍的思想家，而是理性无法认识的上帝的爱的先知。他们所教诲的不是"宽容"，而是忍耐，即对所有恶的忍耐，因为他们毫不怀疑，异教是真正的恶。不过，即使异教徒不比强盗好，基督不还是宽恕了强盗吗？ 这些长老不是与理性主义相接近，而是比理性主义更胜一筹，比约熙福派走得更远。他们在反对约熙福派的旧约逻辑的同时，向新约的不同见解求助。他们的理由是《圣经·新约》中的一段话："为我弟兄、我骨肉之亲，就是自己被诅咒，与基督分离，我也愿意。"（《圣经·新约·罗马书》，第9章，第3节）这里说的是使徒保罗为以色列人请求宽恕而宁愿自己受到诅咒这件事。

约熙福派与"禁欲派"对是否应将异端处以绞刑的争论，似乎是绝无仅有的现象。首先，十分重要的是，争论双方不仅局限在正统思想的范围之内，而且停留在中世纪对世界认识的立场上。在西方就不存在这种情况。诚然，即使是中世纪的西方，也有一些人，包括天主教的主教和圣徒，厌恶惩罚手段，但在理论上却如异端一样进行辩驳。当这种争论最终演变成系统的反驳时，这些反驳进入了新欧洲正在兴起的自由思想体系的轨道。其次，重要的是，关于暴力和非暴力的争论与关于"贪婪地聚财"和"禁欲派的主张"的争论交织在一起。这种争论在西方也不曾有过。马克西姆·格雷克把过赤贫生活的西方天主教托钵修会树立为俄罗斯东正教僧侣的榜样。而正是这个托钵修会为宗教裁判所推举活动家。

C. C. 阿维林采夫对这一争论有一种自己的理解,认为约熙福派的论敌所捍卫的不是持有异端思想的权利,而是对《福音书》中禁止审判和定罪的激进理解。这与思想自由的问题无关。人们的共同生活到底应建立在什么样的基础上？耶稣基督说:"只是我告诉你们:不要与恶人作对。"(《圣经·新约·马太福音》,第 5 章,第 39 节)为了实现这些神谕,应自愿地把自己变为驯顺的牺牲者,犹如鲍里斯、格列布、圣修士谢拉菲姆、列斯科夫小说中的帕姆瓦长老和陀思妥耶夫斯基小说中的梅什金公爵等。至于那些手中有权力的人,《圣经·新约》中也有教诲:"在上有权柄的,人人当顺服他;因为没有权柄不是出于神的,凡掌权的都是神所命的。所以抗拒掌权的,就是抗拒神的命;抗拒的必自取刑罚。做官的原不是叫行善的惧怕,乃是叫作恶的惧怕。你愿意不惧怕掌权的吗？你只要行善,就可得他的称赞,因为他是神的用人,是与你有益的。你若作恶,却当惧怕,因为他不是空空地佩剑。他是神的用人,是申冤的,刑罚那作恶的。所以你们必须顺服,不但是因为惩罚,也是因为良心。"(《圣经·新约·罗马书》,第 13 章,第 1—5 节)《圣经·新约》中的这段话是针对多神教信徒说的,与"山上圣训"中所规定的义务无涉。在使徒保罗时代,基督徒没有可能成为掌权的人。这里涉及整个基督教都存在的两难推理:基督教的信仰者应该怎样对待统治人民的政权？在西方,教皇西莱斯廷五世辞去了自己的官职而进入了天主教修会。天主教会将其封为圣徒,而但丁却让他下了地狱,因为他认为,当一个善良的人放弃了他所应有的权力,他就应该为恶人夺取这个权力而承担责任。

对未来的回忆——俄罗斯文学与文化论集

372

但西方还是使这个问题几乎得到了解决。在托马斯·阿奎那时代告别了纯粹的奥古斯丁主义以后,天主教的世界观不是把存在分成两个部分——"光明"和"黑暗",而是将其分成三个部分——在超自然、充满恩宠的上天和反自然的阴间之间,还有一个自然地带,人们在上天或入地之前在那里按自己的规矩生活,尽管是处于上帝的管控之下。国家政权正属于这个地带。神学的任务就是调整这两个部分之间的关系,弄清它们的界限。拉丁语中有一个词"clementia",C. C.阿维林采夫认为它的意思用俄语无法表达,通常把它译成"怜悯"是不准确的。它的意思既不是宽容,也不是怜悯。托马斯·阿奎那将其理解为一种"有节制的"美德。这更为 C. C.阿维林采夫所认可。他在这里引用"clementia"的目的是要说明,当执掌某种权力的人在使用他的权力时,换言之,在诉诸暴力时,应把这种暴力限制在绝对必要的界限之内,宽恕每一个无损于他的权力的人,使自己免于遭受放纵权力的危险,如奥古斯丁所称为的避免"权力欲"的放纵无度。在这样做时所要求的更多是自制力、自重和分寸感,而不是善良。显而易见,按照天主教的理念,"clementia"所指的是"自然的"这一地带,它处在残酷的地狱和基督的恩典之间。爱是无限量的,爱的量度就是没有限度。

而俄罗斯的宗教精神与此不同,不是把世界分为三个部分,而是两个部分——光明世界和黑暗世界,并且,对其感觉的程度并不像对政权问题那么强烈。在俄罗斯东正教信徒的观念中,上帝与敌基督是如此靠近,中间没有任何缓冲地带。正如同地上和尘世的一切实际上不是处于天堂便是地狱之中一样。而政权的执掌者就正处在两个王国的分界线上。这意味着他对上帝负有特殊的责任。这个庸俗的真理众所周知。权力本身,至少是君主专制制度的政权,或者高于人的世界,或者低于它,但在任何情况下似乎都不进入这个世界。在这里很难区分祝福和诅咒。

俄国专制制度确立初期,有的政论作品十分怪诞。例如,伊凡·佩列斯维托夫竟然把土耳其苏丹·穆罕默德二世看作专制君主的榜样,而苏丹·穆罕默德二世不仅不是基督徒,而且是信奉东正教的拜占庭帝国的毁灭者。著名古代编年史家涅斯托尔·伊斯坎杰尔在记述攻打察里格勒的纪事中,总是把苏丹·穆罕默德称为"天地不容"和"不道德"的人。

关于政权的问题,从《圣经·旧约》时代起就没有提到过,因为一切权力都归耶和华。如我们所知,在《圣经·旧约·撒母耳记上》中将以色列人要选举自己的王的企图视为叛教的行为,认为耶和华自己应统治神圣的人民。"以色列的长老都聚集,来到拉玛见撒母耳,对他说:'你年纪老迈了,你儿子不行你的道。现在求你为我们立一个王治理我们,像列国一样。'撒母耳不喜悦他们说立一个王治理我们,他就祷告耶和华。耶和华对撒母耳说:'百姓向你说的一切话,你只管依从,因为他们不是厌弃你,乃是厌弃我,不要我作他们的王。自从我领他们出埃及到如今,他们常常离弃我,侍奉别神。现在他们向你所行的,是照他们素来所行的。故此你要依从他们的话,只是当警戒他们,告诉他们将来那王怎样管辖他们。'"(《圣经·旧约·撒母耳记上》,第8章,第4—9节)在《圣经·新约》中,权力的问题在另一个高度上得到了解决,即《圣经·新约》中的"王"的形象,他是真正的王,但不是"这个世界"的王。

对俄罗斯人而言,在统治人的政权中存在着严酷与良心的二律背反,古代的弗拉基米尔大公就曾怀疑自己是否有绞死人的权力。从那时起,政权的作用与其说是要理性地解决问题,不如说是良心的折磨。于是形成了一种文化类型,正如白银时代诗人 M.A.沃洛申在诗中所写的那样:

> 我们懒散懈怠,我们不爱整洁,
>
> 愚昧无知而饱受伤害……

......

　　然而，我们有一种模糊不清的精神——良心，
　　还有伟大的忏悔的天赋，
　　它熔炼出托尔斯泰、陀思妥耶夫斯基
　　和伊凡雷帝。
　　我们没有普通公民的尊严，
　　但是每一个为俄罗斯国家付出辛劳的人
　　与身边任何西欧人一样——都是人。

　　我们的危险在于自古以来形成的习惯——把他人权力的重负转嫁到另一个不相干的人身上，然后抛弃他，伪装成没有责任的无辜者。我们的希望就在于已经感觉到的问题尚未得到解决本身，因为这会令人产生对道德和理智毁灭的恐惧，从而去寻求另一种更高的、至今尚不了解的水准。未获解决的问题总是朝向未来。

阿维林采夫论古罗斯和拜占庭精神文化的两种类型——《另一个罗马》读书笔记